デカルト ユトレヒト紛争書簡集

デカルト
ユトレヒト紛争書簡集

（1642–1645）

山田弘明・持田辰郎・倉田隆 訳

知泉書館

凡　例

* 　本書が底本としたテキストは次の三書である。
- Ch. Adam et P. Tannery éd, *Œuvres de Descartes*, 11 tomes, Paris, Nouvelle édition, 1996.（＝AT.）
- Theo Verbeek éd, *René Descartes et Martin Schoock ; La Querelle d'Utrecht*, Paris, 1988.（＝Verbeek.）
- Giulia Belgioioso éd, *René Descartes Opere 1637-1649, Opere Postume 1650-2009*, Milano, 2009.（＝B. または Belgioioso.）

*　AT 版は現在最も信頼できる版であり，本書もこれに従った。その巻とページ数を AT. VII, 563 のように表記した。本文の欄外にそのページを記した。

*　Verbeek 版では関連するすべてのテキストが仏訳され，詳細な序文と注解が付されていて重宝である。そこには『ルネ・デカルトの新哲学の驚くべき方法』（＝『驚くべき方法』）*Admiranda Methodus novae Philosophiae Renati Des Cartes*, 1643，『経緯陳述』*Narratio Historica*, 1643 も含まれている。B 版ではイタリア語訳と共に新たな解説が付されている。

*　脚注は上記三書の訳注を参考にしたが，訳者自身によるところも少なくない。その際『デカルト全書簡集』（知泉書館2012-16）を活用した。

*　次の著名な伝記もしばしば参照した。
　A. Baillet, *La vie de Monsieur Descartes*, Paris, 1691.（＝Baillet.）

*　付属文書中の（2）「序文への補足」と（3）「ユトレヒト・アカデミーの証言」は，17世紀のラテン語原典（それぞれ上記の『驚くべき方法』，『経緯陳述』所収）による。いずれもインターネット上の検索によりアクセスできる。

*　本文中の ［　］ は訳者による補語である。

目　次

凡　例 ……………………………………………………………… v
はじめに …………………………………………………………… ix

ディネ師宛書簡 …………………………………………………… 3
ヴォエティウス宛書簡 …………………………………………… 45
ユトレヒト市参事会宛 弁明書簡 ………………………………… 199

付属文書 …………………………………………………………… 257
　（1）「アカデミー評議会の議決」………………………………… 259
　（2）「序文への補足」…………………………………………… 261
　（3）「ユトレヒト・アカデミーの証言」……………………… 266
　（4）「ユトレヒト市参事会の告示」…………………………… 270
　（5）「デカルトからユトレヒト市参事会への書簡」………… 272
　（6）「ユトレヒト市参事会の判決」…………………………… 276
　（7）「デカルトからフランス大使への請願書」……………… 280
　（8）「フローニンゲン・アカデミー評議会の判決」………… 291

解　題 ……………………………………………………………… 297
総解説 ……………………………………………………………… 323
あとがき …………………………………………………………… 333
ユトレヒト紛争・関連年表 ……………………………………… 335
索引 ………………………………………………………………… 339

はじめに

　今日オランダのユトレヒト大学を訪ねると，17世紀当時の壮麗な大講義室を見学することができる。ここはデカルトが迫害されたいわゆるユトレヒト紛争の舞台の一つであった。この教室こそが，デカルト哲学受容の是非をめぐって大論争があり，大学としてその哲学を排斥する決定（1642年3月27日）が行われたその場所である。2005年3月，ユトレヒト大学は同じ教室でその処置の誤りを認める公式な声明を出した。これは1992年，ローマ法王庁がガリレイ裁判の誤りを350年後に正式に認めたのに倣ってのことである。それが仏紙「ル・モンド」などの記事となって一時評判になった[1]。

　本書は「デカルト ユトレヒト紛争書簡集」と題し，この紛争をめぐるデカルト自身の書簡三通と，付属文書として紛争に関する公の文書八篇を収めたものである。その内容は以下の通りである。

『ディネ師宛書簡』
　　Epistola ad P. Dinet, 1642, AT. VII, 563-603.（ラテン語）
『ヴォエティウス宛書簡』
　　Epistola ad G. Voetium, 1643, AT. VIII-2, 3-194.（ラテン語）
『ユトレヒト市参事会宛 弁明書簡』（＝『弁明書簡』）
　　Lettre Apologétique aux Magistrats d'Utrecht, 1645, 1648, AT. VIII-2, 201-273, 283-317.（フランス語・ラテン語）
付属文書
（1）「アカデミー評議会の議決」（＝「議決」）
　　Judicium sub nomine Senatus Academici ＊＊[2] editum, 1642年3月27日, AT. VII, 590-593, AT. III, 551-553.（『ディネ師宛書簡』

---

[1] http://tlonuqbar.typepad.com/phfn/2005/05/descartes_rehab.html
[2] タイトルは「ユトレヒト・アカデミー評議会の議決」とあるべきところ，「ユトレヒト」が伏せ字＊＊になっている。AT. III ではそのかぎりではない。

掲載のラテン語テキストを使用。なお日付は AT. VII では旧暦3月16日となっているが，AT. III の公式文書では旧暦17日である。）
（2）「序文への補足」
Paralipomenea ad praefationem．1642年8月執筆（『驚くべき方法』 *Admiranda Methodus*，1643の序文に付されている。著者はヴォエティウスと考えられる。ページ付けはない。ラテン語だが Verbeek，pp. 175-179に仏訳がある。）
（3）「ユトレヒト・アカデミーの証言」
Testimonium Academiae Ultrajectinae，1643年3月1日（『経緯陳述』 *Narration Historica*，1643の序文。ラテン語だが Verbeek，pp. 79-81に仏訳がある。）
（4）「ユトレヒト市参事会の告示」
Notulen der Utrechtsche Vroedschap，1643年6月23日，AT. III，696-697．（オランダ語だが AT. IV，645-646に仏訳がある。）
（5）「デカルトからユトレヒト市参事会への書簡」
Descartes au Vroedschap d'Utrecht，1643年7月6日，AT. IV，8-13．（オランダ語）
（6）「ユトレヒト市参事会の判決」
Jugement du Vroedschap d'Utrecht，1643年9月23日，AT. IV，20-23．（ユトレヒト市参事会報告書 Acte に含まれている。オランダ語だが AT. IV，650-652に仏訳がある。）
（7）「デカルトからフランス大使への請願書」
Descartes à M. de la Thuillerie，1644年1月22日，AT. IV，84-96．（ラテン語）
（8）「フローニンゲン・アカデミー評議会の判決」
Judicium Senatus Academici，1645年4月20日，AT. IV，794-799．（ラテン語。アカデミー評議会報告書 Acta に含まれ，デカルト自身それを le jugement du Sénat Académique と表記している。）

　本書の本体は無論三通の長文の書簡にある。以下，ユトレヒト紛争の概要を振り返りながら，これらの書簡や付属文書が書かれた経緯をたどろう。各書簡の詳細については，本書巻末の解題を参照していただきた

はじめに

い。

　『方法序説』(*Discours de la méthode*, 1637) の出版によって，デカルト哲学はオランダの諸大学に浸透しつつあった。ユトレヒトでは，デカルトの友人で哲学教授のレネリがそれを好意的に受けとめていた。1639年レネリの追悼演説でデカルト哲学が大々的に称賛された。しかし，かねてより新哲学の台頭をよく思わない保守派の神学教授ヴォエティウス[3]は，これを新手の無神論として反デカルト主義のキャンペーンを企画し，パリのメルセンヌにまで協力を依頼した。そして1641年，学長となったヴォエティウスは，学内でデカルト主義に立つ医学・自然学教授レギウス[4]が異端的なテーゼを発表したのを機会に，レギウス（つまりはデカルト）批判を強め，その講義の一部を禁止とした。上記の（1）「議決」は，直接にはレギウスの出した反論書「小冊子」(*Libbelus*) への批判であるが，同時にそれは，ユトレヒト大学がデカルトの新哲学を拒否したものであり，紛争の実質的な発端となった。

　他方，デカルトは『省察』第2版 (*Meditationes*, 1642) の付録でヴォエティウスを批判した。それが『ディネ師宛書簡』1642である。内容は，ブルダンの「第七反論」への反論，自らの新哲学の弁明，ヴォエティウ

　3）ヴォエティウス（G. Voetius, 1589-1676）はライデン大学で教育を受けたのち，ユトレヒト大学の神学・ヘブライ語教授。一時期，学長および市の僧職をも兼ねていた。その基本はアリストテレス主義であり，デカルト哲学を無神論と見てその批判の先頭に立った（誤ってパリのメルセンヌに協力を依頼するほど真剣であった）。彼のデカルト排斥には，その当否は別として十分な理由があった。Verbeekによれば，独立後のオランダの神学的混乱（とりわけ予定説をめぐるゴマルスとアルミニウスとの抗争）が，国の政治的・道徳的な統一を危うくしていた。それを救済することがユトレヒト大学の使命であり，ヴォエティウスの関心も反カトリシズムの側から宗教の復権を図ることにあった。そのために彼はカルヴィニストとして学問と信仰との一体化を唱えたが，彼の目にはデカルト哲学は二つを離反させるものと映っていた（Verbeek, pp. 27-29）。この意味でデカルトはヴァニーニと同じ「無神論者」であった。要するにヴォエティウスは，外国の新勢力の浸透は国に無用の混乱を招くことにしかならないと考え，大学や社会の静謐を守ろうとしたのである。

　4）レギウス（H. Regius, Le Roy, 1598-1679）はモンペリエやパドヴァで医学などを学び，ユトレヒト大学の教授となった。『方法序説』に接してデカルトに傾倒していた。デカルトもレギウスの生理学を評価し，神学論争ではレギウスを全面的に擁護した。しかし，レギウスは人間精神についての認識の違いなどから，次第にデカルトを批判するに至った。デカルトは「自然学はよいとしても形而上学に口を出すべきではない」と諌めている。しかしレギウスは必ずしも突然に変節したわけではない。彼の出自はパドヴァのアリストテレス主義であり（Verbeek, p. 43），経験論であった。イギリスのハーヴィに見られるように，これが当時の主流であった。デカルトとは最初から相容れないと言うべきであろう。

スのレギウスの処遇（（1）「議決」）に対する批判である。ヴォエティウ側は，それへの対抗措置としてスホーキウス[5]の名で『驚くべき方法』(Admiranda methodus novae Philosophiae Renati Descartes, 1643) を出した。スホーキウスは，ヴォエティウスの弟子でフローニンゲン大学の哲学・自然学の教授であった。これはデカルトに対する公開の挑戦状である。本文の前に長い「序文」と（2）「序文への補足」が付せられている。これは『ディネ師宛書簡』中のとりわけ（1）「議決」を批判した箇所に対する反論であり，デカルトもしばしば言及している。さらにヴォエティウス側は，『ディネ師宛書簡』に対するユトレヒト市参事会および大学の直接回答として，『経緯陳述』(Narratio Historica, 1643) を出した。これは副題に「いかにして新哲学が弁護されそして廃棄されたか」とあるように，大学側から見た事実経過を説明し，紛争への対応の妥当性を主張したものである。その冒頭に序文として（3）「ユトレヒト・アカデミーの証言」が付いており，これも『ディネ師宛書簡』の内容を全面的に批判したものである。

　これに対してデカルトは，『驚くべき方法』にはヴォエティウスの手が加わっていることを見破ったうえで，反撃の公開書簡を認めた。それが『ヴォエティウス宛書簡』1643である。これは『驚くべき方法』に対して，章を追って逐語的に反論した長文の論争文書である。ラテン語で200ページ近い。その内容は基本的には誹謗中傷の不当性を訴えたものだが，学識とは何か，想起説，懐疑主義，無神論など多岐にわたっている。義憤のあまり文体を整える暇もなく，殴り書きしたくだりもある。これらの動きに対してユトレヒト市参事会は（4）「告示」を出した。これは裁判所への召喚状であり，鐘の音に合わせて読み上げられ，各所

　5）スホーキウス（M. Schoock, 1614-1669）は，フラネケル，ライデン，ユトレヒトの諸大学に学び，フローニンゲン大学の教授となった（一時，学長にもなった）。その立場はアリストテレス主義であった。彼の『驚くべき方法』はヴォエティウスの教唆によって無理に書かされたものであり，たしかに誹謗中傷の書である。だが，それだけではなく彼自身の主張もそこに含まれていることに注意すべきである。たとえば，常識的な経験論に立って，デカルトの懐疑には行きすぎがあると批判している点などである（Verbeek. p. 61）。スホーキウスのデカルト批判は，その当否は別として，当時の学者の一般標準からすればどの点が受け入れられないかを具体的に示しており，新旧思想の対立点を示唆するものとして，われわれには貴重であると言えよう。

に掲示されたと言う。デカルトはこれに応じず，（5）「市参事会への書簡」で「あなた方に私を裁く権利はない」とのみ返答した。しかし同年（6）「市参事会の判決」が下された。デカルトが『ディネ師宛書簡』と『ヴォエティウス宛書簡』において，名誉毀損を行ったという内容である。デカルトは在ハーグのフランス大使ラ・テュイルリを通じてオラニエ公を動かし，訴訟を延期，判決を執行停止とすることに一応成功した。しかしデカルトは，事の理非が明確になっていないことを潔しとしなかった。そこで彼は，1644年フローニンゲン大学のスホーキウスを，中傷文書（『驚くべき方法』）を書いたとして起訴した。この裁判の仲介の労をとったのもラ・テュイルリであり，（7）「フランス大使への請願書」は仲介の要請を目途として書かれた書簡である。デカルトの目から見た事件の概要が明快に整理されている。1645年フローニンゲン州政府・大学は（8）「評議会の判決」としてデカルト側の訴えを認めた。これにてデカルトはようやく一矢を報いることになった。ユトレヒト市参事会は布令6)を出して，これ以上デカルトについての議論・出版を禁じることで，ことを収めようとした。1645年デカルトはこれまた長文の『弁明書簡』（オランダ語訳は1648年）を書いて紛争全体を整理し，市参事会の事件への曖昧な対応を非難すると同時に自らを弁明した。しかしこれは梨の礫(つぶて)であった模様である。紛争はこれで終ったわけではなく，デカルトは1647年にはライデン大学でも瀆神罪(とくしん)で訴えられた。レヴィウス，トリグランディウスら「オランダの牧師たちの異端審問」7)にかけられそうになったが，この場合もオラニエ公の取り計らいで危機を脱した。オランダは，もはや彼にとって自由の国でも安息の国でもなかったのである。さらに，デカルトは弟子であったレギウスからも批判を受けて論争になり，後に『掲貼文書への覚書』8)（*Notae in programma quoddam*, 1648) を出版した。ただ，これはユトレヒト紛争の次元を越えた形而上学の問題（「人間精神とは何か」）が主題であるので，本書では取り上げなかった。

---

 6) 『弁明書簡』AT. VIII-2, 226（本書220-221ページ）。
 7) 1647年5月12日付セルヴィアン宛（AT. V, 26：『デカルト全書簡集』第七巻 p. 295)。
 8) 村上勝三訳『デカルト著作集 第4巻』所収，白水社1994。

付属文書として（デカルトの書簡を含む）公式の文書（1）-（8）を敢えて付した理由は，上記の書簡でたびたびこれらの文書への言及がなされることがあり，最低限必要な資料として訳出しておく必要があると思われたからである。それらの文書では，しばしば新暦・旧暦が統一されておらず，文書名も不統一ではなはだ紛らわしい。それを整理・同定する意味でも，その現物を示しておくべきであろう（ここでは新暦の時系列にしたがった）。付属文書についても，その詳細は巻末の解題を参照していただきたい。また，本書巻末の「ユトレヒト紛争・関連年表」を見ていただければ，紛争の経過が俯瞰され，理解がより容易になるであろう。

　ここに訳出された書簡は，個人や団体宛の手紙の形をとるものの，すべて公開書簡であり，論争に特化した文書である。その関係上，個人的な中傷や誹謗に敏感に反応しており，不毛な泥仕合に終始している観がなきにしもあらずである。そのためか，フランスでもあまり参照されることがなかった。マリオン[9]も指摘したように，1820年代に『デカルト全集』11巻を出したヴィクトール・クーザンは，「『ヴォエティウス宛書簡』にはわれわれにとって大して重要なものは何もない」としている。1973年のアルキエ版『デカルト哲学著作集』でも然りであり，『弁明書簡』にいたってはラテン語のテキストがないという奇妙な理由で採用されていない[10]。しかし訳者の見るところ，これらは積極的な主張を含んでおり，決して等閑視されるべきではないというのが率直な印象である。哲学の重要な主題がしばしば出現し，デカルト哲学の「周辺」がよりよく，より深く知られるからである。フランスでは近年ようやくこれらの論争書簡に目が向けられつつあるが，邦訳はまだない。

　これらの書簡のもつさまざまな意味に触れておきたい（本書の「解題」でもこの点を各書簡について検討してあるので参照していただきたい）。第一は哲学的な意味である。これらは論争の行きがかり上やむをえず書かれた反論や弁明であり，哲学の問題を正面から論じた『省察』

---

9) Verbeek. Introduction, p. 7 et p. 443. note. 1.
10) F. Alquié éd, Œuvres philosophiques de Descartes, tome III, Paris, 1973, pp. 27-34, 574. この点はマリオンも指摘している（Verbeek. p. 443. note. 1)。

の「反論と答弁」とは，重要性において比べものにならない。その点では，このような論争文書に哲学的な意味はあまりないかもしれない。だがよく読めば，ここには他の著作にはあまり表立っていない論点のいくつかが見出される。たとえば，『ディネ師宛書簡』には，『方法序説』が自分の哲学の「見本」であること，懐疑理由の説明，原理（公理）の生得性などが，それとなく展開されている。また『ヴォエティウス宛書簡』には，マリオン[11]が指摘しロディス・レヴィス[12]も肯定するように，キリスト教的愛に基づくモラルの可能性，聖書解釈，啓示神学への関心などの隠れた主題が見出される。また想起説や学識とは何かについて議論の展開もある。『弁明書簡』には，無神論と見なされることへの一貫した反論があるが，そこから，デカルト哲学のとくにどの点が批判の対象になっていたかが明らかになって来るだろう。たとえば懐疑の方法や神の存在証明がそうである。懐疑論は容易に無神論となりうるからである。そして，それに対するデカルトの弁明にも哲学的議論として意味があると思われる。

第二は，論争家デカルトの鋭い舌鋒が随所に見られることである。たとえば，相手を説得する際の理路整然とした議論の組み立て方や，資料を客観的に扱う仕方が示され，聖書の引用（比喩）も駆使されている。そして，相手の議論の最も弱い部分を容赦なく突き，矛盾や非論理性を剔出する場面も多々ある。まさに古典的ディベートの見本であり，現代のクリティカル・シンキングの超高級手本である。これはデカルトがラフレーシュで学んだ雄弁術や修辞学の成果でもあろう。「自分の主張を他人に納得させるには修辞学」は要らない[13]と彼は言った。だが彼はこの論争を通して，修辞学をいくら駆使しても人は簡単には納得しないということを知ったであろう。また彼は，およそ人の主張が多様になるのは「人がさまざまな道によって考えを導き，同じことを考えていないからである」[14]と言い，各人が理性を十分に使用していれば本来論争は生

---

11) Verbeek, Introduction, pp. 14-16. なおマリオンは，エリザベト宛とヴォエティウス宛との対照的な書簡が，『情念論』の愛と憎しみのモティーフになったのではないかとの「仮説」を出しているが（p. 17），これは恣意的な解釈と言うべきであろう。

12) G. Rodis-Lewis, *Descartes, Biographie*, 1995, p. 290.（飯塚勝久訳『デカルト伝』未来社1998, pp. 319-320）

13) 『方法序説』（AT. VI. 7）。

じないと考えた。だが彼は，それはあくまで理念であって，実際は理性による推論だけでは相手は理解も納得もしないということを痛感したのではなかろうか。ここにはひとりで静かに思索するコギトの哲学者とは異なった，論敵と激しく争う哲学者の姿がある。とりわけ『ヴォエティウス宛書簡』には，逆鱗に触れられて次第に激昂してくるデカルトの荒い息遣いが，乱れた文体の間から読みとれる。本来論客であったと思われる彼の地(じ)がそのまま出ている感がある。これは単なる机上の論争ではなく，身辺に迫る危機にどう対処するかという現実の問題でもあった。彼がフランス大使やオラニエ公を動かして危機管理に一応成功したのも，弁論の力によるところが大きかったと思われる。

　第三に，歴史的な意味である。異なる文明や文化が相互に接触するとき，常にある種の緊張や摩擦が起こるものである。これらの書簡は，デカルト哲学の背景には伝統的なアリストテレス＝スコラの思想との絶えざる闘争があったことを具体的に示している。彼の思想（哲学，自然学，医学）はオランダでは「新哲学」と見なされたが，それを積極的に取り入れようとする進歩的な人たちと，それを排斥しようとする旧哲学に属する人たちがいた。無論，それぞれに十分な理由があったであろう。この紛争を正確にたどることによって，オランダにおけるデカルト主義の浸透と，それへの反発の仔細が歴史的に明らかになるであろう。そして，デカルトが当時どう受けとめられていたかが，新旧哲学の対立を軸に具体的に浮き彫りになる点はとくに興味深い。たとえば，ユトレヒト大学では毎週行われる学生のテーゼ（課題論文）の公開討論会が新旧両派の教授を交えた論争の場であり，しばしば紛糾の温床となっていたこと。そこにはデカルト主義を絶賛する教授たちがいたと同時に，それに批判的な教授たちがいたこと。ヴォエティウスは大学や市に働きかけて，レギウスが新哲学による医学を論じる講義時間数を少なくし，アリストテレスの自然学を多く教えるようにしたこと。市参事会はレギウスの書を本屋から撤去するように命じたが，逆にそれが話題になってよく読まれるようになったこと。そのレギウスも後にデカルトから離反したこと，などである。デカルト主義の受容をめぐる一地域の小さな事件を通して，

---

14)　同（AT. VI, 2）。

17世紀オランダの文化や歴史の深層構造の詳細が見えて来るのである。

　デカルトはオランダで，事件への対応に苦慮しながら『哲学原理』や『情念論』を書いていたのである。友人たちとの往復書簡から，その時々の生の声が聞こえて来て印象的である。たとえば，論争を始めるに際して「これから少々争いごとをする必要があります」[15]とホイヘンスに書いているのは宣戦布告であろうか。召喚状が届いた時には「不愉快な知らせであり，この訴訟沙汰から抜け出る方策を考えねばなりません」[16]とエリザベトに洩らし，ポロには「犯罪人のように見られることに憤慨している」[17]とも言っている。さらに，この件で私の方は大丈夫だが「ヴォエティウスは13リーブル（6.5キロ）肉を落とした」[18]と言いながら，「私の敵どもは眠らないのです」[19]とぼやいてもいる。フローニンゲンでの勝訴の報に接して，エリザベトは「とてもうれしい」[20]と言っているが，デカルトも同じ思いだったであろう。ライデン大学の事件では，裁判に「勝訴できなかった場合は，この国から全面撤退しなければならない」[21]と言い，一時は覚悟を決めた。しかし，エリザベトから「敵に陣地を譲ることはあなたに相応しくない」[22]と諫められ，すぐに翻意している。デカルトも狼狽の色を隠せなかったことが分かる。デカルトは自由と安息を求めてわざわざオランダに住んだわけだが，もはや自由も安息もなかったのである。新思想を説くということは，結果的にそれだけの犠牲を払うということを意味していたと思われる。

　凡例で述べたテキスト以外の参照文献について記しておく。

---

15) 1642年4月26日付（AT. III, 783；『デカルト全書簡集』第五巻 p. 153）。
16) 1643年6月28日付（AT. III, 695；『デカルト全書簡集』第五巻 p. 301）。
17) 1643年10月17日付（AT. IV, 23；『デカルト全書簡集』第六巻 p. 40）。
18) 1643年9月20日付ホイヘンス宛（AT. IV, 753；『デカルト全書簡集』第六巻 p. 33）。
19) 1643年11月2日付ホイヘンス宛（AT. IV, 758；『デカルト全書簡集』第六巻 p. 52）。
20) 1645年6月22日付エリザベトからデカルト宛（AT. VI, 249；『デカルト全書簡集』第六巻 p. 282）。
21) 1647年5月10日付（AT. V, 17；『デカルト全書簡集』第七巻 pp. 285-286）。
22) 1647年5月付エリザベトからデカルト宛（AT. V, 46；『デカルト全書簡集』第七巻 p. 268）。

『ディネ師宛書簡』に関しては次の全訳を重宝した。
- *Les méditations métaphysiques de René Descartes*, Troisième édition, Paris, 1673.
- E. S. Haldane and G. R. T. Ross, *The Philosophical Works of Descartes*, vol. 2, Cambridge, 1911.

『ディネ師宛書簡』と『ヴォエティウス宛書簡』の抄訳として次のものがある。
- F. Alquié éd, *Œuvres philosophiques de Descartes*, tome II, Paris, 1967, pp. 1074-97.
- ――, tome III, Paris, 1973, pp. 28-34.
- G. Rodis-Lewis éd, *Descartes, Lettres à Regius et Remarques sur l'explication de l'esprit humain*, Paris, 1959, pp. 190-195.
- S. de Sacy et G. Rodis-Lewis éd, *Œuvres de Descartes*, tome II, Paris, 1966, pp. 16-55.
- J. Cottingham, R. Stoothoff & D. Murdoch tr, *The Philosophical Writings of Descartes*, vol. 2, Cambridge, 1984.

その他, 重要な文献として次のものがある。
- Th. Verbeek, *Descartes and the Dutch ; Early Reactions to Cartesian Philosophy, 1637- 1650*, Carbondale and Edwardsville, 1992.
- E.-J. Bos, *Descartes's Lettre Apologétique aux Magistrats d'Utrecht* : New Facts and Materials, in *Journal of the History of Philosophy*, 37 : 3 July 1999.
- ――, *The Correspondence Between Descartes and Henricus Regius*, Utrecht, 2002.
- Th. Verbeek, E.-J. Bos & J. van de Ven, *The Correspondence of René Descartes 1643*, Utrecht, 2003. (=Verbeek et alii.)

なおガリマール版の *René Descartes Œuvres complètes*, VI, Écrits polémiques (「論争的著作」) が Theo Verbeek と Erik-Jan Bos によって現在準備中である。われわれが取り上げた『ヴォエティウス宛書簡』,『弁明書簡』が掲載される予定である。『ディネ師宛書簡』は IV, *Méditations métaphysiques* に載ると聞いている。

日本語の文献として，次のものは本書を補完する重要な資料源である。
- 村上勝三訳『掲貼文書への覚書』（『デカルト著作集　第4巻』白水社1993所収）
- 『デカルト全書簡集』第四巻，第五巻，第六巻（知泉書館2013-2016）
- 宮崎隆監訳「第七反論・答弁」（村上勝三，デカルト『省察』「反論と答弁」の共同作業による校訂版の作成と基本的諸テーマの研究，平成7‐9年度科学研究費補助金（基盤研究（A）（1））研究成果報告書平成10年3月，238-328ページ）＝未公刊。
- A．バイエ『デカルト伝』（井沢義雄・井上庄七訳，講談社1979）
- G．ロディス＝レヴィス『デカルト伝』（飯塚勝久訳，未来社1998）

ユトレヒト紛争を扱った概説書としては次の書が詳しい。
- 所雄章『デカルトⅠ』（勁草書房1967）pp. 181-193.

研究論文としては次のものがある。
- 井上庄七「デカルトとレギウス」（『近世哲学史論集』所収，朝日出版社1989）
- 倉田隆「ユトレヒト参事会のデカルト召喚」（島根大学法文学部紀要『島大言語文化』第34号2013）
- ──「デカルトからフランス大使への請願書」（同35号2013）
- ──「デカルトとスホーキウス──フローニンゲン大学の裁決」（同36号2014）

山田　弘明

デカルト
ユトレヒト紛争書簡集

ディネ師宛書簡

イエズス会のフランス管区長たる
最も尊敬すべきディネ師[1]へ

ルネ・デカルト　拝

　最近メルセンヌ神父様に差し上げた手紙[2]のなかで，私は，あの神父様[3]［ブルダン］が私に反対して書いたという論文[4]をご自分で出版されるよう，あるいは少なくとも，他の方々から送られてきた反論と一緒に私の手で印刷するためにそれをお送り下さるよう，私の強い要望としてお知らせしておきました。また私は，その論文を，彼［メルセンヌ］あるいは実際にはあなた［ディネ］のほうで手に入れて下さるよう――それが最も至当であると私は思いますので――，メルセンヌ神父様にお願いしておきました。これに対して神父様は，私の手紙をあなたにお渡ししたところ，あなたは単にそれを喜ばれただけでなく，私に対してとくに多くのご配慮，ご好意，ご親切の個々のしるしをお示しになった[5]，とのご返事でした。すぐ後でその論文が私に送られてきましたので[6]，そのことが立証されました。そこで私は，あなたにただ最大のお礼を申し上げねばならないだけでなく，その論文について私見を自由に公表するよう，そして同時に私の研究計画について［あなたから］ご助言をい

---

　1)　ディネ神父（Jacques Dinet, 1584-1653）はフランス・イエズス会の総帥。ラフレーシュ学院で若きデカルトの生徒監であった。1641年12月22日付メルセンヌ宛（AT. III, 468；『デカルト全書簡集』第五巻 p. 67）。

　2)　1641年12月22日付メルセンヌ宛（AT. III, 465-468；『デカルト全書簡集』第五巻 pp. 64-67）。この書簡は本書簡と重なるところが多く，背景説明として重要である。

　3)　ブルダン神父（Pierre Bourdin, 1595-1653）を指す。ブルダンはパリ・クレルモン学院の数学・自然学の教授で「第七反論」の著者。『屈折光学』出版以来，デカルトに一貫して批判的であった。この文書ではその名は一貫してR. P.（尊師）と伏せ字になっている。以下では「あの神父様」と訳しておく。

　4)　「第七反論」。『省察』第二版で，本書簡は「第七反論」のすぐ後に置かれている。

　5)　このメルセンヌの返書は散逸していると考えられる。

　6)　1642年1月26日に入手している（1642年1月31日付ホイヘンス宛〔AT. III, 523；『デカルト全書簡集』第五巻 p. 98〕）。それに対してデカルトは，1642年3月に最初の原稿を注解つきでメルセンヌに送っている（1642年3月付メルセンヌ宛〔AT. III, 543；『デカルト全書簡集』第五巻 p. 141〕）。

ただくよう促されております。

　実は，その論文を最初に手にしたとき，私は高価な宝物でも得たかのように大喜びいたしました。というのも，私にとって最も望ましいのは，卓越した方々の精査によってさえもそこにいかなる虚偽もおそらく見出されないならば，私の意見の確かさが検証されること，あるいは少なくとも間違いを指摘していただいてそれを私が訂正すること，だからです。そして，健全な身体においては，その諸部分のすべては相互に関係し調和しており，個々の部分はそれに固有の力を持っているだけでなく，とくに身体全体に共通で，各部分に加わって共に作用する何らかの力をも用いるようになっています。それと同じように，あなた方すべてのご意見はきわめて固く結ばれているのが常であることを私は知っておりますので，私が手にしているものは，ひとりあの神父様の論文だけではなく，私の意見についての教団全体の公正かつ入念なご判断であると思っておりました[7]。

　ところがその論文を読んだとき，私はとても驚きました。そして，私はそれをこれまでとはまったく違った風に見なさねばならないことに気づきました。というのも実際，もしそれがあなた方の教団全体と同じ精神をもった著者によるものならば，そこには同じ主題について一般人が書いたものよりも，より多くの，あるいは少なくともそれと同様の，好意，温良さ，謙虚さが現れていたことでしょう。しかし反対に，もしそれを私の『省察』についての他の人たちが書いた反論と比較するなら，この反論がむしろ宗教家によってなされたことをだれも疑わないでしょうが，この論文はたいへん辛辣な書き方をしていますので，どんな一般人でも，つまり特別な誓いによって他の人よりも徳へと強く動かされているわけではない人でも，その著者には相応しくないほどなのです。［それがイエズス会の著者によるものなら，第一に］神への愛と，神の栄光を前進させようとする熱烈な願望もまた現れていたことでしょう。しかし反対に，私が神の存在と人間精神の身体からの区別をそこから導き出した原理は，理性にも真理にも反していると，［その論文で］偽の権威と

---

7) デカルトは『省察』に対するイエズス会の反応を知りたがっていた。ブルダンの反論はイエズス会から出された最初の批評であった。

虚構の推論によってたいへんしつこく攻撃されているのです。[第二に,] そこには学識, 理性, 才知もまた現れていたことでしょう。しかし, かつてローマの細民が持っていた程度のラテン語の知識がおそらく学識と見なされない限り, 学識というものは, そこにはまったくありませんでした。また, 正当な推論も虚偽でない推論もなく, 教団の神父と同じく石工[8]にも相応しい鋭い才知はありませんでした。思慮やその他の諸徳は, あなた方の教団において格別のものですので私は省略しておりますが, その論文においてそれらは現れていませんし, そのわずかな気配もそこにはありません。しかし [第三に], 少なくとも真理への敬意, 誠実さ, 率直さは現れていたことでしょう。しかし反対に, 私がそれに付した注解[9]から明らかなように, そこで私が非難されているすべてのことほど, あらゆる真理の外観からほど遠い罵詈は案出されえないでしょう。その結果, 身体の一部が身体全体に共通の法則にまったく一致していなければ, それは, その部分がそれに特有の何かの病気に罹っていることを示しているように, あの神父様があなた方の教団の他の方々のうちに見出される健全さを享受していないことは, その論文からまったく明らかです。実際, たまたま何か悪い体液が意に反して, しかも過失もなしに, 足か手の指に流れ込んだからといって, われわれはその人の頭やその人全体をあまり評価しないわけではなく, むしろ反対に, その人が治療の労を拒否しないときには, 意志の堅さと勇気とを評価さえします。C. マリウス[10]の脚に静脈瘤(りゅう)があるからといって, だれも彼を軽蔑しませんでした。かえって彼が勇敢にも一本の脚の切断に耐えたことは, 彼が七度執政官になり, 敵から数々の勝利を得たことに劣らず, しばしば少なからず称賛されました。それと同様に, あなたがいかに敬虔で父性愛に満ちた愛情でもって, あなた方の会員すべてを慈しんでおられるかを私は知らないわけではありませんので, この論文の出来がよくないと思われれば思われるほど, それを私に送るように望まれたあな

566

---

8) 「第七反論」でブルダン自身が「石工」(Cæmentarius) ということばを使っている (AT. VII, 537)。

9) ブルダンの反論への答弁は「注解」(Notae) の形で「第七反論」の各所に挿入されている。AT. VII, 451, 459, 464, 472, 479, 484, 487, 491など。

10) マリウス (Caius Marius, BC. 157-BC. 86) は古代ローマの軍人・政治家。この話はプルタルコス『マリウスの生涯』によると考証されている。

たの公正さと思慮を私はそれだけ多く評価し，また教団全体をそれだけ深く尊敬し敬慕しております。しかし，あの神父様自身は自分の論文を私に送ることを認めたのですから，自分からそうしたのではないと私が判断しているように軽々しく思われないために，私がそのように考えざるをえなかった次第を，そして同時にこれまで彼との間にあったことを，すべて詳述いたしましょう。

　すでに少し前のことになりますが，1640年，彼［ブルダン］は私に反対してある別の「光学論」[11]を書きました。聞くところでは，彼はそれを自分の学生たちの前で読み聞かせ[12]，しかも書き写すことさえ認めたそうです。私はそのことを知りませんが，それはおそらく全員ではなく，少なくとも数人について認めたのでしょう（すなわち，それは彼が最もお気に入りで従順な学生たちに違いありません。というのも，私は［人を介して[13]］それを持っていたある学生からその写しを手に入れようとしましたが，成功しなかったからです）。次に彼は，パリのあなた方の学院で三日間，大仕掛けで常ならず盛大に審査された光学に関するテーゼ[14]を出版しました。その機会に彼は，他の若干の事柄だけでなく，とくに私の意見について討論し，私に対する大勝利を報告しました（不在者に関してそれは簡単ですから）[15]。また私は，その討論会の冒頭で読

　11）　それは書かれる以前の1639年に学院で講じられていた。1639年2月9日付メルセンヌ宛（AT. II, 499；『デカルト全書簡集』第三巻 p. 180）。

　12）　1640年6月30日‒7月1日，パリのクレルモン学院におけるある学生（Charles Potier）のテーゼのことが話題になっている。それはデカルトの『屈折光学』を批判したものであった。審査に当たったブルダンもデカルトを批判し，独自の光学論を開陳した。メルセンヌも列席しており，その模様をデカルトに伝えた（Baillet. II. 73）。

　13）　それはあるデンマーク人であったが，ブルダンが邪魔をしたようである（1640年12月付メルセンヌ宛（AT. III, 254；『デカルト全書簡集』第四巻 p. 225）。

　14）　テーゼ（thesis）には二つの意味がある。元来は「論文」の意であり，学位論文と練習用の課題論文との二種があった。ここではコレージュの学位論文（卒業論文）を指す（E.-J. Bos, *The Correspondence Between Descartes and Henricus Regius*, Utrecht, 2002, p. li を参照。Bos は disputatio として学位論文と課題論文の二つを区別するが，その区別は thesis にも当てはまるであろう）。学生は提出した論文を弁明し，教授たちと討論をして公開審査を受け，審査に合格すればその論文は出版される。それゆえテーゼは，論文をめぐる「公開討論会」（dispute publique）（AT. III, 60）あるいは審査会の意である場合もある。テーゼの作成にあたって指導教授はその内容に責任を持ち，討論会を主宰することになる。本文にあるように討論会では教授の意見が強く反映された。本書25ページの注61を参照。

まれた「前哨戦」[16]あるいは「序論」を見ました。それはあの神父様によって書きあげられたものです。そこでは，明らかにただ私を攻撃しようとすることだけが問題であり，しかも，私がおよそ書いたことも考えたこともないことばによって，私は非難されているのです。これほど明らかに不合理なことはありませんので，正常な人であればそのようなことばを思いつくことができないのと同じく，彼の論文でそれを私に帰することはできないでしょう。私はこのことをそこに付した「注解」で説明し，それを著者に個人的に送っておきました。彼があなた方の教団の一員だと私はまだ知りませんでしたが[17]。

しかし，そのテーゼで彼は，ただ私の意見が間違っていると断言しただけではなく——とりわけそれを論証する根拠をもつ人なら，実際だれにでもそれは許されますが——，ふだんの無邪気さから，あることばの意味を変えもしたのです。たとえば，光学においてこれまで「折れた」角と呼ばれたものを，彼は「屈折」角と名付けました[18]。同じ巧妙さで，彼の論文で「物体」と呼ばれるものは「思考するもの」と解され，「魂」は「延長するもの」と解されました[19]。そしてこうした技巧によって，私が考案した少なからぬものが私のことばとはまったく異なったことばによって表明され，彼はそれをあたかも自分のものであるかのように公言したのです。しかも彼は，それについて私がまったく別のしかも無用の意見を述べたかのように咎めたのです。

こうしたことに促されて，私はすぐに学院の院長[20]様に手紙を書きま

---

15) 1640年7月22日付メルセンヌ宛（AT. III, 94-96；『デカルト全書簡集』第四巻 pp. 87-89）。

16) 「大きな戦いは当初小競り合い［前哨戦（Velitatio）］で始まることがあると言われる。今回の論争にも同じことが言える」（1640年7月29日付メルセンヌを介してブルダン宛（AT. III, 106-107；『デカルト全書簡集』第四巻 p. 96））。「前哨戦」の全体は同書簡（AT. III, 106-110；『デカルト全書簡集』第四巻 pp. 96-100）に引用され，その後にデカルトの答弁が付されている。「注解で説明した」とか「著者に個人的に送った」とはこのことである。

17) デカルトは，ブルダンがイエズス会員と無論知っていたが，本書簡では「知らない振りをいたします」（1640年7月22日付メルセンヌ宛（AT. III, 94；『デカルト全書簡集』第四巻 p. 87）と言っている。

18) 1640年7月22日付ヘイヌーヴ宛（AT. III, 97-100；『デカルト全書簡集』第四巻 pp. 90-93）。

19) 「第七反論」（AT. VII, 482-487）。

20) このときクレルモン学院院長はヘイヌーヴ（Julien Hayneuve, 1588-1663）であっ

した。そして，「私の意見がそこで公に非難されるに値すると思われたとしても，私はあなた方の弟子の一人に数えられうるのですから，私のことをその非難を送るには値しないと判断されませぬように」[21]とお願いしておきました。さらに，院長様に願いが聞き入れられるはずだと私に思われた多くのことを付け加えました。なかんずく以下のようなことです。「私は他のだれかに教わるよりも，むしろあなた方に教わることを強く好むでしょう。なぜなら，私はあなた方を，これまで私の師としても，私の全幼少期のただ一人の教師としても，はなはだ敬慕し，尊敬申し上げているからです。そして『方法序説』の75ページ[22]で，私の書いたもののうちに誤りを見つけた方はだれでも，それを私にお知らせ下さるよう，はっきりとお願いしておきました。そしてまた，それを訂正する用意が出来ていることを私は明らかにしましたので，もしかしてだれかが，とくに宗教的な生活を［営んでいると］自称している人が，［直接］私自身に私の誤りを明らかにするよりも，むしろ私が不在中に他の人たち前で私の誤りを非難することを好んだとは思われません。少なくとも，その愛情が私には疑う余地もない隣人に関してはそういうことはありません」。[23]

これに対して，院長様ご自身でなく，まずあの神父様が答えました。そして，一週間以内に彼の論文を，つまり私の意見を攻撃した諸根拠を送るであろうと言うのです[24]。そしてそのすぐ後で，教団のある他の神父たちは6ヵ月以内に同じことを［すると］院長様の名前で約束しました。おそらくその理由は，彼らはその論文を査読していなかったので（というのも神父たちは，私に反対して彼がしたことを何も知らなかったと認めていたからです），それを訂正するためにそれだけの時間を必要としたからでしょう。結局あの神父様から私に送られてきたのは，彼

た。彼はラフレーシュ学院の哲学・神学教授でもあった。「弟子」とは，デカルトがそこで「ほとんど9年間」過ごしたことを指している。

21) 1640年7月22日付ヘイヌーヴ宛（AT. III, 99；『デカルト全書簡集』第四巻 p. 92）。
22) AT. VI, 75.
23) 1640年8月30日付メルセンヌ宛（AT. III, 169；『デカルト全書簡集』第四巻 p. 150）と重なるところが多い。
24) この書簡は失われたが，それに対するデカルトの答弁が残されている（1640年10月28日付メルセンヌ宛〔AT. III, 222-228；『デカルト全書簡集』第四巻 pp. 181-190〕）。

の手で書いた文書だけでなく，教団に共通の印を押した保証付きの文書です。要するにそれは，彼がそれを書いているのは上層部の意志によってであることを示すためなのです。そのなかで彼は次のように言いました。「1．院長様は，私［デカルト］が彼［ブルダン］に書いた手紙はとくに彼に関することなので，彼自身でそれに答え，そうしようとした理由を明らかにするよう彼に命じたこと。2．彼は，私の意見に反対して特別な争いを企てなかったし，企てようとも思わなかったこと[25]。3．私が『方法序説』の75ページで提起した依頼に彼が何も答えなかったのは，彼はそれをきちんと読んだことがなかったので[26]，それは彼の無知によるものとすべきであること。4．彼の開会演説［前哨戦］に対する私の「注釈」については，彼がかつて書いたこと，および友人から書き改めるよう忠告されなかった場合に書いたであろうこと[27]に付け加えるものは何もないこと」。すなわち，彼が私に対して送ってきた理由はすべて彼が以前私に言ったことばかりなので，彼はまったく何も言うことはなかったのです。それゆえ，このことばからして彼は，友人たちがそれを思い止まらせたので自分はそれを決して私に送らないだろう，とただ宣言しているだけなのです。

　これらすべてから明らかなことは，彼は私を誹謗しようとする強い熱意で燃えており，それをこの教団の他の神父たちの同意なしに，彼個人の考えの下で行ったということです。したがって，彼はあなた方の教団とは別の気質によって動かされており，結局彼が要求しているのは，私に反対して彼が書いたものを私が読むこと以外にはありません。また，私との間にいかなる敵意も面識もまったくなかった人が，かくも公然と，かくもあからさまに，かくも傲慢に私を誹謗したことは，まったく宗教家に相応しくないと私には思えました。彼の言訳としては，彼が言っているように私の『方法序説』を読んでいなかったこと以外に何もありません。しかし，このことがどれほど本当［らしくない］かは明らかです。すなわち彼は，あるときはテーゼで，あるときは開会演説で，私の「解

---

[25] 1640年10月28日付メルセンヌ宛（AT. III, 222：『デカルト全書簡集』第四巻 p. 191）。

[26] 同（AT. III, 223：『デカルト全書簡集』第四巻 p. 192）。

[27] 同（AT. III, 225：『デカルト全書簡集』第四巻 p. 194）。

析」をしばしば非難しましたが，私は「解析」ということばを『方法序説』[28]以外ではどこにも使っていないし書いておらず，しかも彼はその書を読んでいないと思っているからです。しかし，彼は今後沈黙を守ることを約束していましたので，私も過去のことは快く忘れることにいたしました。

そして，院長様が，「彼自身で私に向けてなしたことの理由を明らかにせよ。そしてテーゼであれ，討論会であれ，論文であれ，かくして彼が私に反対してきわめて高慢に表明したことを何一つ私の面前で主張することができず，彼の「前哨戦」に対して私が書いた「注釈」に何も答えられなかった，と包み隠さず告白せよ」ということ以上に，当初厳しい裁定を下さなかったことに私はいささかも驚かないでしょう。しかし，あの神父様がその後また論文[29]を書いたことには心底驚いています。彼は，たいへんな熱意をもって私に挑戦しようと燃え立っていたので，その最初の「前哨戦」が幸いにもほとんど成功を見ず，また「私の意見に対して特別な争いを企てない」と約束した後では，私と彼との間に，あるいは私とあなた方の誰か他の人との間に，何も新しいもめごとはなかったにもかかわらず，それを書いたのです。というのも，その論文には私の意見に対する「特別な争い」が含まれていないのなら，他の人の意見と争うということが何のことか，私にはよく分からないからです。彼自身が言訳をして，自分が攻撃しているのは実際に私の意見のことではなく，他のまったく気が狂った人の意見のことであり，それは中傷によって私自身の意見とされた，あるいはまた彼はその論文が私の手に渡ることを決して望まなかった，とおそらく言いでもしない限りは。というのも，その文体から明らかなことですが，それは，私の『省察』への「反論」のうちに数えられるために書かれたのではないからです。私が彼の他の論文を読むのを彼が望まなかったことからそれは明らかです（実際，彼の論文以上に出来の悪いものが他にあるでしょうか？）。最後に，私の意見とはまったく異なるものを私の意見としてよいとする，彼の驚くべき身勝手さからそれは明らかです。なぜなら，このことはいつ

---

[28] 『方法序説』(AT. VI. 17-18, 20)。しかし analysis は「分析」の意味で「第二答弁」で使われている (AT. VII. 155)。

[29] 「第七反論」。

か私によって公に非難されることになると彼自身が思っていたなら，彼はそのように振舞うことがなかっただろうからです。それゆえ私は，その論文を彼から受け取るよりも，教団から，そしてあなたから受け取ったことをたいへんありがたく思い，感謝しております。

　感謝を申し上げるために私に与えられているどのような機会も，何らかの復讐——私が自分のためにこれ［本書簡］を書いていると人から見られては困ります——よりもむしろ，彼が私に対する不正を隠していたこと［の解明］につながることを私は望みます。実際，私はそれがあなたと教団とを称えることになり，そしてきわめて有用な真理の顕示になると思われたのでなければ，筆を執りはしなかったでしょう。しかしあの神父様は，世界でも第一級と見なしうるパリのあなた方の学院で数学を教えており，しかも数学は私がとくに親しんだ学科[30]であると人から言われていますので，あなた方の教団のすべての方で，私の意見を，権威をもってうまく攻撃できる［立場の］人は［彼の他に］だれもいません。それと同じように，もし私がそれについて沈黙するなら，そこに認められる誤りが，容易にあなた方すべてに帰されるような人もまた，だれもいません。というのも，あなた方の全教団員のうちで彼だけが私に判断を下すように選ばれており，それゆえこの件に関してはあなた方すべてを信じるのと同じく彼ひとりをも信じるべきであり，あなた方に対するのと同じ判断が彼に対しても下されるべきであると，多くの人たちは確信しているだろうからです。

　さらに，彼がこの件で従った忠告は，しばらくのあいだ真理の認識を妨げ，遅らせるのにきわめて効果的ですが，真理をまったく隠滅するほどには十分ではありません。真理がついに見つかったとしても，そのことは決してあなた方の名誉にはなりません。なぜなら，彼は推論によって私の意見を反駁しようと努力せずに，他人のまったく馬鹿げた不合理な意見を，ほとんど私のことばのように表現してそれを私のものとして提出し，そしてそれをあたかも非難するにも値しないもののように嘲笑したからです。この策略によって彼は，私を知りもしないし私の書いた

---

30) facultas を「学科」の意味で使う例は「第七反論」の注解（AT. VII, 527）にも見られる。

ものを見たこともないすべての人が，私の書いたものを読むことを容易に妨げたことでしょう。そしてまた，それを見たことはあるがまだ十分に理解していない人，つまり見たことのほぼすべてを理解していない人が，それを後で吟味することを阻止したことでしょう。というのも，そういう人たちは，とくにあなた方の教団に属する宗教家が，事実私の意見ではないものを私の意見として厚かましくも提出し，嘲笑しようとしていることなど，疑いもしなかったでしょうから。

策略を行使するためには，彼の論文が多く人によって公然と読まれたのではなく，ただ彼の友人たちの間で私的にのみ読まれたことが，大きな助けになったことでしょう。というのも，こうして彼は，それが虚構であることを見破ることのできるだれかに読まれないよう，用心することが容易であっただろうからです。そして他の人たちは，彼が私の名声を損なわないようにとの配慮からそれを出版しようとせず，私の友人であると思えば思うほど，彼をますます信用したであろうからです。しかし，それがあまり多くの人に読まれないのではないかという恐れはあまりなかったでしょう。実際，彼が説得しようと望んでいたのは，ただあなた方のパリの学院の同僚のみであったとしても，彼の意見は，全世界に拡がっているあなた方の教団全員に容易に流布したことでしょうから。そして，そこから，彼の意見は，あなた方の教団の権威を信じている他のほとんどすべての人間に流布したことでしょうから。そういうことが起こっても私はそれほど驚かないでしょう。というのは，あなた方はご自身の研究で常に忙殺されていますので，各人が日々大量に出版される新刊書のすべてを吟味することはできないからです。しかし私は，教団のどなたであれ，その書物を最初に読むことを引き受けた人の判断が期待され，その人にしたがって，その後で他の人もまたそれを読むかあるいは読まないかを判断するものと思っておりました。すでに私は，気象学について出版した論文[31]に関して，そのことを経験したように思っております。というのも，それは哲学の一部を含んでおり，もし私が間違っていないなら，気象学が，これまで他のだれかが書いたこと以上に正

---

31) 『気象学』(1637)。アリストテレス『気象論』に注釈を施すことはスコラの学問の一部をなしており，その意味で「哲学の一部」であった。

確かつ真なる仕方で説明されていますので，あなた方のすべての学院で気象学を毎年教えている哲学者たちが，それを［扱うのを］差し控えるどんな理由があるとも思えないからです。おそらく彼らは，あの神父様が私についてなした虚偽の判断を信じて，それを決して読まなかったのでしょう。

　しかし，彼が自然学や数学に属することに関してのみ私を批判したのであれば，私はあまり気にかけることもなかったでしょう。しかし，それを使って私が神の存在と，精神の身体からの実在的区別とを論証した形而上学の諸原理を，彼はその論文において理性的推論ではなく誹謗によって覆そうと企てたのです。それらの真理の認識はきわめて重要ですので，それについて私が書いたことを私が全力で弁護するなら，善良な人ならだれもそれを否認できないほどでしょう。そうすることは私には困難ではないでしょう。なぜなら，彼が私に反対しているのは極端な懐疑についてだけですので，彼がそれをいかに不当に私に帰しているかを示すために，私の『省察』のすべての箇所を持ち出す必要はないからです。そこでは，私はこの懐疑を，入念にそしてもし私が間違っていなければ，これまで書かれた他のいかなる書よりもより詳細に反駁し，取り除きました。しかし，「第三反論」への答弁のはじめで私がはっきりと書いたことをお知らせするだけで十分でしょう。すなわち私が懐疑理由を提起したのは，その理由を人に納得させるためではなく逆にそれを反駁するためであり，それは「医術を論じる者は，その治療法を教えたいと思う病気について記述する」[32]のとまったく同じやり方です。ヒポクラテスやガレノスは病気がそこから生まれるのが常であるその原因を明らかにしたと非難し，そしてそこから，彼らは病気になる方法しか教えなかったと結論するほど，大胆で無謀な咎め立てをだれがなしたでしょうか？

　実際，彼が以前に私に反対して書いたものが，なぜかあなた方の承認を得なかったこと，そしてまた彼の最近の論文があなた方の命令で私に送られたことを，私自身が証言して周知させなかったならば，あの神父様がそのような大胆なことをしたのを知っている人たちは，彼がこの件

---

32)　「第三答弁」（AT. VII, 172）。

でただ自分の胸に相談した上でのみそれを行った，ということを容易に納得しないでしょう。この書簡は私がそのことを最も適切に行える場所ですから，その論文についての私の「注解」[33]と同時にこの書簡が出版[34]されるように配慮するのは的外れではないと考えます。

　そして，そのこと［書簡の出版］から私も果実を得るために，私がすでに書き上げており，支障がなければ一，二年後に出版しようと決心していた哲学[35]について，ここで何ごとかをお話しいたしましょう。1637年に私がその哲学のいくつかの「見本」[36]を世に出したとき，不当ではあれ私に寄せられると分かっていた嫉妬を防ぐよう私は全力を傾けました。それがために，私はその「見本」に自分の名前を入れることを望まなかったのであり[37]，ある人たちにはおそらくそう見えたように，そこに含まれる推論に私は自信がなかったとか，それを恥じていたからではありません。これと同じ理由から『方法序説』の66ページ[38]で，私は生きている間は私の哲学を世に出さないと心に決めている，とはっきり宣言しておいたのです。そして，もし，私がそれを望み，そして理性がそれを要求したように，私がその嫉妬から少なくとも部分的に解放されていたならば，私は依然としてそうした決心に留まっていたことでしょう。しかし結果はまったく異なっていました。実際，私の「見本」の運命は次のような次第であったのです。すなわち，それは多くの人に理解されることはありませんでしたが，しかし若干の人たちに，そしてそれを敢えて人よりも熱心に吟味する，きわめて知的で学識ある人たちに理解され，これまで世に出されなかった多くの真理が含まれていることが確認されました。この噂は多くの人に伝わり，そのため私が哲学において何

---

33)　「第七反論」に対する注解。
34)　『省察』第二版で，本書簡は「第七反論」のすぐ後に配置され，同時に出版された。
35)　『哲学原理』（1644）。以下，新哲学の出版の理由づけの話となる。『方法序説』第六部（書物を世に出すことの意義）とも関連している。
36)　『方法序説および屈折光学，気象学，幾何学』。specimen は「見本」とも「標本」とも訳せる。これは『方法序説および三試論』の位置づけを明示した著者自身のことばとして重要である。1653年のラテン語版タイトルは *Specimina Philosophiae Cartesianae* となっている。
37)　『方法序説』は匿名による出版である。
38)　AT. VI. 66.

か確実でいかなる論争の余地もないものを説明できるということが，すぐにも納得されるに至ったのです。その結果，大部分の人たち，すなわち学院の外で自由に哲学している人たち[39]だけでなく多くの教師たち，とりわけ若い教師[40]で，学識があるという偽りの評判よりもむしろ，知性の力に支えられている人たち，要するに真理を愛好するすべての人たちは，私の全哲学を光のうちに引き出す［公表する］ことを望んでいるのです。しかし，他の人たちは，学識があるよりも学識があると見られることの方を選びます。彼らは，学院の論争について鋭く議論できることから，すでに学者たちの間で何らかの名声を得ていると思っています。そして，真理が発見されるとそうした論争は廃止され，同時に彼らの学説はすべて軽蔑と共に消え失せるのではないかと恐れています。そこで彼らは，私の哲学の出版によって真理が発見されるかもしれないとは考えますが，しかしまた，その出版を望まないと公言したことはなく，むしろ私に対して大きな嫉妬を燃やしたのです。これら双方の人たちを区別することはきわめて容易でした。すなわち，私の哲学の出版を望んだ人たちは，私が生きているうちはそれを世に出さないと決めたこと[41]をたいへんよく覚えており，そのうちの若干の人たちは私がそれを同時代の人よりも後世の人に委ねる方を選んだことに，不平さえこぼしました。しかし，私がなぜそうしたかの理由を知っており，私が公益に資する意志に欠けていないことを知っているすべての公明正大な人たちは，それでも少なからず私に好意を寄せてくれました。他方，それ［哲学の出版］を恐れる人たちについては，彼らはそのこと［出版しないと決めたこと］を決して想起せず，あるいは少なくとも想起したいとは思わず，むしろ私がその出版を約束したと想定しました。そこから彼らの間では私は「あの有名な約束屋」[42]と呼ばれ，本を出版すると何年も豪語してきながら，ただ書く真似をしているだけの若干の人たちに比せられました。そ

---

39) デカルト哲学の非スコラ性（非専門性）ということが，逆にスホーキウス（本書xiiページの注5を参照）らの批判を招くことになる。

40) たとえばレギウス（本書xiページの注4を参照），ライデン大学の哲学教授へーレボールト（A. Heereboord, 1614-1659）などであろう。

41) 『方法序説』（AT. VI. 74）。

42) これは後にスホーキウスが『驚くべき方法』（1643）で，デカルトを批判することばとなるが，1642年の時点ではこれはまだ公にされていなかった。

のことからあの神父様もまた,「私はそれをあまりにも長く待ち望んだので,以後は望みを絶たねばならないほどであった」と言いました。もし彼が,まだ年老いてもいない人[43]に,数百年以来まだ人が明らかにしていない何かを期待しうると思っているなら,それはまったく馬鹿げたことです。そしてまた,彼は私を非難しようとして,二人ともそれほどの寿命があればですが,何百年たっても彼には期待しえないことを私には数年間で期待できる,と不注意にも告白しているのです。しかしこのような人たちは,私がかの哲学の出版を決めたことをまったく確信し,その準備がなされるや否やその哲学をたいへん恐れていました。そこで彼らは,私が出版した書物のなかですでに説明した意見だけでなく,主として彼らには未知の哲学をも多くの誹謗によって——隠然とそしてまた大っぴらに公然と——責め立てたのです。その目的は,彼らが,私がそれを出版するのを妨げるか,あるいは出版された直後にそれを破壊し,いわば揺りかごの中で絞め殺すためです。たしかに最初,私は,彼らの［空しい］努力を笑い,私の著作への攻撃が激烈であることに気づけば気づくほど,それによって私の意見はそれだけより価値の高いものになると考えていました。しかし,彼らの数が日ごとに増すのを見,そして機会あるたびに私に害を与えようときわめて入念に企てている人の方が,私を弁護しようとする好意的な人よりも多い——それが常です——ことを見てきました。そこで,もし私が彼らに大っぴらに反論せず,私の哲学を出版しない方針をずっと変えないならば,ひょっとして彼らの秘密の企てが功を奏し,私の閑暇が大いに乱されるのではないかと私は懸念しました。彼らが恐れていることをすべて明らかにすれば,彼らはもはや恐れる必要はなくなるでしょう。そこで私は,私が考えた哲学に関するわずかなことのすべてを,公の判断に委ね,そして,それが真であるならできるだけ多くの人に認められようにしようと努力することに決めました。それゆえ『方法序説』でその要旨を説明した論文[44]で以前その大部分を記述したときと同じ順序や文体でではなく,むしろスコラの習

---

43) デカルトはこのとき46歳であった。
44) 『世界論』(『方法序説』AT. VI, 41-45を参照)。『世界論』の記述の仕方はスコラの順序にはなっていない。『哲学原理』になってはじめてスコラ的な仕方で構成され,体系化される。

慣にもっと適応したやり方でそれを提示するでしょう。つまり個々の問題を短い項目に押し込め，それに続く問題の証明はただその前提のみに依存するという順序でそれを追求し，そしてすべてが一つの体系をなすようなやり方です。こうした仕方で，哲学において討論されることが常であるすべてのものの真理は，それを探す人にはだれでもここ［私の著作］で容易に発見できるほど，きわめて明晰に見えて来ることを私は望んでいます。

　ところで，たしかにすべての若者たちは，はじめに哲学を学ぼうと準備する際，真理を探究します。年齢の如何にかかわらず他の人たちも，哲学の問題を自分ひとりで省察する際にはみな真理を探究し，その問題を自らの利益になるように吟味します。そればかりか，すべての君主，行政官，そしてアカデミーや学園を建立して哲学の教育のために大金を拠出している他の人たちも，できる限り真理のみが教えられることを望んでいます。ただ彼らが，そこで疑わしい意見や論争の余地のある意見が議論されることを許している理由は，部下たちが論争の習慣によって議論好きで強情かつ頑固となり，その結果，上司に不従順で反逆へと扇動されやすくなるためではありません。むしろ単にその議論から真理がいつか出現するとの希望を彼らの多くが確信しているからです。あるいは，彼らがすでに長い経験によって，真理がそうした仕方では稀にしか発見されないことを知っていたとしても，しかし彼らはそれでも真理のことを気にかけ，それを発見するごくわずかな希望でも無視すべきではないと思っているからです。実際，既知の真理に反する意見を教わりたいと思うほど，粗野あるいは野蛮で，理性──それによってのみわれわれは人間なのです──の正しい使用を嫌う種族は，決していなかったのです。それゆえ，それがいかに古くて周知のものでも，真理とは異なるすべての意見よりも真理の方を選ぶべきであり，また他人を教える立場の人たちはみな真理を全力で探求し，発見された真理を教える義務があることに，疑いはありません。

　しかしながら，私が約束している新しい哲学に真理があるとは，おそらく人は信じないでしょう。［というのも］学院で一般に受け入れられている意見に従ってきた何千という多くの最も優れた人たちよりも，私だけが真理をより多く見たということは本当らしくないからです。新しい

578

579　未知の道よりも，踏みならされ熟知した道の方が常により安全です[45]。とりわけ神学に関してはそうです。多年の経験がすでに教えているように，神学は古い通常の哲学とはなはだよく合致しますが，しかし新しい哲学ではそれが不確かです。それゆえある人たちは，速やかに［その出版を］禁止し，絶滅させるべきだと強硬に主張しているのです。無知な大衆が新しさを熱望してそれに惹きつけられ，その数を徐々に増やして勢力をもつことがないように，あるいは学院やアカデミーの平穏と静謐を乱したり，あるいは教会に新しい異端を導き入れさえすることがないようにするためです。

　しかし，私はこれに対してお答えます。実際私は何も要求しておりませんし，私が他の人よりもより多くのことを見ているとも公言しておりません。反対に，私が自分の才能にあまり信用を置かずに，ただ平坦で容易な道に従ったことがおそらく役立ったのです[46]。なぜなら，多くの才能に恵まれた他の人たちが険しいでこぼこ道を行くよりも，だれかがこの［平坦な］道を行って大いに前進したとしても，それは驚くには値しないからです[47]。

　さらに付け加えますと，私が望んでいるのは私が約束していることが本当であると人が信用してくれることではなく，むしろ私がすでに出版した「見本」を人が判断してくれることです。というのも，ここで私が説明したのは一つや二つの問題ではなく[48]，これまでだれによっても説明されなかった無数の多くの問題だからです。そして，たとえこれまで多くの人は私の著作を斜めに読み，あらゆる方法で反駁しようと努めたとはいえ，しかし，私の知る限り，そこで見出されたのはすべて真であるものばかりであったのです。他の哲学が栄えた［過去の］あらゆる時代に哲学の力によって解決されたすべての問題を数え上げるなら，それは［私の場合と比べて］おそらくそれほど多くも，それほど顕著でもないことが分かるでしょう。しかしまた，私は敢えて公言いたしますが，

---

45)　『省察』「読者への序言」（AT. VII, 7）を連想させる。
46)　『方法序説』（AT. VI, 3）。
47)　『方法序説』（AT. VI, 24）。
48)　以下「私は約束したことを守るでしょう」までの10数行は，7年後に『情念論』の序文に相当する「デカルト氏への第一書簡」（AT. XI, 312）で引用されることになる。

どんな問題についてもそれが無効で虚偽であると私が証明できないような解決が，ペリパトス学派の哲学固有の原理によってかつて与えられたことは決してありませんでした49)。それを検証するために，すべての問題ではなく——なぜならそれは多くの時間を費やすに値するとは思えないからです——精選されたわずかな問題が私に提案されるなら，私は約束したことを守るでしょう。私は，ペリパトス学派の哲学固有の原理を語る際に私がそれに囚われる余地を残さないために，ただそうした問題を除去するよう注意しているのです。その問題の解決策として選ぶべきは，すべての人間に共通する経験のみによるのか，あるいは数学者に固有のものである図形や運動の考察によるのか，あるいは最後には，私の『省察』から上のこと［経験，図形・運動］が明らかになっているように，形而上学において私が認めた共通概念50)によるのか，です。

　なおも付け加えますが，その哲学がペリパトス学派のものであって他の哲学とは異なると見なされる限り，そこには新しくないもの［古いもの］は何もないが，しかし私の哲学においては古くないもの［新しいもの］は何もない，ということはパラドックスと思われるかもしれません。というのも，原理に関して私はこれまですべての哲学者においてまったく共通な，それゆえすべてのうちで最も古い原理のみを認めているからです。そして以後，そこから私が導出するものについては，私が示しているように，それは，原理のうちにすでに以前から含まれ，きわめて明確に刻印されていますので，これまた古いものと思われます51)。それは人間精神に生まれつき組み込まれているからです。これに反して通常の哲学の原理は，少なくともそれがその時にアリストテレスや他の人から発見された限りは新しく，それが今はその時よりもよいと見なされるべきではありません。そこに由来するもので，論争にならないものや，スコラの習慣によって個々の哲学者が変更しえないものは何もありません。それゆえ，それは今なお毎日革新されているのですから，これほど新し

---

49) アルキエによれば（F. Alquié éd., Œuvres philosophiques de Descartes, tome II p. 1087），こうした明確な言明はデカルトのテキストのなかでも稀である。

50) たとえば「第二答弁」の「諸根拠」には10項目の公理ないし共通概念が挙げられている（AT. VII, 164-166）。

51) 『方法序説』（AT. VI, 77）。

いものは何もありません。

　神学については，およそ一つの真理が他の真理と対立することは決してありませんので，哲学において発見された真理が，信仰の真理と対立するのではないかと恐れることは不敬なことでしょう。そして，宗教に関するいかなることも，私の原理によって，一般に受け入れられている原理と同じほど容易に，あるいはそれ以上に容易にさえ説明されると，実際私は告白いたします。これについては，すでに私は「第四反論」に対する私の答弁の末尾[52]で，哲学と神学との調停という例の最も難しい問題に関して，十分明らかな証拠を挙げておいたように思います。そして私は，必要に応じて同じことを他のどんな問題についてもする用意があり，通常の哲学には，これとは逆に神学において確実な事柄と実際対立する多くのことがある，とさえ主張する用意があります。しかし，通常それは哲学者たちによって覆い隠されているか，あるいはそれを信じる長い慣わしによって気づかれないのです。

　しかしそれでも，私の意見が新しさを熱望する無知な大衆を惹きつけることで，はなはだ勢力を増すのではないかと恐れる必要はありません。というのは，それとは反対に，私の意見は主としてより教養のある人たちから承認されていることを経験が教えているからです。彼らが惹きつけられるのは，新しさではなくただ真理によってだけですから，私の意見が過度に勢力を増すことはありえません。

　また，それが学院の平穏を乱すのではないかと恐れる必要もありません。むしろ反対に，すべての哲学者たちは，いま以上に大いなる戦いの状態はありえないほど数々の論争で互いに争っていますので，彼らの間に平和を確立させ，そしてまた日々の論争によって再び芽生えている異端をも打ち砕くべき方法としては，私がすでに証拠立てたような意見を真と認めることに優るものはありません。というのも，それを明晰に認識すれば，疑わしく討論の余地のある問題はすべて除去されるからです。

　そして，これらのことから明らかなのは，ある人たちが私の意見を他の人たちに知らせないようにしようと懸命になることの理由としては，彼らが私の意見をきわめて明証的かつ確実であると考えると，自分たち

---

52) AT. VII, 252. いわゆる聖体の秘蹟（Eucharistie）が問題になっている。

が他の蓋然性の低い知識を獲得したことで学者の名声が妨げられはしないかと恐れる，ということ以外に実際何もないということです。それゆえ，彼らの嫉妬そのものが，私の哲学の推論の真理性の少なからぬ証拠です。しかし，もしかして私がここで嫉妬されていると誤って誇っているとか，証拠としてあの神父様の論文[53]しか提出できないと思われないように，最近この地方の最も新しいアカデミー[54]で起こっていることを申し上げましょう。

ある医学博士[55]がいます。彼はきわめて鋭敏にして洞察力豊かな知性をもった人で，学院の哲学をきちんと学びながらもそれを信用せず，自由な精神をもっています。しかし，だからといってそれを大いに誇ることをせず，その哲学にいわば酔っている他のある人たちのように，自分が偉い学者であると思い込むこともしない人たちのうちの一人です。その彼は，私の『屈折光学』と『気象学』が出版されるや否やそれを読んで，そのうちには他のどんな哲学にも優って真である哲学の諸原理が含まれている，とすぐに判断してくれました。彼はそれらの原理を入念に集めてそこから他の原理を引き出し，数ヵ月のうちに『生理学』[56]の全部を書きあげたほど聡明でした。何人かの友人たちはそれを見てたいへん満足し，そのとき空席であった医学教授の職[57]——これまで彼はそれを求めようとしなかったのですが——を彼のために市参事会[58]に要求し

---

53) 「第七反論」。
54) ユトレヒト大学は1636年の創設である。それ以前に，ライデン大学が1575年，フラネケル大学が1586年，フローニンゲ大学が1614年に創設されていた。
55) 生理学者レギウス（本書xiページの注4を参照）。本文にあるような経緯でユトレヒト大学医学部教授となった。本文では「医師」（Medicus）とも呼ばれているが，「開業医」の意味ではなく「医学博士」の略称と思われる。当初彼はデカルト主義の忠実な弟子であった。以下，レギウスとユトレヒト大学学長ヴォエティウスとの確執の話となる。
56) レギウスは早くから『生理学』（*Physiologia*）の執筆に関してデカルトの意見を求めていた（1639年5月17日付レギウスからデカルト宛（AT. II, 548-549；『デカルト全書簡集』第三巻 pp. 223-224））。だがイタリア語版によれば，ここでの『生理学』とはレギウスが1641年に審査したテーゼ *Physiologia, sive Cognitio sanitatis*（生理学あるいは健康の認識）のことだとされる（B. p. 1451）。いずれにせよ，レギウスはデカルトの医学に学びつつ，また学生の論文指導をしつつ，自らの生理学（自然学）を構築したと考えられる。それは後に『自然学の基礎』（*Fundamenta physices*, 1646）としてまとめられた。
57) このポストは新設であった。レギウスは1638年7月に員外教授，1639年3月に理論医学・植物学の正教授となった。

て成功したほどです。こうして彼は教授になり、その職に相応しい事柄を可能な限り教えるのが自分の義務だと考えました。それゆえ、彼はとりわけその事柄が真であり、それに反することは何であれ偽であると判断しました。しかし、こうして彼は、場所の関係で［他の人の教室をカラにして］多くの学生を集めるようになったので、彼の同僚のある人たちは自分よりも彼の方が好まれていることにすぐに気づいて、あからさまにそれを妬みました。そして、たびたび市参事会に不平を訴え、彼にこの新しい教え方を禁じるように要求しました。しかし、三年間で聞き入れられたのは、学生が他の人の書も読むようにするために、彼の原理と同時に通常の哲学および医学の原理を教えるように促すこと以外には何もありませんでした。というのも、思慮深い市参事会は、もしその新しい意見が真であるなら禁じるべきではないし、もし偽なら数ヵ月もすればおのずから崩壊するので禁じる必要はないと判断したからです。しかし反対に、その意見は日を追って増大し、卑俗な人や若い人——彼らは妬みをもった人の権威や忠告によって容易に心を変えます——よりもむしろ、主としてきわめて高貴な人や有能な人から称えられていますので、市参事会はその医師に次のような新しい職務も与えました。すなわち、特別講義において数日間アリストテレスやその他の人たちの自然学の諸問題を説明し、かくして彼が自然学のすべての部分を論じる方が、自分の医学のみを論じる場合よりも多くなるようにしました。そして、同僚の一人でそのときアカデミーの学長[59]であった人が、彼を追放しようとしてあらゆる策略を講じようと決心しなかったならば、その後は彼の同僚たちはおそらく沈黙し、真理に場所を明け渡したことでしょう。私がどういう種類の反対者を相手にしているのかが明らかになるように、いまここで手短に述べてみましょう[60]。

---

58) ユトレヒトの場合、市を管理運営する Magistrat（参事、行政官、司法官とも訳せるが、ここでは組織の意味で市参事会と訳した）は、大学の人事権、カリキュラムの構成権、学長の任命権をも持っていたと思われる。市長は市参事のうちから選ばれた。

59) ヴォエティウス（本書xiページの注3を参照）。1641-1642年ユトレヒト大学の学長であった。一貫してデカルト哲学のオランダへの浸透を拒否し、ユトレヒト紛争の主導者となった。

60) 以下のヴォエティウスへの批判が、「ユトレヒト紛争」のひきがねの一つになったと考えられる。この批判は早速『驚くべき方法』の序文で問題にされた。

その人［ヴォエティウス］は神学者，説教師，論客と呼ばれています。そして多くの人の間で大きな名声と権力とを獲得しています。その理由は，彼がある時にはローマの宗教［カトリック］を，ある時には自分のものとは異なる他のどんな宗教をも攻撃し，またある時には権力者たちを攻撃することにおいて，敬虔への燃えるような御し難い熱意を誇示し，また時には機知に富んだ滑稽なことばで大衆の耳をくすぐっていることからも来ています。しかし，彼はだれにも読まれないような多くの小冊子――そこではさまざまな著者が引用されていますが，それらの著者は彼に賛成するよりもしばしば反対しており，しかも彼は著者をおそらく索引から知っているだけです――を毎日出しています。そして彼は，無学な者たちから学識があると見られようとして，どんな学問についてもあたかもそれに精通しているかのようにきわめて大胆に，しかしよくは知らないままに語るのです。しかし，もっと学識のある人たちは，彼がいつもいかに他人をうるさく挑発したか，そしてしばしば討論すべきことがあった場合に，いかに推論の代わりに罵詈を持ち込み，そして負かされると卑劣にも退却したかを知っていますので，彼とは異なる宗教を持っている場合，その人たちは公然と彼を嘲笑し軽蔑しています。そして，ある人たちは，彼を以後何も新しい反論を書くことができないと思われたほど公然と論破しました。しかし，彼と同じ宗教を持っている場合でも，その人たちはできる限り彼を弁護し，許すことはあっても，しかし心のなかでは賛同していないのです。

　この人がしばらく学長であったのち，次のようなことがありました。その医師が自分の学生たちのテーゼ[61]の討論会を主宰したとき，学生たちには提起された議論に答える自由が与えられず，［若い］学者たちは

　61）　ここで「テーゼ」とは演習用の「課題論文」であろう。テーゼに補足説明の系論（Corollarium）を付すこともあった。テーゼは公開の討論会によって審査されたので，「討論会」の意味でもあった（本書8ページの注14を参照）。通常，学生は与えられた課題（教授の講義内容から取られるのが通例）について，複数の教授を前に自分の主張を述べた。そして反論者から出される批判に対して，答弁者として弁明しなければならなかった。最後に座長（主任教授）によって判定が行われた。これによって学生はスキルを磨き，この審査に通るとその内容が論文として出版することが許された。討論会では反対派の学生が騒ぎを起こしたり，教授が異例の発言をしたりして，紛糾することもしばしばあった。こうした討論会はオランダの諸大学で毎週のように行われた（E.-J. Bos, op. cit., pp. li-lii）。

しつこく足を踏み鳴らして邪魔をしました。私は知りませんので，この足踏みが神学者［ヴォエティウス］の友人たちによって引き起こされたとは申しませんが，それはこれまでにはなかったことです。そして，現場に居合わせた信頼に値する人たちから聞いたことですが，それは答弁者や主宰者の過失から起こりえたものではありません。なぜなら，それは答弁者たちが自分の意見を説明する前からずっと始まっていたからです。しかし，新しい哲学は公の場で教えるには値しないとだれもが結論するようにするために，新しい哲学はうまく弁明されなかった，という噂が拡がりました。

また次のようなこともありました。その医師の主宰の下でしばしば討論会が行われましたが，テーゼにあまり注意が払われず，答弁者がさまざまなバラバラの問題を勝手に寄せ集めたことがありました。あるテーゼでは「精神と身体からは，一なる自体的存在が生じるのではなく，偶有的存在が生じる」[62]と主張されました。「偶有的存在」とは，二つのまったく異なる実体からなるすべてのもののことです。しかしだからといって，それによって精神と身体が結合している実体的結合や，その結合のためにそれぞれの部分が持つ自然的傾向性までは否定されません。そのことは，すぐ後で「その結合から生じる複合という点からすれば，それらの実体は不完全と言われる」と付け加えられたことから明らかです。それゆえ，おそらく学院ではあまり使われない言い方をしたという以外には，そこで非難すべきことは何もないのです。

しかし実際，神学者である学長にとって，それは，その医師を包囲して異端を断罪し，事が期待通りに運んだなら，市参事会の意に反してでも彼を教授職から追放するのに十分な絶好の機会と思われました。その医師はそれをものともせず，そのテーゼが学長によって否認[63]されたこ

---

62) 1641年12月8日のことである。この引用とそれに付加された引用は，レギウスが審査した論文（*Disputatio medica prima de illustribus aliquot quaestionibus physiologicis*, 1641）による。このテーゼをめぐって大論争が展開することになる。ここではデカルトが問題の起こらないように解釈しているが，それは書簡においても同様であった（1641年12月中旬レギウス宛〔AT. III, 460-462：『デカルト全書簡集』第五巻 pp. 61-63］，1642年1月レギウスからデカルト宛〔AT. III, 491-510：『デカルト全書簡集』第五巻 pp. 100-119］）。しかし，ヴォエティウスらはとりわけこのテーゼを攻撃することになる。

63) 学生の課題論文（テーゼ）は手続き上，学長の認可を経て出版されるのが通例だっ

とを知るや否や，すぐに学長と他の神学教授たちのところに行き，自らの意見を説明して，彼らの神学や自らの神学に反することは何も考えたり書いたりするつもりはない，と保証しました。そして数日後そのテーゼは出版されました。ただ，学長はそれに「この上なく神聖なる神学部の権威から学生たちに提起された忠告の系論」という題目を前に付けたいと望んでいた，と私はたしかに聞いております。学長はそれに加えて，「ハイデルベルクの神学者たちから無神論の医師と呼ばれているタウレルス[64]の意見，および人間を偶有的存在であるとする気まぐれな若者ゴルラエウス[65]の意見は，自然学，形而上学，霊物学，神学などにおいて多くの仕方で衝突している」[66]とも言っています。その目的は，テーゼがその場にいた他のすべての神学教授や説教師によって署名されたなら（しかし私はそれを知りませんので，実際に署名されたならばの話です），同僚のだれかを市参事会のもとに送り込んで，教会評議会によってその医師が，タウレルスやゴルラエウス——それらの著者を彼［レギウス］[67]は決して読んでいませんし，私もまったく知りません——と共に異端として断罪された，と告げるためです。それは，こうして市参事会が，民衆の意向の下でその医師を教授職に長く留まらせることができないようにするためでもあります。しかし，それらのテーゼはすでに印刷中ですので，おそらくある市参事たちの手に渡ったことでしょう。神学者［ヴォエティウス］を［アカデミーに］招いた市参事たちは，彼に自らの職務を思い起こさせ，少なくともその題目を変更させ，そして神学部の公的な権威が彼の中傷のために濫用されないようにするでしょう[68]。

たと考えられる。ヴォエティウスは最初レギウスの提出したテーゼを否認したが，一転してそれに批判的な系論を付したうえで出版を認めたのであろう。これに対してレギウスがさらに小冊子を出して反論することになる。

64) タウレルス（Nicolas Taurellus, 1547-1606）は，アリストテレス主義と神学とは相容れないと説いた。主著 *Philosophiae Triumphus*, 1573.

65) ゴルラエウス（David Gorlaeus, 1591-1612）も反アリストテレス主義者。主著 *Excercitationes philosophicae*, 1620.

66) 1642年1月24日レギウスからデカルト宛（AT. III, 487；『デカルト全書簡集』第五巻 p. 88）を参照。

67) 『驚くべき方法』の序文は「彼」をヴォエティウスとするが，デカルトにしたがってレギウスと読む。『ヴォエティウス宛書簡』第八部（本書166ページ）を参照。

68) しかし大学側の資料（『経緯陳述』*Narratio historica*, Verbeek. pp. 99-100）は，これとは異なる記述になっている。

それにもかかわらず，彼［ヴォエティウス］はテーゼ[69]を出版させました。そして，あの神父様［ブルダン］に倣って，テーゼについて三日間[70]討論会をしました。そしてテーゼには，「二つの実体から合成されたものは偶有的存在と言うべきか否か」ということばの問題[71]を取り扱う以外にほとんど材料がなかったので，そこに他の問題を付け加えました。そのうちの主なものは「物質的事物の実体的形相について」でした。その医師は理性的な魂を除いてその［実体的形相の］すべてを否定していましたが，しかし彼［ヴォエティウス］は，あたかもペリパトス学派の守護神のように，できる限りの推論でそれを支持し，弁明しようと努めました。そして，ここで私が理由もなく他人の論争に介入していると思われないよう［申し上げておきますが］，その医師がしばしば彼のテーゼでそうしたように[72]，神学者も[73]そのテーゼに私の名前を記すだけでなく，討論会においても私に言及しました。そして彼は，私が見たこともない反論者[74]に，その議論を私から示唆されたのかどうかを尋ねました。そして彼は嫌悪すべき比較を使い，ユダヤ人が自分たちをすべての真理に導いてくれるエリアを待ち望むように，通常の哲学する仕方を嫌う人たちは，私に別の仕方を期待すればよい，と付け加えました[75]。

しかし，［ヴォエティウス側が］このように三日間勝利を収めた間，その医師は，もし自分が黙っていれば，打ち負かされたものと多くの人から思われるだろうが，他方，公開討論会で自らを弁明していれば，以前のように聴講の妨害をもくろむ騒ぎが予想されたので，神学者のテーゼに対して文書によって答弁[76]をしようと熟慮しました。たしかにその答

---

69) レギウスのテーゼに対して批判的な三つの「系論」を加えたもの。
70) 1641年12月18，23，24日。
71) 「第七答弁」への注解（AT. VII, 484）。
72) 1641年5月レギウス宛（AT. III, 371；『デカルト全書簡集』第四巻 p. 342）を参照。
73) 「神学者も」はクレルスリエの仏訳（p. 385）による挿入。
74) ヴォエティウスの学生ワーテルラエト（Lambertus van den Waterlaet, 1619?-1674）。AT. III, 490を参照。
75) 1642年1月24日付レギウスからデカルト宛（AT. III, 490；『デカルト全書簡集』第五巻 p. 92）を参照。付属文書（2）「序文への補足」でこの点が取り上げられることになる。本書262-263ページを参照。
76) この答弁は1642年2月16日に刊行された（Baillet. II, 153）。デカルトは予めその草案を書いている。1642年1月末レギウス宛（AT. III, 491-520；『デカルト全書簡集』第五

弁において，彼［レギウス］あるいは彼の意見に反対してテーゼで言われたすべてのことが，しっかりした推論によって反駁されています。しかし，その間も，彼は著者［ヴォエティウス］をきわめて優しくかつ尊敬を込めて扱っていますので，彼はその著者と仲良くしようとしている，あるいは少なくとも著者の傷ついた心を刺激しないようにしている，と思われるほどです[77]。実際，彼の答弁は，それを読んだ多くの人が，そこには神学者によって問題にされるようなものは，そこでこの男が敬虔な人で，あらゆる誹謗への愛着とは無縁であると言われているのを除けば，何もないと思うようなものです。

しかしことばによって傷つけられたのではないにせよ，彼［ヴォエティウス］はその医師から大きな侮辱を受けたと思いました。なぜなら，彼は推論によって打ち負かされたからですが，その推論は，彼が中傷者であること，そして彼が自分で言い触らしていることに無知であることを結果的に明らかに示しています。この欠点に対して彼が取ることのできる救済策としては，自分の権力を利用して，恥ずべきと思われるその答弁がこの町で流布しないようにすること以外にはありませんでした[78]。おそらく彼は，アリストテレスが昔の哲学者たちの意見をきちんと反論できないときには，まったく不合理なある別の意見，つまり自分の著作中に見出される意見を彼らのものだとし，そして後世の人にこの欺瞞が見破られないようにするために，彼らのすべての書物を精査したうえで焼き棄てるように努めた[79]，と言われているのを聞いたことがあるでしょう。われわれの神学者は忠実なペリパトス学徒として，これに倣おうとしたのです。彼はアカデミーの評議会を招集し[80]，彼に反対する小冊子が同僚によって出されたことに不平を訴えました。そして彼は，それを禁じるべきであり，同時にアカデミーを乱すあらゆる哲学を根絶すべ

巻 pp. 100-119)。

77) 1642年1月末レギウスからデカルト宛（AT. III, 494；『デカルト全書簡集』第五巻 pp. 102-103) を参照。

78) ユトレヒト市側では大学の申し立てに先行して，レギウスの「答弁」を排除し，押収していた。

79) プラトンはデモクリトスの書物を焼き棄てようとしたと伝えられている（ディオゲネス・ラエルティオス『ギリシア哲学者列伝』9．40)。

80) 1642年2月18, 19, 24日。

きだと言いました。大部分の人たちはそれに賛同しました。そのうちの 3 人[81]は市参事会のもとに派遣され，そこで同じ不平を訴えました。市参事会は彼らを満足させるために，本屋からその数冊を撤去するよう命じました。そのため，残りの部数はさらに意欲的に買い求められ，さらに興味深く読まれるようになりました[82]。神学者が正当に不平を訴えることができたのは，彼が逃れえなかった推論の力だけだということが，これらのことから明らかになったので，すべての人は彼を嘲笑しました。

それでも彼自身はその間も休むことをしませんでした。彼は連日，アカデミーの評議会を招集し[83]，その恥辱のいくらかを分かとうとしました。彼にとってそれはたいへんな仕事でした。彼は，その医師の答弁とその全哲学を断罪しようとする理由を探さねばなりませんでしたが，いかなる理由も見つけることができなかったからです。それにもかかわらず，最後にアカデミー評議会の名で議決が出されましたが，それはひとり学長にのみ帰すべきことです[84]。実際，彼が招集したあらゆる会議において，彼は裁判官であると同時に最も辛辣な告訴人として座していたのですが，他方その医師は［弁明を］聞いてもらえず，出席さえも許されなかったのです。彼が大部分の同僚を自分の欲する側へと容易に誘導し，そして［賛成］投票数は，自分に反対する他の人たちに優るだろうことを，だれが疑うでしょうか？　というのも，とくにある人たちは，その医師を嫌悪して迫害する機会を，彼と同じかあるいはむしろ彼よりも多く持っており，他の穏やかな人たちは，学長が辛辣であることを知っており，決して進んで反対しなかったからです。そのよい証拠に，これらの人たちはだれもこの議決の賛同者と呼ばれたくありませんでしたが，その医師の友人ではなく私も知らないある人[85]は，それが結果的に

---

　　81)　神学教授デマティウス（本書220ページの注69を参照），法学教授マテウス（A. Mathaeus），文学教授リラエウス（J. Liraeus）。1642年 3 月 5 日付レギウスからデカルト宛（AT. III, 534：『デカルト全書簡集』第五巻 p. 131）を参照。

　　82)　同（AT. III, 534-535：『デカルト全書簡集』第五巻 p. 131），Baillet. II, 153-154。

　　83)　1642年 2 月24日。

　　84)　1642年 3 月31日付レギウスからデカルト宛（AT. III, 557：『デカルト全書簡集』第五巻 p. 147），Baillet. II, 155。

　　85)　法学教授キプリアヌス・レグネリ（Cyprianus Regneri）。1642年 3 月31日付レギウスからデカルト宛（AT. III, 557：『デカルト全書簡集』第五巻 p. 148），Baillet. II, 155を参照。

恥辱となるのが予見されることには参加せず，自分の名前が同意しない者としてそこに記されることを表立って望んだのです。

しかし，ここにその議決の写しを添えておきましょう。その理由は，多分あなたはこの地の学者たちの間で起こっていることを知るのを不快とはされないだろうからです。また，数年後に，それが印刷された薄い書きつけがおそらくすべて散逸するとき，誹謗者たちができる限りその権威を用いないようにし，そしてそのうちに私の哲学を断罪する何か正当な理由があると想像することがないようにするためです。ただアカデミーの名前だけは伏せておきましょう。学長が動揺のあまり，昨日あるいは一昨日，恥知らずにも引き起こしたそのことを，おそらく別の人が，明日あるいは明後日には変更して，外部の人から恥と見なされないようにするためです。

**アカデミー[86]評議会の名で出された議決[87]

**アカデミーの教授たちは，1642年2月に「神学・哲学的系論等に対する答弁ないし覚書」と題して出版された小冊子[88]を，大きな苦痛なしには読むことができなかった。そして彼らは，その小冊子がただこのアカデミーの損害と不名誉になること，および他の人の心に悪しき疑念

---

86) すぐ上の本文で言われたように「ユトレヒト」が以下伏せ字**になっている。同じものを掲げた AT. III. 551-553 では「著名なユトレヒト・アカデミー評議会の議決」となっている。

87) この議決の成立については，Baillet. II. 155, 1642年3月31日付レギウスからデカルト宛 (AT. III. 557-558；『デカルト全書簡集』第五巻 pp. 147-148) を参照。

88) レギウスの「小冊子」(Libbelus) が書かれた経緯は以下のようなものである。
1) 1641年12月8日レギウスの討論会で「人間は偶有性による存在」などのテーゼが出された (1641年12月中頃レギウス宛 AT. III. 459-464，『デカルト全書簡集』第五巻 pp. 61-63)。
2) ヴォエティウスは同年12月18日および24日に三つの系論を加えてそれを批判した (1642年1月24日付レギウスからデカルト宛〔AT. III. 487-491，『デカルト全書簡集』第五巻 pp. 87-92〕)。
3) それに対する「答弁」としてこの「小冊子」が1642年2月16日に刊行された (Baillet. II. 153)。短いもので現物はユトレヒト大学図書館にある。デカルトは予め大部の草案を書いてレギウスに送っている (Baillet. II. 153, 1642年1月末レギウス宛〔AT. III. 491-520；『デカルト全書簡集』第五巻 pp. 100-119〕)。レギウスの「答弁」とデカルトの草案との差異については，AT. III. 511-520 に詳しい。

をかきたてることを意図していることに気づいていたので，すべての人および個々の人に対して［以下の点を］より明確にしようと決めた。

　第一に，ある同僚が他の同僚に反対して，とくに相手の名前を記した本ないし小冊子を公に出版するというこのやり方を認めないこと。それはとりわけ，アカデミーで論争になっている事柄について討論され，匿名で出されたテーゼないし系論に関してである。

　次に，前述の小冊子においてしばしばなされているように，新しいと自称する哲学を擁護する論拠には賛成しないこと。というのは，それは，すべてのアカデミーで受け入れられてきた，それとは異なる通常の哲学を，より真なるものとして至るところで教えてきた人たちを，傲慢なことばを連ねて侮辱しているからである。たとえば，それは著者が前述の小冊子で次のように言うときである。

　6ページ。ずっと以前から私［レギウス］は，学生たちが私の下でわずかな期間で大きな進歩を遂げたことを知っていたが，ある人たちにはそれが悪く思われている。

　7ページ。ある難問を解くために他の人が用いるのをつねとする用語は，より明敏な知性の持ち主をわずかでも決して完全に満足させることはなく，むしろその魂をただ闇と霧とで満たす。

　同ページ。［難問の］本当の意味は，一般に，他の人よりも私の下で，はるかによくかつ敏速に学ばれる。そのことは，私の学生の多くが数ヵ月しか教えを受けていないのに，公開の討論会においてすでに何度も大きな称賛を得た経験そのものによって証明されている。また，健康な頭脳を持つ人であればだれでも，それは何かここで非難すべきことではなく，むしろまったく称賛すべきことと見なすであろうことは，疑う余地もない。

　9ページ。われわれの見るところでは，それらの哀れな実在（すなわち実体的形相や実在的性質）は，おそらく学生の精神を盲目にするためにしか役立たない。そしてあなた［ヴォエティウス］があれほど推奨する，かの無知の知の代わりに，別のより尊大な無知を学生に押しつけるのに役立つだけである。

　15ページ。しかしこれに反して，実体的形相を信じる意見から，魂が物体的で死ぬものであると言う人たちの見解に陥るのはいとも容易であ

る。

　20ページ。すべてを活動的な一つの原理，つまり実体的形相に還元するのをつねとするような哲学の仕方が，「愚か者」[89]よりも価値があると見なすべきか否かを尋ねることができよう。

　25ページ。このことから明らかなことは，堅固な推論によって無神論者あるいは獣に追いやられるのは，実体的形相を否定する人たちではなく，むしろそれを採用する人たちであることである。

　39ページ。さらに，これまで他の人たちによって些細なことについても提出されてきた原因［論］は，多くの場合，きわめて貧弱で真理から懸け離れており，真理を求める魂の要求を満たしていない。

　第三に，この新しい哲学を拒否すること。その理由は，第一に，それは世界のあらゆるアカデミーでこれまで最高のものとして教えられてきた古き哲学に反しており，その基礎を転覆させるからである。第二に，それは若者たちを古きよき哲学から離反させ，学問の頂点を極めるのを妨げるからである。なぜなら，いったんこの自称哲学に支えられると，彼らは［昔の］著者たちが書物で使い，教授たちが講義や討論会で使っている用語を理解できなくなるからである。そして最後に，その哲学から，ある場合は［伝統とは］異なった虚偽で不合理な意見が帰結し，またある場合は不注意な若者がそこから他の学問や学科に反する意見，とりわけ伝統的な神学に反する意見を導き出すかもしれないからである。

　それゆえ以下のように査定し，判断すること。すなわち，このアカデミーで哲学を教えるすべての人は，向後そうした［新哲学の］意図や計画を差し控え，他の最も有名なアカデミーの例に倣って，若干の個別的な意見においては対立してもよいという，ささやかな自由をここで用いることで満足すべきである。それは，これまで受け入れてきた古き哲学を破壊せず，アカデミーの静謐をすべてにおいて良好な状態で維持するというこの点に繰り返し努める，という限りにおいてである。1642年3

89）　原文のコロイボス（Choraebus）を，クレルスリエの仏訳は「一つの曲か歌しか知らない下手なダンス教師」（p. 590）としている。ファベイクも「ダンス教師」（Verbeek. p. 122）としている。しかし，字義通りにはそうであれ，なぜダンスなのかが説明されない。われわれはATの注にしたがって「波の数を数えようとする愚か者」（Suidas）と理解しておく。イタリア語訳も諸説あるなかで「大馬鹿者」としている（B. p. 1462）。付属文書（2）「序文への補足」，本書263ページを参照。

月16日[90]。

　しかし注目に値するのは，この議決が出されたのは，学長がその医師の書に答えるよりもむしろそれを禁じることを選んだことを人が嘲笑した少し後であったことです。それゆえここでは，すべての理由ではなくとも少なくとも自分の行為を弁明するために彼が考え出すことができた理由が明らかになっていることは，疑うべくもありません。そこで，もしよろしければその理由を略述してみましょう。

　第一に，その医師の小冊子は「アカデミーの損害と不名誉になること，および他の人の心に悪しき意見を掻き立てることを意図している」と言われています。この言は，これを機会に人々が，アカデミーの学長は明らかな真理にも反対するほど無分別で，議論では負けたので権威によって勝とうとするほど意地が悪いと推測するか，あるいはむしろそう認識するようになることであるとしか，私には理解できません。しかし，彼はもはや学長ではありませんので[91]，その不名誉はなくなりました。そして，アカデミーが依然としてその医師をも有することで名誉を得ていることに比べれば，彼［ヴォエティウス］をまだ教授として有しているからといって不名誉になることは少ないでしょう。もっとも，彼がその資格なしとされない場合のことですが。

　第二に，こう言われています。「ある同僚が他の同僚に反対して，とくに相手の名前を記した本を公にすることを認めない」と。しかし，この推論からするに，むしろこの議決において告訴人であり座長であった学長自身だけが，ひとり被告人であるべきであり，断罪されるべきであったのです。というのも，彼自身が以前，挑発されもしないのにテーゼの名の下に二冊の小冊子を彼の同僚に反対して出版し[92]，そして無実の人を包囲し，中傷によって追放するために，この上なく神聖なる神学部の権威[93]を笠に着て，それらの書を保護しようとさえ努めたからです。

　90）　公式文書では17日となっている。新暦では3月27日。
　91）　1642年3月16日，ヴォエティウスは学長を退いた。しかし新学長ら執行部はレギウスから「自然学にかかわる事柄」を教える権利を剥奪した。
　92）　付属文書（2）「序文への補足」，本書264-265ページを参照。
　93）　ただし，ワーテルラエトのテーゼの冒頭にあった「神学部」の文字は削除されている。

彼が［レギウスの］名前を出していないと自己弁明をしても，それは滑稽です。なぜなら彼自身が，かつて彼［レギウス］が使ったのと同じことばを引用し，攻撃されているのは彼［レギウス］であるとだれもが疑いえないような仕方で彼を同定したからです。しかし，その医師の方は彼にきわめて穏やかに答えました。そして彼の名前をあまりにも沢山の称賛で飾り立てたので，その医師は彼に反対しているのではなくむしろ友人として彼に向けて書き，彼の名誉のためにのみ名前を出した，と思われたほどでした。実際，神学者の推論が，とにかく少なくとも蓋然的なものであり，その医師の推論を反駁するものを有していたなら，それは人から信用されたことでしょう。しかし，学長は彼の同僚［レギウス］を，彼によって負わせられた異端と無神論という罪を拒否し，中傷の包囲網を自ら脱するためにきわめて明白で真なる推論を提示した，というその一事のゆえに侮辱の廉(かど)で被告人にしましたが，これほど不当なことがありうるでしょうか？

　また，神学者は，その医師の小冊子でしばしばなされている「新しいと自称する哲学を擁護する論拠」には賛成しておりません。というのも「それは通常の哲学をより真なるものと教えてきた人たちを，傲慢なことばを連ねて侮辱しているから」です。実は，このすこぶる謙虚な人自身，傲慢なことばで他の人を批判しているのです。しかし，ここでその医師の書から引用され，すべてのうちで最も傲慢で憎悪へと駆り立てるのに最適であるとして取り上げられたその箇所を考察しただけでは，実際はだれも傲慢さの形跡を認めることができませんでした。学院の哲学では，だれもがことばを和らげることなく思ったことを［率直に］話し，それゆえ自分の意見だけが真で他の意見はすべて偽であると断定するのがごく普通のことですが，そのことが了解されるならばとくに［傲慢さは］認められません。なぜなら，彼らは討論の習慣からそうした自由に慣れ親しんでおりますが，それは都会で生活をしている人にはおそらく粗野なものであろうからです。また，ここで引用されていることばの大部分は，嫉妬からあたかもあらゆる場所のすべての哲学者に反しているかのように言われているのですが，神学者だけは例外であると理解すべきではないことは，その医師の書から明らかです。そして，彼［レギウス］はあたかも第三者であるかのように複数で語っていますが，それは

595

596　ただその神学者をあまり侮辱しないためだけなのです。最後に，ここで愚か者，無神論者，獣等について記されていますが，それはその医師が自発的に書いたことではなく，むしろ先に神学者の方から不当にかつ偽って投げかけられたものです[94]。それらの名称は，自分ではなく反対者［ヴォエティウス］に相応しいことを真で明証的な推論によって示すように強いられたのだ，と投げ返すことができるためです。自らは他の人たちを無神論者や獣，と中傷して呼ぶのが許されることを望むが，しかしその人たちから正しい推論によって控え目に反駁されることには耐えられないような厚顔な人間に，だれが我慢できるでしょうか？[95]　しかしもっと私に関わることに急いで向かいましょう。

　彼［ヴォエティウス］は新しい哲学を断罪する三つの理由があるとしています。第一は，「それは古き哲学に反する」ことです。ここで私は上に述べたこと——私の哲学はすべての哲学のうちで最も古く，それが通常の哲学と異なる点があるとすれば，それは新しいものではないということだけである——を繰り返しません。むしろただ私は，私の哲学が図形を考察しているという理由で，魔術の疑いがあると見なそうとした[96]ほどまでに愚鈍な（あるいはこう言った方がよければ悪意のある）人が，彼が断罪しているその哲学を正しく理解しているかどうかを尋ねているのです。また私は，なぜ学院で討論[97]がなされるのが常であるのかを尋ねているのです。それは明証的な真理を探究するためであることは疑いありません。というのも，真理がすでに獲得されているなら，幾何学においては討論の習慣がないことから明らかなように，そうした討論はなくなるだろうからです。しかし，このように長い間探究され，期待されてきた明証的な真理が，もしかして天使によって提示されたなら，それは学院の討論に慣れ親しんだ人には新しいと思われるというだけの理由で拒否されるべきでしょうか？　原理については討論されないと言われるかもしれませんが，しかしわれわれの大胆な[98]［と見なされる］

---

94)　付属文書（2）「序文への補足」，本書263ページを参照。
95)　同，本書261ページを参照。
96)　同上。
97)　討論は真理の発見には役立たないとされる。『方法序説』（AT. VI, 69）を参照。
98)　praesumpta については，アルキエの解釈（F. Alquié éd, Œuvres philosophiques de Descartes, tome II, Paris, 1967, p. 1094）にしたがう。

哲学によって原理も転覆されるのです。しかし，なぜそれはいとも容易に転覆されることになるのでしょうか？　なぜ諸根拠によって支えられないのでしょうか？　これまでその原理の上に何も確実なものを立てることができなかったことからすれば，それ［原理］が不確実であることは十分に示されているのではないでしょうか？

　もう一つの理由は「若者たちが，いったんこの自称の哲学に支えられると，彼らは著者たちが書物で使っている用語を理解できなくなる」ということです。あたかも，哲学は真理の認識のために教えられるべきだが，哲学には不要ないくつかの単語も教えておくべきであったとでも言わんばかりです！　それでは，なぜその名目において文法や修辞学がむしろ断罪されないのでしょうか？　その仕事はもっぱらことばを扱うことであるのに，しかし［スコラの］用語は粗野であると拒否してまったく教えないのです。したがって彼が，それゆえそれは「若者たちを古きよき哲学から離反させ，学問の頂点を極めるのを妨げる」といくら言っても，それは同じことをわれわれの哲学について言うのと同じく，笑うべきことです。なぜなら，その説明が要求されるのは，われわれの哲学に対してではなく，それらの用語を使っている人たちの書に対してであるからです。

　最後に，第三の理由には二つの部分があります。その一つは明らかに滑稽であり，他の一つは不当で虚偽です。実際，「不注意な若者が，［伝統とは］異なった，虚偽で不合理な意見に導かれうる」ことはほとんどありえない，ということ以上に真で明らかなことがあるでしょうか？　しかし，私の哲学から何か「伝統的な神学に反する意見が帰結する」というのは，まったく虚偽で不当なことです。私は，彼［ヴォエティウス］の神学が伝統的であるとは思わないということも例外とはしません。またそれゆえ，とりわけ信仰の事柄については他の人が私とは違う考え方をすることで，私はだれも軽蔑しませんでした。なぜなら，信仰は神の贈物ということを私は知っているからです。私は，彼と同じ宗教を持つと公言する多くの神学者にも説教師にも敬意を表し，彼らを尊重しております[99]。しかし，すでに何度も明確に申し上げたことですが，私はい

---

99)　デカルトはプロテスタント神学者として，コルヴィウス（A. Colvius），デマレ

かなる神学の論争にも決して立ち入るつもりはありません。そして，私は哲学においてさえも自然的理性によって明晰に認識される事柄のみを扱いますので，その事柄が理性の光に明白に反しているのでない限り，だれかの神学と相反することはありえません。もっとも，私の知るところでは，だれも自分の神学がそうである［理性に反する］とは言わないでしょうが。

　さらに，その医師が提出した推論は何一つ神学者によって論駁されなかった，と私が根拠もなく主張していると思われないための二倍，三倍の実例が，それに関してあります。というのも，それについて出版された二，三の小冊子がすでにあるからです。それは，実際はその神学者によって出されたのではなく彼のために出され，そこに何かよきものが含まれているならその栄誉は彼だけに帰属させようとする人たちによって出されました。しかし，その神学者にもっとましなことが言えたなら，その人たちの名の下に自らを隠して，こうした愚かなことを主張するのは許されなかったことでしょう。

　これらの小冊子の最初のものは，同じアカデミーの教授である彼の息子[100]によるテーゼ，という題で出版されました。そこでは，ただ父親の実体的形相に加えた豊富な議論が反復されているだけか，あるいは他のもっと貧弱な議論が追加されているだけです。その医師がそれによってすべてをすでに論駁した推論については，まったく何も言及されていません。そこから帰結することは，この著者は事柄を何も理解していないか，あるいは少なくとも頭が柔軟ではないということです。

　もう一つの小冊子は二冊からなっていますが，それは，学長主宰の下で大荒れの三日間の討論会で答弁した，あの学生[101]の名前で出されました。その題は「正統的哲学の諸原理の前触れあるいは擁護的吟味等」[102]です。たしかにここにおいて，その著者あるいは著者たちがその医師に反対する理由として，これまで案出しえたすべてが集められてい

(S. Desmarets), リヴェ (A. Rivet) らと親交があった。

100)　パウルス・ヴォエティウス (Paulus Voet, 1619-1667)。彼は1641年よりユトレヒト大学の員外教授であり，アリストテレスの形而上学に関するテーゼを主宰した。

101)　ワーテルラエト。

102)　*Prodromus, sive examen tutelare orthodoxae philosophiae principiorum*, 1642.

ます。なぜなら，第一部が印刷に出されている間に，著者の念頭に浮かんだことを何一つ漏らさないように，その第二部，つまり新たな「前触れ」もまた新たに付加されているからです。しかしながら，それらすべてにおいて，その医師の推論については何も，あるいはごくわずかでも，確固としてとは申しませんが，もっともらしくさえ論駁されていないのです。それゆえ，その著者が配慮しているのはただ次のことだけだと思われます。すなわち，この大部の書を単なる愚かさから構成し，そしていっそう多くのことが期待されるように，まただれかがそれに答えようとは思わないように「前触れ」の題を掲げること，こうして書物は大部であればあるほどよいと思い，たいそう大胆にかつ長く話す人は常に勝者である，と判断する無知な大衆の面前で少なくともそれらの書が成功を収めることです。

　しかし，私は大衆の厚意を得ようとは思っていません。私が配慮していることはただ，私ができる限り真理を守ることによって，有徳で高潔な人の益になり，私自身の良心を満足させることだけです。私は，反論者が用いるのをつねとするあの豊富な術策と，他のすべての術策を公にしたいと思っています。そうすれば，中傷者かつ真理を嫌う者として公認されても赤面しないような人でなければ，だれもそうした術策を後に使わなくなるでしょう。そして今までのところ，最初に私がすべての人に依頼したこと，つまり私の著作のうちで真であるとして私が提起したことに反論がある人は，私宛てにそれを書いて下さるなら必ずお答えします[103]という依頼が，より控え目な人に術策をひかえさせるのに少なからず役立ちました。というのも，私に知らせずに私について何かを他人の面前で語るなら，それは中傷の疑いをかけられることが彼らには分かっていたからです。しかし，多くの人はこの依頼を無視し，実際に私の著作において虚偽であると非難しうるものを何も見出さなかったとしても，そしておそらくは著作をまったく読まなかったとしても，それについて陰で悪口を言ったのです。実際，ある人たちはたいへんそれに熱心で，一巻の書物全部を書けるほどでしたが，それは出版するためでは

---

103) 『方法序説』(AT. VI, 75-76)。

なく——さらに悪いと私は思いますが——信じ込みやすい人たちの前で私的に読むためでした[104]。その書物のある部分は，虚偽の推論で覆われ，多くの曖昧なことばでいっぱいですし，他の部分は，推論は真であっても誤って私に帰せられた意見のみを攻撃した推論でいっぱいです。しかし，私はいまこれらすべての人に彼らが書いたもの[105]を印刷するようお願いし，そう促しています。というのも，その方が，私が依頼したような形で反論が私に提起されるよりもおそらくよいことを，私は経験から教わっているからです。それは，もし私が答えるには値しないと判断しても，彼らが，私が答えることができなかったと勘違いをして自慢したり，あるいは私から軽蔑されたと不平を言うことがないようにするためです。また，その著書を私が世に知らしめたかもしれないある人たちが，私がそれに答弁を付したことで侮辱を受けたと思わないようにするためです。なぜなら，ごく最近ある人が自分の場合について断言したように，それを自分で出版しようとしたときに味わうことができる果実が，すなわち私がそれに答えることができる前に数ヵ月間にわたって読まれ，多くの人の魂を満たし占有するという果実が，そのために奪われることになるだろうからです。私は彼らの果実を羨むわけではありません。また私は，読者には簡単には解けないと思われるような推論があるのでなければ，答弁を約束しないでしょう。嘲笑，罵詈および何であれ［私が］使っているのとは無縁の他のことばに関しては，それは私に反対するよりもむしろ味方していると思われます。［なぜなら］理性で証明しうる以上の多くのことを確信したいと熱望する人でなければ，その議論をこうした場合に用いるとは思われないからです。このことは，そういう人は真理を求めるのではなく真理を攻撃したいのであって，それゆえ彼は公明正大でも有徳でもないことを示しています。

　しかしながら，誠実で敬虔な多くの人たちでさえも，私の意見に疑念を持つかもしれないことを私は疑いません。なぜなら，彼らは私の意見が他の意見によって反駁されると見ているからであり，また，それがただ新しいと言われているだけで，多くの人にこれまで理解されなかった

---

104)　ガッサンディは『省察』に対して膨大な「第五反論」を書いた。これが私的な読書会のものであることについては，AT. VII, 392にその記述がある。

105)　P. Gassendi, *Disquisitio metaphysica*, 1644.

からです。実際，私の意見が熟考されれば，それに敢えて賛成する人よりもそれを拒否すべきだと思う人の方がはるかに多いことにはならないだろう，と判断してくれる集団を見出すことは容易ではないかもしれません。というのも，理性と思慮の説くところによれば，われわれにきちんと認識されていないものについては，同様な場合に普通起こることにしたがってのみ，われわれは判断をすべきであるからです。これまで実に多くの人が哲学において新しい意見を提起してきましたが，それは広く受け入れられてきた［既存の］哲学よりもよりよいものではなく，むしろしばしばもっと危険であることが認知されました。ですから，私の哲学をまだ明晰に認識していないすべての人たちが意見を求められると，それを拒否すべきだと言うのは無理もありません。それゆえ，私の意見がたとえ真であるとしても，それにもかかわらず，おそらくあなたの教団全体から，そして一般に教育を仕事とするすべての教団から，上に述べたアカデミーの評議会の例のように，それは断罪されるのではないかと懸念しなければならないと思います。私の意見が，格別のご好意とご配慮によってあなたの庇護の下に入ると私が固く信じるのでないならば，です。しかし，あなたはその教団の一部を統括[106]しておられ，他の人たちよりも私の「見本」を容易にお読みになることができますので——その大部分はフランス語で書かれているからです——，この件について私のために多くをしていただけるのはあなただけであると確信しています。しかし，あなたのご好意をお願いするのはただ，それをご自身で吟味して下さること，あるいは沢山のお仕事でそれがおできになれないなら，あの神父様［ブルダン］だけでなく他のもっと有能な方々にそのお世話を依頼することだけです。公の裁判においては，二，三人の信用に値する証人が何かあることを見たと証言するとき，彼らは，おそらく推測に導かれて反対のことを想像する無数の他の一般の人よりも，より信用されます。それと同じように，判断したことを完全に理解していると公言した人たちのみをあなたが信用されるよう［お願いいたします］。そして最後に，私の計画を取り消すべきであるとする何らかの理由をあなたがお持ちなら，それをお教え下さることをどうかご負担とされませぬ

---

106) 冒頭のタイトルにもあるように，ディネはイエズス会のフランス管区長であった。

よう［お願いいたします］。

　実際，私が出版したわずかの省察のうちには，私が準備している哲学の全原理が含まれています。『屈折光学』や『気象学』には，私がそれらの原理から導出した多くの個別的な事柄があり，それらは私がどういう種類の推論を使っているかを示しています。それゆえ，その哲学のすべてをまだ私は示してはおりませんが，しかし，私が先に提出したものから，それがどういう性質のものになるかが容易に理解されうると思っています。しかし私が思うには，その全体が求められる以前にそれを示すよりも，むしろその見本を先に出すことを選んだのは，正当な理由があってのことです。なぜなら，率直に申し上げれば，私はその真理性を疑っていないにせよ，しかし真理が，それが新しいという点で何人かの人から非難されると，多くの思慮ある人からもいかに容易に断罪されうるかを私は知っていますので，すべての人が私の哲学を望んでいるとは確信できませんし，いやがる人に押しつけたいとも思わないからです。それゆえ私は，ずっと以前にそれを準備していますと予めすべての人にお知らせしたのです。［その結果］多くの人たちが個々にそれを切望し期待しました。他方，ある教授団はそれを拒否すべきであると判断しましたが，その理由はただ，騒動好きで愚かな学長[107]からそう扇動されたからだということを私は知っています。しかし，そのような扇動は私にはあまり有効ではありません。しかし，もしかして他の多くの人が私の哲学を望まず，そしてそれを望まない正当な理由を持つなら，私は個人［の意見］よりも彼らの方を優先すべきだと考えるでしょう。はっきりと公言いたしますが，思慮ある方々の忠告や力ある方々の意志に反して私が故意に何かをすることはないでしょう。あなたの教団がお取りになる側こそが，他の側よりも重いはずであることを私は疑いませんので，あなたとあなた方［の教団］のご判定をお知らせ下さるなら，私に大きな恩恵を与えて下さることになります。これまでの私の人生で，私はとりわけあなた方を常に敬愛し，尊敬申し上げてきましたように，いささか重要であると私が考えておりますこの件においてもまた，あなた方のご後援なしに私は何ごとも実行できるものではありません。敬具。

---

107) ヴォエティウス。

（山田弘明 訳）

ヴォエティウス宛書簡

最も著名なる士，ギスベルトゥス・ヴォエティウス殿へ宛てられた
ルネ・デカルトの書簡。
そこにおいて，
ユトレヒトの人ヴォエティウスによって
最近同時に出版された二つの書が吟味される。
一つはマリア友愛会[1]について，
他の一つはデカルト哲学についてのものである。

梗　概

　私が，真であり人間の生活にまことに有益であると考える哲学のいわば見本[2]を世に出してからというもの，多くの教養ある方々から，そしてたしかにとりわけ他の方々に比して才知に長け博識であると誰からも認められている方々から，その哲学を練り上げ，全貌を公にするよう，お勧めをいただきました。そのようなご判断をまことに多とするものでありますが，しかし，私には，学院の論争の中で育った他の少なからぬ人々が私の哲学を誹謗で覆い尽くし，あたかも若芽のうちに根こそぎにせんとばかりにこの上もなき熱意で努めていることの方が，私の哲学［が真であること］のいっそう確かな証拠を示しているように思われます。といいますのも，哲学することは常に実に自由であったのであり，これまで実に多くの人々が自然の事柄の認識について誤っても無害だったのですから，彼らに続いて私が間違ったとしても，だからといって人類に危害が及ぶと恐れるべきではありませんし，逆にもし私がひょっとして真理を発見したならば，大きな益が期待されるべきこととなります。それゆえ，真理を愛する方々なら，私の書きもののうちに真理を見出すという儚く疑わしい望みからしても，私にそれを公表するよう誘って下さ

---

　1)　この会について，デカルトは confraternitas の他に fraternitas, sodalitas（ないし sodalicium）という表現も使う。本訳では順に，友愛会，兄弟会，信心会と訳し分けるが，言うまでもなく同じ会のことである。「マリア」部分についても，「至福の（B ないし Beatus）」という形容詞がつけられたり，「処女（Virgo）」と言い換えられたりする。
　2)　『方法序説および三試論』のこと。本書16ページの注36を参照。

ることがありうるのです。しかし，他の人々がなぜかくも苛烈（かれつ）に私の意見を攻撃するのか，その理由としては，私の意見が真であることを彼らは固く信じており，もし真理が認識されたなら，彼らの学説が寄って立っている学院のあのような論争に，もはやいかなる栄誉も残らなくなると恐れてのこととしか，私には思われません[3]。

　ところで，彼らが私を攻撃するのは論拠によってではなく，ただ悪態によってなのですから，私は通常それには応えないことにしております。しかしながら，そのような輩の一人，ギスベルトゥス・ヴォエティウスは，他の者たちのように私を誤っているとか無知だと言って非難するだけでは満足せず，私に対しあまりに忌まわしい罪を捻り出し，私への誹謗をあまりに歪んだやり口で表明するものですから，彼の不正に対して私は黙っているべきではないと判断いたしました。といいますのも，昨年，彼は，彼が当時学長をしていたユトレヒト・アカデミーの名においてある議決を出版したのですが，その中で私の哲学を「そこから虚偽で不合理で，伝統的な神学に反するさまざまな意見が帰結する」という口実をでっち上げて断罪しておりましたので，私としては当時たまたま印刷中であった文書のうちに，その議決を，それへの反論，そしてまたヴォエティウスの人となりについての短い描写と共に挿入せざるをえなくなったのですが[4]，それは，彼が私に立ち向かっているのが論拠によってではなく，ただ権威によってであったものですから，彼がどれほどの権威に値すべきかを誰もが分かるようにし，そして「私の哲学から帰結する」と彼が言った，かの「虚偽で不合理で，伝統的な神学に反する意見」なるもの［が何であるのか］を彼に明らかにさせるためであったのです。なぜなら，至高の権能を行使される方々に対してならその判断の根拠を訊ねることはたしかに許されませんけれども，もし誰かが，権限を何ら持っていないのに他の人を敢えて断罪し，その断罪の理由を訊ねられて何ら応えないとしたなら，たしかにそのこと自体，自らが中傷者であることを宣言したことになるからです。

---

[3]　『ディネ師宛書簡』（AT. VII, 582；本書22-23ページ）を参照。
[4]　『ディネ師宛書簡』の後半部のこと（AT. VII, 582以降；本書23ページ以降）。その中に議決も引用されているが，「虚偽で不合理で…」に相当する語句は AT. VII, 593；本書33ページ。

このようなわけで，ヴォエティウスが彼の側から『デカルト哲学』ないし『ルネ・デカルトの新哲学の驚くべき方法』と題された[5]長ったらしい本を出版したとき，私は彼からの何らかの答を，[すなわち]かの「伝統的な神学に反する意見」とやらを私たちに指し示し，そして自らを中傷の疑義から解き放つ答を期待いたしました。ところが，彼は[その本を]彼の弟子の一人，フローニンゲンの哲学教授の名[6]のもとに刊行いたしましたし，その中には以前に彼が書いたことを証明なり弁解なりする論拠は何らなく，ただ以前のものよりいっそう忌まわしい新たな中傷が含まれていただけでした。実際，ただ従卒たちにのみ相応しい罵詈と不遜さの卑しさについては言わないことにしますが，その本の中で私に対し断言されていることのうち，「狡猾にもまったく密かに無神論を教えている」[7]ということなどまだ穏やかな方なのです。そして，かかる不遜で恥ずべき誹謗に関し，証拠としては，私が無神論者たちに反対して書き，私は彼らをしっかりと拒絶していると多くの人々が判断していること以外には何ら申し立てられていないのです。したがいまして，[私に対してそれ以外には]まったく何も書かれえなかったのですから，そのことからして，いっそう明白でいっそう弁解不可能な中傷と認められることでしょう。

以上のことからして，この文書でそれに反駁し，かかる不適切な中傷を罰するよう市参事の方々の助力を公に求めることが私には不可避となってまいりました。といいますのも，彼は若者を教育するために公職に就いているのであり，アカデミーの教授なのですから，かくも忌まわしくかくも露骨な犯罪が罰せられないままであるとすれば，彼にその職の遂行を許している方々の権威が[彼を]いわば支えていると見られかねないからです。そして，いかなる団体も，あるいはいかなる国家も，そのうちの誰かが罪人であることをもって不名誉が帰されることはありえ

---

5) 各ページ欄外上部に見開きで『デカルト哲学』とある。表紙に『ルネ・デカルトの…』の標題がある。以下本訳の注では『驚くべき方法』と略す。

6) スホーキウス。本書xiiページの注5を参照。『驚くべき方法』の表紙と序文の冒頭にのみ，その名が記されている。この書の実質的著者が誰なのか，ユトレヒト紛争最大の焦点である。

7) 『驚くべき方法』序文，ラテン語原文（本書簡の解題を参照）ではページ付けはないが13ページ目。

ません。といいますのも，どこであれ罪人たちがいるからこそ，そのためどこであれ法があり役人がいるのですから。むしろ，明瞭に暴かれた後にはいかなる犯罪も許されないとする人々こそ，この上もなく称賛に値するのです。

　ところで，数ヵ月前，その誹謗本の144ページ，つまり最初の六葉を，ヴォエティウスがその出版を用意していると聞いていたユトレヒトから受け取りましたので，私はそれに対し折々に暇を見つけては返答を書きつけました[8]。ところが，その後，その印刷はマリア友愛会についての本[9]のせいでかなりの間中断されました。そちらも同じ印刷屋だったのですが，最近ハーグで催されたガロ・ベルギカ教会会議[10]において，彼がその本で［友愛会を］攻撃した件が協議されると思ったヴォエティウスは，会議の時期の前に出版できるよう，そちらの印刷の方をいっそう急かせたのです。それで私は，その本もまた，世に出るやいなや直ちに吟味することが私の責務であると考えました。と申しましても，その本のうちに私とは異なる宗教に係わる問題が述べられているから，ということでは決してありません。私はそのようなことを，敵たちにがなり立てる機会を与えぬためにこの上もなく注意して避けていたのです。そうではなく，その本から彼の悪意と放縦な嘘が最も明瞭に証明でき［ると思え］たから吟味したのです。たとえば，ヴォエティウスは，あるときは弟子たちのうちのある者を，またあるときは別の者を駆り出し［その名を使って］仮面を付けてしか私に向かってきません。弟子たちが彼に

---

[8] 逐次書き留めておいただけであり，度ごとに公表したわけではない。この状況については本書簡の解題を参照。「最初の六葉」に対する議論は本書簡の第五部まで。ただし，第四部までは（一部の後からの補筆を除き）正式な題名も名義上の著者も知らないまま，ただしヴォエティウスが著者であるという前提で書かれたものであるが，第五部はそうではない。第一部および第五部冒頭を参照。

[9] ボワ・ル・デュック（スヘルトーヘンボス）におけるマリア友愛会のあり方を攻撃した書。正式な題は『至福のマリア信心会を改革派の内に築く，あるいは更新することに味方してごく最近書かれた論考から採られた，一部は曖昧ないし不確かな，一部は危険な主張の見本』。1642年，ユトレヒトにて刊。

[10] 1643年4月15日にハーグで開催されたオランダ・ワロン派教会の会議。ボワ・ル・デュックの教会はデマレ（Samuel Desmarets, 1599-1673）たちを派遣した。デマレはマレシウス（Maresius）とも呼ばれ，パリやライデンで神学を学び，1636年から1642年までボワ・ル・デュックの牧師。1642年からフローニンゲン・アカデミー神学教授。四回学長を務める。ヴォエティウスに対峙する立場にある者として，本書簡第六部の主役の一人。

味方して書いている［とされる］ことの矢面に立たぬよう，しかしそれでいて彼の権威でそれらを裏打ちしよう，というためなのです。彼は教会の牧師であり，それゆえ有徳で嘘偽りなど決してない人士であると考える人々なら，彼の弟子たちが彼のために，そして彼が承知で書いているもののうちで，私にかくも忌まわしい罪を帰していることを，私が有罪でない限り許すはずがないと信じるであろう，というわけなのです。［彼がそのような策を取る以上］私としては，彼自身の行い，知識，罪過についてある程度語り，かくも悪しく用いられた彼の権威のすべてを暴く必要があると考えました[11]。それは，彼の中傷の被害から私を解放するためでもありますが，かかる事柄で被害を受けているのは私だけではないのですから，公の利益のためでもあるのです。

また，彼は，私が彼個人にかこつけて他の神学者たちをも攻撃していると言い，そして彼の宗教における争いに裁決を下そうとしていると言って，疑いもなく私に対する憎悪を掻き立てようとしていますが，私は彼の奸知(かんち)を知っていますので，そのような役に立たない訴えなど気にかけてはおりません。といいますのも，この書物を読もうとして下さる方なら誰も，そのような訴えがこの上もなく偽であり，そして私がこの上もなく注意深く［宗教対立の］双方から距離を置いていたことを認めないはずはないからです。いやそればかりか，私は過日，ガロ・ベルギカ教会会議において最近何か彼に有利な裁定がなされたと彼の仲間たちが言い触らしているのを聞いたものですから，たまたまこの書物のうちに何か会議で否認されたことがあってはいけませんので，この件について［会議の裁決を］入念に吟味いたしました[12]。しかし，その教会会議の［裁決の］条文のうち至福のマリア信心会について何か言及されている箇所をすべて読んだのですが，ヴォエティウスを支持するものを何も見出さなかったどころか，彼のあからさまな［信心会］断罪が条文ではむしろ抑制されているのを認めたのです。といいますのも，かの教会会議は第24条で，彼らの説教師の一人[13]が「かかる案件の肯定側[14]を擁護す

---

11) 『驚くべき方法』の著者問題に対し，真正面から闘おうとしているわけである。
12) デカルトがハーグで開かれた教会会議の採決をなぜこれほど早く正確に知りえたのか，会議に出席していたデマレ（本書50ページの注10を参照）の加担が疑われたが，本人は完全に否定している。『デカルト全書簡集』第五巻 p. 279を参照。

ることを，(たとえ自分たちの防御のために人々からそうすることを懇願されていたとしても) 独自の動きで，教会会議の意見を求めることなく引き受けた」ことを是認しない，と断言しているのですが，しかしその理由が添えられているのです。それは，悪しき案件と判断されたからでも，防御が公正で適切でなかったからでもなく，「かかる問題はあらゆる教会に普遍的に係わる」からなのです15)。これと同じ理由から，第25条は，ボワ・ル・デュックの教会が裁定を下すよう求めていたにもかかわらず，各国の一般教会会議にその判断を委ねました。これらのことからして，ヴォエティウスがかかる案件の否定側を「独自の動きで，自分の国の教会会議の意見を求めることなく」敢えて公に主張したことも教会会議は決して是認できないことは明らかです。それは誰かを守るためではなく，反対に名誉を毀損するためであって，そして彼一人がガロ・ベルギカ教会会議全体よりも向こう見ずだということなのです。この決定は教会の長老たちがかかる争いに関わらぬことを認めていますが，だからといって，教会会議が肯定側より否定側に好意的であったと考えられるべきでもありません。といいますのも，この決定は［その理由として］「ある人々の醜聞のゆえに」と付言しているからです。かかる理由は，もちろん他の教会の差し障りにならないようにするためです。[こう言っただけで] 通常，信心深い人々には何らかの，あるいはほんの少しでも悪の陰が疑われることを為すのを差し控えさせるのにしばしば十分だからです16)。そして，ボワ・ル・デュックの教会は，至福の処女信心会であれ誰か聖人たちの名が付けられた聖堂参事会員の団体や他の信心会であれ，この地域では何の差し障りもなく保たれていた非常に多

---

13) デマレのこと。

14) 「肯定側」とは，問題とされている友愛会のような旧カトリックの団体に新教徒が加入して再編することを「肯定する」側の意。

15) デカルトもすぐ後で，あるいは第六部で（本書121ページ）述べていることであるが，ボワ・ル・デュック側の主張の核心は，オランダには，とりわけ新たにスペインから獲得された地域にはカトリック時代の聖人の名を冠した諸団体・諸施設が無数にあり，通常何も問題とされていない，ということである。したがって，問題は当該友愛会一つにとどまるものではなく，「普遍的」なのである。

16) 前注にあるように，この問題はオランダ全域に及ぶ「普遍的」問題である。それゆえ，もし採りあげるなら「醜聞」もどきの話となりうると指摘するだけで，他の地域では採りあげられなくなるはず，という趣旨であろう。

くの団体について区別なく問うたのですから，教会会議もそれに応えて，かの信心会の案件と他の団体の案件との間にいかなる区別も示しておらず，それゆえヴォエティウスの本の全体からいかなる重要なことも何ら得られえないのです。とはいえ，これらの他の団体はこれまで長い習慣によって受け入れられてきたのですから，「ある人々の醜聞」などに晒されることはいっそうなかったのですが。

　最後に，マリア友愛会についての本の後でデカルト哲学についての本の残りが印刷に付され，私はそれを見て，それらもまた何らかのことが答えられるべきであると考えました[17]。そのようなわけで，ただの書簡になろうと考えておりましたものが，材料の多さからして徐々に大きくなり，本になってしまいました。そこで私は，これを以下のように九部に分けましたが，個々を別々に読めるようにして冗長さによる退屈を［少しでも］減らそうとしたわけです。

　第一部において，私は，著者が私の欠点をかいつまんで並べ立てようとしたデカルト哲学についての本の序文に答えています。2ページ[18]。

　第二部において，私はヴォエティウス殿にお返しとして，彼自身の人となりを私が初めて知るに至った彼のいくつかの行いを述べ立てることにします。25ページ。

　第三部において，私は，デカルト哲学についての彼の本の［第一区分の］第一章と第二章を概観します。40ページ。

　第四部では，本の用い方とヴォエティウスの知識について私の意見をお話しします。46ページ。

　第五部では，その［デカルト哲学についての］本の144ページまで，すなわちその始めの二区分の残りの章について手短に論じます。78ページ。

　第六部では，マリア友愛会についての本を吟味します。93ページ。

　第七部では，ヴォエティウス殿の罪過とは何か，そして彼がこの本によってキリスト教徒の慈愛と誠実の見本をどのように実証しているのかを考察します。153ページ。

　第八部ではデカルト哲学についての本に戻って，その序文（以前には

---

17) 第八部と第九部。
18) 以下のページ数は原本のもので，本訳書のものではない。

見ていませんでした）と第三区分に反駁します。208ページ。

　第九部で，私は同じ本の第四の，最後の区分に答え，そして同時に，その著者たちがあまりに忌まわしく，かつまったく許しがたい中傷の罪を犯していることを示します。239ページ。

最も著名なる士，ギスベルトゥス・ヴォエティウス殿へ
ルネ・デカルト　拝

　ずっと以前から，貴殿が何か私に反対する本を準備していると聞いていたが，私はいまようやくにしてその最初の六葉を受け取ったのであって，はるかに多くのものが印刷中であると言われている。しかし，すぐに紐解いたわずかなページからして，それについて判断を下し貴殿に通告する前に，それを吟味するのに多くの時間を費やす必要も，あるいはおそらくその全体を待つ必要さえないことが容易に分かる。休憩したくなった折々にでもその六葉を読み，その文において指摘するに値することは何であれ，読んで気づいた順のままにここに記すことにする[19]。

第一部
偽って『デカルト哲学』と書き記された本の序について

　題名のすべてが含まれている紙葉はまだ印刷されていないのだから，私はまだもっていないのだが，おそらく慣わしどおりにすべての最後に印刷されるのであろう。しかし，各ページの上欄において貴殿は貴殿の本を『デカルト哲学』と名付けているのを見たものだから[20]，題名はそれらしいが内容は似ても似つかないこの書を私によるものと期待させ，貴殿の本を私の本のかわりに売り込もうと，貴殿は読者たちを欺くべくそのようにしたと判断されるのではないかと私は危惧している[21]。それゆえ，読者たちに貴殿の意図を告げ知らせるべく迅速にこの書簡を公表したとしても，貴殿が不快に思う謂(いわ)れはない。
　最初の7ページには，革新者たちに反対しアリストテレスを称賛する一般的な前置きしかなく，そこには記すに値することは何も見出されないが，しかしたとえば2ページにおいて貴殿は，ある神学博士たちが

---

19)　本書50ページの注8を参照。
20)　本書49ページの注5を参照。
21)　デカルトはすでに，後に『哲学原理』となる「自らの哲学」の出版予定を公言していた。たとえば『ディネ師宛書簡』（AT. VII, 574：本書16ページ）を参照。『デカルト哲学』なる題名はそれと混同させようとしている，というわけである。1643年3月23日付メルセンス宛書簡に同趣旨の文言がある（AT. III, 642：『デカルト全書簡集』第五巻 p. 245）。

「融和への過度の熱意から〈正統性〉[22]と信仰それ自体を貶めている」と，あたかも融和を求めることが何か主要な罪で，それが神学者たちに蔓延しているかのごとく嘆いている。この私といえば，融和を求めることは最も重要な，まさしくキリスト教的な徳であると常に考えていたのだが。ヴォエティウス殿よ，「平和を実現する人々は，幸いである」[23]。だが，これほどまでに諍いを求めている限り，貴殿は幸福にはなれないのであろう。

　8ページにおいて，貴殿は私について以下のように述べ始めている。「かかる巨人族たちの自惚れはすさまじく，ごく最近もその隊列のうちのある者が，［この人物が］ペリパトス学派の哲学の語彙をまったく何も知っていないことを私は確実に証明できるのだが，ディネ宛の滑稽で嘘だらけの書簡169ページにおいて大胆にも次のように書き放ったのである。「我，まさしく公言する。いかなる問題についても，不当で偽であると私が証明できないような解が，かつてペリパトス学派の哲学固有の原理によって与えられたことは決してなかった，と。お試しあれ。だが，すべてをお示しなさるな。というのも，そのようなことに多くの時間を費やすほどの価値はないと思うからだ。わずかな選ばれた問題だけでよい。約束を守ってみせようぞ」[24]。このペテン師を［手品の道具たる］子豚と一緒にアンティキュラ[25]に放り出せ，と思わない者が誰かいるだろうか？」　かかる書き出しからして，貴殿にはここで罵詈を慎む気がないこと，私に好誼を持っていないこと，したがって貴殿が私について言うことには確かな証拠や論拠で裏付けられない限り信をおくべきではないことを，誰しも容易に理解するであろう。ところで，貴殿が証明できると言っていること，すなわち私が「ペリパトス学派の哲学の語彙をまったく何も知っていない」ということがたとえ本当であるとしても，私は何ほども気にしていない。なぜなら，反対に，もしそのようなものをあまりに熱心に学んでいたとしたならば，むしろみっともないと私には

22）〈正統性〉部分はギリシア語。
23）「マタイによる福音書」第5章9節。新共同訳による。
24）『ディネ師宛書簡』（AT. VII, 579-580）。本書20-21ページにある文だが，ここでは『驚くべき方法』の文体に合わせて訳を変えてある。
25）アンティキュラはギリシアの古代都市。

思われるからだ。だがしかし，私がこれまでに間違って用いたそのような語彙［の例］を貴殿は何ら示していないのだから，貴殿がここで本当のことを言っていると信じる人は誰もいない。ましてや，次のページで貴殿の話が脇に逸れて，卓越した医学教授で貴殿の同僚のレギウス殿を，彼がある植物の名を誤って述べたと非難しているのを見た時には［なおさら誰も信じないであろう］。同じ非難はすでにこれまで千回も貴殿によって投げつけられ，|さらに以下の37，38，43ページでも投げつけられているのだが|，たとえ他の人々が断言しているとしても不当である。その話でかわりに人々が言っていることといえば，ヘレボルスのある種類を呼ぶのにレギウス殿はドドナエウス[26]に従ったのだが，誰か知らないが半可通[27]が他の本で同じ植物に他の名を見つけて，それで彼［レギウス］は誤っていると考えた，ということでしかないからだ。すなわち，ある植物の名を他の人と異なって呼ぶという尋常ならざる犯罪！　非常に多くの名をもたない植物はほとんどなく，名については最も著名な植物学者たちもしょっちゅう互いに一致しないということを誰が知らないというのか？　貴殿がこの犯罪をかくのごとく無理強いしていることに気づいた人々なら，貴殿は何ごとについても「精通しているかのようにきわめて大胆に，しかしよくは知らないままにいつも語る」[28]と言われているのも故なしとはしないのではないか，と私は危惧するところである。さらに加えて，同じレギウスがあるテーゼで学院の用法とは少々異なる仕方で用いた「偶有的存在」というこのたった一つのことばから貴殿がどれほどの騒動を引き起こしたのか［という一件がある］[29]。貴殿はどのように，そこから直ちにそれに対する実に苛烈なテーゼを書き，そしてそれについて三日間討議する機会を得たのか[30]。そして貴殿はどの

16

17

---

26)　ヘレボルスはクリスマスローズ属に分類される植物の総称。ドドナエウス (Rembertus Dodonaeus, 1517-1585) は当時最も普及していた植物事典の一つの著者。

27)　ヴォエティウス派のユトレヒト・アカデミー医学教授ストラテヌス (Stratenus, 1593-1681)。

28)　『ディネ師宛書簡』（AT. VII, 584；本書25ページ）。

29)　この後にも述べられているように，ユトレヒト紛争の発端となった事件である。『ディネ師宛書簡』（AT. VII, 585以降：本書26ページ以降），1641年12月中頃のレギウス宛書簡（AT. III, 460：『デカルト全書簡集』第五巻 p. 61) 等を参照。

30)　この時のヴォエティウス側のテーゼはユトレヒト・アカデミーの『経緯陳述』pp. 28-30に残されているが，AT 等は1642年1月24日レギウス宛書簡（AT. III, 487-188：『デカ

ように，そのことばをその［テーゼの］題名自体のうちに記し[31]，あたかも異端者であるかのごとく，この上なく神聖なる神学部の権威によって断罪しようとしたのか。彼にはまったく何の過ちもなく，それどころか反対に，彼自身が貴殿のかのテーゼに対する彼の答弁のなかで実にうまく説明したように，彼がそのことばを用いたのは神学者たちからいっそうの好誼を得ようとしたからであるにもかかわらず[32]，である。以上のことを知る人々なら，私の書いたもののうちに何か噛みつくことのできることばがほんのわずかでもあったなら，同様に，［貴殿の書の］ここの冒頭で，貴殿の言うことの残りに何がしかの信を得るためにもそれを誇示したはずであることを疑わないであろう。|あるいはせめて，後に，貴殿がこのことについて全面的に論じた第二区分第五章で[33]［私の］そのようなことばを持ち出したはずであるが，しかし貴殿は何ら持ち出していない。| 私が以上のことを詳細にここで思い起こしたのは，分別ある読者にとって，貴殿が私に投げ散らかした誹謗の理由は，その前かあるいはそれが書かれた同じ箇所において，少なくとももっともらしい論証によって証明されていることが見出されない限り通用しない，ということを貴殿に知らしめるためである。というのも，貴殿は何らかの理由を提出できるときには，いかなる軽微な理由といえども省きはしないことが知られているからである。

　それゆえ，ディネ尊師に宛てた私の書簡を貴殿が「滑稽で嘘だらけ」と呼んでいることも，誰もが罵詈のうちに数え入れるであろう。なぜなら，貴殿はどこにもその嘘も，その滑稽さも示していないからであるし，またとりわけ，大いなる威厳があり私にとって非常に尊敬すべき方に宛てて書いたかの書簡において，私が書いた他のすべてのものに比べても

ルト全書簡集』第五巻 p. 87-89）の一部として採録している。
　31）「偶有的存在」については主要な論点として挙げられるものの，語句が題名自体のうちに記されているのではない。
　32）1642年1月のレギウス宛書簡（AT. III, 508-9；『デカルト全書簡集』第五巻 p. 117）を参照。
　33）この章の題は「デカルト主義者は古くからの哲学の教義とうまく論争することが出来ないのであって，なぜなら彼らはその教義も，そこで用いられる語彙も知らないからである」となっている。第五部に各章の題が引用されているが，不正確である。本書95ページを参照。

私は最も真剣であったし，真実を伝えるべく努めたからである。

　ところで，私がその書簡において「いかなる問題についても，不当で偽であると私が証明できないような解が，かつてペリパトス学派の哲学固有の原理によって与えられたことは決してなかった」と書いたことが私に対する多大な憎悪を引き起こすと貴殿は思っている。しかし，ここでは貴殿のずる賢しさが欠けていると感じる。というのも，貴殿は守ろうとする目的を裏切り私のことばを保証しているのであって，なぜなら，貴殿は，私によって偽であると論証されえないような解［の例］を何ら示さず，そのくせただ大雑把な反論として私を「ペテン師で愚か者」と呼んでいるだけだからである。貴殿が他の人々を挑発し，問を突きつけることにおいて，いつも実に勝手気儘にやっていたことは人々に十分知られているというのに。|また，後の88ページ[34]においても貴殿は私の同じことばを再び持ち出しているが，ただ罵詈で反論しているだけである。| そしてたしかにこのことから，通俗的な哲学の貧弱さが学識に劣る者たちにも顕わになってしまうのだ。というのも，彼らとておそらく，それが多くの人々によって軽蔑されていることを折にふれしばしば聞いていようが，しかしながら，貴殿や貴殿の同類たちがそれを神と人間の事柄の認識であると，そして他のすべての学の基礎であると売りに出しているものだから，彼らは間違いなく，それがこれまでいつも不毛でたった一つのことについてさえ確かな認識を含んでいない，などという疑念を抱いていない［だけのことな］のだ。だが今となっては，もし［通俗的な哲学が確かな認識を］含んでいるのなら，この箇所で貴殿によってか，あるいはすでにもうイエズス会の神父たちの誰かによってそれが差し出されたであろうことを一体誰が疑うというのか？　貴殿が引用したことばは彼ら［イエズス会の神父たち］の［フランス］管区長に宛てて書かれたものであり，彼らにこの上もなく学識があることは貴殿も知っていようが，それにもかかわらず彼らはこれまでこのことについて沈黙しているのである。これに対し，より学識ある者たちと言えば，誰もがすでに長い間，ペリパトス学派の哲学固有の原理のもとにはまったくいか

18

---

34)　第二区分第四章。括弧内は後からの補筆と思われるが，この箇所は「最初の六葉」の一部である。

なる論証も築き上げられえないということを十分に知っていて，また，
19　私がここで強調していることはただ，もしアリストテレスの原理に依拠した推論が真なる論証として売りに出されているならば，この私がその欠点を示すであろうということに過ぎないと読み取るであろうから，彼らが私を過度の傲慢と咎めることなどまったくないし，ここで約束したことなど私がいとも容易に果たしうることを疑いもしないのである。というのも，問題の解とはただ単に結論においてだけではなく，とりわけ前提においても存するのであるから，結論が前提から正しく演澤されていない限り，たとえたまたま結論が真でありえたとしても，解はそれにもかかわらず不当で偽だからである。

　その後同じ8ページで，貴殿は私が「大胆にも私の哲学を，一部は何ら学んだことがなく何ら教養のない暇な人物たちに，一部は政治に携わる人士たちに押しつけている」と言う。さらに付け加えて9ページでは，私が「他の場所では鹿よりも臆病だが，ただ私の薄暗い巣窟の中では度胸があり，私の不毛で月足らずの無駄話を，最近では真で純粋な哲学であるかのごとく，ある医師[35]を通して，新しくはあるが知られていないわけではないあるアカデミーに持ち込もうと真剣に努めている。もちろん，古くからの哲学をすべて追い払って」と言う。そして次に貴殿はかの医師に立ち向かい，私が少し前に語った植物の命名について彼を非難する。そしてついに，私について以下のように結論する。「この巧妙だが笑うべき程に役立たずの人物の哲学について，若者たち（彼らは彼らのアリストテレスに襲いかかるべく始まった闘いに［いつまでも］無知であってはならない）のために，そしてもちろん他の人々（この嘘だらけの人物が騙して煙を売ろうとしている人々）のために，［その正体を］
20　手短に暴こうと決心した」。これに対しては，この私がいままでに哲学に関する私の考えを誰かに押しつけたともし貴殿が考えているのなら，貴殿はまったく誤っているとのみ答えよう。貴殿は12ページで「活発な手とへつらう舌にどれほどの追従の力が宿っているのか，われわれは知っている」と言う。たしかに貴殿なら，説教をし教えているのだから知っているのかもしれない。だがこの私といえば田舎に住んでおり，人々

---

　　35)　レギウスのこと。

の喧噪からできる限り遠ざかっている。いまだかって誰の耳にも罠を仕掛けたことはないし，いまだかつて誰も弟子にしたことはない。誰をも求めなかったし，むしろ逃げてきた。さて，そこでレギウスのことだが，彼はすでにずっと以前から教授になっていたのであり，貴殿に言わせれば私が彼を通して貴殿のアカデミーに持ち込もうとしたことを教えてきたのであるが，私がその前に彼と話をしたことなどまったくない[36]。それゆえもし彼が私から何かを得たとしたら，彼はそのすべてを以前に公刊された私の書物から引き出したのであり，それは類い稀なる知力によることなのである。というのも，私はそれらの書物において哲学を展開せず，ただそのいくつかの見本を提出しただけであったからであるが，それは，各人がそれらの見本から私の考えていることの残りを知ることが自分にとって良いかどうか判断できるようにするためであり，そしてそのようにして，もし私［の考え］に有益なところが何もなかったとしても，少なくとも誰にも迷惑をかけず，誰にとってもうまくいくようにするためであった。（『方法についての論述』5，6ページと『ディネ師宛書簡』の最後を見れば分かる[37]。）そしてたしかに，これまでのところ，これらの見本によってあまりに多くの然るべき方々の好意を得ることとなり，私としては［公刊したことに］後悔の念をもつわけにいかなくなったほどである。ここでこのようなことを詳しく述べているのは，私の意見を攻撃したいのなら，すでに私によって出版された書物のうちにある意見を吟味し，そしてそこに何か悪しきこと，あるいは偽であることが含まれていると指し示す以外に手立てはないということを貴殿に知らしむるためである。ここには詭弁や欺瞞の余地は何らないのであって，それらの書物は人々の手のうちにあり，誰でも好きなときにそれを吟味し，そして非難することができるのだ。しかし，もし誰かがそれら

---

36) レギウスの教授就任以前に，レギウスとデカルトの間に何らの接触もなかったのは事実である。ただし就任直後から書簡のやりとりが始まっている。バイエを参照（Baillet, II, pp. 7-9）。バイエのこの部分は AT 等にも，1638年8月18日，1639年3月9日付レギウスからデカルト宛書簡として採録されている。AT, II, 305-6, 527および『デカルト全書簡集』第三巻 pp. 24-25, 200を参照。レギウスとデカルトが実際に会ったのは1640年春頃と思われる。

37) 『方法序説』第一部（AT, VI, 3-4）および『ディネ師宛書簡』（AT, VII, 602-603；本書42ページ）を参照。

の書物のうちに実際に含まれているのとは異なることが含まれていると
でっち上げたり，あるいはそれらの書物そのものは無視して，私がどこ
にも書いていない何か不適切な意見を私に帰そうとするならば，その者
は中傷していると誰もが容易に気づかないはずはないだろう．

　貴殿は10ページで，「だが，この新しいこの上もなく思い上がった哲
学の秘密をいくつかの章で順に説明する前に，その建築師について［そ
の正体を］暴かねばならない」と言う．私はこのことを完全に是認する．
なぜなら，この私が『ディネ師宛書簡』177ページにおいて[38]貴殿の資
性を手短に書き記したので，貴殿は当然の権利によって［それと］同等
のものを返報している［だけだ］からである．もちろん，私の欠点がこ
こで数え上げられているのを私はまことに喜ばしく傾聴したい．おそら
く友人たちなら私に隠したり，あるいは厚意から見ないでいたりするこ
とがあれば，それを貴殿から学ぶことによって私は改善できるのである．
というのも，貴殿がすでに前置きとして述べてきた罵詈からして，貴殿
は知っている私の欠点を好意から省くことなど何らないと私は確信して
いるからである．

　それで貴殿は以下のように始めている．「彼の名はしばらくの間秘め
られたままであったが，彼自身の告げるところによれば［その名は］ル
ネ・デカルト．彼の祖国はヨーロッパの栄光の地，フランス．他の人々
が称するところに信をおくべきであるならば，まことに高貴［な出］で
あり，少なくとも貴族である．かかる出生の授かりにもかかわらず，極
悪でまた愚かなる者が生まれることは運命によって起こりうることであ
り，私は［その生まれの良さを］羨みはしない」．ここまでのところ，貴
殿は私が劣った者と見られうることを何も述べてはいない．というのも，
たとえ極悪で愚かな者がまさしく最上の家系から生まれるにしても，し
かしそこから，思うに，栄えある先祖をもつ者の方が，たまたま荒屋(あばらや)で
兵士の従卒から生まれ，従軍娼婦や酒保商人たちの間で自らの最初の信
仰心や他の徳の手ほどきを学んだ者[39]よりもいっそう芳しくないと考え

---

38) AT. VII, 584-5；本書25ページ．
39) ATはヴォエティウスの出生への当て擦りと解しているし，デカルトの意図として
はその可能性があるものの，Verbeekによればヴォエティウスも有力家の出身である．
Verbeek. p. 523, n. 9を参照．

られるべき，と推論しようとは貴殿も望んでいないからである。

　さて，貴殿は以下のように続けている。「われわれは，この（彼が貴族である）ことの効用を，彼が嫡出の息子をもうけた時に見出すだろう。というのも，彼がその父であるとこれまで噂された息子たちは，引き続く年月も，父の高貴さの不幸な証人であろうから」。このようなことばには何の意味もない。というのも，非嫡出の息子は誰であれ父の高貴さを貶めるという慣わしはないからだ。そしてたしかに，もし私がそのような者をもっているならば，私は否定しないであろう。というのも，かつて私は若かったのであり，今なお男であり，貞潔の誓いをしたことなど決してなかったし，他の人々より無垢であると見られたいと願ったこともなかったからである。だが実際には［息子は］もっていないのであるから[40]，貴殿のかかる語句からは私が独身であること以外には何も理解されえないのである。また，われらが［カトリックの］聖職者たちについて，もし彼らが独身生活のうちに貞潔を保っているとしたら奇跡であると常々言っている貴殿のことであるから，私が彼らよりいっそう無垢であると想い描きたくなかったとしても，［私は］何ら驚きはしない。

　だが，残りを見ることにしよう。貴殿は言う。「内的な資性を，もし彼が闇のうちにそれを覆い隠そうと努めていなければ，われらはそれを公表するであろう。というのも，彼が有能であることを誰が否定しようか？　しかしながら，彼の盲目の信奉者たちが不案内な者たちに信じさせようとしているような，神のごとき者と見なされるべきではない（［神のごとき者として］あらゆる種類の放縦を造りだしたユピテルを考えるような者がいれば，話は別だが）。［以下に挙げる多くの者も］また有能，否むしろ狡猾であり，それに劣らず常軌を逸して狂っていたのだ。エピクロス，マルキオン，アフォン，タイノブス，マネス，ルキアノス，マホメット，ダヴィッド・ゲオルギウス，マキャベリ，ジュリオ・チェーザレ・ヴァニーニ[41]，カンパネッラ，ヴァレのゴドフロワ，マルティ

---

[40]　デカルトがもうけたのは「息子」ではなく，「娘」である。また娘フランシーヌはすでに死んでいる。

[41]　ここに列挙された有名・無名の人物たちは，ヴォエティウスが「有能だが下劣」な者の例として挙げただけで，前後の議論には関係しない。ただしヴァニーニ（Julius Caesar Vaninus/Vanini, 1585-1619）だけは例外である。ヴァニーニは無神論者として処刑されており，ヴォエティウスはデカルトをヴァニーニに擬えて攻撃する。それゆえ，本書簡第九部に

ヌス・セイデリウス・シレジウス，フランキスカス・ダヴィディス，ファウスト・ソッツィーニ，パルマのアンセルムス，ファウスト博士，ハインリヒ・コルネリウス・アグリッパ，R・リパン・ムルフシヌス，庶民で文盲の絵描きではあるがヨハネス・トレンティウス，そして数えきれぬ他の者たち。［彼らは］全員，〈取るに足りない〉そして〈下劣な者たち〉[42]なのだ。いかなる才能も［その人物を］爪の先まで完全にしはしないのであり，しばしばその住みかを間違えてしまうからだ」。このような話のすべてから引き出されうると私に思われるのは，私がまったく才能を欠いているわけではないと，そして，私を軽んじていない人々が誰かいると貴殿が認めているということだけだ。貴殿は，彼らが私を他の人々のもとで神と見なしているとでっち上げ，過度に嫉妬した呼び名で表現しているけれども。「狡猾であること」と「有能であること」が同じかどうか，私は吟味しない。また，才能だけで爪の先まで完全になるかどうかも吟味しない。才能はいっそう不完全にするわけでもないというだけで十分であり，このことは貴殿も認めると思う。

　しかしその上，貴殿は11ページでこう付け加える。「さらに，われらが有能なる男がいかなる機会に哲学をし始めたのか，はっきりと断言することはできない。ありそうな推測に場を与えるべきであるならば，彼はイグナチオ・ロヨラ[43]の座のもとに生まれたと言っておこう。というのも，ロヨラは身体に傷を負って，城壁のもとであれ船上であれ戦の栄冠を勝ち取ることを断念した後，迷信の党派の基礎を築こうとしたのであるが，それと同様にわれらが男も，長くはない軍隊での見習いの後，将軍や副官の職を断念し，何らかの数学の要塞を支えにして新たなる栄光への途として新たな哲学を思案し始めたからである。留金や法衣[44]に耐えきれぬこの男が，自分の弱さを自覚し，無節制な情欲がいつの日か偽善を裏切ることを恐れていなかったとしたら，疑いもなく迷信から戦勝記念碑を建てようと努めたに違いない」。以上のことを，貴殿はただ

おいてヴァニーニの名は頻出する。
　42)　〈取るに足りない〉と〈下劣な者たち〉はギリシア語。
　43)　イグナチオ・デ・ロヨラ（Ignacio de Loyola, 1491-1556）。イエズス会創始者。1521年に負傷するまでは軍務に就いていた。
　44)　「留金や法衣」はカトリック聖職者の象徴として挙げられているのであろう。

貴殿の推測に過ぎないと，すなわちすべて貴殿が私についてでっち上げることのできた最悪のことであると認めているのであるから，そこから導き出されうるのは，貴殿がさほど優れた絵描きや詩人ではない，ということでしかない。というのも，何でも勝手気儘に想像する自由を行使したにもかかわらず［この程度なら］，貴殿の企てにいっそう適したまったく別のことを工夫しなければならなかったのは確かだからである。

しかしついに12ページで貴殿は，私の哲学の信奉者と貴殿が言うところの人々に移り，そして私がそのような人々をもっていると見られたがっていると言うために，次のような非常に優雅な語句を用いている。「この（哲学の）著者は，誰かを欺き，いっそう錯乱した〈アクロポリス〉[45]に連れて行ったと見られたがっている」と。たしかに，私の意見のうちの何かを是認する人々は欺かれていて狂っていると言っただけでは罵詈として十分ではなく，貴殿はいっそう信じられやすいように，私自身がそのことを誇示しているとでっち上げているのだ。そしてそれから，彼らを攻撃しようというわけだ。だが，私はこれまで信奉者をもちうるような哲学を何ら出版しなかったし[46]，また，私によって出版された見本からして私が約束した哲学を好意的に待って下さる方々は，私の擁護など必要としない人々であるから，彼らについては何も言わない。（読者諸兄に留意をお願いしたいのだが，以上の最初の部分が書かれたとき，『デカルト哲学』がヴォエティウスとは別人の名で刊行されるとはまだ想定されていなかったし，［別名で刊行されることが分かった］その後でも，これから十分に示されるように，それにもかかわらずそれはヴォエティウスに帰されるべきなのだから，［以上の部分は］実際何ら変更されなかったのである。[47]）

私が貴殿に要求しているのは，ただ，貴殿の書物のこの部分に一体何が含まれているかを考察されたい，ということだけである。貴殿はそこにおいて私を熱心に描写し，私の欠点のすべてとはいかないまでも主要

---

45) 〈アクロポリス〉はギリシア語表記。
46) 『哲学原理』の出版は1644年。
47) この括弧内は原本においてイタリック。第四部までは原則として「最初の六葉」を入手して直ちに書いたものだが（本書50ページの注8を参照），この括弧内は明らかに後の補筆である。

なものを熱心に数え上げたのであり，そのすべてがここに書き写されたのである。分別ある読者はそこから，貴殿によって私に授けられているのを少し前に見た形容語句が私の人格に適合しているかどうかを判断できるであろう。すなわち，私の欠点を探し求めた結果，貴殿は以下のことしか見つけださなかった。「私はフランスの生まれである。高貴な家系に生まれた。まったく才能を欠いているわけではない。そして独身生活をしている。何らかの数学の要塞を支えとして新たな哲学を企てている。その哲学については他の人々がすでに好意的に待っている」。ところが貴殿は私を「滑稽，ペテン師，愚か者，鹿より臆病，笑うべき程に役立たず，嘘だらけ，煙売り」と呼んでいる。そしてこれらのすべては，貴殿が私について述べ始めた最初の2ページにあるのだから，引き続く部分ではさらにいっそう多くの，おそらくいっそう相応しくないことばが捻り出されることになるのであろう。このようなおしゃべりが酔いどれ女か怒った居酒屋の亭主から発せられていたなら，笑われる［だけ］であろう。しかし，神学者であり自らの教会の牧師たる者，［すなわち］最も信心深く最も敬虔だと見られたがっていて，先頭に立って他の模範たるべき者によって書かれ，印刷に付されたとあっては，私としては，おそらく旧教会の徳として貴殿が嫌っている温和，謙虚，忍耐，慈愛48)については言わないにしても，少なくとも節度，温厚，威厳についてはどのような理由で拒絶しうるのか理解できないのである。

　というのも，貴殿が攻撃する哲学が悪いものであることを貴殿はこれまでどこにも示してこなかったし，またこれからも決して示しはしないであろうが，よしんばそれが悪いものだとしても，しかしだからといって，その哲学のうちに，その著者が最も忌まわしい罵詈によって誹られなければならないほどの不条理をでっち上げることができようか？　私や他のすべての愛好者たちがいつも探求している哲学は，真理の認識に他ならず，その真理は自然の光によって獲得され，人類の役に立ちうるものである。したがって，これ以上に栄えある，人間にいっそう相応しい，そしてまた現世においていっそう役立つ研究は何らありえないのである。これに対し，学院やアカデミーで教えられている通俗的な哲学と

---

48)　慈愛については第七部，とりわけ本書135ページ以下を参照。

いえば，いつまでも続く討論にいつも駆り立てられることから明らかなように，大部分が疑わしいある種の意見の堆積に過ぎない。そして長い経験がすでに教えているように，役に立たない。たとえば第一質料，実体的形相，隠れた性質等々から，何か自分の役に立つよう応用することなど誰も決してしていないのである。したがって，不確かであると自分自身で認めているこのような意見を学んだ者が，他の人々がいっそう確かなものを発見しようと努めているからといって嫌悪を抱くなど，まったくのところ理に適わぬことなのである。たしかに宗教についてなら，何かを革新しようと欲することは嫌悪される。なぜなら，各人が自らの抱く宗教を，誤ることのありえない神によって打ち立てられたと信じると言っているのだから，理の当然として，その宗教のうちに改められうることなど何もないと，それは悪くないと信じていることになるからである。しかしながら哲学については逆であって，すべての人が，人間には哲学がまだ十分には知られていないと，そして多くの卓越した発見が［これからも］重ねられうると認めているのだから，革新者であること以上に称賛されることは何もないのである。ことによると貴殿は，哲学において何か真なることを発見した人々を非難しているのではまったくなく，この私がそのようなことを何も発見しなかったと言っているのかもしれない。しかし，思うに，貴殿はそのことを決して証明しないだろう。だが，よろしい，私は何も発見しなかったとしよう。そうだとしても，私には思いやりや友としての忠告よりも罵詈の方が相応しいことになるのであろうか？　ヴォエティウス殿よ，言っておく。ここで分別ある読者が判断することは，貴殿がこれを書いているとき，誹謗する熱意に燃え上がり，何が貴殿［の立場］に相応しいかも，何が真実や真実らしきことかも，まったく何も考えていなかったということでしかないのだ。

第二部
ヴォエティウスの人となりを私が始めて知るに至った
彼の行いについて

たしかに人間が理由なく他の人をこのように攻撃するのは普通ではないから，おそらく私の落度が貴殿をそのようにさせたのではないかと思

われぬよう，私がこれまでに貴殿と係わったことのすべてを手短に述べよう。私の知る限り貴殿と話をしたことはまったくないし，それゆえ私は貴殿の容貌を知らない。貴殿が私をいつも無神論者のうちに数え上げていること，そして，私の意見に一致する多くのことを教えていると人々が知っていたル・ロワ[49]教授がこの上なく不適切な陰謀によって貴殿から攻撃されていることが私に初めて知らされたとき，私は貴殿について，まだ生まれていない者についてほどにも考えていなかったのである。だがそのようなことがあって，私は事の真実についていっそう事細かく，そして貴殿が一体いかなる人物であり，何が貴殿をそのように突き動かしているのか，調べてみることにしたのである。だが事実についてなら疑問の余地はなかった。レギウスに反対する貴殿の諸テーゼはすでに出まわっていたし[50]，新哲学に反対する有名な議決[51]は少し後に出版されたのだ。ところで，貴殿の性癖についてなら以下のように聞いていた。貴殿は貴殿の携わる牧師と教授のあらゆる職務にきわめて事細かく絶えず執着している。貴殿は貴殿の他の同僚よりいっそう頻繁に説教をし，いっそう頻繁に教え，いっそう頻繁に討論する。また，厳めしさ，声，振舞いによって貴殿には多大な敬虔［な雰囲気］が醸し出されている。そして，貴殿の宗教の真のあり方と純粋さを保つ熱意に燃えていて，誰かのほんの軽微な過失，とりわけ権力者たちのそれのみならず，多くの人々によって過失と見なされていないことさえも，この上もなき厳格さで非難し，貴殿と意見を異にするすべての人々とは猛烈に討論し，弁じ立てるほどである，と見なされている。たしかに，これらの話からすると，貴殿をあたかも預言者か使徒の一人であるかのごとく敬うようにと私は駆り立てられたかもしれない。［もっとも］それは，貴殿によって私がこの上もなく不当にも無神論者のうちに数え上げられていることを私は知っていたので，そこから［そのような理解には］疑義をもっていたのであり，もし私に［その］疑義が何ら残っていなかったならばの話ではあるが。しかし時に良き人々でさえ誤って他の人々を信じたり，

---

49) レギウスの本名。
50) 本書57-58ページの注30を参照。
51) 『ディネ師宛書簡』に採録されている。本書31-34ページ，および付属文書（1）を参照。

あるいは十分慎重に判断せずに欺かれたりすることがありうるのだから，貴殿はたとえおそらく十分に慎重ではないとしても本当にこの上もなく聖なる人であるか，あるいは（事の真実を表現するのにこれ以上に穏やかなことばを何ら見出していないことを許されたい）偽善者であるか，この二つの場合の一方が必然的であると私は考えたのである。というのも，貴殿の内にあると聞いているこのような資性からして，美徳と悪徳との間の何らかの中間の位置を占めうるとは判断しなかったからである。さてそれから，この二つの場合のどちらが本当なのか，貴殿がレギウスに対し企てた事からして，私はまことに明瞭に［後者であると］見抜いたのである。

というのも，貴殿が最初にアカデミーの学長になったとき，どのように貴殿が突然彼とこれまで以上の友誼を育むことになったか[52]，私は知ったからである。貴殿は，彼が望む度に討論の出版が彼に許されるようにしたのだが，このことはそれまで，市参事会から特別な権限を得ていない限り決して許されなかったことなのである。なぜ［それまで］許されていなかったかと言えば，たしかによくあることなのだが，自然学と医学の彼の二人の同僚[53]は彼が自分たちと異なる多くのことを教えていることに慣り，かかる討論によって彼が教えていることに何らかの権威がさらに加わるのではないかと危惧していたからである。

また私は，彼がそのこと［出版の自由］について抱いた大いなる感謝の念から，どのように貴殿をずっと敬愛していたかも知った。その当時討論に付すべく提出されたすべてのテーゼ，すなわち彼の生理学の全貌を展開したものなのだが，それらを印刷に付す前に，読んで吟味し訂正してもらおうと貴殿に委ねたほどだったのだ。貴殿がこのことを否定することはできない。というのも，貴殿は不承不承であろうがごくわずか［の訂正］を自身の手で記したからである。そして彼は，それらのすべ

---

52) ヴォエティウスが学長になったのは1641年3月16日。直後の様子はユトレヒト・アカデミーの『経緯陳述』にある。AT等はその記述を1641年5月1日レギウスからデカルト宛書簡の一部として採録している。AT. III, 366および『デカルト全書簡集』第四巻 pp. 336-338を参照。ただしレギウスからの書簡自体は失われており，デカルトの理解が『経緯陳述』と一致しないのは当然であろう。

53) 自然学教授センゲルディウス（Arnoldus Senguerdius, 1610-1667）および医学教授ストラテヌス。ストラテヌスについては本書57ページの注27を参照。

てを貴殿の望んだとおりに修正した。そして貴殿の書き込みが今なお彼の原稿のうちに保たれていることに疑いはない。

　だが実際，私が非常に驚いたのは，最近，このことや，彼が他の人よりよく知っているに違いない若干の他のことを彼に尋ねたところ，彼はこのような事柄について私と話をすることは出来ない，としか答えなかったことである。彼のこの答の理由を他の友人に尋ねたところ，レギウスはその前に，この私が『ディネ師宛書簡』において貴殿について若干書いたことに関し，それを教えたのはまず彼以外にはありえないと見なされ，市参事のうちの誰かが彼に咎を帰していると告げられている，と聞かされたのであった[54]。このようなことが本当であるなどと，私には決して思いもよらぬことである。というのも，誰が信じるであろうか？その都市においては余所者に過ぎない貴殿に，貴殿が望む者なら誰でも，古くからの市民で栄えある先祖から生まれた者[55]に対してさえをも公に名誉を毀損し，誤った議決で断罪するほどに強大な権限があろうなどと。また，そのように傷つけられた者が貴殿から受けた不正を，公に訴えるのではなく私的に友人にそのいきさつを語ることさえまったくもって許されないなどと。貴殿らの都市の市参事たちといえば，幾人かとは話をしたことがあるし[56]，あるいは少なくとも評判によって全員を知っているが，みな実に賢明で公正を愛する人たちであることを私は知っている。彼ら自身には，このようなことなど心に浮かぶことさえ決してありえないのは確かだ。そしてまた，事実それ自体が暴露している。というのも，この時以降，市参事たちはレギウスの俸給の二度目の増額をしたのだ[57]。それで私はむしろ，[市参事の咎め立てなる]話を友人を通してレギウスに伝わるよう取り計らったのは貴殿であると信じてもよいだろう。他の場合には臆病ではないが自分の市参事会にはまことに従順な彼を，この

---

　54) 市参事会が公式にレギウスを尋問したのは『ヴォエティウス宛書簡』以降である。ユトレヒト市参事会の記録，AT. IV, 20, 649-650を参照。

　55) ヴォエティウスがユトレヒトに居住したのは教授就任以降であり，それに対しレギウスはユトレヒトの古くからの家系出身である。

　56) デカルトがとくに親交をもっていたのはファンデル・ホルク (Gisbert van der Hoolck, 1598-1680)。二度市長を務める。

　57) 二度目の増額は1642年9月17日。ただしレギウス一人だけではなく，多くの教授たちとの一斉増額である。

ようにしてひどく恐れさせ，貴殿が自覚しているもっと多くのことを私に語らせないようにする算段なのだ。

　さらに私は，どのように［貴殿がレギウスを欺いた］か[58]を知った。貴殿はレギウスのテーゼに纏められた彼の生理学のすべてを前述のごとく吟味し，同意できない点を指摘しなかったのだが，その後，彼はもう一つのテーゼを書き上げた。そのうちには，すでに前に貴殿が見たものにおいて主張したこと以外，重要なことは何も含まれていなかったものだから，彼はそれを出版前に貴殿に見てもらう労をとるほどの価値はないと判断したのである。［ところが］貴殿は，そのうちに学院の用法とはわずかに異なったことば遣いを発見した。すなわち，彼は人間を，あるものが他のものなしで存在しうる諸部分からなるという理由で「偶有的存在」と言ったのである。貴殿はこのことばを発見して直ちに，彼を公然と攻撃する初めての機会と捉えた[59]。どのようにか。彼のその最後のテーゼが公に討論される前，彼は彼の受講者のうちの幾人かから，貴殿の受講者たちが討論を騒動で混乱させてやると脅していると警告された。そこで彼は貴殿を訪れ，事を告げると共に，貴殿はアカデミーの学長なのだから貴殿の権威によってこの騒動を防いで欲しいと懇願した。どのようにか。貴殿は彼のテーゼを見ていたにもかかわらず，しかしそのうちに貴殿の意にそぐわぬことが何か含まれているとは，そのときにはまだ彼に告げなかったのだ。どのようにか。その討論においてテーゼ「偶有的存在について」が討議されることになると，若干の静寂，すなわち提題者がその論拠を提示するための静寂ののち，聴衆の時ならぬ喧噪に満たされたのだ。どのようにか。学長たる貴殿はその場に立っていたのだが，貴殿は動かず

　　　「あたかも堅固なる石，ないしマルペッサの大理石のごとく
　　　　　立ちつくす」[60]

ままであり，声によっても，振舞いによっても，眼差しによってもこの

---

58) 「どのようにか」と訳したのは quomodo。以下ヴォエティウスがレギウスを欺いた経緯が語られるが，それらの7つの文において，デカルトは文頭にこの語を置いている。

59) 本書57ページの注29を参照。

60) ウェルギリウス『アエネイス』第六巻471。マルペッサは大理石で有名なパロス島の山の名。

喧噪を制止しようとはしなかった。しかし，私はこのことに驚く。というのも，たとえこの喧噪が貴殿の意に沿ったことだとしても，しかしながら貴殿の職務はその逆の振りをすることではなかったのか。貴殿がその時そのように動かなかったのは，騒動を起こした者たちは貴殿のほんの少しのうなずきに従うであろうことを貴殿が知っていたからだとしか私には思われない[61]。どのようにか。後でレギウスは，貴殿が「偶有的存在について」というこのことばを神学に反するものと言っていると知って，貴殿の家に赴き，その場で貴殿にそのことばは貴殿の望むとおりに修正し，そしてそのことばによって貴殿らの宗教に逆らう意図は彼には何らなかったと公に認める用意があると誓言した。彼にそのような意図がなかったことは，事実そのとおりであるし，後ほど貴殿のテーゼに対する彼の答弁[62]において明快に示されているとおりである。またこれと同じことが，貴殿の同僚である神学者たちの前でも公言された[63]。どのようにか。それにもかかわらず，貴殿はその後直ちに彼に反対する三日間の討論のためのテーゼを書き上げた。そしてその題名自体に，あたかもこの上なく神聖なる神学部によって異端と宣告されたかのように「偶有的存在について」というこのことばを表示するよう定めたのである。ところが貴殿がこのテーゼでレギウスの意見を攻撃したのは，実体的形相について，地球の運動について，血液の循環について等々の自然学や医学に関することばかりで，貴殿の神学に及ぶことはまったくなかった[64]。だが，これらの事柄についても，その前に彼がそれらに係わる

---

61) この騒動は『ディネ師宛書簡』（AT. III, 585：本書25-26ページ）においても採りあげられ，それゆえ付属文書（3）（本書267ページ）でも論じられる。付属文書（3）では，騒動のすべての責任は主宰者たるレギウスにあるとする。

62) デカルトは，レギウスのこの答弁の下書きを書いている。ただし，その時点では答弁を差し控えるようにとも助言している。1642年1月末レギウス宛書簡（AT. III, 491-520：『デカルト全書簡集』第五巻 pp. 100-119）を参照。

63) ユトレヒト・アカデミーの『経緯陳述』pp. 30-31。これは AT 等によって，1642年1月24日レギウスからデカルト宛書簡の一部として扱われている（AT. III, 489-490：『デカルト全書簡集』第五巻 pp. 90-91）。また Baillet. II, pp. 150-152も参照。これも AT 等によって，1642年2月2日レギウスからデカルト宛書簡の一部として扱われている（AT. III, 525-527：『デカルト全書簡集』第五巻120-121）。

64) 「三日間の討論のためのテーゼ」とは本書26-28ページに挙げられた「系論」のこと。「偶有的存在」については題名ではなく系1で述べられる。系2は地球の運動，系3は実体的形相についてであって，血液循環についての議論は含まれていない。

彼のテーゼを読んで訂正するよう貴殿に委ねたときに，貴殿は非難してはいなかったのだ。どのようにか。貴殿はさらに貴殿のテーゼを称賛する詩さえ弟子の誰かによって作られるよう取り計らった，あるいは少なくともそれを許したが，それは貴殿のいる前でアカデミー中に配布された。その詩において，レギウスは明確に「ああ，レギウスの所業」等々のことばで描かれ，この上もなく相応しくない罵詈によって誹られているのだ。最後に私は，すでに『ディネ師宛書簡』で詳しく述べた残りのすべてのことを知った。

　私は認めるが，これらのことから貴殿のうちにいかなる並外れた敬虔も何ら見出しえなかった。というのも，貴殿がレギウスに対し最初に友情のある振りをしていたのは，その後それだけ容易に油断させ，貴殿を何ら恐れさせないよう彼を騙そうとしていたのか，あるいは少なくとも，もし［その時の］友情は本物であったとしたら，彼自身を害する機会を得たと初めて思ったときにその友情を汚すことになったのか，そのいずれかであることに疑いはないからである。どちらにしても酷い話である。ここでは，いかなる敬虔の熱意をも貴殿を許す口実とはなりえない。というのも，たとえ彼がいかに重大な誤りを犯していたとしても（彼は何ら犯していなかったが），何であれ貴殿が望むように訂正すると自発的に約束したときに彼を聞き入れず，そしてそうこうするうちに，あらゆる法や正義や作法に反し三日間の公開討論で彼自身を嘲るなどということに，いかなる敬虔が，いかなるキリスト教徒の慈愛が，いかなる熱意が貴殿を駆り立てたというのか？　もし事が貴殿の望むとおりにいっていたなら，彼は自らの教授職と良き評判を彼には何の過失もなく，ただ貴殿の中傷だけで奪われていたことは確かだというのに。33

　私は問いたい。貴殿らのアカデミーでは学長の権限として，市参事会も知らないまま自分の専門ではない学部のテーゼを公に妨げることが，そしてそこでは彼の同僚のうち誰であれ望む者の名誉を毀損し，その上その者の学説を断罪する議決をアカデミー全体の名において公に発することさえ許されているのか？　貴殿は疑いもなく，レギウスの学説についての貴殿らの判断を下すよう，市参事会が命じたのだと言うであろう。しかし市参事会はそのような命令をしなかったし，適法な議決の場合のようにそれを公布しようともしなかった。市参事会が望んだことは，最

善の策であったが，貴殿らがレギウスの学説を告訴しているのであるから，彼に反対する理由を貴殿らがすべて述べ，次にレギウスがそれに答え，その後で双方の言い分を聞いてから，どちらが正しいか市参事会自身が判断する，というものであったことは確かなのだ。これに反し，貴殿のしたことは言訳できない。貴殿は何か意義のある理由を何ら申し立てておらず，また［そうした理由を］何らもってもいないにもかかわらず，貴殿の同僚を，弁明を許さず，しかも貴殿にはいかなる権限もないにもかかわらず断罪することをためらわなかった。というのも，承知されたいのだが，新しい哲学が問われているこの訴訟において，貴殿も，あるいは古い哲学を教え，あるいは学院の神学や医学のようなそれに結び付いた他の何らかの学問を教えている他の者たちも，誰一人適切な裁判官ではありえず，ただ原告か被告かのどちらかでしかありえないからである。レギウスは自分の意見が通俗的な哲学よりいっそう真であると考えている。貴殿は彼の意見を知ることを望まず，またおそらく出来もせず，それを否定した。どちらを信じるべきか？　もちろん貴殿ではないし，レギウスでもない。［信じるべきは］中立の立場に身を置き，双方の理由を聞いて吟味した人たちだけなのである。しかし，私があらゆることの中で最も驚愕したのは，貴殿がかの貴殿の議決において，「貴殿がこの新しい哲学」（すなわち私の，そしてレギウスの哲学）「を拒否するのは，そこから正統的な神学に反するさまざまな，虚偽の，不合理な意見が帰結するがゆえにである」[65]とした点である。しかしながら，貴殿はそのような帰結を何ら申し立てることができなかった。貴殿のアカデミーの評議会において，貴殿がこの議決をそこに提出した際，それに反対した法学教授の一人[66]がその提示を断固として求めたにもかかわらず，である。反対にレギウスは，貴殿のテーゼに対する彼の答弁において，彼の哲学の意見の方が普通受け入れられているものよりもいっそう良く神学に合致することをこの上もなく堅固に証明したのだ。

　私はこれらのすべてのこと，そして実際ここにすべてを挙げえないほどのはるかに多くのことをも知ったのだから，その一部を当時たまたま

---

(65)　本書48ページの注4を参照。
(66)　キプリアヌス。本書30ページの注85を参照。

印刷中であった書簡[67]でついでに描いたとしても，貴殿が不快に思う謂れはない。というのも，貴殿が私に対して為したことを押し返すには，これ以上に穏やかに振舞うのは不可能だったからだ。それに，それはイエズス会の神父の一人に宛てて書いた書簡でのことであり，貴殿は彼らの名を挙げるときには必ず何らかの罵詈を付け加えるのを慣わしにしているのであるから，私が貴殿の機嫌をとることは［その書簡では］相応しくなかったであろう。ところで，この［『ディネ師宛書簡』の］こと以外には，私は貴殿に対し立腹させるようなことを何ら為したことはないし，試みたこともない。そしてそれゆえ，貴殿がここ［『驚くべき方法』］で私に対して用いている文体の苛烈さを，私のいかなる罪過のせいにすることも決してできない。だが，おそらく，貴殿には［立腹する］他の理由があり，［貴殿の書の］続きを読めば分かるのであろう。

第三部
『デカルト哲学』の［第一区分の］第一章と第二章について[68]

　第一章の冒頭[69]で貴殿は「私［デカルト］の哲学はすべての人々に適するものではない」と言い，14ページと15ページでは私について次のように語っている。「純粋で，［人を］欺く研究から最も遠ざかっていると見られようとしているが，だがその実，あらゆる誤りを不幸な弟子たちに，彼らの愚鈍な素質に帰することができるのだ。その哲学のまさに入り口において，彼の秘密はすべての人々の素質に適するものではないと，どれほどの［高い］評価でも与えられそうな重々しい表情と語り口で宣言する」。貴殿は一体どこで，いつ，私がそのような重々しい表情で宣言したのを聞いたのか，教えていただきたい。というのも，すでに警告したことだが，私は説教も教えもしていないのだ。貴殿がそれを私の著作から見つけ出したのは確かである。というのも貴殿は，『省察』への第四答弁，エルゼヴィエ版289ページを引用しているのであり，そこで

---

67)　『ディネ師宛書簡』。
68)　ここに言う『デカルト哲学』，すなわち『驚くべき方法』の本文は四区分からなるが，第三部で検討されるのは第一区分の第一章と第二章についてである。
69)　「冒頭」とあるのは第一章の標題の一部。

私はこのように言った。「第一省察と残り（すなわち五つの省察）に含まれていることは，すべての人々の理解力に適合するものではない」[70]と。しかし，この引用は貴殿に味方するものではなく，反対するものなのである。というのも，私がそう書いたのはとりわけ，非常に短いながらすべてのなかで哲学の最も難しい部分を含んでいる諸省察についてであり，それゆえ貴殿はむしろ，全体については同じと考えてはならないと結論すべきだったのだ。しかしながら私は，すべての人がそれに適してはいないことをすこぶる喜んで認める。だからといって私はそのことをどこにも書かなかったのだが，それは本当でないからではなくて，［当然すぎて］余計なことだったからである。というのも，教科であれ学芸であれ，誰にも適しているほど易しい学問がどこにあろうか？　ところで，このことから貴殿は何を結論しているのか？　もちろん，私が「私の哲学のすべての誤りを不幸な弟子たちに帰する」ことを望んでいる，と［いう結論である］。だが，誰もが知っているように，私は公に出版された書物以外には哲学について何ら述べていない。では，私の書物の誤りも弟子たちに帰されることになるのか？

貴殿は17ページで，貴殿の言うところの「思い上がった新しい学派で才能が評価されるための基準[71]」なるものに話を進めている。そして「それは主に五つあり，ここ［第一章］と引き続く四つの章で順に考量される」と言う。次いで18ページで，貴殿は「その第一は」，もちろん未来の弟子が「可能な限り他の人々から学んだすべてを忘れてしまう」ことにある，と言う。これらのことばを貴殿は異なる字体で印刷させ，あたかも私の書物から引用されたものであるかのように見せかけている。すなわち『方法ついての論述』の16，17ページ，［『省察』］第七反論への答弁32ページ，そしてまた同書の7，21，23，24ページであり，貴殿はこれらのすべての箇所［のページ数］を［引用であるかのように論の］少し前で挙げたのである[72]。しかし，これらの箇所すべてにおいて〈忘

---

70) AT. VII, 247.

71) 「基準」と訳した criteria は，デカルトの引用ではラテン語であるが，ヴォエティウスの原本ではギリシア語表記。

72) 『方法についての論述』とは『方法序説』のこと。『方法序説』については AT. VI, 15。「第七答弁」についてはまず AT. VII, 475, 次いで順に454, 466, 468。ただし，ヴォエティウスが挙げているのはページ数だけである。

れる〉ということばなど何らなく，また私の書物の他のあらゆる箇所にも何らなく，ただ〈先入見を取り除く〉[73]ということが述べられているに過ぎない。それゆえここから，貴殿の引用にいかほどの信をおくべきか，読者は容易に認識することとなろう。というのも，先入見ないし以前に無思慮なままに受け入れた意見を捨てる，すなわちそれらに同意を与えるのを止めるということはわれわれの意志にのみ依存し，まったくのところ哲学の第一の基礎を据えるために必要とされることであるが，そのことは，それらを忘れることとは大いに異なるからであって，忘れることはほとんどの場合，われわれの［意志の］力の及ぶところでは決してないのである。しかし，貴殿がかつてアカデミーにおいて出版した最初のテーゼにおいて貴殿は先入見について述べており，また他の多くの箇所においてそれは捨てられるべきと認めていたのであるから，その［同じ］ことを書いたからといって貴殿が私を非難するなど筋の通らぬことであったわけである。それゆえ貴殿は，いっそう豊かな告発の材料をもたらす別の［忘れるという］ことを私にでっち上げるのを選んだのだ。

　この［第一］章で貴殿が述べていることの残りには記すに値することは何もない。貴殿は，先に［自分で］「才能がある」と言った人物に[74]，そのような者については信じられないような愚かさをでっち上げているのだから，ただ貴殿が誠実さや正直のみならず，貴殿の生来の分別や論理性さえも十分に用いていないことを証明しているだけである。またたとえば，貴殿は22ページで「知らないことを中傷する者たちについて」という，「使徒ユダの書簡」第10節のことばに言及していることも［そのことを証明している］。というのも，どのように貴殿が私の哲学を攻撃しているかを見たなら，このことばを直ちに貴殿の方に向け変えない人は誰もいないからである。なぜなら，私は［私の哲学という］そのようなものをまだ公にしていないのだから，貴殿はそれを決して見ていないのであり，貴殿がそれを知っているなどということはまったくありえないからである。

---

73) 〈　〉は訳者による。
74) 本書簡第一部を参照。

貴殿は第二章，27ページで，私の弟子たち，貴殿の呼ぶところの「いっそう錯乱した秘儀伝授者たち」が誓約していると言われる第二の掟を提示している。すなわち，「われらは今後いかなる本とも係わらず」。だが，いかなる書板[75]にこの書きつけを見つけたのか，誰から聞いたのか，どこから引き出してきたのか，貴殿はどこにも示していないし，できもしない。もし貴殿が証拠をもっていたなら，疑いもなく貴殿はその提示を怠りはしないはずである。というのも，この箇所と次のページで貴殿は私の書物の二箇所に言及しているが，この事に何ら関係しないからである。そしてその引用自体も意味を歪めている。

　第一のものは，私が『ディネ師宛書簡』163ページで「数世紀にわたって他の人々によって明らかにされなかったことを，まだ老いてもいない人間があまりに長く待たせすぎるということはありえない」[76]と言った箇所である。ところが貴殿は私についてこのように問うている。「彼が『ディネ宛書簡』163ページで自身について述べているように，「まだ老いてもいない人間」が自然的な事柄すべてについて正確で最も誤謬を免れた経験をもちうるなどということを，自分で信じているのだろうか？」と。私が「まだ老いてもいない人間」と言ったこと［だけは確かであるが，そのこと］から，あたかも残りも私に帰されるべきかのごとくである。このような芸当をつかえば，貴殿の掟なるものを私の書物から引き出すことも容易にできたであろう。たとえば私は同じ書簡において「作家たちの本」について言及したのだから[77]，貴殿は「作家たちの本には，彼自身が『ディネ師宛書簡』200ページでそれについて述べているように，われらは今後何ら係わらず」[78]と言えばよいのである。

39　［第二に］貴殿は次のページで，私が「私は諸学問におけるいかなる困難をも解決するためのある方法を練り上げた」[79]と言った箇所に言及しているが，［その仕方も先のものより］より忠実でもいっそう適切でも

---

75)　モーセが受け取った律法の石版を示唆している。1644年1月22日付ラ・テュイルリ宛書簡（AT. IV, 94-95,『デカルト全書簡集』第六巻 pp. 128-129）を参照。
76)　AT. VII, 576. 本書18ページ。デカルト自身の引用だが，文はかなり異なる。
77)　AT. VII, 597. 本書37ページ。
78)　このような文が『驚くべき方法』にあるわけではない。先の文からのデカルトの創作である。
79)　『省察』「献呈書簡」（AT. VII, 3）。

ない。というのも，貴殿は「ましてや，（誰よりも役立たずのトラソー［ほら吹き］80)たるルネが，彼自身『省察』［ソルボンヌへの］献呈書簡エルゼヴィエ版5ページで自慢しているように）諸学問におけるいかなる困難をも解決することなど，彼にはまったくできていない」と言っているからである。あたかも，何かを達成する方法を練り上げることと，自らそのすべてを達成しうると自慢することが同じことであるかのように。

第四部
本の用い方とヴォエティウスの知識について

ところで，貴殿がもし，本について私が実際に考えたことを知りたいと思っていたなら『方法についての論述』の7ページを読めばよかったのだ。私はそこではっきりとこう言った。「良き本を読むことは，それを書いた偉大な人々との会話と同じほどの益をわれわれにもたらす。いやおそらく，いくらかより大きな益さえものたらすのであって，なぜなら書物では普通，親密な会話におけるような何であれ思いつくことではなく，選び抜かれた考えだけが著されるのが常だからである」81)と。もし貴殿が，これを逆にして，悪しき本をあまりに頻繁に読むことは悪しき人間との交遊に劣らず有害であることを考察していたならば，この文を貴殿の役に立つ何ごとかに換えることもおそらく出来たはずであった。というのも，貴殿の書物から拾い集める限り，貴殿はいつも主に三種類の本を紐解いているが，［この文からして］それらの本には今後きわめて控え目で用心深くにしか触れるべきではないことに貴殿は気づいたはずだからである。

［貴殿がいつも紐解いている］第一［の種類の本］は邪悪なものと無価値なもので，私はこれらを一つに纏める。というのも，まったく無価値なものでいかなる邪悪さもまったく混じっていないものなど，ほとんどないからである。ところで，無神論者の，自由思想家の，ほら吹きなカバラ主義者の，魔術師の，あるいは他の欺瞞者たちの書物で，貴殿が読み

---

80) トラソーとはテレンティウスの喜劇『宦官』に登場するほら吹き兵士。
81) 『方法序説』第一部（AT. VI, 5）。ただしここではラテン語であり，表現もフランス語原文を敷衍したものになっている。『方法序説』ラテン語訳はまだ出版されていない。

あさったと思われたくないものなど何もなかった。そして彼らの本のいくつかを貴殿は正しいものとして提示している。というのも，彼らの議論をそのまま貴殿の書物に混ぜ合わせているからである。

　第二［の種類の本］は論争的なものである。しばしばその著者たちは党派的な熱意の故に互いに罵詈を投げつけ合うことが敬虔であると思っている。そして貴殿はこの種類［の本］をいつもあまりに多く引用しているのだから，もしその四分の一でも読んでいるとしたなら，貴殿は自分の人生の大部分の時間を口論と諍(いさか)いに費やしていたに違いない。たしかに，このような本のすべてが悪いとは言わない。というのも，真理のために闘い，悪徳に対してしか攻撃しない者は称賛されるべきだからである。しかしながら，過度にならないように読まれるべきであると思う。というのも，多くの人々がしばしば自分に悪を禁ずることによって悪徳を愛するよう駆り立てられるということは，われわれの弱き本性だからだ。また神学者や他の人々が悪しき本を見ることがまったく役に立たないとも言わない。つまりはそれらを反駁したり訂正したりすることが彼らの職務である場合であるが，しかしこの用い方は稀にしか生じない。そして，誰もペストに罹った人々をただ気紛れから訪れたりは決してしないのと同様に，敬虔な人なら誰も，ただ多く［の本］を読んでいるという評判を得たいがためだけで悪しき本をいつも読んだりはしない。というのも［悪しき本は］まったくのところ伝染病なのだ。いや，いままさに私がこのことを経験しているではないか。というのも，この書簡を書くために貴殿の書物のいくつかをどうしても紐解かざるをえなかったのだから，それで私の文体にある種の湿疹が増殖したのであり，私がそれを癒やすことはほとんど不可能である。それゆえ，ここではいつもの私の語り方より若干粗野に語っていること，この言訳でもって［読者に］ご容赦願いたい。

　第三の種類の本は，常套句，注釈，要約，索引や，さまざまな他の著者たちの意見を集めた同様のものである。これらについて私は，悪いとも，あるいはまったく軽蔑すべきとも考えていないとはいえ，しかしながら，それらが抜き出された［元の］第一級の本で以前に学んだことを折々に記憶に喚起させるための助け以外のいかなる用い方も認めない。というのも，源泉を無視してその支流にのみ近づく者がそこから汲み出

すのはもちろん濁った水でしかないし，彼らが何らかの真なる学識を獲得することもないからである。というのも，卓越した才能ある人々の書物において優れていることは何であれ，抜き出されたあれやこれやの意見のうちに含まれているのではなく，弁論の欠けることなき全体から立ち現れてくるものだからだ。［それも］初めて読んで直ちにではなく，頻繁に何度も繰り返し読んで徐々にであり，［そのようにしてようやく］われわれはそれを立ち向かっている人々の意見としてではなく，あたかも自分固有の糧のごとく成すのだ。ところで，貴殿が常套句集や注釈書や語彙集や同様のものを紐解くのにすこぶる熟達していることは，それらの引用で満ち溢れた貴殿の書物からして明白である。しかし，読んで獲得しうるあらゆる真なる学識はそれらの［引用の元の］第一級の本に依存しているのだが，貴殿が第一級の本を手にするという偉大なる習慣をもっていると同様に認めることは，私にはできない。というのも，貴殿はそれら［第一級の本］をも時折証拠として採用しているのだが，しかしながらほとんどの場合用い方が十分適切ではなく，他のはるかに劣った類の本と選ぶことなく混ぜ合わせているものだから，貴殿はそれら［第一級の本］を読んだのではなく，それらにあることばを他の書き写されたものから採ってきたとしか思われなかったからである。さらに言えば，香しい枕に頻繁にやすらいでいる人たちは，何かその香りのするものを手放せなくなるのと同様に，最高の人士たちの夜なべ［をして書かれた本］を誰かが大いに読みながら，その後自分の書きものに彼ら最高の人士たちの文体に似たものが何も見出せない，ということはほとんどありえないと私には思われる。だが，誠実に真実を言うこと，容赦されたい。私は貴殿の書物を沢山読んだが，そこには粗末な，あるいは卑俗なもの以外，いかなる推論も，いかなる思惟も見出さなかったし，才能ないし学識ある人の香りがするものを何ら見出さなかったのだ。

　学識ある，と私は言っているのであり，博識な，とは言っていない[82]。というのも，貴殿が知識という名において本から習得するものを悪いも

---

　82)　ここで「学識」と訳したのは eruditio（形容詞は eruditus），「博識」と訳したのは doctrina（形容詞は doctus）。仏訳は前者を savant，後者を érudit と訳している。ただしデカルトも，『ヴォエティウス宛書簡』全体においてこの両語群を一貫して使い分けているわけではない。

のも良いものもすべて含めたいのなら，貴殿がこの上もなく博識であること，私は進んで認めるであろう。なぜなら私は貴殿がレビアタン[83]の物語や，ペリエのボナヴェントゥーラ[84]のよく知らないが不敬虔な悪ふざけや，あるいは同様の非常に多くのものを十分に読んだことを知っているからである。しかしながら私は，学識あるということで，研鑽と修練によって自らの才覚と徳性を磨き上げた人しか理解していない。このような学識は，玉石混淆の本を何でもではなく，ただ最上の本のみを，それも何度も繰り返して読み，そしてまたすでに学識ある人々との会話がわれわれに許されているときにはそれを享受し，そして最後に絶え間なく徳を観想し真理を探究することによって獲得されるものと私は確信している。常套句集や索引や語彙集にのみ知識を求める者たちといえば，たしかに短時間で自分の記憶を多くの事柄で満たすことはできるだろうが，だからといっていっそう賢くも，いっそう善にもなりはしない。いや反対に，それらの本には推論の連鎖が何ら含まれておらず，すべてが権威によってか，あるいはきわめて短い三段論法によって結論されているものだから，自らの知識をそれらの本に求める者たちは書かれたものすべての権威を等しく信じ，党派的な熱意に駆られでもしない限りそれらの間で選択をしないことに慣れてしまい，そのようにして徐々に自然の理性を正しく用いることを忘れ，その代わりに技巧的で詭弁的な議論に頼ることになってしまうのだ。というのも，貴殿も承知のように，あらゆる学識，あらゆる良識，あらゆる人間の知恵は理性を正しく用いることに含まれているが，その正しい用い方は切り離された三段論法のうちにではなく，真なる認識を求めるのに必要とされることすべてを用心深く正確に把握することのうちにのみあるからである。これらを三段論法で表現することは多くを同時に結び付けでもしない限りほとんど不可能なのだから，切り離された三段論法のみを用いる者たちは，同時に注視すべきことのある部分をほとんどいつも無視してしまい，そのようにして無思慮に慣れ，そして良識を忘れてしまうこと，確実である。それにもかかわらず，彼らは他の人々が書いたものの多くを記憶に留め，ま

---

83) 旧約聖書に登場する海中の怪獣。悪魔とも見なされる。リヴァイアサン。
84) 16世紀のフランスの物語作家。

たそれらを信じているものだから，自分は実に博識であると思い込み，それでこの上もなく馬鹿げた傲慢さとまさしく衒学を身につけてしまうのである。そしてさらに邪悪な書物，無価値な書物，論争的な書物を読むことに大いに没頭したならば，たとえ彼らの本性は悪くもなく，才能にまったく欠けて生まれたのではないとしても，しかしながらそのような修養からして彼らが悪意ある，馬鹿げた，無作法な人間にならないことはほとんど不可能であろう。

　とはいえ，この事にはたいていの場合〔読者の〕本性が関与していることもたしかに認めなくてはならない。というのも，私が区別してきた本のこの分類は通常互いに混ぜ合わされており，しばしば一人の同じ著者においても，ある部分は悪く，ある部分は無価値で，ある部分は良いのであり，また著者自身が考え出したことも，ある部分は他の人々のものから書き写して得られたこともある。しかし読者の才能の異なりに応じて，あたかもミツバチとクモのように，〔同じ〕花から一方は蜜だけを，他方は毒だけを汲み出すのである。それゆえ文字による勉強によって，善に向かう傾向にある人々はいっそう善く，いっそう賢明になるのであるが，しかし悪に向かう傾向にある者たちはいっそう悪く，いっそう愚かになる。しかし，この双方のいずれであるかを識別する最も確かな徴（しるし）は，各々がいっそう頻繁に紐解く本のうちにある。そのような本のうちに彼の才能にいっそう見合ったものが見出されうるのである。だが，性癖も実にはっきりと異なる。というのも，悪しく学んだ者は通常傲慢で，頑固で，癇癪持ちであるが，これに対し真に学識ある人は決して思い上がりはしないからである。そして，〔学識ある人は〕人間の弱さを自覚しているから，知っていることを大きく見積もらず，知らないことがはるかに多いと考える。それゆえまた，才知溢れ，柔軟で，自分のまだ知らない真理をさらに学ぶ用意が常にできている。そして最後に，才能を多様なものに向けることに慣れているので，温和で，寛大で，人間的にならざるをえないのである。しかもこのような人はたしかに，真なる学識はただ本にのみ依存するのではないことを知っているのだから，それを私的な省察によっても，さまざまな仕事の経験によっても，そして卓越した人々との交遊によっても自ら獲得せんと努めることに手一杯で，本に常時耽溺したりはしない。それゆえ不案内な者たちから彼の知

識のあり方は尊重されないことになる。私人として生活している場合，まったく知られていなかったり，あるいは単に良き家父長で愚かではない人間と見なされていたり，そのようなこの上もなく卓越した才能がしばしば隠されて見過ごされてしまう。だが公共の仕事に就いている場合，たしかに他の人々からより分別がありより人間的であると容易に認められるであろうが，だがそのことは研鑽された才能よりはむしろ彼の本性に帰されてしまうのが常である。そして最後に，何かを教える職に任ぜられている場合，慎重なる無頓着さでもって自分の同僚たち以上に分別があるとは見られないようにしない限り，彼らの嫉妬から解放されることはほとんど不可能であろう。ところが［教職に就いている］大多数の，常に悪しく学んだ者たちといえば，通常良識を不十分にしか備えておらず，［たとえば］彼らが卑しい家系の生まれで文字の力によっていかなる益も生み出さないとなったら，あまねく庶民から侮られ，本を読みすぎて狂ったのだと思われるのが落ちである。しかしながら，若いうちのまだ十分知られうる前に何かを教えたり説教したりする職を獲得したときには，不案内な者たちから苦もなく博識であるという非常に高い評判を得，時がたつにつれ権威を自らに集めることになる。というのも，民衆の間では以下の［三つの］先入見が大いに効果を現すからだ。［まず第一に］市参事会ないし他のそれに係わる人々によって公的に他人を教えるべく選ばれた者であること。次いで，そのように選ばれた多くの者たちの中でも，言っていることを他の者たちより自信を持って断言し，自分はさらに多くを知っていると公言する者こそ最も博識であると庶民たる人間は評価せざるをえないこと。そして最後に，より頻繁に，より盛大に彼の同僚たちからいつも称賛されていること。この三つは，かかる悪しき学者たちにおいてほとんどいつも認められることである。なぜなら第一に，彼ら［悪しき学者たち］は理性にではなく，ただ権威のみに突き動かされているのであるから，自分が付き従うと決めた著者たちのうちに見出すことは何であれ，あたかもまったく確実で解明済みであるかのごとく誇示してしまうからである。そしてまた［第二に］，一体何が，学識のある者が知らなくても不名誉ではないことなのかを知らず，また事のあらゆる知識が本の中に含まれていると確信しているものだから，すべてを知っていると見られたがっているからである。そして最後

に，自分自身が何らかの点で自分に似ていると思う者しか称賛しないのだから，［称賛した］彼らから逆に称賛されることになるからである。頻繁に，だがやはり凡庸な他の学者たちから。つまりこういう連中は，誰か学識において［自分たちより］勝る別の人がいると，嫉妬し，その人より自分たちの同類を持ち上げ，最高度の称賛で誇張すればその人の評判を落とすことができるだろうと考えるのである。このような理由で彼ら［悪しき学者たち］は，たしかに最初は庶民からだけであるが，しかし徐々に，自分自身は彼らのことを知らないが他人の証言を信じるいっそう熟達した者たちからも，この上もなく博識であると見なされることになるのである。

　ところで，そのような輩たちのうちに，他の者より働き好きで，細部に拘り，激しやすく，おしゃべりで詭弁の論法に慣れた男がいるとしよう。貴殿がそうであると私が知っているように。その男はアカデミーで教え，同時に教会堂で説教をする職に就いている。貴殿のように。その男は説教において，庶民たちのありふれた悪徳ではなく自分の宗教の敵たちを，そして権力者たちによって為されることを絶え間なく攻撃し，あるときは怒りのことばを，あるときは滑稽なことばを用いて自分の［聴衆の］庶民たち［の感情］をさまざまなやり方で掻き立てる。貴殿がそうしていると私が聞いたように。その男はアカデミーで頻繁にテーゼを提出し，そのテーゼに反駁するよう反対の党派のあらゆる学者たちを挑発し，相手が挑発に乗ってこないときには（たしかに，撥ね付けられたいと願っているのでない限り乗るべきではない）彼らに対する大いなる勝利の凱歌をあげる。貴殿によって為されたと誰もが知っているように。その男は多くの本を出版するが，しかし文体からして，また沢山の著者たちの引用で途切れ途切れに書かれていることからして，誰にとっても嫌悪を感じないでは読めないのだから，良いのかどうか誰も吟味すらしない。貴殿の本がほとんどそうなっているように。最後にその男はほんの些細な事でも自分に抵抗する人や，あるいはただ拍手喝采しない人にさえ，絶対に許せない敵に対するかのごとく誰に対しても立ち上がり，自分の説教や書物で彼らにあらん限りの誹謗を投げつけようとする。貴殿はこのようなやり方で，多くの人々に貴殿については沈黙を守るよう，あるいは不承不承ながら貴殿を称賛さえするように強いてきたのだ。

この男が自分の仲間たちの間で最も学識あるという評判と最高の権威を獲得することに驚きはないし，また彼のやり口が誰にも暴かれない間は，それらを維持していることにも驚きはない。しかし，だ。おそらく行き過ぎた自分の権力に盲目になってのことであろうが，あまりに多くの人々を傷つけてしまい，誰かがそのやり口を白日のもとに晒す労を執る価値があると考えたとき，そしてあまりに許しがたい誤りを犯して無学な者たちさえその誤りにまことに容易に気づくようになったとき，そのときに彼のそのような不当な評判と権力がついには失墜しないとしたら，それこそまことに驚きであろう。というのも，このような人間は教会堂での彼の聴衆やアカデミーでの弟子たちの大部分からはもてはやされているにしても，しかし一度気づかれてしまえば，［人々は］彼からの損害の大きさを懸念するに違いないし，できる限り彼を排斥するだろうからである。

　たしかに見ての通り，ただ本の用い方についてであった［第四部の］話の目的から私は次第次第に逸れている。だがそのことを貴殿はおそらく非難しないだろう。なぜなら，さらに説教や弟子たちの訓育について手短に付け加えると，貴殿の学識［なるもの］について記すに値すると私に思われることのすべてがこの一箇所に見出されるようになるからである。それゆえ［続けることにするが］，これまで私が描いてきた学者の説教は民衆を喜ばせるのが常である。なぜなら喜びのみならず，何であれとりわけ悲しみの熱情に心が激しく掻き立てられることに魅了されるのは，あらゆる人間の本性だからである。悲劇が喜劇に劣らず劇場で催されるのはこの故であり[85]，かつて人間と野獣が互いに切り裂き合うのが公共の見世物として見物されたのもこの故である。最後に，［われらが］説教師［が称賛されるの］もこの故なのだ。彼は，自分の聴衆たちを他の人間たちへの怒りと憎しみに，とりわけ権力者たちや宗教を異にする人々への怒りと憎しみに駆り立てる。最下層の類の人間たちは元々力ある人々にいつも十分嫉妬しているし，宗教を異にする人々も戦争の原因としてすでに憎んでいるからだ。この説教師は名誉あることも善いことも何も言わず，しばしば彼の論ずる議論の争点さえ誰にも理解され

---

[85] 『情念論』第二部第94節（AT. XI, 399）を参照。

ていないが，ただ単に大胆に，精力的に，沢山のことを語り，自分の演説のうちに，卑しい，滑稽な，聞いたこともないさまざまな罵詈の言い回しを交えるだけで傾倒している庶民にいっそう熱心に聴かれ，いっそう愛され，いっそう称賛される。他のはるかに雄弁だが，庶民に他人の悪徳を憎むよう説くのではなく，自らの悪徳を改めるよう説く説教師よりも，いっそう愛され，いっそう称賛されるのだ。というのも，後者の説教師は庶民の嫌うことを，他方前者の［われらが］説教師は喜ぶことだけを差し出すからである。たしかに，悪意はないが無知な大衆にとって，折に触れ敬虔に興奮し，敬虔に怒り，権力者たちを敬虔に拒否しうることは大いなる慰めなのであろう。というのも，このような人物に説得され，あるいは彼に倣って為すことは何であれ敬虔であると彼らは考えているのだから。彼の弟子たちから，彼は実に多くの本を書いていると，彼は討論においていかなる敵たちからも数えきれぬほどの勝利を勝ち取っていると聴かされる。大衆はそのようなことを識別できないのだから，彼が最も博識であることに疑いを抱くことは出来ない。その上，彼の説教における力強さ，あるいは貴族たちを非難する際の奔放さは，並外れた聖性と，ある種預言者のような熱意から生じていると考えるからである。このような理由から，大衆は彼を先頭に立つ指導者であり激励者であると受け入れ，もしたまたま彼らに，権力者たちに抵抗すべき時が，あるいは彼らの宗教の敵と戦うべき時が来たなら，何であれ彼が説得しようとすることに最大の情熱をもって付き従う用意が常に出来ているのである。

　誰かこのような説教師が国家の内に留まることが本当に国家の役に立つことなのか，私の問うべきことではない。何が有益かは国家を管理する人々が十分に知っている。また，無学な者たちが，知らなくても彼らの安寧を何ら害することのない論争の詳細を沢山聞くことが良いことなのかどうかも，私は吟味しない。また，彼らがその詳細を説教から十分正確に習得できるかどうか，理由を語るよりも人を罵る者たちから正しく教えられるかどうかということも吟味しない。また，自分たちとは宗教を異にするからといって他の人々を憎むということが敬虔で人間的なことなのかということも吟味しない。しかし私は，怒り，憎しみ，諍いへと心が掻き立てられることはすべて，たとえその理由が正当であった

としても，そのように掻き立てられる人々自身にとって常に最大の害悪である，ということだけは断言しておきたい。というのも，われわれは本性からして，［そのような感情を］少しでも経験すれば悪しき興奮に堕ちていく大いなる傾向性を身につけてしまうようになっているからだ。正当な理由からであっても一度でも怒りに掻き立てられることに身を任せた者は，そのこと自体によって，別の機会には不当な理由からでさえいっそう怒りに向かう状態になってしまうのである。愚かな女たちが教会堂で，この上もなく知恵がありこの上もなく神聖であると思っている男が他の人間についてがなり立て，論じ，罵詈を吐くのを聴いている。彼が語っている事柄をたいていは理解していない。彼の興奮のすべてを敬虔なる感情として真似ること以上に為すべき良いことを何も知らないのだから，彼女たちは同様の興奮を自らのうちに駆り立て，その結果，後で家に帰ってから何であれまことに些細な理由で諍いを始める。この説教からは，男たちにも良い結果はもたらされない。ことにこのような

50　争いをともかくも理解している者たちが，他の宗教を奉じている親しい人々とその争いについていつか衝突するようになることは避けがたい。そのようなことはこの国ではどこでも生じる。その結果，口論となり反目し合い，いっそう凡庸な者たちなら時に傷つけ合うことにさえ至る。私としては，公の対立や戦争もかかる理由からさえ生じうること，そしてこのような学者の知恵なるものを信用し，その助言に従う人々こそ，そのような戦争で最も危険に晒されるのが常であるということを付言しておきたい。だが私はこのような説教師を複数は知らないし，たった一人の悪しき説教師を恐れるべきとは思っていない。ただし，その一人が彼に似た多くの弟子をもっておらず，弟子たちも後で説教しなければ，の話であるが。

　しかし実のところ，貴殿が自分の監督下に委ねられた若者たちをどのような仕方で教育しているのか，私はもちろん実際まったく知らないし，そのようなことを調べてみようというほどの好奇心などこれまでまったくなかった。しかし，私は貴殿の書物から貴殿が用いた技に気づいたのであり，その装いによって不案内な者たちは貴殿を博識と考えているのである。その技は多くのまことに凡庸な能力の持ち主たちにもきわめて容易に習得され，その技を使えば貴殿と同様にはなれるが貴殿より秀で

ることはない，そういったものであると私には思われる。そのような技の最初のものは児戯に等しいかの弁証法であり，それを使っていにしえのソフィストたちは，いかなる堅固な知識も持っていないにもかかわらず，どんなことについてもとめどもなく論じ，討論したものであった。この弁証法には三つの主要な部分がある。その第一はトポス［論証の拠り所］を含み，そこから論証が引き出される。第二は三段論法の形式であり，それによって論証はいっそうよく見えるよう整えられる。そして第三は区別であり，それによって反対の議論から逃げることができる。そして子供たちが通常そうであるように，想像には適していて熱心であるが何ら判断できない者たちが，わずかの日々でこの技の用い方をすっかり身につけうることは確かである。というのも，何であれ提示された事柄の名辞，定義，類，種，類似，差違，反対，付帯性，前件，後件，および残りの［アリストテレスの］『トポス論』に普通列挙されている同様の事柄を別々に考察することは，彼らにとってきわめて容易だからである。そして彼らがただ論じたいと望むなら，かかるトポスが彼らに供給することを何であれしゃべっていれば何日でも語れるであろう。さらに何かの意見を証明したいと望むなら，それがいかに本当らしくないとしても，同じところから多くの論証が掻き集められないものは何もない。それらの論証はたしかに堅固ではないにしても，少なくとも数にはなる。そしてその後討論すべきであるなら，それらを三段論法に整えるのは容易である。そして同様に，ただ二十か三十の区別を教えられてさえいれば，彼らはいかなる反論にも答えることができるであろう。一つのことが直接的に考えられた場合と間接的に考えられた場合との区別，思弁的に考えられた場合と実践的に考えられた場合の区別，外的に考えられた場合と内的に考えられた場合の区別等々と，彼らは区別によってあらゆる問題におけるトポスを見出す。それらを大胆に用いることが恥ずかしくなければ，の話だが。だが，このことは子供たちやただ想像する能力にのみ長けた他の者たちにはいかに容易であろうとも，いくらかでも判断力ないし良識を持ち合わせた人々にとっては為しえぬこと，確かである。というのも，あらゆる推論や反論の解決が問題それ自体の内奥の考察からは探し出されえず，外的なかかるトポスの点検に求められているのだから，ほとんど常に無駄で役に立たないものとなるからである。だ

51

が，多くの受講者たちのうちこの無益さに気づく者はごく稀である。とりわけより良いものが与えられないのが慣わしの通俗的な哲学の問題においては。それゆえ，この技を用いる者たちはある程度の博識と才能の評判を容易に獲得することになる。だからこそ，大人たちのみならずとりわけ若者たちにきわめて有害なのだ。若者たちがこの技に慣れると，52 その技によって獲得した博識という評価に思い上がり，そうでなければ年齢に応じて成熟しえたはずの彼の自然な理性を完全に損なってしまうのである。

　私が貴殿の書物のうちに気づいたもう一つの技は，提示されたいかなる事柄についても，不案内な者たちからは知識がぎっしり詰まったと思われる本を書き上げる際に用いるものである。この技も貴殿の弟子たちはいかに学識がなくとも真似ることができる。さまざまな本の，とりわけ他の多くの本が引用されている本の索引を見さえすればよいのである。そして，自分が論じようとしている事柄についてそれらの本に見出したことのすべてを無差別に拾い集めた後，それらが実のところ何であれ，それらを常套句の順に従って配置し，何かが取り出された著者たちの名を，そしてその著者たちから称賛されている他の著者たちの名をもすべて付け加えればよいのである。それゆえ，もし［貴殿の弟子たちが］たとえば無神論について書きたいと思ったなら，彼らは自分が集めたもののうちからまず第一にその名称の意味について見出したことを何であれ書き記し，第二にその同義語，第三に種ないし度，そして同様に原因，結果，付帯性，徴，反対等々と続ける。それゆえ，自分の著作にその場が見つからないような著者からはまったく，あるいはごくわずかなことばしか抜き出さない。無論それから，他の誰かから無神論者と呼ばれたと知っているすべての者たちの名をそこに列挙することができよう。そしてもし彼らが，そのような者たちの実に無価値で邪悪な本をたまたま読んでいたなら，その議論をそのまま書き写し，さらに取るに足りない逸話や小話さえ何であれ物語ることができるであろう。いやそれどころか，もし彼らが誰かに密かに悪意を持っているとしたら，その人について本当と思っていることであれ，他の者たちに信じられていると思っていることであれ，彼らは何でも自由に無神論の徴ないし原因のうちに数え上げることもできるであろう。それが称賛に値することでも，いかな

るそのような疑念からもこの上もなく遠いことだとしても，何ら構わない。というのも，悪しき側に解することが可能だという理由で，そのことにいかなる悪しきことをも自分勝手に付与することは容易だからである。それゆえ，少なからぬ才能があると信じられていて，ペリパトス学派の哲学をさほど評価せず，それが述べられている本をあまり用いず，真理を求める独特の方法を練り上げ，そしてその何か見本をすでに公にしたと信じられている者をもし憎んでいるなら，「無神論者はみな才能があり，優れていて，いずれにせよ本性から秘儀を授かっているのが常である」と言うのである。そして，「自分一人で，生来の能力に満足し，そこからすべての認識を新たに形成しようとする歪んだ彼らの方法，さらに哲学する自由という口実，あらゆる学問を完成し改革する約束，聞いたことのない驚くべき方法，教義，託宣，巧妙，発見等々から作られた自慢と期待，知識に欠ける判断の，あるいは新しいというよりただ新たな装いを纏っただけの発見の見本」[86]，および他の何でも同様のことを無神論の原因のうちに数え上げるであろう。そして後で，これらのことから彼らが憎む者は無神論者であると，すなわち一つの中傷を他の中傷で補強し推論することが可能になるのである。そして，自分たち自身が矛盾したことを言っても構わない。一つの箇所で「先入見を捨てて心を白い板のごとくしようとすることは，無神論への準備である」[87]と言い，他の箇所では「神の認識はわれわれに生得的である」[88]と，それゆえ，その認識は先入見によって妨げられ不明瞭にされるのであるから，先入見を捨てることによって照らし出される，と言っても構わない。また，自分自身のことばからして自分が無神論者であると結論されうることになるとしても構わない。たとえば，この問題について「悪意をもってたくらまれた本」によくある「無神論を拒否しているという口実」は無神論者たちが自分の毒薬を振りまくための「最も巧妙な，最も有害な口実」であると言うのだが[89]，それでいて彼ら自身がこのような本を最

---

[86] ヴォエティウスの『討論選集（*Disputationes Selectae*）』第一巻に収められた「無神論に関する討論（*Disputationes de Atheismo*）」の以下のページの文言を引いて，デカルトがまとめ上げた文。171，210，175-176，187-188ページ。

[87] 同，176ページ。

[88] 同，140-153ページを参照。

[89] 同，131-135ページ。

も悪意をもってたくらんでいる。そのうちには無神論を攻撃することばは何らなく，むしろ反対に無神論を勧めることばが沢山あるのである。たとえば，無神論者たちには最も卓越した才能が付与されているのが常であると断言し，そのさまざまな例を挙げ，彼らの主要な論拠を教えるが決してそれに反駁しない。しかし，弟子たちも一つのことだけは守らなければならない。浅学なる彼らが守ることは実に容易であろうが。すなわち，優れたこと，読者をより学識ある者にしうることを自分自身が考案することも，あるいは［他の］著者たちから抜き出すこともしない，ということである。たしかに，何ら重要ではない，わずかなことばで解決されうるような問題に対処するときには，それについて長々と討論し，それを紛糾させることに彼らの弁証のすべてを費やすこともできよう。そして非常に多くの他の同様の問題を数え上げることもできよう。しかし，神の存在についてという主要な問題に関しては，さすがに彼らとてそれを省くわけにいかず，またただ聖書の権威のみによってではなく，この上もなく強力な哲学的論拠で証明されるべきことを認めざるをえない。しかし，彼らは慎重に警戒し，どこにもそのような証明を為そうと企てようとはしない。むしろ，藪医者たちは真で単純な治療法を知らないものだから，役立たない薬や有害な薬を大量に与えて自分の患者たちを疲れさせるのが常であるが，それと同じように，そのような問題に至ったときには，無神論に反対するためには実に多くのことが要求される，と彼らは言うのである。すなわち，「聖書についての詳細な認識」の他に，「普遍概念についての普遍的知識，とりわけ形而上学，霊物学[90]，自然学，一般的な天文学，地理学，光学，音や重さについての考察等々，そしてまた特殊な知，古代と現代の歴史」[91]を知っていなければならないのである。そして最後に，彼らは無神論に反対した図書の長い目録を定める。そこには，先に彼らが無神論の疑いがあると位置づけた著者たち自身のものすら置き直される。貴殿の弟子たちが以上のすべてを守るならば，彼らは貴殿のものときわめて良く似た書物を書き上げる。この［無神論の］問題について四部に纏められた貴殿のもの[92]や他のものをも

---

90) Pneumatica．霊的実在に関する学。霊がものに魂を吹き込むことからこのような名称となる。

91) 本書91ページの注86にある「無神論に関する討論」209-215ページ。

無秩序に読もうとする者たちがそうするのは明らかである。彼らがそれ以上のことを為すと思う人がいるとすれば，完全に間違っている。

　いかなる敵に対しても知識よりは罵詈がぎっしり詰まった分厚い書物を書き上げるために，貴殿がいつも用いている別の技について，私はさらに語ることになる。ただし，それは学識よりもむしろ性癖に関係することであるから，それについてはこの［第四部の］箇所では語らない。

第五部
『デカルト哲学』の［第一区分の残る］三つの章と
続く114ページまでについて[93]

　これまで私は，貴殿が『デカルト哲学』と題されたこの本の著者として名乗り上げようとしていることに疑念を抱くことができなかった[94]。その理由は，その最初の六葉が貴殿のものとして私に送られてきて，著作の校正が貴殿の住まいにおいて始められたと聞いていたからでもあるが，それだけではない。それよりもむしろ，［まず］文体が明らかに貴殿のものだからである。かくのごとく多様でこれほどの［酷い］罵詈の文言を知っているのは貴殿一人である。また書かれた動機も貴殿のものだからである。すなわち，私が書いたもののうちそれらの紙葉に引用されているのはほとんどディネ師宛の私の書簡だけであるが，それを攻撃しようとする動機は貴殿に固有のものである。というのも，他の人間がどれほど貴殿に友情を抱いていたとしても，この書簡の故に私にかくも激しく怒るということはありえないからである。そしてまた，すでにかなり前，貴殿らのアカデミーの評議会において，アカデミーの名で公表された議決[95]を支持するよう貴殿の同僚たちを促した際に，貴殿はこの事柄についての貴殿の根拠を必ずや明らかにすると，すなわち貴殿が私に対し何かを書くであろうと公然と宣していたからである。ところがしかし，著者[96]は33ページで自分は「ベルギウム[97]の僻遠の地で教えてい

92）　本書91-92ページに引用された「無神論に関する討論」は四部に纏められている。
93）　第一区分の第三章から第五章まで，および第二区分の第十章途中までに相当する。
94）　本書50ページの注8を参照。
95）　本書48ページの注4を参照。

る」と言い，57ページでは貴殿を自分の「父のように常に敬愛する師」と呼んでいるのだから[98]，私は，この［誰が著者かという］事柄において貴殿自身が信じられたいと願っていることとは異なるように主張するほど礼儀知らずになるつもりはない。また，これまで［の部分］を貴殿に帰したことに弁解もしようが，しかし，自分が著者であると公言する，かの者は貴殿の弟子であり，本も，自分が教えていると彼が言うベルギウムのそのような僻地ではなく，貴殿のもとで印刷されている[99]からには，自分が著者であると貴殿が言った場合に比べて本の誤りが貴殿に帰されないと考える者は誰もいないであろう。たしかに，神学者に相応しくない罵詈を，貴殿の名よりも他の者の名において貴殿は公表したのだから，品性に反する罪はその方が軽かったと見なす者もいるかもしれないが，そのような者とて，この［他人名義で出すという］こと自体で，貴殿が私に対する誹謗をまき散らす際，貴殿は単に怒りや激情によってではなく考え抜かれた意図と策略によって実行したのだから，正直さの点においていっそう劣ると見なすであろう。しかしそれでも，私が貴殿の名に幾ばくかの敬意を払ったことを貴殿が承知してくれるように，今後はもはや個々の章を別々に吟味するのではなく，残りのすべてに一挙にざっと目を通し，それらに対する私の判断をかいつまんで語ることとしよう。

　著者は第一区分に，そのときにわれわれの哲学に反対して考え出しえたすべてを掻き集めたように思われる。というのも第二区分においては，反論を斥ける，つまりわれわれの哲学に味方して言われうると著者が考えていることに答えようとしているからである。ところで，第一区分は五つの章からなる。その第一章では，「私の弟子たちがすべてを忘れることを」，第二章では「本に対する宣戦布告することを」私が望んでいると言っている。これらの二つの章が真であるかどうか，すでに示されたところである[100]。第三章では［私の弟子たちが］「私をもう一人のピ

96）　スホーキウス．本書49ページの注6を参照．

97）　「ベルギウム」という地名は，広くはライン川とセーヌ川の間の低地地方を指し，現在のベネルクス三国を含む地名である．

98）　二つの引用は第一区分の順に第三章，第五章．

99）　『驚くべき方法』の表紙には，印刷地として「ユトレヒト」とある．

100）　第三部，本書76-79ページを参照．

タゴラスのように崇敬し，いな崇拝し」，何であれ私の言うであろうことは真として受けとめることを，第四章では「希望に満ちて，私にすべての疑問の解明を期待することを」，最後の第五章で私が「すべての人々を自分と比べて軽蔑することを」望んでいると言っている。これらのことが本当らしいと誰も思いはしない[101]。

さて，第二区分は（少なくともその始めから，私が読んだその最後の144ページまでは），十の章からなる[102]。その第一章で，著者は「われわれ[103]の哲学は古くからのものであるとわれわれが言い触らしても無駄である」と言っている。第二章では，「その明証性が言い触らされることも無駄である」と。第三章では，「さらにまた，弟子たちの進歩が言い触らされることも無駄である」と。第四章では，「われわれによって通俗的な哲学が攻撃されるのはただことばによってに過ぎない」と。そして第五章では，「われわれはその［通俗的な］哲学と争うことは出来ないのであって，なぜならわれわれはその語彙を知らないからである」と。たとえこれらのことが本当であったとしても，だからといってわれわれの哲学が拒否されるべきであることにはならない。次いで第六章の始めで，著者は「新しいデカルト哲学がその知ったことのすべて，教えたことのすべてを試すリュディアの石［試金石］は五重である。すなわち実験，推理，算術，幾何学，そして機械学」と言い，同じ章で「実験に反する」と論じ，実験はわれわれを支持しないと言う。第七章では「推理に反する」と，第八章では「幾何学と算術に反する」と，そして第九章では「機械学に反する」と言う。だが，その鋭敏さたるや，彼の記述そのものからしては，洞察力のある読者が私の哲学の仕方について良くないと感ずることはできないほどなのだ。最後に第十章において，私がどのような策略で私の意見を信じさせているかを示そうとし，「私は論証の代わりに単純な陳述を持ち出し，命題の証拠を沢山挙げ，仮説をでっち上げる」と言っている[104]。

---

101) 以上の引用は，第一区分第一章から第五章までの標題の趣旨であって，文はかなり異なる。
102) 完成した『驚くべき方法』の第二区分は第十三章までである。
103) デカルトとその信奉者たちのこと。『驚くべき方法』の原文では「デカルト（たち）」とあるものを，デカルトが引用する際に「われわれ」と書き直しているのである。
104) 以上の引用も，第一区分のものと同様，各章標題の趣旨であって，文はかなり異

ところで，以上のすべてにおいて，私について信じられるよう著者が願っていることだけを，すなわち彼自身か彼の加担者たちかが思いつきうる最も悪いことだけを語っているに過ぎないのである。その証明についてはまったく何も挙げていないか，あるいは誰であれちょっと見ただけでいかなる［証明の］力もないと容易に気づくものしか挙げていない。たとえば第二区分第二章では，証明の明証性と命題の明証性を区別し，一方を気前よく私に認めた上で，ただそのことだけで他方は正当に否定されるかのごとく見せかけようとする始末なのだ[105]。そして第五章では，私とレギウスがペリパトス学派の哲学の語彙を知らないことを証明するために，レギウスが彼自身について語った以下のことばだけを挙げる。「われわれは学院の哲学を長い間，きわめて綿密にとはいかないまでも，少なくともほどほどには学んできた」[106]。著者はこの「ほどほどに」に102ページから106ページまで難癖をつける。その哲学はほどほどにではなく，きわめて綿密に知られていなければならないと強弁しているのだ。ところで，著者は証明の代わりにすこぶる頻繁に私に問いかけるのだが，実はふざけているのである。というのも，たとえば45ページでは，哲学の何かの難問について容易で簡単な解決を一般的に私に問いかけているのだが，直ちに自分に反問し，私が『気象学』においてすでに［そのような解決の］事例を与えたと見られたがっていることに踵を返し，それが偽であると示しもしなければそれを吟味さえもせず，「自分への称賛をむかつくほどに絶えず吹聴する教訓たれに信をおくべきではない」[107]と言うだけである。もし私がどんな新しい解決を与えたとしても，これと同じことを同様に正当に言うことができる。それゆえ，このような問いかけに私が答えようとすることは意味のないことであろう。

　だが，私は一つのことだけは見逃さないであろう。すなわち，この本全体の展開からまさしく明らかなことは，著者の狙いが私の意見を動揺

なる。

105) 第二区分第二章の趣旨は，「デカルトは証明の明証性の代わりに命題の明証性を押しつけてごまかしている」というものである。デカルトはそのことを，命題の明証性を「気前よく認め，ただそのことだけで」証明の明証性を否定していると解したわけである。

106) この「ほどほどに」の問題は1642年1月末レギウス宛書簡でも言及されている（AT. III, 500：『デカルト全書簡集』第五巻 p. 108）。

107) 第一区分第四章。

させ，私が『ディネ師宛書簡』で貴殿について書いたことを否認する以外にはない，ということである。しかしながら，中傷者の言うことはそういうものだが，話はただ漠然として仮定のもとでしか繰り広げられず，何も具体的なことに至っていない。ただし，三箇所だけは別である。その最初の箇所は私が貴殿について書いたことに，他の二箇所は私の意見に関するものである。

　後者の［私の意見についての］一つは118ページで，著者はそこで以下の私の三段論法が真であることを否定している。「その観念が私のうちにあるものは，それ自体存在する」と[108]。だが，私はこのようなことばをどこにも書いたことはないし，そもそも三段論法の形をなしていない。私は何かこれに似たことをまったく考えたことがないし，また著者はこれを引いてきた箇所を示しもしていない。もう一つは124ページで，彼はそこで「あらゆるものの概念のうちには，可能的か必然的かの存在が含まれている」[109]ことを否定している。このことにおいて彼は自分の無知を曝け出しているに過ぎない。なぜなら，「もの」ということによって「実在的な存在者」が理解され，そして「存在者」は「在ること」ないし存在することから名付けられており，そして自然的なもの自体，われわれは「在るもの」ないし存在するものとしてでない限り概念出来ないのだから，それは哲学者たちによって「本質」と呼ばれていることを知らない者が誰かいるだろうか？　そして彼が付け加えていること，すなわち「神が欺瞞者として考えられている」[110]ということも不適切である。というのも，私の「第一省察」において，この上もなく力能ある何らかの欺瞞者について私は語ったけれども，しかしながらそこでは真なる神が概念されていたのでは決してないのであって，なぜなら著者自身が言うように，真なる神が欺瞞者であることはありえないからである。そしてもし彼に，それがありえないことをどこから知っているのかと尋ねるならば，概念のうちに矛盾が含まれることから，すなわち概念出来

---

108)　第二区分第七章。

109)　『省察』「第二答弁」の末尾に付された「幾何学的な仕方で配列された，神の存在と魂の身体からの区別とを証明する諸根拠」Rationes Dei existentiam et animae a corpore distinctionem probantes more geometrico dispositae（AT. VII, 160-170）（以下「諸根拠」と略記）の公理10（AT. VII, 166）を参照。

110)　以上，第二区分第八章。

ないことから知っていると答えるに違いない。それゆえ，彼が私を攻撃するために用いたこと自体で，私を防御するのに十分なのである。

　ところで，貴殿に関する箇所は57ページと58ページであり，そこで著者は，貴殿が引用する著者たちについて私が書いたこと，すなわち「彼らは貴殿に賛成するよりもいっそうしばしば貴殿に反対している」[111]ということに，自分では見事に反駁していると思っている。著者の想定するところ私は本を何ら読んでいないのだから，私がそのように書き得たのは，おそらく誰か他の人から［の又聞き］でしかありえない，というわけである。そして「私にそのように言った者の名を公表するよう」[112]求める。しかし，貴殿の書物において，証明の必要のないところで貴殿はどれほど長い著者たちの目録を頻繁に持ち出したことか。そして証明が必要なところでは，知られていない者か，あるいは貴殿と宗教を異にする者の名前以外には，どれほどわずかしか貴殿に賛成する者として述べていないことか。したがって，引用された者たちの権威は，とりわけ信仰に関する事柄では常に貴殿に反対であるか，あるいはさほど貴殿に賛成していないことは確かなのである。そして最後に，貴殿によって理由が述べられるべきときに，その代わりに何度貴殿は読者を他の本に委ねたことか。それも，しばしば読者が手にすることのできない本に，であり，そのようにして貴殿は何も言っていないときに何かを言っているかのように見せかけているのだ。このことは何よりも貴殿に反対することであると私は思う。以上のことを考察しようとする人なら，たとえ私が貴殿によって引用された著者たちを何ら参照せずとも，私にはそのように書く十分な根拠がありえたと認めるであろう。というのも，著者たちの証言というものは，そのために引用された主張を強固にすること以外には適切な用法はないのであるから，何であれその目的に役立たないものはそれを引用した者に反対することになるのである。なぜなら，もし引用が虚偽であるならば引用者が悪意をもっていたことを示すことになるし，あるいはもし引用が事柄に適切でないとするならば引用者が無知か，軽率か，見栄っ張りかであることを示すことになるからである。

---

111) 『ディネ師宛書簡』（AT. VII, 584；本書25ページ）。
112) 二箇所の引用はともに第一区分第五章。

その上，この貴殿の『デカルト哲学』において，私は私の書いた［とされる引用の］箇所で，引用した著者にあからさまに［逆効果となって］反対とならないものをこれまで何も見出さなかった，ともし私が言い添えるなら，貴殿は何と答えるのか？　なぜなら，つまりそれらは，これまで私が示したほとんどのもののように著者によってねじ曲げられているか，あるいは著者が証明しようとしていることに何ら役立たないか，そのいずれかだからである。つまりは貴殿はその著者ではないと，そして私が貴殿について［『ディネ師宛書簡』で］そう書いたときには私はまだその本を見ていなかったはずだと，貴殿は言うのであろう。それならそのことは置いておくこととしよう。しかし，いずれにせよ私は貴殿のテーゼに対するレギウスの答弁をその前に読んでいたのであり，そこにおいて実体的形相を擁護するために貴殿によって引用された聖書の箇所に気づいたのである[113]。貴殿は章句の［節の］数字を示しただけであったが，彼［レギウス］は，それらの章句そのものを参照するだけで明敏にそのすべての箇所を反駁した，ともし私が言い添えるなら，貴殿は何と答えるのか？　たとえば，貴殿は「箴言」第30章第24, 25, 26, 27, 28節を引き合いに出したが，彼はそこにある以下の章句を報告した。「この地上には小さなものが四つある。それは知恵者中の知恵者だ。アリの一族は力はないが，収穫期にパンを備える。小ウサギの一族は強大ではないが，その住みかを岩壁に構えている。イナゴには王はいないが，隊を組んで一斉に出動する。やもりは這いつくばっているが，王の宮殿に住んでいる」[114]。このようであるので，聖書全体において貴殿が同様に都合良く引用できない章句は何もないであろう。というのも，あらゆる箇所において何らかの物体的なものが言及されており，それごとに貴殿は実体的形相を捻り出すからである。だが，だからといってそのことが貴殿に賛成しないのは，雪について言及された箇所が雪は黒いと言った者への賛成にならないのと同じである。その上，このように聖書の権威を濫用することは貴殿の同僚や友人たちに異端の嫌疑を抱かせること

---

[113] 本書72ページの注62にあるように，デカルト自身がこのレギウスの答弁の下書きを書いている。その中ですでに，実体の形相に関する聖書の引用についても指摘している。AT. III, 502：『デカルト全書簡集』第五巻 p. 110を参照。

[114] 新共同訳をもとに一部改めた。

となり，少なからず貴殿に反対すると私には思えたのである。

　貴殿の他のどんな本についても，私はおそらく同じことを証明できるであろう。だが，貴殿がテーゼの名のもとに公表したものについては敢えてやめておく。この書簡が貴殿らの［都市の］本屋でいっそう自由に入手できるようにしたいためである。そこでは，貴殿たちのテーゼに反対して書かれたものを売ることは禁止されていると聞いているからだ。その上，貴殿が著者であると公言されている本を，私は貴殿の『テルシーテース』[115]しか見たことがない。そこで，その本について私が知ったことをなおも語ることにするが，同時に貴殿らの願いに応えて，［貴殿について］私に教えてくれた者の名を明かすこととしよう。それは，貴殿がそこにおいて攻撃している，かの『綿密なる吟味』[116]の著者である。さてそこでだが，『テルシーテース』に反対して1637年に出版された彼の『論駁』[117]18ページにおいて，彼は貴殿についてこう書いていた。「私は断言するが，ヴォエティウスはいつも私［の書いたもの］をきわめて不適切に解釈し，きわめて大胆に書き加えたり，削ったり，改竄したりするものだから，意見であれ議論であれ，彼自身が私に帰していることのどれも私のものとは思われたくないほどだ。何か歪んで引用しているのが一度や二度なら，誤りと呼ぶことも出来よう。だが，彼がこれほど多くの箇所でそうしているのは不誠実以外の何であろうか」？　実際，私自身，貴殿のさまざまな引用を彼の文と突き合わせてみたのだが，この点において彼は本当のことを書いたのだと証言できる。私は貴殿がどのように聖書をもてあそんでいるのか，そしてその書の章句自体をどのように歪めているのかを見た。そのことで公に非難されかねないというのに，だ。そこで私は問いたい。そのようなことを見た後で，貴殿が至るところで引用している他の著者たちをいっそう忠実に引用していると

　　　115）　*Thersites Heautontimorumenos, hoc est Remonstrantium Hypersaspistes*, Utrecht, 1635. テルシーテースとは『イーリアス』の登場人物。トロイアに侵攻したギリシア軍の中で最も醜悪で横柄な兵士。転じて心身ともに嫌悪すべき人。アキレウスをからかって彼に殺された。

　　　116）　Jean Batelier, *Examen Accuratum Disputationis Primae et quasi Inauguralis D. Gisberti Voetii*, 1634.

　　　117）　*Confutatio insulsi & maledici Libri*, 1637. ただしこの書自体には著者名や印刷地は記されていない。

私は判断すべきなのだろうか？　ヴォエティウス殿よ，私が貴殿について書いたことを反駁するのに，あるいは私の意見を攻撃するのに貴殿がもっとましなものを何ももっていないとしたならば，『デカルト哲学』を書くという多大な労を執った価値がどこにあったのか，実際，私には分からない。その最初の144ページには他に何も含まれていないのだから，さらに読もうとする人はよほど暇ということになろう。というのも，貴殿らはこれほど多くの空疎なことを前置きにしたのだから，その貴殿らが何か良いことをもっていたなどということはありそうもないからである。しかしながら，読んでもいないことについて向こう見ずに判断したとは思われたくないので，まだこの書簡を閉じることはせず，貴殿らの本の残りを待つこととしよう。

第六部
マリア友愛会に敵対する
ギスベルトゥス・ヴォエティウスの本について

　この書簡の始めは長い間顧みられないまま私の［他の］紙片の間に投げ捨てられていたが[118]，そのような状態にある時，『マリア友愛会』と題された貴殿によって出版された最新の本[119]を受け取った。そして，貴殿らの『デカルト哲学』の残りは印刷に付されてはいるものの，その出版は数ヵ月中断された旨を知らされた。貴殿がそれよりも前に刊行したいと願っていたこのもう一つの本を仕上げるのに専念していたためである[120]。その結果，今や，『デカルト哲学』がその名義人となった者[121]によってではなく，あるいは少なくともその者だけによってではなく，主に貴殿によって書き上げられたことを証明するのに，他の議論

---

118)　第五部末尾の「貴殿の本の残りを待つ」という文言からして，この箇所の「この書簡の始め」は「第五部まで」を指していると解しうる。しかし，第五部は『驚くべき方法』の著者問題を承知しており，第四部までと第五部の間にも執筆時期に差があるはずであり，その意味では「長い間顧みられなかった」のは「第四部まで」とも見なしうるであろう。本書50ページの注8を参照。
119)　本書50ページの注9を参照。
120)　梗概，本書50ページを参照。
121)　スホーキウス。本書xiiページの注5および49ページの注6を参照。

を必要としなくなったのである。［というのも］もちろん，この『マリア友愛会』と『デカルト哲学』が，その題名の語尾や形式のみならず［著者の］知力や性癖に至るまで，互いにどれほど似ているかを見て取る人ならば誰も，それらが一人の父からなる双子の姉妹であることを疑いはしないであろう［からである］。実のところ，その頃たまたま私には十分な暇があり，貴殿のかの『友愛会』をわずかな時間ですべて読んでしまったものだから，ここにそれについての私の意見を書き留めておくことにする。といっても，そこにおいて議論されている貴殿らの宗教に関する問題についてではない。というのも，私は他人のもめ事に首を突っ込みたくはないからだ。そうではなく，貴殿がいかなる人物で，貴殿の他の書物にどれほどの信をおくべきかがそこから理解されうる限りにおいて［の私の意見］である。というのも，貴殿は『友愛会』の著者であると公然と認めているのであるから，そこに含まれているすべてが貴殿に帰されるべきことを貴殿は否定できないからである。これに対し，貴殿の『デカルト哲学』は別の名義で公表され，それで貴殿は貴殿の誠実さと正直さに最も相応しいお手頃な言訳を用意しようというのだ。すなわち，貴殿はその著者ではないのだから，そこにあることに責を負う必要はない，というわけである。私は，そのような仮面に進んで関わり合う気などない。しかし，私が状況を適切に理解した上で貴殿の『友愛会』について意見を述べていることを貴殿に知らしむるために，何が貴殿に『友愛会』を書く機縁を与えたのかを検討することとしよう。

　ボワ・ル・デュックに至福の処女の名を冠した，とある古い信心会がある[122]。一流の人々のみが入会を許される慣わしで，それゆえ会はまことに有名であり力もある。以前はたしかにローマ・カトリックの人々のみからなっていた。だが，さほど遠くない時期にスペインから解放された都市において[123]，力があり敵の中で育てられた人々の会合は危険なしとはしないと思われていたが，しかしながら妨害されることはありえなかった。その会の自由は降伏に際して協定されていたからである。それゆえ，その都市の管理を委ねられた［改革派の］人々は，嫌疑を予

---

122) 1318年創立。
123) ボワ・ル・デュックは1629年に長期にわたる包囲の後，スペインから解放された。

防するためにも，また市民の間の平和と融和を促進するためにも，ローマ・カトリックの人々と共に自分たちもまたその信心会に受け入れられることがきわめて有効であると考えた。ただし，彼らの宗教にとって不適切なことがそこでは今後いっさい行われないという条件のもとで，である。このことが他の［元からの］会員たちによって拒否されることはありえなかった。というのも，降伏協定からしてあらゆる教会の財産は公庫に移管されたので，この会の財産の管理は，霊的なものないし教会のものではなくただ市民のものであるという名目の元でしか彼らの手に残されなかったからである。それゆえこの上もなく卓越した監督官[124]と，監督官が自ら仲間として選んだ他の高貴な市民13人がこの会に受け入れられた。そして彼らは，そのことで自分たちの宗教規範にとって適切でないことを犯さぬよう，実に入念に，実に断固として，実に熱心に用心した。ただこの点においてのみ，役割の限度を超えていたと思われるほどである。

しかしながら彼らは，貴殿がそのことを聞きつけるやいなや[125]，貴殿の常套手段であるテーゼを彼らに反対して投げつけることから逃れえなかった。私としては，そのテーゼに対して何ら書きはしない。だが，続きを理解するのに必要な限り，そこからわずかなことばのみをここに書き出すことにする。

その標題はこうである。「神学の後半部分からの神学的討論，23，間接的かつ関与された偶像崇拝について，第三部」等々。

そして二葉目以降に，他のことに混じって以下のようにある。「マリア兄弟会は，むろん教皇派の偶像崇拝から浄められた上でではあるが，それを廃止できる改革派の市参事によって善意から公的に許容され，あるいは残されるべきであるかどうか。そしてもし市参事がそのように為したのなら，改革派の者は，自らの改革派の宗教を害さないという条件のもとで，かかる兄弟会に入会できるかどうか。第一問への答。否と答

---

124) 監督官は Johan Wolphaert van Brederode。市参事 (magistratus) でもあり，デカルトは以後多くの場合「市参事」として言及する。

125) ボワ・ル・デュックの牧師，レーマンス (Cornelius Leemans/Lemannus, c. 1600-1668) からの1542年5月6日付書簡によって知られた。このレーマンスの書簡がマリア友愛会に対する論争の火ぶたを切ったことになる (Verbeek, p. 528, note 83)。

える。なぜなら彼はきわめて大胆に他人の偶像崇拝に関与しているからである」等々。

　そして少し後には［第二問への答として］以下のようにある。「だが，その地で市参事がどれほど看過あるいは黙認していようとも，しかしながら改革派の宗教と教会に身を委ねた者は誰であれ，それ［偶像崇拝］に身を委ねることはできない」。

　そしてその後に，「それ故」，（それに身を委ねた者たちによって）「間接的な，隠された，関与されたもの以上の偶像崇拝が犯されるのである」等々と。

　同じく以下のようにある。「というのも，彼らがどれほど制限し，除外し，浄化しようとも，しかしながら，かの兄弟会は偶像崇拝の，そして偶像崇拝［カトリック］同盟の少なくとも記念碑であり続けるからである。それはマリア崇拝を，あからさまにであれ暗黙裏に秘密にであれ固守し促進するために教皇の支配地やその外で教皇主義者たちによって，かつては利用されたし今でも利用されている。それゆえ忌まわしい崇拝は，われらが肉体の中で勝ち誇り，その偶像狂のもとにわれらの生ぬるさと愚鈍さからして確立され，さらにそれに加えて，神よりもこの現世を愛することによって（「テモテへの手紙第二」第3章第4節，「フィリピの信徒への手紙」第3章第19節を見よ），必ずや嘲笑，愚弄，尊大ともに凱旋する。というのも，もし仕事を引き受けざるをえないとしたなら，もし幾ばくかを会費として集めざるをえないとしたなら，もし支出なしでは何も維持できないとしたら，そしてもし豪華な宴会，贅沢な見返り，そこから何らかの利益に与れる多くの機会がないとしたなら，兄弟会やロザリオ団の規則や布告は言うに及ばず，ただ単にマリアという名称だけからしても，われわれは決してその団体に名を連ねないだろうことを［カトリックたちは］知っているからである」等々。

　同じく以下のようにある。「しかし，兄弟会の徽章はすでに変えられた。すなわち，とりわけ会員の誰かの葬列に際して肩に着ける慣わしだった赤い布は，「茨の中の百合のごとく」の文字が記された肘につけるメダルに変えられた」等々。

　最後に，同じく以下のようにある。「［葬儀において］われわれを愚鈍な者たちのごとく列にして連れ回し，背後でわれわれを愚弄する，教皇

主義者たちにとってこれほど明白な凱旋がありうるだろうか？　もし［兄弟会の会員たちが］百合によって教会を，改革派の意味からしても事柄自体の本質からしても理解しているというなら，その際，どちらの教会が理解されているのか，ボワ・ル・デュックの改革派のものなのか，その地に隠されている教皇派のものなのか，いかなる曖昧さもなくすべての会員によって説明されなければならない」等々。

　以上において，都市ボワ・ル・デュックと［その地の］マリア兄弟会が明白に名指されていることを，読むことができる者なら誰しも読み取ることができる。たしかにその会の会員たちはかつて葬儀に際して赤い布を着けていた。貴殿のこの書物の残りにはそのまことに確実な徴が他にも多く含まれているが，その信心会に名を連ねる貴殿［と同じ改革派の者］たち全員と個々の人々［を指している］と，誰であれいかなる迷いも曖昧さもなく認めるのに，これ以上挙げるには及ぶまい。したがって，貴殿がここで彼らの名を挙げていること，あるいは名指しで（すなわち，ラテン語を話す人たちによって通常解されているように，確実かつ明白に）示していること，彼らの固有の姓，名，家名を付け加えた場合に劣らない。というのも，時に同じ名が複数の異なる人物に該当することはありうるが，かかる信心会が見出されるボワ・ル・デュックという都市は全世界で二つとないからである。われわれがフランス王と言うとき，ブルボンのルイと言った場合に劣らず名指しているのであり，それと同様に，貴殿はこのテーゼでその都市において至福の処女信心会に名を連ねている人々のすべての名を名指しで示したということ，まったくのところ実に真なのである。そして貴殿は彼らをそこで，ただ偶像崇拝の関与者ないし犯人としてのみならず，卑しい利得と豪華な宴会に貪欲な者としても断罪したこと，これまた実に真なのである。というのも，「それ故，彼らによって間接的な，隠された，関与されたもの以上の偶像崇拝が犯されるのである」というこのことばは他に何を意味しているだろうか？　そして，「もし豪華な宴会，贅沢な見返り，そこから何らかの利益に与れる多くの機会がないとしたなら」，教皇主義者たちは「改革派は決してその団体に名を連ねないだろうことを知っている」というこのことばは？　最後に，彼らのうちには都市の監督官や副監督官，法務官が含まれているにもかかわらず，貴殿は彼らを私人と見なしてい

るが，貴殿は彼らのみならず，名指しでボワ・ル・デュックの市参事をも貴殿の監査に服させたこと，実に真である。というのも，貴殿は「マリア兄弟会は，それを廃止できる改革派の市参事によって」等々と問うている。すなわち，貴殿は彼によってそれを廃止できる（つまりは，貴殿が望んでいるように暴力的に）と想定しているのであり，そうでなければ「廃止できる」ではなく「もし彼がそれを廃止できるならば」等々と書いたはずだからである。それゆえに貴殿はかの市参事を，あたかも「きわめて大胆に他人の偶像崇拝に関与している」かのごとく断罪しているわけである。そしてこれらのすべてを，私の眼が何かの魔法で騙されているのでなければ，私がラテン語のことばを理解していないのでないならば，繰り返すがこれらのすべてを私は貴殿のテーゼのうちに見出している。しかしそれらが良いことなのか悪いことなのか，私は語らない。なぜなら，すでに述べたように，私はこのテーゼを攻撃しているわけではないからだ。しかし，続きを理解するために細心の注意を払うべきことと思う。

さて，ボワ・ル・デュックの貴族たちは，彼らの名誉に対し貴殿が公開のテーゼで投げつけたこの汚名は公開の文書によってでしか十分に拭い去られえないと判断し，その文書の作成の任を彼らの牧師の一人，サムエル・デマレ殿に託した[126]。つまり彼ら［貴族たち］は，この問題において明白な抑制を示したのだ。というのも，貴殿の同僚牧師で貴殿にこの上もなく好意をもっている人物［であるデマレ］によってでしか弁護を望まなかったからである。彼はこの問題について本を自分で書いて，たしかに彼らの「敬虔と誠実」[127]をまことに明瞭に立証したし，貴殿が中傷によって彼らになすりつけた悪行や犯罪のあらゆる嫌疑から彼らを実に注意深く解放した。だが，そうしつつ貴殿の主要な罪を覆い隠しもした。それゆえ，実際のところ彼は貴殿に反対してではなく，彼自身が告げたように貴殿に賛成して書いたのだ[128]。というのも，彼は貴殿に

---

126) 本書50ページの注10を参照。
127) デマレの本の標題は『真理と慈愛の証人として至福の処女の名を冠する信心会に入会したボワ・ル・デュックの貴族たちの敬虔と誠実の防護』。『防護』と略される。
128) 1642年8月25日付デマレからヴォエティウス宛の書簡が残されている。AT. VIII-2, 74, note a および76, note a を参照。

誤った仮説がもたらされていたと，すなわち事実の経過が貴殿に悪しく語られていたと想定したからである。また彼は論題においても，すなわち「改革派にとって教皇主義者の儀式を尊重することは許されるかどうか」という問いの一般的な決定［という論題］においても，貴殿と一致していると想定している。そして貴殿についてはこの上もなく畏敬をこめて，そして賛辞と共にしか決して語らなかった。そして，良き人々に誤った罪を負わせた者たちの不正な誹謗についてどうしても抗議しなければならなくなったとき，彼はその悪意のすべてを「識別されない遍歴者」に，あるいはまったく知らない人物に移し換えて，貴殿には中傷よりもむしろ軽信を帰してしまった。また，私の判断ではこの事件において最も重要である問題を，彼は完全に無視した。すなわち，この都市の貴族たちを，そして名指しで市参事たちさえも貴殿の私的な権威において，［事情を］訊くことも警告することもなく公開の文書で断罪することが貴殿に許されるかどうか，という問題である。最後に，貴殿について彼はこのようにしか言わなかった。いっそう思慮深い人々の考えによれば，貴殿らの間で行われる学術的で公開の討論は，ボワ・ル・デュックにいてユトレヒトで討論されていることを知らないであろう人々にとって，もしたまたま彼らが何か誤っていたらそれを改善するための賢明な助言として適切な策ではない，と[129]。また，貴殿の職務の栄誉を考慮して，デマレのかの本は誰にでも無差別に公表するのではなく，貴殿のテーゼを見た人々のうちの幾人かにのみ送ることさえ決められた。

　だが，それにもかかわらず，貴殿はデマレの本を受け取ってあらん限りと激昂した。それは，少し前に貴殿の実体的形相についてのテーゼに対するレギウスの実に穏やかな答弁を見たときと変わらない[130]。つまり，貴殿は大きな過ちを犯したことを意識しながら，それを改めようとも，認めようとも何らしていないということなのだ。そして直ちに即席

　129）デカルトがここで述べているように，デマレのヴォエティウスに対する姿勢は基本的に融和的である。デカルトはデマレを「敵の敵は味方」と見ている節があるが，事はそう単純ではない。デカルトとデマレの交流についてはデマレ側の証言文書が AT. VIII-2, 319-324 にあり，その一部は『デカルト全書簡集』第五巻 pp. 277-279 に訳されている。

　130）Baillet. II, pp. 153-154 を参照。なおこの部分は AT 等によって，1642年3月5日付レギウスからデカルト宛書簡の一部として採録されている（AT. III, 534-535；『デカルト全書簡集』第五巻 pp. 131-132）。

76　の小冊子[131]が出版されたが，それは貴殿によって書かれたと信じられている。というのも，そのうちには貴殿の性癖と文体が明らかに認められるからである。それは匿名であるが，貴殿に誤った仮説をもたらしたとデマレが想定しているのは自分であると断言するボワ・ル・デュックの牧師の一人を著者とする仮面のもとで出版された。だが，デマレによって教会の牧師のその名など何ら挙げられなかったことはまったく確かであるにもかかわらず，である。というのも，［デマレの本には］同等であれそれ以上であれ，他の人々にも当てはまらないことなどどこにも何も書かれておらず，また貴殿に対する彼の書簡においては「自分が信心会の選択から漏れて不満に思った」人々の過ちなど明白に撥ね付けて

77　て[132]，このようなことが牧師のことばに由来するとは何ら考えられえないからである。このようなわけで，かかる牧師なる者が貴殿によって舞台に引っ張り出されたのは，いつもの貴殿のやり口のように，貴殿の罪に与する者をでっち上げるためなのだ。その者の名の下なら貴殿の名の下よりもいっそう自由に，いっそう罰を受けることなく貴殿は誹謗を行使できる，という目論みなのだ。だがその者の小冊子，否むしろ貴殿の小冊子は直ちに名誉毀損で，虚偽で，内紛を引き起こそうと企てるものであると判断され，それを読むことは禁止された。禁令は貴殿自身が420ページで言っているように，「町の街路ごとに，喇叭と太鼓を鳴り響かせながら公示された」のである[133]。さて，私もここにその裁決の写しを持っているが，そのことばは以下のとおりである[134]。

　　「数日来，『テルティロ[135]たるマリア会の弁護人による中傷の歪曲等々』と題された匿名の青い小冊子が当市において配布された。そして，当該小冊子に述べられているさまざまな箇所の調査検討によって，そこにおいて非常に恥ずべき仕方で真実に反して，然るべき

131）下記ボワ・ル・デュック市の裁決の中にあるような題名であり，『歪曲』と略される。
132）本書106ページの注128を参照。
133）AT. VIII-2, 77 note a を参照。
134）この裁決はオランダ語である。
135）テルティロは聖書に登場するユダヤ人に雇われた法律家。「使徒言行録」第24章第1-9節を参照。

幾人かの人々が侮辱されていた，とわれわれは判断している。また，当市においては至るところで融和と安寧がこの上なく求められるべきであるがゆえに，かかる不適切かつ不法な誹謗文書を黙過するならば，神の教会と当市の繁栄に不利益をもたらすほどに重大かつ深刻な不和，困惑，分裂を予期しなければならない。それゆえわれわれは，それが未然に防がれるよう警告したい。かくのごとく…。」

　すでにこのように貴殿は，他人の仮面の下にではあるがボワ・ル・デュックで鮮やかに，公に弾劾されたのであった。だが，このことは貴殿の気持ちを挫かせはしなかった。さらに加えて，この上もなく名高くこの上もなく高貴なこの都市の評議会が，この問題についてのもう一つの本，すなわち『マリア友愛会』という本を貴殿が準備していると聞き知って，その出版を妨げるよう，この上もなく卓越したユトレヒト州政府，名高い［ユトレヒト］都市評議会，さらには貴殿にさえ宛てて文書を差し出した時でさえ，貴殿は挫けなかった。貴殿自身が421ページで自慢しているところである。というのも，これらのすべてを無視して，ついには貴殿自身が貴殿の『マリア友愛会』と共に舞台に登場してきたからである。その本を私は暇にまかせてすべて読んだ。だが，率直に真実を言わせてもらうが，憤慨と苛立ちを感じずに読みうるような箇所はどこにも見出さなかった。私はここでことば巧みに語るよう自分に強いることはできない。貴殿はその本のうちにあまりの悪意，不条理，不公平，傲慢さ，頑固さを示しているからだ。これらの悪徳はすべての中で最も忌まわしいものである。

　そこに悪意が顕れているというのは，これほど多くを掻き集め，これほど分厚い本を書きながら[136]，それが貴殿の利を守るためではないという点においてである。というのも，実際このような書物によって貴殿は自分の利をいっそう悪くしているからである。そうではなく，ボワ・ル・デュックの貴族たちについても，デマレについても，貴殿はいかなる過失も立証できないにもかかわらず，彼らについて多くの悪しく誤った意見を長々とした誹謗でもって貴殿の読者たちの心に投げつけ続

---

[136] 小さな版ではあるが，511ページ以上ある。AT. VIII-2, 79 note aを参照。

けるためなのだ。また，貴殿が誰か他の人について何かを書くのはその人物の評判を何としてでも貶めるためであり，そのことは友人たちについてさえ容赦されないという点においても悪意が顕れている。もし貴殿が人間味というものをもっているなら，デマレ自身が友人のうちに数え入れられているはずである。というのも実際，彼は彼の責務を果たしたのであるが，貴殿に対してはできる限り思い遣り，友人の敬意を払ったからである。だが，彼が貴殿に好まれないことは脇に置いておこう。彼は貴殿の書いたことすべてを称賛しているわけではないからだ。というのも，この［貴殿を称賛しないという］ことこそいつも貴殿の最大の憎しみを掻き立てる理由であるとわれわれは知っているからだ。また，貴殿がボワ・ル・デュックの貴族たちにこの上もなく怒り狂ったことも脇に置いておこう。なぜなら彼らは，貴殿によってまことに不正に侮辱されたからではあるが，控え目ながら自分たちのために敢えて貴殿に応える労を執ったからである。だが，『歪曲』の著者とされた貴殿のかの殉教者は，一体貴殿の気に障る何をしたというのか。貴殿は416ページで，あたかも彼を実に無学であると非難するごとく，「彼はその著者ではない。なぜなら，彼はラテン語にこれほど秀でてはいないからだ」と撥ね付けられていることについて語っている。次いで，貴殿は冷たく以下のことばで応えている。「この牧師のラテン語について，および学芸，言語，神学の学習について，私は普通のものを何も感じない。専門家［である私］が言っているのだ」と。つまり，この発言からは，彼はたしかにラテン語と神学の普通の知識をもっていないということが結論されるのである。というのもその方が，彼が普通以上の知識を持っているというよりいっそう信じやすいからである。貴殿は嘘をつくより曖昧なことばを用いる方を選ぶほどには良心的であったのだ。もっとも，このようにして貴殿は自分がかの有名な『歪曲』の著者であることを裏付けてしまっているのだが。また，貴殿は27ページでオランダの他の牧師たちに語りかけて，「あなた方の公然としてかくも頻繁な，また集団での文書による激励と称賛（自惚れと思われたり，このことが嫉妬を掻き立てたりしないよう，私はこれ以上述べない）が私を勇気づけ，同様ないしいっそう大いなることを試みるよう駆り立てた。私が［今後も］その時に劣らぬ感謝の念を抱くであろうことを重ねて表明しておきたい」と書い

ているが，私には貴殿がそれほど礼儀正しいとは思われない。これでは
あたかも，貴殿がこれまでこの都市の貴族たちや市参事たちを公然と貴
殿のテーゼにおいて非難し，そのようにして騒動を引き起こすよう彼ら
が唆したかのごとくである。このようなことを彼らのうちの誰かが唆し
たとは私には思えない。他にも指摘できることは無数にあるが，貴殿の
本の完全な吟味を引き受けたいとは思わない。そのことはデマレの仕事
として残しておこう。というのも，彼はすでに彼の『防護』[137]において
才能，分別，博識の見本を示したのであり，このことにおいて彼が最良
のものを為すことを私は疑ってはおらず，その労は価値あるものとなろ
う。私としてはさしあたり，私の記憶に立ち現れたことだけを手短に，
貴殿に警告することとしよう。

　貴殿が論拠として提示していることのすべてにおいて，私は不条理と，
そして同時にこの上もなく忌まわしい不公平に気づいた。というのも，
貴殿はどこでも推理を正しく用いなかったし，また公平性というものが
この一事に存する「誰かが他の人々に規則として定めたことは，自分に
対しても同じ規則として用いられる」という原理を侵犯していない箇所
はないからである。たとえば24ページにおいて，貴殿はデマレの「私は
たしかに，彼がいずれにせよ一般的な討論で争い，ボワ・ル・デュック
［という都市］やわれわれを名指しで挙げないよう望んだ」ということば
に言及している。これに対し，貴殿は次のように応えている。「この私
の方こそ，そして真なる宗教，敬虔，教会の平和を愛する他の人々も，
彼が偶像崇拝についてのテーゼを，かかる口実をいいことに，とりわけ
この時期にこのような本で非難することなどないことを，はるかにいっ
そう望んだ。というのも，アカデミーの講義，系論，テーゼというもの
はただ敵対的であるばかりではなく，友好的で，身内のもので，中立で，
匿名のものであって，［それが］無益で忌まわしい本によって煩わされ
なければならないとしたならば，結局だれがけりをつけ，何が引き起こ
されるというのか？」と。この答弁ほど不条理で不公平なものを私は想
い描くことができない。というのも，貴殿は，貴殿のテーゼにおいてボ
ワ・ル・デュックを名指しし，その市参事や貴族たちを告発することに

---

137)　本書106ページの注127を参照。

よってその地の教会の平和を貴殿にできる限り掻き乱すことが貴殿には許されることを望みながら，それでいて彼らの牧師であるデマレが自分たちの潔白を証し，彼の都市における教会の平和を守るべく貴殿のかの呪われたテーゼに敢えて異を唱えたことを，貴殿は悪行と見なしているからである。同様な不公平の例は貴殿の本の至るところに現れ，たしかにしばしばあまりにも不条理で，死んでいると思ったスカエヴォラが負傷した［だけだった］とき，後で彼を「剣の全体を身に受けなかった」ことをもって裁判に召喚しようとしたフィンブリアの狂気を私に想起させるほどであった[138]。

しかし，このような不公平も，もしそれが傲慢さと結び付いていなかったとしたなら，ひょっとしてまだ我慢できたのかもしれない。だが，貴殿はかくも不遜に，かくも思い上がって常に原告ないし裁判官として振舞っており，そのような貴殿を見る者は全力で貴殿を忌避するであろう。実際には貴殿は被告であり，たしかにその罪は否定されえないので，ただひれ伏しての寛容の懇願と改悛の立証によってのみ容赦されるべきであるにもかかわらず，［そのような態度］だからである。かかる傲慢さは貴殿の本の題名からさえ読みとることができる。というのも，貴殿は題名自体の内に弁解や防御など何ら約束しておらず，『至福のマリア信心会を改革派の内に築く，あるいは更新することに味方してごく最近書かれた論考から採られた，一部は曖昧ないし不確かな，一部は危険な主張の見本』等々としている[139]。つまりデマレの誤りへの非難ということであるが，彼の誤りというのはもちろん貴殿が中傷によって彼に捏造しようとしている誤りのことである。というのも，ここで貴殿は彼の本を「至福のマリア信心会を改革派の内に築くことに味方しての論考」と言い，題名それ自体において中傷の見本を提供している。この［マリア信心会を改革派内に築くという］ことが偽であり，また貴殿ら［改革派］において憎悪されることを貴殿は知っているのだ。さらに貴殿の本の残り，28ページから75ページまでと他の箇所において，貴殿はデマレに，あたかも貴殿は裁判官で彼は被告であるかのごとく，あるいは貴殿は教

---

138) キケロ『ロスキウス・アメリーヌス弁護』II, 12, 33.
139) 本書50ページの注9を参照。

師で彼は弟子であるかのごとく尋問している。彼に問うていることのすべては，それによって読者に彼自身について何か悪しきことの疑念を生じさせうると貴殿が思っていることである。これは，罰せられることなく中傷するために貴殿がいつも使っている，かの卓越した技の一つである。というのも貴殿は，断言していないのだから立証する責を負わず，それでいてそのように尋問したことを，真であると断言した場合と同様に読者を説得できるからである。また，胸くその悪い傲慢さは貴殿のことばの至るところに顕れている。たとえば5ページで，貴殿はデマレが「大いなる新たな冒険で有名になろうとしている」と言う。つまりは貴殿ほどの人物に立ち向かっているから，というわけだ。また，貴殿にかこつけてベルギウムの教会［全体］が彼によって攻められている，と貴殿が想い描いている箇所もだ。あたかもベルギウムの教会は貴殿なしでは存続しえないかのごとく，あるいは貴殿は教会の第一人者で，それに対しデマレは無であるかのごとくに。

　最後に［指摘しておくが］，貴殿は［自分の］過ちに明らかに気づき，また立証されているにもかかわらず，それをまったく認めようとしない。また，いかなる理由，いかなる権威をもってしても貴殿の誹謗本の公表を貴殿に断念させることはできなかった。貴殿のこのような頑固さこそ，傲慢さの極みなくしてはありえないのである。420ページとそれに続く15ページで貴殿が述べていることなど，そこで貴殿が証明のために用いている理由を正しく理解しようとして，私はもう一度読み直してしまった。貴殿が言うには，「貴殿は貴族たちに払うべき敬意を表さず，教会の会合に畏敬や権威を帰さないような強情者，無作法な論争屋，〈無法者〉¹⁴⁰⁾ではない」。だが，私はまったくあっけにとられてしまった。というのも，私がその箇所で見出したことはすべて，反対に，貴殿が実際には「強情者，無作法な論争屋」で，あらゆる秩序や上位の権能を軽蔑する者であることを示すものでしかなかったからである。それどころか，貴殿が［以下の］いずれを望んでいたのか，私には分からない。すなわち，あまり注意深くない読者が（信じがたいほどの忍耐力がなければ，誰もこれほど無益な書物を注意深くは読めないのだから）貴殿のまわり

---

140)　〈無法者〉部分のみギリシア語。

くどいことばにはおそらく何か理由が含まれていて，それによって貴殿は自らを正しく防御しているのだが，［自分は］それに気づいていない，と思うようにしたいのか。あるいはむしろ，貴殿は市参事会も教会会議も顧みないほど反抗的で意固地であり，中傷以外には何も書けないにもかかわらず書くことを妨げられるのを望んでいない，と信じさせたいのか。貴殿はおそらく後者の理由によってのみ，貴殿への恐怖を皆に浸透させようとしている。今後は誰も，たとえ貴殿がその者について誹謗したとしても，直ちにこのようにして罵詈の分厚い書物が返ってくるのを恐れて貴殿に敢えて異を唱えないようにするためなのだ。というのも，貴殿は421ページで，「貴殿の書物を妨げるべくあらゆる手立てが尽くされた」と，そしてその目的のためこの上もなく名高くこの上もなく高貴なボワ・ル・デュックの評議会および他の多くからも貴殿および他の人々宛に文書が出されたと，つまりは貴殿の本がそれほど恐れられていたかのごとく言い放った後，彼らがそのような書物を貴殿に断念させようとしている［ボワ・ル・デュック側の］二つの言い分があると言っているからである。「最初［の言い分］は，その防御ない弁明は兄弟会に味方したものであるが，その形をとりつつ今や貴族たちの弁明と言われていることである」と貴殿は言う。貴殿は，それが弁明であるかどうか，しばらく戯れに問うた後，「それは稚児を怯えさせるに相応しい［こけおどしの］〈お化け〉[141]にすぎず」，それゆえ貴殿がそれを攻撃する何らの妨げにもならない，と結論する。次いで，もう一つの言い分を貴殿は427ページでこう紹介している。「この事案の結末は教会会議の裁定に属し，神学者の書物に属するのではない。故に，教会会議に委ねられるべきであって，論争の書によってこれ以上吟味されるべきではない」と。この言い分には，その前提となる三つの論が付け加えられている，と貴殿は言う。1．「マリア兄弟会の会員たちは今や，この案件をベルギウムの教会会議に，ユトレヒトのそれにさえ委ねる用意があると宣言しているがゆえに」ということ。2．ボワ・ル・デュックの「ガロ・ベルギカの教区会議[142]は，ライデン・アカデミーの神学教授たちに，自分た

---

141) 〈お化け〉部分のみギリシア語。
142) 「教区集会」の原語はSynedrium，「教会会議」の原語はSynodus。前者は地方教会の集会。後者は教義上の重大問題を論議する場合にのみ招集される。B. p. 1584, note

ちはたしかにマリア兄弟会に同意する裁定を下したが，しかしながら自分たちのその裁定を教会会議に委ねたい旨の書簡を出したがゆえに」ということ。3．「貴殿［ヴォエティウス］の理由は公開の文書よりも教会会議に提出される方が双方にとっていっそう安全で適切であり，醜聞とならないがゆえに」ということ。以上のことは，たとえ貴殿によってあっさりと冷淡に報告されているとしても，しかしボワ・ル・デュックの貴族たちの行為は少なくとも彼らの教区会議によって承認されたことを示している。教区会議の権威は貴殿のごとき一介の私的な神学者の権威よりも重んぜられるべきと見なされよう。また彼らはこの問題において真理と教会の平和しか求めておらず，何ら固執していないことをも示している。なぜなら彼らはどの教会会議にも，貴殿自身が属しているユトレヒトのそれにさえ服そうとしているからだ。

　ところが貴殿と言えば，これに答えるにあたって，自分がどれほど教会の平和を愛し，どれほど遜った心を持ち，どれほど敬虔かを示そうとして最初に何とゴマルスの例を引き合いに出している。貴殿が言うには，彼はアルミニウスの支持者たちにしばらく「書くことを禁ぜられ，それゆえに彼はアカデミーを離れた」。この話について私が知っているのは，それが現今の問題と何の関係もないということだけである。次いで429ページで，貴殿はこのように語る。「慧眼なる者たちはここで，彼ら［兄弟会］のうちに何らかの［カトリック的］秘儀が見出されると見ている。このことを私は，竈の汚れは［煙を伝わって］さらに遠く闇まで汚染させると，おそらくそのようにでも説明できるのではないか。神学教授たちをあたかも幼き孤児であるかのごとく自分たちの堅固な保護と監督のもとに委ねたがっている者たちが，時にいるのだ。誰か監察官ないし査察官の事前の取り調べや認可がない限り，テーゼを書くことも，講義をすることも，討論を実施することも彼らには決して許されない，というように」。このようなことばのうちには，神学教授たちは市参事会にも教会会議にも支配されるべきではないと貴殿が暗示したがっていること以外には，私は何らの意味も見出さない。だが貴殿といえば，神学教授だが，幸いなるかな，何であれ好きなことを書くことが許されてい

182：Verbeek, p. 527, note 74を参照。

るではないか。

　たしかに少し後で貴殿は，あるやり方で，そして断固たる条件付きでなら教会会議に服そうとしているようにも見える。だが貴殿は直ちにその可能性を除外し，431ページでは大胆にも「このようなことで，教会会議によって種を蒔かれたり刈り取られたりしたことは，いまだなかった」と付け加える。そして433ページでは，「現況では教会会議を煩わせることなど，私には何もないと結論する」と言う。だがしかし，かの神学教授の至上の権能は貴殿一人に，つまりは最高の神学者の長に属することが相応しいと理解されるべく，同じく432ページにおいて貴殿はデマレについて，彼も神学博士であり教授なのだが，「醜聞と非難の機会や種となる彼の本は，必ずや教会会議において吟味されなければならない」と言う。そして436ページで貴殿は，「彼が彼の本を公的な撤回によって取り消すか，あるいはせめて第二版で訂正するのでない限り，自分に書くことを断念させようとする助言など考慮されえない」と［忍従を］否定する。つまりは，高位の人々を公的に中傷したとき，貴殿は正しいことを行ったのだ。彼らにこの上もなく相応しくない罵詈を投げつけたからといって，貴殿は咎められるべきではなかった。しかしながら，貴殿の書いたことから，人口が多く敵に隣接した都市において「重大かつ深刻な不和，困惑，分裂」[143]が生じるのではないかと懸念されたとしても，それは甘受されなければならないのだ。だがデマレは，貴殿が傷つけた人々の意志からしても，また彼らの教会の牧師という職務からしても，貴殿によって加えられた損害に何らかの手当てをしようと努めているわけだが，そのことで「彼の本は醜聞と非難の機会や種であるから教会会議において吟味されなければならない」，つまり貴殿を信じるならば，断罪されなければならないのだ。また貴殿についてこの上もなく正当かつ真理をもって書いたことを，彼の方が先立って公的な撤回によって取り消すか，訂正するのでない限り，貴殿は彼に対する公的な中傷を自制する気がないわけである。

　また434ページと435ページで，貴殿はまず，デマレが仲間たちと共に「実行と特別な判断から始めた」と文句を言う。［つまり］1．「貴殿の

143）　本書109ページ，ボワ・ル・デュック市の裁決からの引用でオランダ語。

テーゼに敵対する本を出版し，ばらまいたこと」。2．「ユトレヒト，ドルトレヒト，ライデン，アムステルダム，フラネケル，ハーグ等々の裁定と支持を搔き集めたこと」。3．「ある元参事を出席停止したこと」（つまり貴殿の側についていたので）。4．『歪曲』なる「小冊子の断罪」[144]。その後435ページで，貴殿は「ついに今や教会会議の救済が口実にされている」と言う。「疑わしきこと，議論の余地のあることは教会の公的な協議と裁定に委ねられると言われているが，その実彼らはすべてを私的な［意見の］大海で，占領はしなかったが少なくとも占領し満たし溢れさせようと試みたのだ。いくらかでもより鋭敏なる教会の人々は，この政治的な姿勢がどこに行き着くのかを見ており，ここ数年レモンストラント派[145]に悩まされて，望むと望まずとに係わらずいくぶんいっそう慎重に振舞うこととなった人には，どれほど興味の持てないことに違いないか，私は疑いはしない」と。そして少し後では，「この上もなく名高くこの上もなく高貴なわれら［ユトレヒト］の評議会の依頼に対しては」（すなわち，評議会は貴殿たちの神学に属することについて何らかの決定を下すことを望まず，それゆえ貴殿に沈黙を命ずることも望まなかったのだが，しかし書くことを思いとどまらせようとしたのである），「私はすでに，この（とりわけ仮定的な）問題について公開の書物で判断を下さない限り，われらの宗教と私の職の名誉に私は十分対処することができないと応えた」と。以上の論は，貴殿の問題を教会会議に委ねるほど貴殿は無思慮ではないと，というのも貴殿はそこで断罪されるであろうことをも疑ってはいないと言っているのとまったく同じ意味であると私には思われる。1．なぜなら，デマレの本があまりにあからさまに貴殿の過ちを示しているから。2．なぜなら，彼はすでに自分に味方する多くの支持を得ているから。3および4．なぜなら，貴殿の側にあまりにあからさまについた少なからぬ人々がすでに断罪されたから。

　だが，貴殿が理解されたいと願っていることはこうだ。すなわち，デ

---

144) 本書107-109ページを参照。
145) レモンストラント派とはオランダのアルミニウス派であり，カルヴァン派と論争して，1610年に政府に抗議書を提出した。レモンストラントとは「抗議」の意である。ヴォエティウスたちと常に対立している。

マレの方が先に貴殿に反対して書いたのであり，それですでに教会会議に招集される人々の心を予断で満たしてしまったので，貴殿の理由がどんなに優れているとしても，貴殿としてはそれを教会会議に任せるわけにはいかない。それよりはむしろ「貴殿の名誉を」（貴殿はそれを「貴殿の宗教と職の名誉」に結び付けているわけだが）「公開の書物で守る」べきであった，と。本当らしさのかけらもない。というのも，貴殿の方が先にテーゼを公的に出版し[146]，誰もの心を満たそうと企てたのだ。ボワ・ル・デュックの貴族たちはかかる悪事を私的には大目に見ようとしたし，そして実際貴殿は告発されていないのだから［彼らは］たしかに大目に見たように思われるのだが，たとえそうであったとしても，ただ自らを弁解することだけは取り計らったのだ。だがそれは公開の書物によって為されなければならなかったのだ。というのも，都市の平和と安寧は何よりも市民たちが市参事会に好感を持っていることに依拠しているのだから，国家の管理に招命された人々にとって自らに公的に加えられた不正を私的に見逃し，自分の評判をおざなりにすることなど健全なことではないからである。そして国家においては，その指導者たちを誹謗し，庶民たちに彼らをさほど崇拝したり尊敬したりさせないようにし，そのようにして彼らの権力から自由に離れていく機会を与える者こそ誰よりも断罪されるべきであり，誰よりも重い刑に処せられるべきなのである。だが，この政治における市参事会の名誉に比べれば貴殿の名誉など，貴殿によれば貴殿の宗教と職の名誉だそうだが，たとえそうであってもまったく異なるものと考えられるべきなのだ。というのも，たとえ貴殿が最良の理由をもっていたとしても，かくのごとく頑固に他の神学者たちや教区会議と対立し教会会議の裁定を拒否するよりは，貴殿が進んで自らを教会会議に委ね，たとえ断罪されるとしてもそれに忍従する方が貴殿にとっていっそう名誉であろうし，また貴殿の宗教の称賛にもいっそう役立つことであろう。また無知なる者たちのように自分は決して過たないと見られたがるようなことは，為さぬほうが貴殿の職には相応しいであろう。そしてたしかに神学者においては，自らの判断を他の人々の判断に委ね，自分の誤りは（誰しも人間なのだから）誠実に

---

[146] 本書103ページ以下に紹介されているテーゼ。

認め改善し，キリスト教徒の敬虔と謙遜の模範を他の人々に示すことほど称賛され仰ぎ見られるべきことは何もありえないのである。だが私は危惧するのであるが，このような庶民の単純すぎる人間の徳に立ち帰るよう貴殿に勧めるなど，あまりに素朴で未熟であると貴殿は私を嘲るのではないか。厳密な正当性において貴殿が拘束されること以外，何も貴殿に期待すべきではないだろう。しからば，言おう。少なくとも貴殿が一度，デマレが一度書いた後では，貴殿もその後は書くことを保留し，教会会議の裁定を待つのが公平というものではないか？　それとも，貴殿は，真理がデマレによる誤った予断によってすっかり隠されてしまい，貴殿がどれほど弁解しても教会会議においてはそこでその真理を吟味する神学博士たちには理解されえないと危惧しているが，しかしながら，貴殿の友愛会［の書］をでたらめに読む他の誰にでも真理はいっそう容易に露わになると期待している，と誰かが信じるとでも思っているのか？　貴殿が貴殿の問題を教会会議に委ねようとしないのは，それがあまりにあからさまに悪しく，貴殿の仲間たちによって決して容赦されえないことを貴殿が知っているからに他ならない，という方がはるかに本当らしいのは確かである。貴殿が書いたことの理由として，私がここに調べ上げたこと以外に貴殿は何も挙げていないのだから，貴殿のことばそれ自体から「貴殿は貴族たちに払うべき敬意を表さず，教会の会合に畏敬や権威を帰さないような頑固者，無作法な論争屋，〈無法者〉である」[147]と結論されるべきである。

　だがこれらのことすべても，もし貴殿の本全体のうちに，ボワ・ル・デュックの貴族たちの行為は非難されるべきであると貴殿が信じていたというふしが何かあるならば，あるいは少なくとも，先に貴殿が書いたものは防衛され弁解されるべきであるという真で誠実な理由が述べられているならば，ひょっとして看過されえたかもしれない。しかし，私はこの二点について入念に精査したのだが，どちらも貴殿によって何ら示されていないことが分かった。

　まず第一に貴殿の分厚い書物のうちには，直接にはどの行為を攻撃しているのか，その理由が具体的にはまったく何ら見出されないのである。

---

147)　本書113ページを参照。〈無法者〉はギリシア語。

例外として475ページ以下で貴殿は唯一，このような論証を行っている。「この信心会の事業と名を保持する人々は間接的かつ関与された偶像崇拝を免れない。しかるに貴族たちはそのようにしている。したがって」等々と。ここで区別が為されなければならないこと，貴殿たちの神学を何ら知らなくても誰でも容易に理解できる。というのも，もし貴殿が「事業」という名称によって，わずかではあっても貴殿たちの宗教に一致しない何ものかと解しているならば，貴殿自身によって212ページで引用されている「和解協約」[148]第11条から明らかなように，事業がそのように保持されていることは否定されているからである。というのも，そのようなことはすべてその条項によって排除されているからである[149]。だが，もし貴殿が「事業」によって［現在］保持されていることだけを解しているならば，それは貴殿たちの宗教と異なるものがそこに何も残っておらず，従ってまた貴殿たちによって偶像崇拝の影がそこから懸念されうるものが何もありえないからである。かの信心会から貴殿たちの宗教に反することがすべて取り除かれたとしても，そこには何も残っていないと考えられるべきではない。というのも，［たとえば］同じ都市の住人たちが「あらゆる種類の不信を捨て去り，逆にいっそうの信頼，交流，生活の融合を築くために」一堂に会するというこの一事は，貴殿によって210ページに引用された和解［協約］第3条に記されているが，このことは事業のすべてを，すなわち敬虔で誠実で非常に有用な連帯の本性ないし本質を含んでいるのである。

95　また貴殿は，貴殿の論証のこの部分でじっくり攻め立てたりはせず，直ちに「名」についての議論に移り，多くのページを費やし，本の最後に至るまで繰り広げている。その名は偶像崇拝的であると断言し，その問題について多くの常套句を引っ張り出しているのだが，そのすべてから貴殿が結論するのはただ，その名を保持すればいずれにせよ何らかの迷信の影が保持される，ということだけである。要するに貴殿のかくも激しくかくも燃えたぎった議論のすべては結局のところ影［という一語］に帰着するのだ。そして，貴殿の本にあるような「テルシーテースやテ

---

148)　この協約は1642年2月27日付。
149)　本書103ページを参照。

ルティロ」[150]ではなく神の母たる処女の名が付けられていること以外に，貴殿がこの信心会を攻撃する口実をまったく何らもっていなかったことは完全に明らかなのである。私は口実と言っているのであり，原因とか理由とか言っているのではない。というのも，貴殿は知っているからである。この地域には，昔から与えられていた聖人の名を今でも公然と保持している教会堂が無数にあることを。そして貴殿らの都市自体にも聖母マリアの名で呼ばれる教会付属学院があることを。そして貴殿は個人名を聖ギスベルトゥスから受け取っており，たしかにそれは洗礼におけるローマ教会の習慣によるもので，そこには宗教上［名ごとの］個別の契約が含まれているわけであるが，だからといって貴殿自身が何らかの偶像崇拝の影を帯びているとは考えていないことを。したがって，ボワ・ル・デュックの貴族たちの行為を非難するに値する理由など貴殿がまったくもっていなかったことは明白である。だがそれでも貴殿としてはそれを非難したくなる理由はあった。すなわち，他の人々によってそれが称賛された，ということである。というのも周知のことだが，貴殿は他の人々と逆のことを言うあらゆる機会に進んで飛びつこうとする心根の持ち主だからである。そして貴殿の本の418ページから，貴殿自身が数年前にボワ・ル・デュックに赴いたとき，「聴衆の前で改革派たちがかの兄弟会に入ることを勧める助言を与えた」という噂があることをわれわれは知っている。この噂を貴殿が熱心に否定したところで，他の人々は肯定しているのだから，この件について嘘をつくことに利がなく多数である人々を信ずる方が，利があり唯一人である貴殿を信ずるよりはるかに理に適っている。

　だが今度は，貴殿が以前に書いたことをどれほど正しく誠実に擁護しているか，見ていくこととしよう。デマレの抗議の要点は，貴殿が貴殿のテーゼにおいてボワ・ル・デュックの至福の処女信心会に入会した改革派の人々を名指しで挙げ，彼らを偶像崇拝の関与者および被告として，またさもしい利益や豪華な宴会を求める者として指摘したことにある。そのような記述が貴殿の書物において実際に見出されるのは，われわれ

150）　ともにヴォエティウスの書の題名に登場する人物名。テルシーテースについては本書100ページの注115，テルティロについては本書108ページの注135を参照。

97　が少し前に[151]自分の目で見たことであった。ところが貴殿は大胆にも否定し，9ページで，そのようなことは「取るに足らぬ中傷的な諸帰結から」デマレによって推論されたことだと言う。同様に10ページでは「忌まわしい中傷であり，デマレにはあからさまな嘘を率直に認めて容赦を乞うことしか残されていない」と。同様に16ページで貴殿はこう述べている。「この私があたかも誹謗するようバラム[152]から代価を差し出されて請け負ったかのように，名指しで貴族たち自身に帰したと言われる罪については，沈黙し，ただ私のテーゼの〈現場〉[153]に立ち戻れば十分であろう。どこでこの私がそれを（つまりはデマレが非難していることを）しゃべったというのか？　どこにも。それなら，それがそこにあると認めたと，お前はあからさまな嘘を言うのか？　少なくとも［ある，と言うかもしれない］。だが［あるとされる］それは，明白な中傷のうちで，愚かで無神論的な諸帰結（イエズス会とも，遍在論者とも，レモンストラント派[154]とも乳が乳に似るように似ている）のもとに，あたかもあらゆる巧妙さや学識が消失ないし省略の憂き目にあい，最も不幸な形で築かれたものなのである」と。同様に23ページで貴殿は「個人の告発」など貴殿によって何ら為されておらず，「そのようなことは許されないと，ただ理念において限定せずに決定しただけ」であると断言している。そして337ページで貴殿はこう言っている。「一言で，誇張された虚偽であり純粋な中傷であると答える。私はテーゼの〈現場〉[155]に立ち戻る」と。貴殿は同様のことを他の箇所で無数に繰り返している。

　ではヴォエティウス殿よ，貴殿に問いたい。以上の文が恥知らずな厚顔であり，最も無思慮に嘘をついているのでないとしたら，一体何がそうなのか？　もし他の誰かが何か間違ったことを言い，［ただし］本人はそれを真だと思っていた，あるいは少なくともそう思っていたと信じられうる場合，［それでも］彼を嘘つきと呼ぶとすれば，それは侮辱してであれ，おどけてであれ罵ったことになろう。というのも，あらゆる

---

151) 本書103-105ページを参照。
152) 「民数記」に登場する人物。
153) 〈現場〉に相当する語のみギリシア語。
154) 本書117ページの注145を参照。
155) この箇所も〈現場〉に相当する語のみギリシア語。

偽なることばが直ちに嘘なわけではないからである。欺こうという意図なくして語られたことはすべて，ただ誤謬ないし無知と呼ばれるべきなのである。だが，もし誰かが他の人を嘘つきと呼び，しかしながら，その人のことばのうちに，本人自身の意識にも真理にも反して語られたものを何ら提示できないとしたならば，その者はまったく卑劣に中傷しているのであり，それ自体で恥辱に堕ちているのである。貴殿がデマレや私を実に頻繁に嘘つきと呼んでいるように，だ。これに対し誰かが，他の者が何かを言った際に，ただそれが偽であることだけではなく，言った本人が偽であると本当は知っていたことをも明晰に示している場合，誠実で高潔な人士として率直かつ自由に語ろうとするならば，その者は嘘をついていると言わなければならない。また，もしその者のうちに実に頻繁にそのような嘘を認めるならば，その者は最も嘘つきであると言わなければならない。さらにまた，嘘をつくことほど卑劣で，高潔な人士を恥ずかしく思わせることはないのだから，最も頻繁かつ最もあからさまに嘘をつく者は誰よりも最も無思慮であると言われなければならない。だがたしかに，貴殿はボワ・ル・デュックの貴族たちにいかなる罪も課さなかったとここで書いているが，そのことは単に偽であるだけではなく，貴殿がその［罪を帰した］ことを本当は知っていることも明々白々に顕わとなっている。というのも，貴殿のテーゼにおいて読まれることばを貴殿は忘れることができなかったからで，［それらのことばは］デマレによって貴殿の記憶に十分呼び覚まされてしまい，貴殿自身が貴殿の本において［テーゼのことばを］何度も繰り返しているからである。いやそれどころか306ページで貴殿は滑稽にも，［書いたとしても］教皇主義者たちの言い分であり自分のものではないとでっち上げている。次いで貴殿がそれを書いたことを否定するものだから，貴殿が嘘をついていることは完全に悟られてしまうのだ。そして貴殿はこのように最も頻繁に嘘をつくのだから，貴殿は最も嘘つきなのである。そして最後に，この種の嘘はあらゆる嘘の中で最も明白なのだから，貴殿は最も無思慮でもある。というのも，貴殿は貴殿のテーゼに立ち戻ろうとしているが，それは印刷に付され多くの人々が持っているのだから，貴殿が嘘をついていることはそこから明々白々に顕わになるからである。いやそれどころか，その大胆さが信じがたいのは，貴殿が断罪されるべきであると自

分で本当は知っている［ことが明らかとなる］のに貴殿のテーゼの点検に立ち戻ろうとしたことだけではない。デマレは貴殿について真であると明々白々に顕わとなっていることしか書かなかったにもかかわらず、あたかも［彼のうちに］明白な中傷が認められるかのごとく侮辱し、自分に対してなら最も正当に言われうると知っているすべてのことを、彼に対して最も不正に言いさえしているのだ。このような大胆さは、貴殿が嘘をつき誹謗する技に、この上もなく修練を積み重ねてきたことを明瞭に示している。貴殿はたしかに9ページで、同様に340, 341ページや他の箇所で、貴殿がボワ・ル・デュックを名指したことを認めている。だが340ページでは、その名は貴殿によって「題名においても、またたしかに問題の命題や結論においても述べられておらず、ただ最後から二番目の異議に対する答弁において述べられたに過ぎない[156]。お前［デマレ］はテーゼを自分で熱心に調べることなく、そのように示されていることを機縁に故意にそこから引いている」と言っている。すなわち、そのような名は貴殿の意に反して貴殿のテーゼに勝手に入り込んだのだ。ところで事情を知らない者がむしろ、都市の名を貴殿は故意に最後まで取っておいたのだと信じたらどうする気なのか？　つまり、しばらくの間読者の気持ちをやきもきしたままにして、貴殿が描いているのは一体誰なのかを知りたいと思う好奇心を掻き立てた後、ついに都市の名が貴殿によって明らかにされる方がいっそう注目され、そのようにしてボワ・ル・デュックの人たちがとりわけて認識されるようになる［ことを意図して］、と。このような邪悪な中傷者の技を用いようとしただけで、貴殿をそれ以外では高潔で、真なる宗教と敬虔と教会の平和を愛する者と評価することは、おそらく犯罪ではなかろうか？

　デマレの抗議のもう一つの主要な論点は、慈愛の掟からしても、そしてもちろん「マタイによる福音書」第18章第15, 16節で主イエスが明確に「公的な監査の前に私的な訓戒が先立たねばならない」と命じているところからしても、［なぜ最初に私的に忠告しなかったのか］ということであった。とりわけ、もし貴殿が私的に忠告すれば貴殿に聞く耳を貸す用意がある人士たちに、である。これに対し貴殿は19ページで「誰が忠告

---

156)　デカルトによって、本書104-105ページに引用された箇所のこと。

されるべきなのか，自分には知らされても指示されてもいなかった」と答えている。ここでも貴殿はまたもあからさまに嘘を言っている。そのことは413ページ［で紹介されている］，ある牧師からの書簡[157]が貴殿に「彼らは貴殿らの教会の下層の地位にある構成員ではなく，大部分は市参事の地位にある」と教えていることからして明らかである。というのも，このことから貴殿は十分に知っていたのだ。もし貴殿が望んだならば彼らに［私的な書簡を］書くことができたことを。また，彼らは「貴殿の教会の主要な構成員」なのだから，貴殿に耳を貸す用意があると期待できたことを。そして最後に，彼らは「市参事の地位にある」のだから，彼らを断罪するほどの［不当な］権限を貴殿はわがものとしなくても済んだことを。だがつまりは，貴殿はかかる慈愛の掟に縛られたくないのだ。同様に12ページと20ページで，貴殿はそれを軽蔑して「未熟な」掟と呼んでいる。同様に，「また他の共和国［の人々］にそれほどのことは」，つまりは私的かつ友好的に忠告することなど「敢えてしない」と言っている。それでいて貴殿は彼らに対し公的に宣戦するほど大胆だったのだ。こんな言い分を嘲らない人はいないだろう。このように，あらゆる慎みと慈愛を一緒に拒絶してしまうのでない限り，貴殿が言訳することはまったく何もない。というのも，貴殿は他の箇所でも何かましなことを何も言っていないからである。

　そしてたしかに貴殿は何ら誠実な言訳をしていないが，それどころかデマレが逆に貴殿のために示唆していた言訳，すなわち貴殿は事柄を実際に為されたのとは異なって理解してしまったのだということさえ[158]，貴殿は斥けているのだ。つまり貴殿は，いかなることにおいても誤りうることを認めようとしない。その代わり，貴殿は何であれ個別的なことを，とりわけボワ・ル・デュックの至福の処女信心会に関することを，「至福のマリア信心会を改革派の内に築くことは許されるかどうか」という一般的な問題と混同する。それはただ貴殿がこの［一般的］論題においてデマレと意見を異にすることを示すためではない。その差異については彼の側が貴殿を慮って否定したのだ[159]。そうではなく，一般的

---

157) レーマンスからの書簡。本書103ページの注125を参照。
158) 本書106-107ページを参照。
159) 同上。

な問題としてはテーゼにおいて自分の意見を自由に提示してもよいとされる慣わしなのだから，貴殿はとりわけそのような［一般的な問題に対する］自由を個別的な事実に対しても我が物としようとするためなのだ。そして，一つの同じテーゼの中である人々を指し示し，そして同時にその人々によって為されたことに結び付けうると貴殿が［勝手に］判断したあらゆる悪行を非難することによって，読者にそのことを彼ら自身に帰する機縁を与えるためなのだ。そして貴殿と言えばそうしつつも，つまり貴殿は誠実で純粋だからということで，自分は彼らについてそのようなことを聞いたことも考えたことも決してなかったと言いうる，というわけである。つまりは貴殿らのアカデミーに許された一般的な問題に限られた自由を，それをとりまくあらゆる事柄にまで拡張しようと目論んだのだ。たとえば，貴殿はテーゼの末尾でボワ・ル・デュックを名指しし[160]，その都市には至福の処女信心会があり，改革派たちが名を連ねていると言い，そして同じ一連の話の中で少し前に，こう書いた。「もし幾ばくかを会費として集めざるをえないとしたなら，もし支出なしでは何も維持できないとしたら，そしてもし豪華な宴会，贅沢な見返り，そこから何らかの利益に与れる多くの機会がないとしたなら，兄弟会やロザリオ団の規則や布告は言うに及ばず，ただ単にマリアという名称だけからしても，われわれは決してその団体に名を連ねないだろうことを［カトリックたちは］知っているからである」[161]と。また他の箇所では彼らを「鈍くて愚鈍」と呼んでいる[162]。このようなことばをボワ・ル・デュックにいる人々と関係づけないことは誰にもできない。しかしながら貴殿は純粋なる者として，もちろん彼らについて［そのように］考えてはいなかった。そうではなく，「改革派たちに許されるかどうか等々」という一般的な問題を限定せずに理念において，あらゆるその前件，後件，付帯性と共に説明しようとした際に，どこかで起こりうると判断したことを省くわけにはいかなかった。ところがデマレはこのことを彼ら［ボワ・ル・デュックの］貴族たちに関係づけてしまった。すなわちそれは彼の過ちであり貴殿のそれではない。彼は貴殿と彼ら［貴族

---

160) 本書105ページおよび124ページの注156を参照。
161) 本書104-105ページを参照。
162) 同上。

たち］に大いなる不正をした。と，184ページや他の至るところに書いてある。［そのような言い分が通るのは］少なくとも，そのような疑念は彼らには該当しえないと貴殿が［明示的に］付け加えていた場合に限られる。というのも，貴殿の本の215ページから知ったことだが，［ボワ・ル・デュックの信心会に入会した］貴顕の人士は36人であり，412ページから知ったことによればその信心会の収入はおよそ5000フローリンに過ぎない。とすれば，その総額を彼らの間で分けたとしても，一人一人の分け前は何らそのような人士を貪欲にするほどにはならないはずである。だが229ページから知ったことによれば，収入はすべて貧者たちのために支出されており，そうであるからこそ会員たちは実際には他の支出のために会費が集められているわけである。信心会の宴会について言えば，貴殿の本の28ページから知ったことだが，まことに清廉かつ質素なもので，会員たちは常に事前に招かれるわけだが，これまた貴殿が他の箇所で述べているところによれば，彼らが熱望できるようなものでは何らなかった。少なくとも［以上のことから疑念がボワ・ル・デュックの人々には該当しないと］もし貴殿が付け加えていたならば，何がしかの言訳は立っていたであろう，と私は言っているのだ。まったく真実で，貴殿の本自体から知られることなのだから貴殿が知らないはずのない。ところが反対に，貴殿は彼らについて何か悪しきことを書いたこと［自体］を否定し，そうしつつも書いたと言われていることのすべてが真実であると説得しようと努めている。いやそれどころか，貴殿は預言者のごときであり，それらのことは神から貴殿に啓示されたとさえ信じられたがっている。330ページと331ページの貴殿の以下のことばからして明らかであり，書き記すにこれほど値するものはない。「その地で為されたことを知らないこの私が，私には手慣れたやり方と方法でその［地の］傷を押しつぶし，事実を白日の下にさらけ出し，生き生きとした色で彩るとき，多くの点で純粋な物語か仮説を描いたと思われることはありうることである（このようなことが私の説教において稀ならずおきること，私に親しい人々や友人たちが証言しうるところである）。しかしながら，このことからは，無垢なる人々に残酷な告発を押しつけるほど悪しく意図された疑念や推測が認められるべきである，ということは帰結しない。むしろ守護者［の役割を果たすこと］であり，特権的なる彼ら貴族たち

にこの点における神の摂理を賛美させるべく導き，彼らに使徒のことば，「コリントの信徒への手紙一」第14章第24, 25節を想起させることである。「彼は皆から非を悟らされ，皆から罪を指摘され，心の内に隠していたことが明るみに出され，結局，ひれ伏して神を礼拝し，「まことに，神はあなた方の内におられます」と皆の前で言い表すことになるでしょう」[163]。もちろん，貴殿が書いたことが起きた都市の名も聖霊が貴殿に口授し，貴殿はそれを預言したのだ。というのも，引用されたこの箇所で使徒パウロは次のように書いていたのだから。「皆が預言しているところへ，信者でない人か，教会に来て間もない人が入って来たら，彼は皆から非を悟らされ」[164]等々，と。ゆえに，かくしてヴォエティウスもまた預言者に列する。だが，この折にここで留意されるべきことがある。貴殿は説教に際してしばしば個別的な事実を，それが特定の人々に帰されるように，そして［同時に］純粋な物語と思われるように描き出すと自慢している。このやり口によって，いかなることについても最も広範に最も自由に中傷する途が貴殿に開かれたのだ。その途がより高位の権能によって遮られることが決してないのであれば，私としてはただただ驚くしかないだろう。

　だが，真理が最も期待される説教師にとって嘘をつくことが最も卑劣であるにしても，またキリスト教の敬虔と慈愛を生業とする人間が，悪徳を非難するという口実のもとに隣人を誹謗し，［その実］隠された憎しみを顕わにする［ことがままある］にしても，しかしながら貴殿によって為されたことは，さらにいっそう悪いように私には思われる。というのも，貴殿は実際に書いたことを書いたとは認めず，ある悪徳を特定の人々になすりつけておきながら，その悪徳をただ一般的に描いただけと装っているのであるが，貴殿はそれだけで満足せず，大胆にも13ページ，342ページや他の箇所で，貴殿は貴族たちやボワ・ル・デュックを名指しで述べることが正当にできたと［さえ］主張しているからである。もちろん貴殿はそのことを何らかの理由によって証明しているのではなく（貴殿にはできないから），偽った，あるいは不適切な例によって証

---

163) 新共同訳。
164) 同上。

明しようとしているのである。このようなやり方では，あらゆる邪悪が許されることさえ証明できよう。中でも最も笑止なのは，350ページで貴殿自身の例を取り上げていることである。あたかも，貴殿が他の時に罰せられずに為したことならば，それは貴殿には常に許されるべきであるかのごとくに，だ。だが貴殿はさらに歩を進める。告発者と裁判官の間には大きな違いがあるのだが，貴殿は誰であれ名指しし，皆の前でその人を告発できるだけでは飽き足らず，その人に対する決定および判決を公示できることさえ望んでいる。その貴殿一人だけの至高の判決が，神学者の何らかの集会によって，あるいは何か教会の会議によって，あるいはおそらく論理的に帰結することからすれば精霊自身によって下されたのと同じ権威をもつことを望んでいるのだ。これほど不遜なことはない。

　というのも，343ページで，ボワ・ル・デュックを名指すことが貴殿には許されると証明するために，貴殿は「ライデンのこの上なく高名なる神学博士たち」の私の知らない決定の例を用いている。その決定においては，どの都市の「この上もなく高貴な市長たち，さらにはすべての評議員たちのことであるのか，無学な者たちや愚かな女たちでさえ，ぼんやりとではなく明瞭に気づいていると見なされている」と（いずれにせよ貴殿の言っていることであり，私としてはそのような話は知らないし調べもしていない）。［注目すべきは］その後，344ページで，貴殿は自分に反問する。「だがしかし，ライデンの教授たちは神学部の名において共通の答を出している。それに対し貴殿の決定は個別で私的である」と。この反問に対し，貴殿は345ページで答える。１．貴殿は数人の私人の名を挙げ，同様のことを為したと言う。２．貴殿は「この批判は他の共和国に対する過度の干渉である」と言う。つまり，テーゼにおいて貴殿によって為された決定（それはすなわち完全に共和国に帰属し，その極秘事項であり，その探査は許されない）が神学部全体の名において為された場合とまったく同じ権威をもつべきかどうかを，［他の国の］誰かが敢えて探査しようとすること［は過度の干渉］であり，貴殿らの共和国においてのみ可能なのである。また同じ箇所で，貴殿は同じ権威をもっていることをも次のように証明してみせる。貴殿は言う。「お望みとあらば言うが，知られているように，われらの学部の教授たちは学

説,研究,職務において〈心を一つに〉[165]しており,個々人の答弁やテーゼも全員の共通の合意をもって認可されたのと同様と見なされている。それは,[出版前に]とくに事前に集まって判断が為された場合も,時間がなかったり他の何らかの理由でそう為されなかった場合も変わりはない」と。

　まったくお見事で,貴殿にとっては正当な論証なのであろう。貴殿らのアカデミーにおいては三人の神学教授がいる[166]が,他の二人はおそらく争いごとを好まないのであろう。私の見解でもたしかに賢明である。その上彼らは,貴殿に対しほんの少しでも異を唱える者に対して貴殿がどれほど苛烈で,どれほど獰猛で,どれほど分厚い書物で罵詈を乱発する用意が出来ているか,知っている。あるいはもしこれまではそのことを知らなかったにしても,彼らはデマレの例からして容易に,改革派の神学者に対してさえ,そしてたしかに貴殿に対し好誼をもって接している者にさえ貴殿は容赦しないことをすでに思い知らされている。というのも,私は敢えて断言するけれども,デマレが彼の本において貴殿以外の誰かに媚びていたとは思われなかったが,それにもかかわらず貴殿は彼のことを不当に彼の貴族たちへのおべっか使いと至るところで呼んでいるからだ。それゆえ[他の二人の教授たちが]面と向かって貴殿に抵抗せず,したがって貴殿のアカデミーにおいては,[貴殿に]気に入ることは何でも貴殿一人が決定することとなっても何の驚きがあろうか？ところで,貴殿たち三人が神学部だ。そしてそれゆえ,私の関知するところではないが,もし少なくとも説教師たちや他の人々が貴殿たちに許容するならば,貴殿たちが貴殿たちの共和国の教会を構成することになる。いや,たとえ他の人々がそのことを否認したとしても,貴殿は[自分の権威を]聖書から容易に証明するだろう。というのも,二人あるいは三人がいるところ,「二人ないし三人がキリストの名において集まるところには,キリストご自身か,いずれにせよ聖霊が彼らのうちに宿る」[167]ということばのすべてが成り立つからである。かくのごとく貴殿

---

165) 〈心を一つに〉部分はギリシア語。
166) ヴォエティウスの他に,スホターヌス (Meinardus Schotanus ないし Van Schooten, 1593-1644),デマティウス(本書220ページの注69を参照)。
167) 「マタイによる福音書」第18章第20節の趣旨。

一人が三人の権限を独り占めし，その三人が貴殿たちの教会を構成し，教会を介して聖霊が宿るのだから，貴殿一人が聖霊を宿している。だがもし［それを］他の人々が認めるなら，私はそれでよい。また，「貴殿は教会会議と何ら係わらない」と貴殿が言うのだから，貴殿一人の権威が残りのすべての人々の権威を一つに集めたものより大きいということであっても構わない。貴殿たちの宗教に係わることに首を突っ込むのは私の為すべきことではない。だが，この地域共通の平和と融合に少なからず資すると私に思われることをここで黙過しないとしても，私の意図するところから，またおそらく私の努めからさえ懸け離れていないであろう。

第七部
ギスベルトゥス・ヴォエティウスの罪過について

　私は言うが，私の意図とは，貴殿の誹謗が罰を受けずにいることから生じうる危険をここで明らかにすることである。そして，この文書を私は書簡の形で作成したのではあるが，貴殿一人にだけでなく，他の誰にでも読まれるように，これを提示するつもりである。しかしもちろん私は，慈愛の掟を貴殿のように軽視はしない。貴殿が個人的に正されうる方が，私にははるかに好ましいだろう。もしそのようなことを望む余地が残っているのならば，であるが。しかしながら，すでにわれわれが見たように[168]，市参事たちの私的な忠告や手紙も，貴殿の同僚たちのそれも，貴殿に対してこれまで何の力も持たなかった[169]。それゆえ，こちらとしては，公の非難による以外には，何も期待することができないのだ。私としても，うんざりするようなこんな著述に手を出さずにすめば，どんなに喜ばしいか。しかしながら，その著述は，それをまったく放棄することができないほどに必要であると，私には思われる。なぜなら，各人が自分の暮らす地の安寧と平和に，自分なりのささやかなやり方で貢献することは，その人の義務だからである。それだけではない。

---

168) 本書114ページ（AT. VIII-2, 86）を参照。
169) そのような忠告や手紙の形跡は認められない。Verbeek, p. 527, note 71を参照。

貴殿の悪行を追及するのに［私ほど］大きな機会を持っている人，そしてそれらの悪行を［私より］いっそう自由に公にすることができる人は，他にほとんどいないからである。さらに，それらの悪行のいっそう大きな部分を公開することを引き受け，それにいっそうの重みを持たせることができると思われるような人は，他にほとんどいないからである。

　［かつて］貴殿は，数年間のこの上なく破廉恥な中傷によって，理性の些かのかけらもまったく見せずに，最も重大な犯罪，すなわち無神論という犯罪を私になすりつけようとした。というのも，それは1639年に出版された『無神論について』という貴殿の小冊子――これについては，すでにこの書簡の第四部末尾で論じられた[170]――から明らかだからだ。さらに今や，貴殿が『デカルト哲学』と名付けている不当な侮辱に満ちた本――その最後の数葉[171]を［この書簡を］書いている最中に私は受け取った[172]――が，その全体が貴殿によって書かれたものではないにしても（実際私は，その功績の分け前を貴殿の共犯者[173]に少しも残して置きたくないとは思っていない），少なくとも貴殿の指図と采配によって印刷に付された。これらのことを知る人なら皆，かつて私には，貴殿のことを追及する大きな機会があったし，そして今は私にとって，貴殿の罪過を公にする絶好の機会だということを，容易に認めるだろう。しかも，その本において貴殿らは，私に関してこの上なく虚偽で何の信憑性もないことを書く放埓さを最大限に享受したのだから，少なくとも，貴殿に関して真であると私が証明できることを，ここであからさまに公開する自由が私には許されるだろう，と私は確信している。そして，貴殿の露骨な誹謗は，他の非常に多くの人々に貴殿を攻撃することを控えさせるものであるが，私にとっては何ら恐るべきものではない。なぜな

---

170) 本書90-93ページ（AT. VIII-2, 52-55）。無神論に関するヴォエティウスのテーゼは，1639年6月22日，29日，7月6日，13日に主張された（AT. III, 604-605を参照）。

171) デカルトはそれまでに，6枚の紙葉（最初の144ページ分）を受け取っていた。それに対する返答が本書の第一部から第五部である。この時に受け取った紙葉はさらに6枚（正確には5枚と9ページ）で，目次を除けば，全体で273ページになる。本書50ページの注8を参照。またAT. VIII-2, 109, note aも参照。

172) この箇所は1643年の最初の数ヵ月間に書かれたことになる（Verbeek, p. 527, note 72）。

173) スホーキウスのこと。

ら私は，私が聞きたくないような真実や，中傷であることが容易に立証されないような虚偽が，私に関して言われることがありえないよう心懸けて生きてきたし，それは多くの人々に知られているほどだからである。それだけではない。貴殿はすでに，かの『デカルト哲学』の中で，罵詈のすべて，誹謗のすべて，中傷のための貴殿の手管のすべてをすでに使い果たしてしまったので，『ディネ師宛書簡』の中で私が貴殿について書いたわずかなことは，蛇を飼い慣らす際に蛇に噛みつかせるためによく差し出される亜麻布に擬えうるからである。実際，蛇は歯のすべてと毒をその亜麻布に置き捨てるので，その後，害を受けずにそれに触ることができるのである。

　最後に，貴殿に関して私が書く事柄は，公正な読者や裁判官の間で，おそらく何らかの重みを持つはずである。その理由は数多くある。なぜなら第一に，以下のことが知られているからである。すなわち，私は他の誰よりも平和と平穏を愛する者であり，かつて誰をも裁判に訴えたことはなく，誰ともいかなる論争をも引き起こしたことはなく，またさらに，しばしば私に加えられた不正に報復するよりはそれを許す方を好んだ，ということ。しかしこれに反して，貴殿は無類の喧嘩好きで凶暴で無遠慮で，何らかの口実で貴殿が非難しうることを，私がここでごくわずかでも述べれば，私は直ちに，極力避けている訴訟を覚悟しなければならないほどだ，ということ。そしてそれゆえに私は，真ではないことだけでなく，疑いの余地があることも，何も書かないように最大限の配慮をするであろう，ということ。

　また，［第二に］以下のことも知られているからである。私は，誰かが私の見解を反駁するからといって，そのことを常に不快に思っているわけではなく，真理の探究のために私の見解に反対する人たちを，それゆえにこそ私の友人と見なし，提示される反論が手強いものであればあるほど，いっそう感謝するのを常としている，ということ。他方，ただ単に粗探しをしたり罵ったりするだけの人たちを，私は［ただ］軽蔑するのを常としている，ということ。そのどちらについても，私はそれを多くの事例そのものにおいて立証してきた。そして私は，あからさまに中傷する人たちに［さえ］，格別の理由のために応答を強いられたそのうちの一人[174]を除いて，他の誰にも決して応答したことはなかった。

それゆえ，貴殿によって加えられた不正がきわめて忌まわしく，それを追及することが何らかの公益に結び付きうるのでなければ，今でさえも私がそうすることはなかった，と容易に信じてもらえるであろう。

　さらに［第三に］，以下のことも知られているからである。私はすでに長年来この地に住んでいるので，現地のいかなる人にも劣らずこの地に対して愛着を持っており，それは誰にも疑いえないほどである，ということ。そしてまた，私が当地で暮らしているのは，誕生の巡り合わせによってではなく，選択によってなのだから，そのことからしておそらく私は何らかの特権を授かるに相応しいだろう，ということ。実際，多くの人々が知っているように，私は自分の故国で十分快適に過ごしていたのであって，他の居所を探し求めるように私を促した理由といえば，多くの友人や親戚との交際を避けることができなかったため，私には研究——それは私の楽しみでもあり，それが人類の公益に役立ちうると確信している人もいる——に専念する暇や時間があまりなかったから，という理由以外にはまったくなかった。さらに，世界中のどの地も私に閉ざされてはいなかったし，その地にとって厄介者ではないというだけでなく，おそらくそこに相応しい住人として私を喜んで迎え入れてくれる，と私が確信できないような地はどこにもまったくなかった。それでも私は，他のどこよりもこの地に住むことを選んだのだから。

　最後に［第四に］，以下のことも知られているからである。私は神学の専門家ではなく，キリスト教徒を相対立するさまざまな宗派に分裂させた論争のどれについても，決して論じていない，ということ。したがってまた私は，デマレよりも，あるいは貴殿たちの他の神学者よりも自由に，貴殿について語られるべきすべてを暴くことができる，ということ。さらに，私［が語ること］は，宗教に属する事柄に関して貴殿に反対している他の人たち［が語ること］よりも，いっそう信用されるだろう，ということ。というのも，もし私が貴殿と同じ宗教を持っていたなら同じようには言えないだろうというようなことは何も，私は貴殿に関して言わないということが，必ず認められうるだろうから。

174）ブルダンのこと。『ディネ師宛書簡』（AT. VII, 563-582：本書5-23ページ）を参照。

さて私はここで，まず，神学の教授や教会の牧師を引き立てると私には思われる徳について論じよう。次いで貴殿の行状を手短に列挙し，そして最後にその罪過を吟味しよう。あらゆる徳の土台であり基礎であるのは慈愛であって，それは他の人々を教育し徳へと駆り立てるために公に選ばれた者に，とりわけ求められるものであるということ，これは確実である。このことについて，使徒パウロが「コリントの信徒への手紙一」第13章で何と書いているか，貴殿は知っている。「たとえ私が人々のことばや天使たちのことばで語っても，慈愛を持っていなければ，私は騒々しいラッパや喧しいシンバルのようなものになってしまう。また，たとえ預言の力を持ち，あらゆる奥義とあらゆる知識に精通していても，たとえ山を動かすほどの全き信仰を持っていても，慈愛を持っていなければ，私は無である。また，たとえ私の全財産を貧しい人々の食糧に割り当てても，たとえ私の身体を引き渡して燃え上がらせるとしても，慈愛を持っていなければ，私には何の益もない」[175]。このことから明らかなように，およそ人間の内にありうる神からの他のどんな賜物も，それが慈愛に結び付けられていなければ，何の価値もないと見なされるべきである。ところで，慈愛を認めることのできる徴は，同じ箇所で使徒［パウロ］によって次のように列挙されている。「慈愛は忍耐強く，寛大である。慈愛は妬まず，曲がったことをせず，虚勢を張らず，野心を持たず，私益を求めず，苛立たず，悪意を抱かず，不正を喜ばずに，真実をともに喜ぶ」。ここから次のことが帰結する。すなわち，怒りを抑えられず，悪意に満ちて，妬み深く，騒々しく，尊大で，傲慢で，喧嘩好きで，粗暴で，口汚く罵って中傷する嘘つきは，決して慈愛を持っていないのである。

　ところで，この慈愛すなわち神聖な友愛によって，われわれは神を敬い，神に愛されているとわれわれが知っている限りのすべての人々をも，神のゆえに敬うのであるが，この神聖な友愛は，親交によって結ばれている人々の間に常に存する誠実な人間的友愛ときわめて密接な関係にある。それゆえ，私が間違っていなければ，両方の友愛の義務を同時に考量するのが最もよいであろう。最高の規則はただ一つ，われわれの友人

---

175)　「コリントの信徒への手紙一」第13章第1－3節。

に決して悪をなすことなく，できる限り善をなすべし，という規則である。そして，悪徳を避けることより善いことはないのであるから，他人に施す恩恵としては，適切なやり方で，何らかの悪徳を思い止まらせるように努めること以上に大きな恩恵は決してないのである。ただし，「適切なやり方で」と私は付け加える。というのも，もしある人が，時宜を失して別のある人を叱責するなら，もし軽微な罪で過度に厳しくその人を叱責するなら，もし他の人々がいるのに必要もない時にその人を叱責するなら，もし冤罪をでっち上げて，その人の改善よりはむしろ名誉の失墜を，そして自分の名声を求めているように見えるなら，そういうことをする人は，不快で厄介な人であろう。しかし，個人的に，誰にも気づかれずに，自分の友人に穏やかに忠告することは，ほとんど常に許されている。そして，もしこれでは不十分でしかも罪が重大なら，強く迫って叱責することも，そしてそれから，同じことが当人の友達の一人，二人，そしてすべてによってなされるよう取り計らうことも許されている。これらすべてに効果がなく，当人の過ちが，彼を誠実な人間の友愛に値しない者にするほどであるならば，たしかにわれわれは，彼との親交を避け，もはや彼を友人のうちに数え入れないようにしてもよい。しかしもちろん，われわれが彼を愛している限りは，無関係な見知らぬ人もいる皆の面前で，決して公に彼を非難してはならない。というのも，このようなやり方では，われわれは彼の善のために配慮しているのではなく，むしろ彼の悪のために，すなわち彼に汚名を着せるよう配慮していることになるであろうから。［公に非難してはならないという］このことはまた，隠されている悪徳についてだけでなく，公にされた悪徳についても認められるべきである。実際，公然と過ちを犯す人は，その過ちを自慢するのを常とし，そのような過ちを犯していると知られることを気にかけず，その過ちのゆえに非難されるのを嘆く［ことしかしない］のである。さらにまた注意すべきは，汚名に対する恐怖は何よりも，人間を悪徳から遠ざけるものであるが，汚名それ自体がそうするのではない，ということである。人は，汚名を着せられた後では，もはやその汚名を恐れはしないのである。それゆえ，友人たちによる私的な叱責を聞き入れない人は，公的な非難によっても改善されることはなく，むしろ反対に，経験がしばしば教えているように，その非難から，自分の過ち

に固執する機会と自由を手に入れるのである。

　そしてさらに，人間的友愛についてのこのような掟は，慈愛の掟に完全に合致する。この掟について，キリスト自身が「マタイによる福音書」第18章で次のように教えている。「もしあなたの兄弟があなたに対して過ちを犯したなら，行って，あなたと彼だけのところで彼に忠告しなさい。もし彼があなたの言うことを聞き入れたなら，あなたは兄弟を得たことになるであろう。しかしもし聞き入れなかったなら，さらに一人か二人をあなたと共に連れて行きなさい。二人か三人の証人の口によって，すべてのことばが確定されるようになるためである。もし証人たちの言うことも聞き入れなかったなら，教会に申し出なさい。もし教会の言うことも聞き入れなかったなら，彼はあなたにとって異教徒か徴税人と同様であるべきであろう」[176]。ここで注意すべきは，問題になっているのが，隣人のあらゆる過ちではなく，隣人によってわれわれに加えられた不正だけだ，ということである。実際，[ここでは]単に「あなたの兄弟が過ちを犯したならば」と述べられているのではなく，「あなたに対して」と付け加えられている。そしてわれわれは，ある人が何か悪を行ったとわれわれに思われるだけの時よりも，その人が不正によってわれわれ自身を苦しめた時の方が，その人を非難するいっそう大きな権利を持つのだから，自分の隣人が何か重大な過ちを犯した時に，彼を非難するために用いてもよい究極の治療法のすべてが，ここに含まれていることは疑いない。そして，隣人のすべての過ちがここに関連づけられるのは，敬虔な人々の内には次のような熱意があると想定されているからに他ならない。すなわちそれは，ある人が神に対して過ちを犯すことで，あるいはむしろ——人間によって神に害が加えられることはありえないから——，敬虔な人々が隣人として愛している人が過ちを犯せば，それによってその人は自分自身に害を加えているということで，その人が彼ら[敬虔な人々自身]に不正を加えた場合に劣らず心を痛めるほどの熱意である。それゆえ，貴殿に対して過ちを犯した人が，キリスト教徒であるならば，したがって貴殿は慈愛によって彼を愛する義務を負っているならば，ともかく最初は個人的に彼に忠告すべきである。そして

---

　　176)　「マタイによる福音書」第18章第15-17節。

115 もし彼が正されなければ，次の手立てとして，彼の友人の一人ないし二人の前で彼に忠告すべきである。そしてそのためにとくに選ぶ友人としては，彼に対して最大の権威を持つであろうと貴殿が確信する友人を選ぶべきである。そしてそれでも彼が正されなければ，教会に申し出なさい。すなわち，皆が彼をもやはりキリストにおいて愛している人たちからなる集会で，彼について不服を訴えなさい。したがって貴殿らはここでは，教会［という語］を，私が聞くところでは貴殿らによって守られている秩序に従って，教区会議あるいは教会会議のことと解してよいであろう。

　しかし，ここで入念に注意すべきは，この「教会に申し出なさい」ということばを，無関係な人もいる皆の面前で，神学のテーゼや説教でならありうるような仕方で公に非難すること，と決して解してはならない，ということである。なぜなら第一に，それは慈愛とまったく相容れず，そのように非難される人の善の世話をするのではなく，その人に悪をもたらす懲罰という性質を持つものだからである。実際，すでに述べたように，もしある人が，その過ちを彼の友人たちの間に知られた後でも，それを正すことを拒んだのならば，他の人たちにも広められることになるからという理由で，その過ちをその後いっそう正すようになる，ということはないであろう。むしろ反対に，自分の面目を失う恐怖を捨て去って，過ちを犯すことに対していっそう大胆になるであろう。第二に，［「教会に申し出なさい」の後には］次のようなことばが続いているからである。「もし教会の言うことも聞き入れなかったなら，彼はあなたにとって異教徒か徴税人と同様であるべきであろう」，すなわち，あなたが信仰を共有することによって特別な友愛を結んでいる人たちの中に，彼を数え入れるのをやめ，無関係な見知らぬ人としか見なさないようにしなさい，と。しかしだからといって，彼を敵として攻撃せよと命じているのではない。というのも，かつてキリストの弟子たちは，異教徒と徴税人を憎んでいたのではなく，ただ単に，兄弟として愛しはしなかっただけなのだから。

116 　さらに，友愛についてのこれらの掟はたしかに，一般にすべての人々に命じられるべきものではあるが，しかしながら，他の誰よりもまず，神学者，説教師，そして教会の牧師がこれらの掟に拘束される。実際，

人間社会において友愛にまさるものは何もなく，その主要な果実は，友人によってわれわれは自分の誤りに気づかされ，悪徳から呼び戻されることができる，ということに存する。そしてまた，すべての人々が［誤りに気づかされ悪徳から呼び戻されるという］この目的のために利用することができるほどに，十分信頼できる思慮深い友人を，自分だけのために個人的に手に入れることはできない。それゆえに，敬虔さ，思慮深さ，そしてキリスト教的慈愛という点で，他の誰よりも卓越している人は，そのことを認める人々によって，あたかもすべての人々の共通の友人であるかのように，進んで聞き入れられるのである。そして，大衆がそのような人だと見なすのは，一生を神学の研究に捧げて，説教師や教会の牧師に選ばれた人々なのである。そして，彼らがまったくその通りであるならば，他の人々から最大限に尊敬され敬愛されるべきである。しかし，次のような男がいるとしよう。すなわちその男は，いかなる過ちにしろ，それをわれわれに個人的に気づかせることは決してせずに，公に他の人たちの面前でわれわれを咎めるためのあらゆる機会をつかもうとする。とりわけ，その過ちにわれわれが気づいていないだろうとその男が思う時にはそれに努める。そしてしばしば，われわれにはまったく責任のない過ちをわれわれに帰する。あるいは，われわれがなしたことではあっても，われわれにとっても他の人々にとっても悪とは思われないようなことを，その男には些かの不正もまったく加えていないのに，あたかも重大な犯罪であるかのように糾弾する。そして他の大多数の人に対しても同じように振舞う。そんなふうにわれわれに思える男がもしいたら，明らかにその男はあらゆる慈愛と人間性を欠いており，友愛に値しない，とわれわれは認めるだろう。こんなことをここで書いても無益だと思われないか，私は危惧している。実際，われわれはすでに上で，貴殿が慈愛の掟を未熟な[177)]ものとして軽蔑しているのを十分に見てきた。それはおそらく貴殿が，媚びへつらっているように見られることを欲せず，それよりも，批判者の苛酷さと立法者の支配権を喜ぶからであろう。それゆえ私はここで，それについても若干付言しよう。

---

177) 本書125ページ（AT. VIII-2, 100）を参照。「未熟な」の原語は musteus で，Bのイタリア語訳は dolciastro（甘ったるい），Verbeek のフランス語訳は nouveau（新奇な）。Verbeek, p. 527 note 75も参照。

まず，糾弾する権利が何もないのになされる非難，厳密には告発と呼ばれるものについては，たしかに，それが真でありさえすれば，すべてのよく秩序だった国家においては許されているし，時には，たとえば反逆罪の場合のように，それが命じられてもいる。そして，他人を非難しても，その人に関して何も虚偽を語ってはいない人が，法によって罰せられることは決してない。実際，『学説彙纂』[178]第18巻の「不正と誹謗中傷文書について」には，はっきりと次のように述べられている。「犯罪者の面目を失わせた人が，そのことゆえに罰せられるのは，公正なことではない。実際，犯罪者たちの過ちが知られることは，当然でもあり有益でもある」。しかしそれにもかかわらず，ある告発が他の告発よりも，立派なことでも正当なことでもない，という理由はいろいろとある。実際たしかに，法務官であるとか，他の何らかの理由によってそうせざるをえない，というのでなければ，謙虚になって悔悛の心構えができた罪人を告発するのは，誰にとっても決して名誉なことではない。というのも，膝を屈して容赦を請い求める人を罰しようと欲するのは，われわれが皆互いに与え合うべき慈愛に反するからである。しかし，次のような男がいるとしよう。すなわちその男は，傲慢で頑固で，国家の平和と融和が乱されかねないことを企て，友人たちから個人的に忠告されても，さらには市参事たちから忠告されてさえ，自分の過ちを正そうとも認めようともしない。またその男は，他人を猛烈に攻撃し，大胆に中傷し，執拗に追及するので，ほとんど誰もその男には敢えて抵抗しない。さらにその男は，悪行を隠蔽するための多くの逃げ道と狡猾さを持ち，それを断固として否認するのに十分な厚かましさを持っているので，状況を吟味する人ならその悪行に容易に気づきうるとしても，それをすべての人々に証明するのは誰にとってもさほど容易なことではない。このような罪人を告発することは，能力とやる気があり，しかも何も公職に就いていない人にとっては，たしかに正当な振舞いであって，しかも，その罪人から挑発され，忌まわしい中傷に傷つけられていたのなら，その罪人を告発しなければ，臆病であるとか公益と自己の評判に関する事柄を

---

178)　6世紀にビザンチン皇帝ユスティニアヌス（Justinianus, 483-565）によって編纂された『ローマ法大全』の主要部分。

なおざりにしているなどと思われて，名誉を保つことはできない，ということもまた確実である。ところで私は，公の職務を果たす人たちを除外した。それは，そういう人たちは誰も他人を告発することができないから，というわけではない。実際，職務上そうせざるをえない人もいる。私が除外したのは，［公職に就いていても］その職務によってそのようなことを何も要求されていない人たちにとって，他人を告発することは，私人にとってよりも名誉あることではないからである。実際，そういう人たちは，裁判官になれない時に，自分の職務の権威を濫用してある人の潔白を踏みにじろうとしている，と思われないよう気をつけなければならない。というのも，私人は自らの責任で告発し，述べたことのすべてが真でなければ，あるいは少なくとも，述べたことのすべてが真であると思う正当な理由を持っていなければ，中傷者として罰せられるが，権威の座についている人たちは，［他人に］害を加えてもしばしば罰せられないからである。ところでたしかに，何らかの公職を担う人たちすべてのうちで，説教師，神学教授，そして教会の牧師ほど，他人を告発することが相応しくない人はいない。実際彼らは，その職務のゆえに，他の人以上に敬虔で博識で慈愛の熱意に燃えていると見なされているので，大きな先入見によって，攻撃の理由に重みを加えるのである。そして，彼らが悪をなそうと思えば，罰を受けずに中傷する機会は多いのである。しかし，ひょっとして時には，他人を告発し，自分に加えられた不正の仕返しをし，私的な憎しみを向けることが，彼らに許されることもあるかもしれない。しかしもちろん，たとえそうだとしても，説教や公のテーゼを名誉ある仕方でそのために用いることは決してできない。

　実際，説教に関して言えば，それが行われるのは，宗教にかかわる事柄について真理を述べるためであり，また同時に，人間に過ちを思い止まらせて徳へと促すためであって，誰かに汚名を着せたり，悪事の実例を提示したり，個々の人間に対する何らかの権利を不当に行使したりするためではない，ということを誰も疑わない。そして，ある男が，市参事あるいは私人の特定の行為を，神聖な説教において非難する時は，その同じ行為を，たとえ同じ聴衆の面前であっても別の場で咎める場合よりも，その男は非難される人にいっそう大きな汚名を着せることになる。実際，その男はその［説教の］場で真理を述べるために公に選ばれたの

に，自分の私的な証言に公の権威を付加し，そしてかくして，自分の職務の尊厳を，隣人の面目を失わせるために濫用しているのである。次に，個人を公に非難することはすべて，たとえそれが真であり正当であるとしても，慈愛の限界を越えていて，隣人の憎しみを引き起こす。したがってそれは，説教における最悪の事例である。最後に，悪徳を［一般的に］咎めるという口実で［実際は特定の］個人をも非難するという犯罪を，人は罰せられることなく犯すということが，容易にありうる。すなわち，たしかにその個人の名を挙げてはいないが，聴衆にはっきりとその人だと気づかせ，それでいて，自分はその人のことなど念頭にないようなふりをすることができる，というよく知られたやり方で，その個人を指し示すのである。それゆえに，本当に敬虔な人であって，市参事に対して，また誰であれ他人に対して，いかなる不当な権威をもそのようなやり方で行使しないように努める人は，自分自身に関して，貴殿が331ページで自慢しているようなことを，決して言われることのないように最大限の注意を払うのが常である。すなわち貴殿は，「自分の説教において貴殿には手慣れた方法で」，誰の名を挙げなくとも，「特定の事実を純粋な物語」に見えるように「彩色することは稀ではない」，と自慢しているのである[179]。

　テーゼに関して言えば，われわれがそれの正しい通常の使用を考慮するなら，それは大して権威を持っていない。というのもテーゼは，大抵は弟子たちによって書かれると想定されているし，そこに含まれているのは，テーゼの著者がその主張を真であると見なしているにせよ，見なしていないにせよ，わずかな時間の討論において［のみ］その弁護を引き受ける主張にすぎないからである。テーゼの著者は実際，信仰に関わらない事柄で，誰の不利益も目論んではいない事柄については，偽であると見なしていることでさえも，そのテーゼの中で断言しても嘘をついたことにならない。なぜなら，彼が短時間の討論の間になされる反論すべてに反対してそのことを弁護しようとしているのは，もちろん［ただ］才知を鍛えるため［だけ］なのだから。また彼は，時には，それがおそらく役に立つと思われるならば，自分と意見が一致しない著者の名

179）本書127ページ（AT. VIII-2, 103）を参照。

を明言することもできる。たとえば，誰かが次のようなテーゼを提示する場合がそうである。すなわち，「ハーヴィ［の説］に反して，血液は静脈中を循環しない」[180]，「レギウス［の説］に反して，実体的形相は存在する」[181]等々。実際，このような場合，自分と意見が一致しない人に敬意を表してその名を挙げることが評価されるのであって，真理を愛する者は誰でも，自分の見解が反駁されることを，決して不快とは思わない。しかし，テーゼの中である人の名を挙げたり指し示したりする際には，それがその人を非難するためになされたと思われることがありえないように，大いに注意しなければならない。というのも，そのようなことがあれば，そのテーゼの性質は誹謗中傷文書へと変質し，その恥ずべき行為は，それが出版されたアカデミーに跳ね返ってくるであろうから。実際，テーゼは一人の人間によって作成されても，すべての人の面前に晒されるものであり，そしてそれゆえそのテーゼは，禁じられない限り，［アカデミーに］是認されていると見なされる。また，誹謗の実例が示される場として，知識に劣らず徳が教えられるべき[182]アカデミーや学院ほど相応しくない場所は，どこにもありえないのである。さて，一時間の討論で使用するためだけに用意される通常のテーゼにおいて，決して誹謗すべきではないのならば，ましてや，貴殿がテーゼの名のもとに公刊するのを常としているご立派な小冊子において，もちろんそのようなことがなされてはならない。というのも，貴殿はそれらの小冊子の著者であると公言し，その中に貴殿らの神学部の決定もしくは命令を含めることを欲しているのだから。実際貴殿は343ページで，「貴殿らの学部の教授たちは学説，研究，職務において〈心を一つに〉[183]しており，個々人の答弁やテーゼも全員のものと見なされている」[184]とわれわれに告げている。

---

180) 1641年11月レギウス宛書簡（AT. III, 443-446；『デカルト全書簡集』第五巻 pp. 48-50）を参照。また，AT. III, 446の注も参照。
181) 1642年1月24日付レギウスからの書簡（AT. III, 487-488；『デカルト全書簡集』第五巻 pp. 88-89）を参照。
182) おそらく，ヴォエティウスが教授就任講義で「敬虔」について考察したことを暗示している（Verbeek, p. 528, note 78）。
183) 〈心を一つに〉はギリシア語。
184) 本書129-130ページ（AT. VIII-2, 106）を参照。

最後に，このようなテーゼあるいは説教において，［一般的な］悪徳の代わりに個々人その人を非難することが，どれほど不適切なことかをもっとよく理解するために，慈愛の法や教導の法と，統治の法ないし市民法とでは，非常に大きく異なっているということに注意すべきである。すなわち，敬虔な人士が他の人間を非難するために用いるのは慈愛の法のみであり，またおそらく，貴殿は教育者として，貴殿の配慮に個人的に委ねられた若者たちに対して教導の法を用いることができるだろうが，市参事に対して教導の法を用いることはもちろんできない。［他方］市参事が犯罪者を罰するために用いるのは［それとは異なる］統治の法ないし市民法なのである。両者の主要な違いは，次の点に存する。すなわち，市民法は，互いに結び付いている多くの人間の共通の利益に関わるが，教導と慈愛の法は，個別に考慮される一人一人の人間に関係する，という点である。それゆえ，たしかに市参事には，他の人々の共通の福利のために必要な処置として，ある私人に害を加えることが許され，時には，その私人の命を奪うことさえ許される，ということになる。しかしだからといって，多くの弟子を持つ教育者には，たとえ他の弟子たちに大きな福利を得させるためだとしても，弟子の一人にごくわずかな害悪を加えることさえも決して許されない。というのも，教育者が個別に一人一人をその親から引き受けたのは，彼らに善を施すためであって，何らかの仕方で害を加えるためではないからである。そしてここにおいてこそ，「善が生じるために悪がなされる，ということがあってはならない」[185]と教える規則が有効なのである。しかもその上，慈愛の法のみを用いる人々においては，［この規則は］はるかにいっそう有効でなければならない。というのも，他者を傷つける者が，その点においてその他者の友人であると評価されうるというのは，矛盾しているからである。私が推測するに，貴殿は，ある人がどれほど大きな過ちを犯したとしても，その人を殺したり傷つけたりすることが貴殿に許されると思ってはいないだろう。また，金持ちがその金をどれほど浪費しているとしても，それを貧しい人々に与えるために，あるいは，どれほど慈悲深いことで

　185）　ヴォエティウスは他の箇所（*Disputationes Selectae*, I, p. 177）で，デカルトが真理探究のために行う懐疑を退ける理由として，この規則を用いている。Verbeek, p. 528, note 79を参照。

あれ他のことに充てるために，彼からその金を奪うことが貴殿に許されると思ってはいないだろう。それなのに，貴殿の隣人の評判——多くの人はこれを，全財産よりも，さらには命そのものよりも大切だと見なしている——を，たとえ正当な非難であるとしても，説教や神学上の決定において貶（おとし）めることなら許されるのはなぜなのか，私にはまったく分からない。というのも，そうすることによって貴殿は，あたかも金や命を奪うのとまったく同じように，その隣人を害したり処罰したりすることになるのだから。さて私は，ここで「貴殿の隣人」について話している。なぜなら貴殿はおそらく，［隣人ではない］他の人に対して［も］そうすることが，戦う権利によって貴殿には許されていると思い込んでいるのだから。貴殿が非常に好戦的で，宗教に関して少しでも貴殿と意見を異にする人をすべて敵のうちに数え入れることを，私は知っている。その点に関して，貴殿がどれほど慈悲深く振舞っているか，言うつもりはない。貴殿が他ならぬ兄弟たちに対して用いている慈愛からして，そのことは十分理解されるであろうから。また私は，「説教と神学上の決定」についてだけ話している。貴殿はそれらにおいて，公の権威に由来する行動を取りながら誹謗することよって，いっそう多くの害を加えているのだから。そして私は，裁判官の面前にせよ，民衆の面前にせよ，貴殿が他の所で公に敵を告発することは決してできない，と断言してはいない。とはいえもちろん，すでに述べたように，私人としてよりも名誉ある仕方で，貴殿にそれができるわけではないし，このように他人を公に告発するのを許すことは，慈愛の掟を逸脱している。それを許すことが認められているのは，告発される人の善のためではなく，同様の告発を恐れて悪徳をいっそう避けようとする，それ以外の人の善のためなのである。しかしそれでも，聖ヤコブが第4章で語っていることを聞くべし。「兄弟を誹（そし）ったり，自分の兄弟を裁いたりする者は，律法を誹り，律法を裁いている」[186]。実際貴殿には，悪徳を非難し，人間に悪徳を思い止まらせるよう努めることが，認められているし，それどころか，説教師として命じられてもいる。しかし，次の［二つの］ことは，まったく別なことである。すなわち［一つには］，すでに異論の余地なくすべ

---

186) 「ヤコブの手紙」第4章第11節。

ての人が悪徳だと見なしているものを非難すること。これが貴殿に命じられている唯一のことである。他方，しかじかの人間が悪徳にふけっていると判断すること，あるいはまた，しかじかのものを，他の人から悪徳だとは見なされていないのに悪徳だと決めつけること。貴殿がこのようなことをすれば，明らかに貴殿は「律法を誹り，律法を裁いている」のだ。すなわち貴殿は，律法よりも自分の判断にいっそう高い価値を付与しているのだ。実際，何が法に適うことかを決定するためには，私が思うに，貴殿らには貴殿らの教会会議があり，そこですべての人の共通見解によってそのことが判断されるし，人間の行為を罰するためには，市参事たちがいる。［しかるに］貴殿は，まだ貴殿らの間で決定されていない問題について，たとえすべての神学者そして全教区会議が貴殿と意見を異にしているとしても，他のすべての人の意見よりも，唯一自分の決断のみがいっそう高く評価されることを欲する。それほどに貴殿の同僚たちは，貴殿一人が自分だけの権威によって決着をつけることを平静な心で甘受している，などということを納得するのは，私には容易なことではない。ひょっとして，彼らは貴殿を自分たちの教会の長に任じている，というのでなければ。［もっとも］私は，そんなことはしないようにと敢えて勧告するつもりはない。彼らに不信の念を抱かれないためにも，私たちの教会に害を及ぼすことにならないためにも。しかしながらもし，市参事たちでさえも，貴殿が特定の個人の行為について，説教あるいはテーゼの中で裁きを下し，かくしてすべての人間の評判に遠慮なく襲いかかることを容認しているのだとすれば，それはたしかに，私にはまったく驚くべきことであろう。

124　貴殿にはそういうことが許されていると見せかけるために，貴殿が用いることのできる口実を，たしかに私は知っている。すなわち，かつて預言者たちが王たちさえもきわめて自由に諫(いさ)めていたように，貴殿もまたきっと，彼らのこの上なく忠実な模倣者として熱意に燃えている。そのため，何か貴殿には神の気に入らないと思われること——神の気に入らないことと私は言っていない——，あるいは，貴殿にはそう思われると見せかけることができるというだけのこと，こういうことがなされると，それをきわめて厳しく非難せずには，貴殿はそれに耐えることができないほどだ。また貴殿は，個々の人のことを考慮に入れないので，貴

族や市参事に対しても，一般大衆に対しても，等しく進んで攻撃するのだ。以上のような口実である。しかし，ヴォエティウス殿，貴殿に気づいてもらいたいのだが，かつて預言者たちが王たちに対してさえ行使した最高の法が，彼ら預言者たちに授けられたのは，他でもない，彼らは並外れた超自然的な仕方で神によって駆り立てられたのであって，神の意志に従う者が誤ることはありえなかったからである。それゆえまた，彼らが信頼されたのは，偉大な疑う余地のない奇跡によって，彼らは自分の言ったことを信用させたからに他ならない。そしてまた，貴殿に理解してもらいたいのだが，彼らの法は，それと同様のいかなる法も容易には貴殿に授けられえないほどに，広大無辺だったのである。「エレミヤ書」第1章で神がその法をどのように述べているか見よ。神は言った，「見よ，私は今日，あなたを諸国民と諸王国の上に立てた。あなたが，抜き，壊し，滅ぼし，粉砕し，建て，植えるために」[187]。しかし，このように諸国民と諸王国の上に立てられたその人は，孤独で，なすべきことについて相談できるような，目に見える助言者は彼のそばには誰もいなかったし，市民としての権限さえ何も持っていなかった。それゆえ，もし彼が，この上なく明白な奇跡によって，諸王の主である神から本当に遣わされたということを立証したのでなかったならば，王と民衆が進んで彼に従うというようなことは，理に適ったことではなかったであろう。たしかに貴殿は，他の人々の助言を気にかけず，あたかも神と共に語るのを常とするかのように，貴殿独自の心情から決断したことを口に出すという点で，かの並外れた預言者たちをきわめて巧みに模倣している。しかし，これまで貴殿には奇跡が欠けていた。また，私が貴殿の著書から知ったことだが，貴殿らの宗教に従えば，今の時代にそのような預言者，すなわち，奇跡を引き起こし，あらゆる点で信ずべきとされるような預言者は，教会において一人も認められていない[188]。

またそれゆえに，この点において貴殿らと意見を異にするわが国の人々あるいは他の［カトリックの］国の人々に何が授けられうるのか，それを吟味する必要はないであろう。貴殿は誤りの危険を免れておらず，

---

187)「エレミヤ書」第1章第10節。
188) Voetius, *Thersites*, p. 338を参照。ヴォエティウスは奇跡も預言者も信仰には不必要だと主張している（Verbeek, p. 528, note 82）。

貴殿らの宗教における他のすべての牧師以上の特権を何も持ってはいないことが理解されれば十分である。実際ここから，次のことが帰結する。すなわち，もし貴殿に，市参事たちの行為を民衆の面前で，貴殿独自の権威によって非難することが許されているのなら，他のすべての牧師にも同じことが許される，ということ。また，貴殿が誤ることはありうるし，人間の数だけ意見があるのだから，無秩序と混乱以外には何の成果もそこから期待すべきではない，ということである。このような諸悪を，かくも強力な共和国，かくも多くの構成員から成る共和国，そしてその安寧のすべてが融和にかかっている共和国においては，きわめて細心の注意を払って未然に防ぐべきであるということ，このことを知らない者は誰もいない。しかしその［諸悪を未然に防ぐ］際にも，われわれは慈愛を忘れることがないよう，友人たちがわれわれに対してどんな過ちを犯しても，彼らがわれわれに対して本当に好意的であると判断している限りは，それを大目に見るのが常である。これに反して，われわれを傷つけるために友愛を装っていると認められる人に対しては，あからさまに害を加える人に対してよりも，われわれはいっそう怒りを覚えるのが常である。それと同様に，真に敬虔な神学者で，ただ慈愛の情のみに導かれていることが明白な人は，いつか自分の職務の範を逸脱することがあっても，容易に赦されうるであろうが，しかしもし，外観とことばで慈愛を装ってはいるが，その行為自体によってただ悪意と支配欲のみを露わにしているような男がいれば，その男は疑いもなく罰せられるべきである。

126　さて，ボワ・ル・デュックに敵対する貴殿の行為を吟味すれば，貴殿がいかなる熱意に燃えているかを，われわれは容易に理解するだろう。実際，第一に，公のテーゼの中でかの都市の名を挙げ，また同時に，そこの市参事と貴族によってなされたことを糾弾し，その貴族にさまざまな罵詈を浴びせる，ということへと貴殿を駆り立てることができた理由を考察してみると，慈愛の香りを放つような理由を，われわれはまったく何も見つけることができない。そして貴殿自身さえ，何も理由を捻り出すことができなかった。実際貴殿は，貴殿の本[189]全体において，そ

189）『マリア友愛会について』のこと。

の4ページ[190]で次のように述べている以外には何も理由を挙げていない。すなわち，貴殿はボワ・ル・デュックの出来事について，その都市の誰かある牧師[191]から助言を求められて，「いわば労を節約するために，間接的な偶像崇拝に関するテーゼ[192]を出版する際に，その件をそこに挿入した」[193]と述べている。あたかも，ある事柄をテーゼに挿入し印刷に付す方が，その同じ事柄を友人宛の私信に書くよりも，労が少なかったかのように。これが偽りであることに気づかない人は誰もいないだろう。とりわけ，［本来のテーマに関わらなくて］答弁者に示すべきでないことについては何もテーゼの中に置かないということ，そして［そのようなことをテーゼに置くという］このことも少なからず労力を要するということ，これらのことを知っている人のうちには誰もいないだろう。しかし，たとえ貴殿がそのような仕方で実際に労を節約したのだとしても，だからといって，貴殿がいっそうの慈愛を持っているということにはならないだろう。そして，貴殿はもちろん，貴殿が非難した人たちの改善あるいは他の何らかの福利を願ってはいなかった。実際，貴殿の本の339ページと341ページ[194]から，あのテーゼが彼らのもとに届くことを，貴殿は決して望んでいなかったということは明白である。そしてまた貴殿は，ボワ・ル・デュックの名を挙げ，貴殿が非難した行為の実行者たちを名指しすることによって，貴殿の弟子や他の人々の善を目指す，ということもできなかった。実際，それとは反対に，その行為をすでに敢えてした著名で誉れ高い人士たちの実例を挙げてしまえば，誰もが進んで彼らの真似をしてしまうのであって，むしろ，そのような人士たちが貴殿の念頭にあると推測できる人など誰もいないように，貴殿が非難している事柄から周辺の事情すべてを取り除いていた方が，他の人たちにそのような行為を思い留まらせることができたはずなのだ。したがって，貴殿が個々の人をあのように名指しすることで，貴殿が非難した人たち

---

190) 本文中の引用箇所を含むヴォエティウスの原文がAT. VIII-2, 69, note a に抄録されている。

191) レーマンス。本書103ページの注125を参照。

192) 本書103ページ（AT. VIII-2, 69）を参照。

193) テーゼ「間接的かつ関与された偶像崇拝について」は，1642年5月21日に討論に付され，*Disputationes Selectae*, III, pp. 234-235に収録された（Verbeek, p. 528 note 84）。

194) ヴォエティウスの原文はAT. VIII-2, 126-127 note b に抄録されている。

の何らかの福利を目指すことも，他の人たちの何らかの福利を目指すことも，まったくできなかったのだから，貴殿は誹謗することを欲していたと明らかに認められる，ということ以外に何が残っているのか？

　次に［第二に］，貴殿のそのような誹謗の理由は一体何だったのかをさらにわれわれが調べるならば，すべての人間に対する不当な支配権を奪い取ってそれを強固にするために，貴殿は進んでその種の機会をつかもうとするから，という理由以外には容易に見つからないだろう。というのも，貴殿が悪口を言った人たちに対して，貴殿は個人的な敵意は何も持っていなかったからだ。貴殿がしばしば断言しているように，彼らはそれ以前には貴殿に知られていなかったのだから。実のところ貴殿は，貴殿のテーゼが彼らの手に渡ることを決して望んでいなかった。あるいは少なくとも，彼らが貴殿のテーゼを公の返答に値するほどには評価しないこと望んでいた。そうだとしても，貴殿は，少なからぬ権威を獲得することができるとは思った。なぜなら，貴殿の行いの噂（うわさ）が届けられた貴殿らのアカデミーの学者たちも他のすべての人たちも，前述の如き人士たちおよびかくも有名な都市を，共和国の利益のために彼らによってなされ，他の神学者たちからも賛同されていた事柄を理由にして，貴殿がおこがましくも糾弾し，しかもそれを罰せられることなく言い触らしていたのを知れば，貴殿の力を畏怖し，貴殿の無遠慮な誹謗を受ける羽目に陥らないように，予め貴殿から賛同されていたこと以外は，私的にも公的にも何一つ敢えて企てないだろう［と思った］からだ。このようなやり方によって，恥知らずで，意地悪で，おしゃべりで，そして大衆受けする男なら誰でも，容易に大きな支配権を手に入れることができる。その手管を誰からも暴かれない場合に，ではあるが。しかし，貴殿にとってまったく不都合なことが起こった。すなわち，デマレが公の文書[195]によって，自分たちの潔白と貴殿の非難の不当性を明らかにした。次いでさらに，ボワ・ル・デュックの市参事や他の人々が，さまざまな手紙によって，貴殿にそれ以上書くことを差し控えさせ，次の教会会議の裁定を待たせようと試みた。貴殿が非難した人々は，教会会議の判断に従いたいと表明していたのである。こうして実際，貴殿は，彼らのき

195）本書106ページ（AT. VIII-2, 73）を参照。

わめて正当な要求に従わなければ，敬虔と慈愛の仮面を公然と外すことになり，あるいは，教会会議によって正しい秩序のうちへと戻されることを受け入れるならば，支配という最高の望みの大部分を失うことにならざるをえなかった。

　教会会議に従うか否か，どちらを貴殿が選んだのかを，貴殿は『マリア友愛会について』という本の出版によって明らかにしている。実際，その本の中で貴殿は，いかなる論拠の重みによるのでも，いかなる名誉ある弁解によるのでもなく，ただ頑迷さと誹謗の大胆さのみによって，勝利のために戦っている。そして，その本の全術策はただ次の一点に存する。すなわち，その本をひどく長く退屈なものにしたこと。どんな人間の忍耐力も全体を通読することに耐えられないほどに。またその本において，デマレと彼が弁護している人たちをひどく頻繁に告発し，叱責し，糾弾すること。その本のあちこちの数ページだけに目を通す人たちが，それらのページの至るところで，あたかも貴殿の訴えの正しさと論敵の犯罪とをこの上なく確実な論拠によって証明したかのように，貴殿が勝ち誇っているのを見て，彼らが読んでいない他のページには貴殿のその論拠が展開されていると思い込むほどに。さて貴殿は，以下のようにして，その分厚い書物を作り上げるための題材を見つけた。すなわち，至福の処女信心会を憎むべきものにしようと努めている多くの空疎な陳述を掻き集めることによって。また，デマレの本をずたずたに切り刻み引き裂いて[196]，［陳腐な］常套句の羅列にすることによって。そしてまた，慈愛の香りがまったくしないさまざまな諸問題を提出することによって。実際，「慈愛は悪を考えない」[197]ものであるのに，それらの諸問題が明らかにしているのは，何らの悪も存在しないところに，貴殿がきわめてしばしば悪を考えた，ということだけなのだ。貴殿はまた，その書物の中で，いかにして貴殿の論敵たちが，あらゆる手段を講じて貴殿に書くことを止めさせようと努めたか，そしてそれにもかかわらず，いかにして貴殿が書き続けることに固執したか，を語っている。そうすることによって，彼らは自分たちの訴えに望みを失っているが，他方，貴

---

196) 本書112-113ページ（AT. VIII-2, 84-85）を参照。
197) 本書135ページ（AT. VIII-2, 112）で引用された「コリントの信徒への手紙一」第13章を参照。

殿は自分の訴えに何の疑念も持っていないと信じさせるためだ。このような予断は，その訴えを入念に吟味しない人たちを容易に誤らせるには十分だろう。また，そうでない人たち，すなわち，デマレの本を貴殿の本と比較し，双方の論拠を考量する人たち——誰もいないかきわめて少数でしかないことをおそらく貴殿は望んでいた——について言えば，そういう人たちが，貴殿に関してこの上なく真であると理解する事柄を，他の人に敢えて暴露することがないよう，貴殿はただ恐怖のみによって，彼らを押さえつけたかったように見える。実際，ボワ・ル・デュックの貴族たちの行為を非難するための確固たる論拠を，貴殿は何も提出していない。また，貴殿のテーゼの中にはっきりと読み取られる事柄を貴殿が書いたということを，信じ難い大胆さでもって否定する以外には，貴殿が行ったことを弁護するための論拠も，貴殿は何も提示していない。こういうことが，彼ら［双方の論拠を考量する人たち］に気づかれずに済むはずはない。そしてそれゆえ，彼らは以下のことを明瞭に知るようになるだろう。すなわち，デマレとボワ・ル・デュックの貴族たちは，決して自分たちの訴えに望みを失ったのではない，ということ。また，貴殿には自分の訴えを正当に弁護する見込みはまったくなかった，ということ。したがってまた，彼らが貴殿に書くことを止めさせようとしたのは，ただ，貴殿らの教会の平和と貴殿の名誉に配慮してのことだった，ということ。しかしこれに反して貴殿は，彼らの面目を失わせ，自分がこの上なく一徹で非情で恐るべき者であることを見せようとして，喧嘩と騒動を求めたのであって，それは，今後誰も敢えて貴殿に逆らうことがないようにするためだった，ということ。

　実際，ボワ・ル・デュックの貴族たちが自分たちの都市の安全と共和国の安寧を図って行ったことを，貴殿は恐れることなく糾弾したのだから，自分は貴殿の非難を免れるほど清廉潔白に生きている，あるいはそれほどの権威を持っている，などと信じる人は誰もいなくなるのは確かだろう。また，デマレは可能な限り貴殿を容赦し，貴殿にはまったく相応しくない称賛によって貴殿を褒めそやしさえしたのだが，そうしつつも，自分の仲間たちをきわめて控え目に弁護したというこの一事のゆえに，貴殿はデマレにかくも憤慨し，かくも凶暴に攻撃しているのだから，貴殿をあまり怒らせないほどことば巧みに，貴殿に忠告する方途を見つ

けられるなどというのは，［誰にとっても］望むべくもないことだ。また，貴殿はその本の中で，かくも大胆に嘘をつき，かくも頻繁に貴殿のテーゼの点検――その点検から貴殿の嘘が明白になる――を拠りどころにし，かくも公然と慈愛の掟を「未熟なもの」として軽蔑している[198]のだから，誰も，自分の論拠の明白さと確実さによって，貴殿を黙らせることを望むわけにはいかない。最後に，貴殿はごく些細な損害にも，市参事会や教会の会合の権威も忠告も懇願も貴殿の心を動かすことも抑制することもできないほどに，忌まわしく仮借なく執拗に復讐するように見えるので，誰もが貴殿の無遠慮さを嫌い，あたかも飼い慣らされていない野獣に出会うのを避けるかのように，貴殿との出会いを避けようとするのはもっともなことだ。もし今回，このような手管によって，貴殿の評判を保持することが貴殿にできるなら，さらに，貴殿の訴えの真相を理解する人たちがその真相を敢えて他人の目に晒すことのないように，あるいは少なくとも，それ以外の人たちが彼らを信用しないようにすることが貴殿にできるなら，貴殿はこの上ない力を持つだろう，ということを私は認める。しかし，私はここで，そうなることはほとんどありえないと私に思える理由を少しばかり付け加え，同時に，貴殿の罪過を描き出そう。

　貴殿の罵詈が貴殿らの宗教の敵対者だけに注がれていた間は，貴殿の側について貴殿が書いたものを吟味してはいなかった人たちの中で，貴殿は敬虔さと学識に関して何らかの評判を容易に保つことができた。実際彼らは，貴殿が多くの本を書いたことを［貴殿の］学識に帰していたし，さらに，貴殿が辛辣な誹謗のことばをしばしばそれらの本の中で用いたことを，敵対者の罪過と，貴殿の敬虔さの燃えるような熱意とに帰していた。しかしそれでも，貴殿と意見を異にする人たちは，ますます憤慨し怒っていた。そして貴殿の本を通読した人たち（ごく少数いたことを私は認める）は，その本には論拠の代わりに罵詈しか含まれておらず，それゆえ貴殿らの訴えが貴殿によってうまく弁護されていないと分かるので，その本は彼らにその訴えをいっそう悪く思わせる，というこ

---

198) 本書139ページの注177を参照。

と以外に何の役にも立たなかった。したがって，貴殿らの宗教そのものの名誉と発展のために，貴殿の手管が暴かれることは非常に有益であろう。そこで私は，これをきっかけに私の国の人々が，［貴殿らの宗教との］結託の廉で私を告発するのではないかと恐れている。その上貴殿は，広くすべての人々に知られている過ちを攻撃するというよりはむしろ，他の人が過ちとは見なさないほど些細で，庶民よりむしろ権力者に関わる過ちを何か新たに見つけ出すのが常であり，しかもその過ちを，自分が他の誰よりも聖なる者であると見せかけるために，あたかもこの上ない悪事であるかのように描き出すのが常である。このことが知れ渡った時，多くの人々は，「マタイによる福音書」第 7 章のキリストの以下のことばが，貴殿にまさにぴったり当てはまると思った。「人を裁くな。あなた方も裁かれないようにするためである。なぜなら，あなた方は，自分が裁いた裁きで裁かれ，自分が量った秤で量り返されるであろうから。あなたは，兄弟の目にあるおが屑は見えるのに，なぜ自分の目の中にある丸太が見えないのか？ あるいは，見よ自分の目に丸太があるのに，兄弟に向かって，あなたの目からおが屑を取らせて下さいと，どうして言えようか？ 偽善者よ，まず自分の目から丸太を取り除け。そうすれば，はっきり見えるようになって，兄弟の目からおが屑を取り除くことができるであろう」[199]。さらにその後，貴殿がレギウスをどのように攻撃したか，また，貴殿の神学上の評価を，まったく論拠の見せかけさえなしに，どのようにして純粋に哲学的な問題にまで拡げようとしたか，ということが知られるようになった時，貴殿の悪意は疑いえないものだった。そしてついに貴殿は，他の神学者たちもそして彼らの教区会議さえも是認している事柄を理由にして，この上なく著名な都市の市参事と貴族を，アカデミーのテーゼの中で糾弾した。また，彼らに代わって，きわめて控え目にかつ正しく貴殿に応答した牧師を，あたかも嘘つきの中傷者であるかのように，冗長な本によって晒し者にしている。また，慈愛の掟を「未熟な」と呼ぶ。また，教会会議は自分にはいっさい関係ないと言う。また，そのテーゼの中で貴殿が公然と書いたものを，後で別の本の中で，恥知らずにも自分が書いたものではないと言う。そ

---

199)「マタイによる福音書」第 7 章第 1 - 5 節。

してまた，いかなる仕方でも，かくも悪意と誹謗に満ちた本の公表を貴殿に止めさせることはできなかった。ここにまで至った今や，貴殿の［国の］統治者たちは，貴殿のその大胆さを罰する必要があるとはっきり認めているだろう，ということを貴殿は疑ってはならない。実際，［貴殿がしているように，］一つの都市の権威に守られている男が，別の都市の出来事，それもどんな出来事でもというのではなく，共和国の利益のために企てられた出来事を，公にされた文書の中で糾弾するならば，しかも，論拠に基づいて非難するというよりもむしろ罵詈でもって責め立てるならば，それが市民の不和へと向かいうるということは，何よりも明らかだからである。

　私が書くこのようなことを，おそらく貴殿は不快に思うだろう。しかし，私はどうすればよかったのか。ここで問題になっているのは，私が貴殿に劣らず長年住んでいるこの地域共通の安寧と平和なのである。しかも，貴殿が非難した事柄の公正さについては，ここではまったく問題にしていない。至福の処女にちなんで名付けられ，貴殿らの宗教にとって不適切なこと（［もしなされたなら］大きな困難がそこに見出されるであろうと私に思われる事柄）は何も生じていない団体に，貴殿ら［改革派］の人々がローマ・カトリック教徒と共に参加することが許されるかどうか，それを決定するような何らかの教会会議を待つ必要もない。ここで問われているのはただ次のことである。すなわち，一つの都市の神学者に，自分の個人的な権威によって他の都市を糾弾し，さらに，力の限りその名誉を毀損するようなことが，許されるかどうかである。また，彼の［都市の］統治者たち――公正さと思慮深さによってその都市で重きをなしている人たち――は，その都市のために彼を咎めようとはしないだろう，と考えるべきかどうかである。とりわけ，もし貴殿が速やかに罰せられなければ，耐え難い大胆さに容易に至るほど貴殿はひどく執拗だということを，彼らはすでに経験しているのだから。またとりわけ，もし今回貴殿が赦されるならば，今後おそらく，貴殿はいっそう善くなるのではなく，いっそう用心深くなる，ということだけしか貴殿には期待できないのだから。すなわち貴殿は，都市の名を挙げることはたしかに控えるだろうが，しかしそれでも，貴殿が自慢しているような「貴殿には手慣れた方法で」[200]，その面目を失わせたい人たちの行いを，それ

が容易にその人たちに関係づけられうるように描き出すだろう。かくして，貴殿が害を加えることはもちろん少なくならないだろうが，しかしおそらく，貴殿を罰する機会は少なくなるだろう。

　貴殿の政治上の上司からも，宗教上の上司からも，貴殿が大目に見てもらえることはありえない，と私が判断するその他の理由をここで述べるつもりはない。それは，貴殿に警告することによって，彼らの方が私よりもよく知りうる事柄や，疑いもなくよく知っている事柄を，私は彼らにそれとなく教えたがっているのだなどと，万が一にも思われないためである。しかしもう一つ，庶民のために言い落としてはならないと思っていることがある。すなわち，たとえば姦通や窃盗や殺人を犯した場合など，説教師が何か恥ずべき過ちで捕らえられると，その説教師は職を剥奪されるということが，貴殿らの宗教においては常に遵守されている，と私は聞いていた。そしてそれは不当なことではない。というのも，行いの善くない人たちが他の人たちに善い忠告をすることができるとしても，そういう人たちのことばは，彼らが清廉潔白だと見なされている場合ほどには信頼されないからである。ところで，説教師にとって最も恥ずべき過ち，彼のことばが信じられることを最も正当に妨げる過ち，そしてそれゆえ，彼をその職に最も相応しくなくする過ち，それはもちろん，きわめて頻繁にしかも公然と嘘をつき誹謗し中傷することに他ならない。というのも，その他の過ちは説教の外でなされるもので，人間の弱さのゆえに弁解の余地があるからである。それどころか，慈愛からしてもわれわれは，そのような過ちを犯した人が，説教を始める前にはその過ちに固執する気持ちを捨てていると信じ，またそれゆえに，過ちを犯していなかったそれ以前と同様に，彼のことばに耳を傾けるべきだと信じなければならない。また，説教において殺人や姦通や窃盗の手本を示す人が誰かいるのではないか，という虞(おそれ)はまったくない。それどころか反対に，もし誰かが怒りに駆られて人を殺したとか，あるいは他の激情に駆り立てられて何か他の過ちを犯したならば，その人は，その後しばしばその過ちを非常に後悔するので，そのような過ちに一度も陥ったことのない人よりもいっそう適切かつ効果的に，他の人たちがそのよ

200）本書127ページ（AT. VIII-2, 103）を参照。

うな過ちを犯すことを思い止まらせることができるほどである。しかし，嘘をつき誹謗し中傷する自由を，説教におけるよりもいっそう容易に行使できる場はどこにもないし，またそれがいっそう咎められるべき場もどこにもない。実際，説教は真理を教えるために設けられていて，民衆はその場に真理を期待している。したがって，説教師に関しては，嘘つきであること以上の悪徳は何もない。さらにまた，説教はキリスト教の敬虔と慈愛の実例を提示するために設けられているのだから，そして，さまざまな種類の嘘のうちで，隣人を害することを狙った嘘，誹謗とも中傷とも呼ばれる嘘よりも慈愛に反する恥ずべき嘘はないのだから，説教師に関しては，それ以上に咎められるべき嘘もまた何もない。さて，貴殿は貴殿の本の中で，一度ならず再三再四そのような嘘をついていると認められる，ということは上述ですでに十分明らかにされた。そして，人々が私を信用する必要さえない。私は，公刊された貴殿の著書から明白なこと以外は何も主張しなかったのだから。あるいは，もし誰か，貴殿の著書を紐解く気にならず，［上述のように］断言している私を信用するよりはむしろ，そのことを精力的に断固否定している貴殿――自分たちの牧師――を信用する方が公正なことだと思う人たちがいるとしても，それでもそういう人たちは，貴殿の同僚デマレを糾弾することなしに貴殿の弁護はできない，ということは確かだ。実際，貴殿がその本の中でデマレを嘘と中傷の廉で頻繁に告発していることは，否定できない。もし貴殿がその点において真実を語っているのなら，彼はそれゆえに，説教をするに相応しい人ではない。しかしもし，貴殿が彼を中傷の廉で告発しているという，少なくともまさにこの点において，貴殿が虚偽を語っているのなら，貴殿こそが中傷しているのだ。そして，それには何の疑いもありえないのだから，私が思うに，貴殿には何の弁解の余地も残っていないのだ。

第八部
ユトレヒトで出版された
『デカルト哲学について』という本の
序文と第三区分について

　私が『マリア友愛会について』という本をまだ全部読み終わらないうちに[201]，『デカルト哲学について』という別の本が世に出た。そして，それにすでに目を通した多くの人たちが，それはまったく何の返答にも値しないと判断している。とはいえ，私は返答を始めたのだし[202]，その本には黙って見逃してはならないほど忌まわしい中傷が含まれているので，私はここで，その本の吟味を簡潔に仕上げよう。

　一枚目の紙葉には次のような標題がある。『ルネ・デカルトの新哲学の驚くべき方法。ユトレヒトにて，ヨハネス・ファン・ワースベルヘ社より，1643年』[203]。そこには，私の名は挙げられているが，著者の名は誰も挙げられていないので，貴殿らは，私の名前の方が貴殿らの名前よりも，貴殿らの商品を勧めるのに好都合だと判断したように見える[204]。

　二枚目の紙葉で長い序文が始まるが，その冒頭には貴殿のある弟子[205]の名前がある。その名前は，私が書くには値しないものとして言わないでおく。その弟子がひょっとしてヘロストラトス[206]の名声を欲しがることがないように。しかし，彼の性癖と文体は，貴殿のそれと互いにほとんど区別できないほどよく似ていると思われる。それゆえ私は，取り違えることがないように，貴殿一人でもなく，彼一人でもなく，貴殿ら両人を，『デカルト哲学について』という本の著者と見なすことに

---

　201)　本書 132 ページ（AT. VIII-2, 109）を参照。
　202)　本書簡の第五部までのこと。
　203)　本書49ページ（AT. VIII-2, 5）を参照。
　204)　1643年3月23日付メルセンヌ宛書簡（AT. III, 642-643；『デカルト全書簡集』第五巻 p. 245）を参照。
　205)　スホーキウスのこと。
　206)　ヘロストラトス（Herostratos）は古代ギリシア・イオニアの若い羊飼い。有名になりたいという野心から，エフェソスにあったアルテミス神殿に放火し死刑に処された（B. C. 356年）ことで知られる。

しよう。
　この序文の書き出しで著者は，「私［デカルト］の名前は，数年前からある学識浅からぬ優れた吹聴者[207]によって，高貴できわめて有力な人々の間に広められ始めたが，その吹聴した人物は，私が隠棲していた荒屋(あばらや)を著者に明らかにすることを拒んだ」[208]と言っている。しかし，私の隠れ家はそれほど隠されておらず，それ相応に誠実で学識ある人々には開かれていた。それゆえ，もし誰か私の友人が，著者を私に引き合わせることを拒んだのだとしたら，私はいわば「ほとんど人付き合いのない人間」[209]だったのだから，彼［著者］は，拒まれたことを，もちろん私にではなく，自分自身に，そして拒んだ友人の判断に帰すべきなのだ。
　その後で，著者は次のように語っている。私が1637年に出版した本[210]を「彼［著者］は粘り強く入念に紐解き，また読み返した。そしてそこから，頼りない生みの親によって述べられたこんな出来損ないの戯言(たわごと)に無条件に賛同しようとする人は，学識ある人々の席には誰もいないだろう，と信じた」[211]と。彼［著者］はここで，自分が判断力に恵まれなかったことを明かしている。その出来損ないの戯言は，幾人かの賛同を得たのだから。
　彼は次のように付け加える。「ある医師が」，すなわちレギウスが，「デカルト哲学の旗を揚げ始めた」と。そして「新しいアカデミーの誕生の初めから，私［デカルト］はそこで独裁権を振るうことを考えていた」（つまりはレギウスを通して。彼は私と知り合いになる前に，私の著書から引き出した見解をそこ［新しいアカデミー］で教えていた[212]）

---

　207) レネリ（Henricus Reneri, 1593-1639）のこと。1634年7月2日付レネリ宛書簡（AT. I, 300-302；『デカルト全書簡集』第一巻 pp. 256-257），1638年8月18日付，1639年3月9日付，1639年5月17日付，いずれもレギウスからの書簡（AT. II, 305-306, 527, 548；『デカルト全書簡集』第三巻 pp. 24-25, p. 200, p. 223），1639年3月19日付レギウスとエミリウスからの書簡（AT. II, 528；『デカルト全書簡集』第三巻 p. 201）を参照。
　208) 原著序文にページ付はないが，その1ページ目からの引用。ただし表現は若干異なる。なお，原著序文はそのほぼ全文が，AT. VIII-2, 137-163に付された脚注で採録されている。
　209) ホラティウス『風刺詩』I, 9, 14（Verbeek, p. 528 note 90）。
　210) 『方法序説および三試論』のこと。
　211) 原著序文の4ページ目と6ページ目からの引用。
　212) 本書61ページの注36を参照。また『ディネ師宛書簡』（AT. VII, 582-583；本書23-24ページ）も参照。

と。しかしその哲学はそこでは,「大方の予想に反して,この上なく高貴にして高名なる都市の参事会の賛同を得て,神の恩寵によって今後決して戻ってこないように,アカデミー評議会の一つの議決によって禁止された」[213]（もちろん貴殿のお見事な判断によって[214]。私はすでに『ディネ師宛書簡』の中で,十分にそれを称賛した）と。しかし,いかなる論拠によって,その議決が貴殿らのこの上なく高貴にして高名なる都市の参事会の賛同を得た,と彼は言うのか,私には分からない。ひょっとして,自分のテーゼがこの上なく神聖なる神学部の議決であることを貴殿が欲しているのと同じ論拠によって,すなわち,たしかに貴殿らの都市では皆が心を一つにしている[215]ので,ヴォエティウス殿が一人でしたことは何でも,都市全体の賛同を得ていると見なされるべきなのだから,という論拠によるのでなければ。私としては,それを信じるのは,『マリア友愛会について』と『デカルト哲学について』というこれらの本もまた公の賛同を得るようになってからだろう。

　次いで著者は,私が貴殿のその議決について述べた手紙[216]を攻撃してから,次のように言う。最初彼は,私が「新しい意見の奇怪さによって,見栄っ張りの金持ちたちを狂わせ,彼らの財布と宝石箱を盗み取ろうとしている…」と見なしていた,と。「しかし,彼［著者］はその後すぐに,そうではなかろうと思った。私［デカルト］が持ち歩いている袋にはクモの巣ではなく小銭がつまっていて,それを役立てて使うことによって,どんな黄金よりも高価であるに違いないものを追い求めている,と彼［著者］は考量したからである」[217]と。ここで彼は,私が何を「追い求めている」と信じさせたいのか。ひょっとして,人々の友愛と新しい哲学への支持のことか。そうでなければ何なのか,私には思い浮かべることができない。

　ましてや,著者は一体どんな犯罪の廉で私を告発しているのか,それ

---

213) 原著序文の6-8ページ目からの引用。
214) 付属文書（1）（本書259-260ページ）を参照。また『ディネ師宛書簡』（AT. VII, 590-593；本書31-34ページ）も参照。
215) 本書130ページ（AT. VIII-2, 106）を参照。
216) 『ディネ師宛書簡』および付属文書（1）（AT. VII, 590-598；本書31-38, 259-260ページ）を参照。
217) 原著序文の9-10ページ目からの引用。

も私にはよく分からない。彼は次のように付け加える。「彼［デカルト］は控え目な態度を装っているが，親友たちを介して，また高潔な人間に相応しからぬ手管よって，いわばもう一つのバベルの塔を築き上げようと，あらゆる熱意と努力を傾けて企んでいる。しかもその場所は，広く認められている古代からの哲学が，これまで公的にも私的にも教えられるのを常としている場所なのである」218)と。ひょっとして彼は，一般に広まっている哲学——まったく冒瀆的にも，貴殿らはしばしばこれを「正統な」と呼んでいる——と異なる見解はすべて異端であると判定している，というのでなければ［どんな犯罪の廉で私を告発しているのか，私には分からない］。

　しかし，これに続く序文13ページ［目］の彼の次のようなことばは，私には非常によく分かる。「この論考の中で皆に示しているように，私［著者］は次のような人間を知るようになった。すなわち，ヴァニーニ219)と同じことをしている人間を。つまり，アキレスの論法220)で無神論を攻撃しているように見られたがっている一方で，草むらに隠れている蛇を知力の弱さゆえにどこにも見つけられない人たちに，狡猾にもまったく密かに無神論の毒を塗りつける人間を」。実際私は，このようなことばの中に，この上なく恥知らずで忌まわしい「中傷という蛇」を見出す。貴殿らは「その毒を貴殿らの本全体に染み込ませた」のだ。

　次いで著者は，『ディネ師宛書簡』の中で私が貴殿について書いたことの反駁に努め始め，それを二つの部類に分ける。すなわち彼が言うには，「この件221)に関わらないことと，もう一つは，この件に関わること」222)である。

　そして，この件に関わらないことのうちに，彼が第一に数え入れているのは，私が「貴殿は，権力者たちを攻撃することにおいて，敬虔への燃えるような御し難い熱意を誇示している」223)と書いたことである。こ

142

143

---

218) 原著序文の10-11ページ目からの引用。
219) デカルトは原著の Vaninio を Vanino（ヴァニーニのラテン語表記 Vaninus の奪格）と修正している。本書188ページの注323を参照。
220) ゼノンの「アキレスと亀」のパラドックスへの言及（B, p. 1645, nota 252）。
221) ユトレヒト・アカデミーに関する件。
222) 原著序文の18ページ目からの引用。なお，「この件に関わること」については，本書167ページ（AT. VIII-2, 153）から言及される。

れに対する反駁［の根拠］として，彼はただ次のように言っているだけである。「ボワ・ル・デュック近くの村で6年間，そしてフースデン[224]で17年間，参事会は貴殿を住民として，またその教会の牧師として受け入れた」，そしてその間，非常に多くの他の参事会が貴殿を招いた，そしてついに，今や貴殿はユトレヒトで神学教授にして牧師となっているのだから[225]，と。しかし，貴殿のような者たちがどのようにして名声を手に入れるのが常であるかを，私はすでにこの書簡の第四部で十分に示した[226]。すなわち，どこかの村か町で善良な田舎者たちが貴殿のおしゃべりを称賛した。それから，貴殿の評判が広まり，誰からもいっそう入念に吟味されることのない間は，多くの人たちが慈愛からそれを容易に信じることができた。そしてかくして，貴殿のことを知らない人たちが貴殿を自分のところに招いたが，おそらく貴殿はまださほど大胆ではなかったのだ。さて，彼［著者］は次いで，「貴殿の御し難い熱意の炎［による批判］を経験した権力者たちとは，一体誰なのか」[227]と問うている。あたかも，『マリア友愛会について』という本の中で貴殿が提示している例では，十分明らかではないかのように。

　第二に，著者が言うには，「私［デカルト］は，貴殿がある時にはローマの宗教を，またある時には貴殿の宗教とは異なる他のどんな宗教をも攻撃していると言って，貴殿が燃えるような御し難い熱意の火に身を焦がしていることを示そうと懸命になっている」[228]。ここで彼は，自分が貴殿の虚栄心におもねっていることを，私が言ったことにしている。実際私は，貴殿と同じ宗教の人々によって称賛されうるような熱意を貴殿が持っている，と書いたことも信じたこともない。私が書いたのは，貴殿は，ある時にはローマの宗教を，ある時には貴殿の宗教とは異なる他のどんな宗教をも，またある時には権力者たちを攻撃することにおいて，敬虔への熱意を誇示している（つまり，熱意を持っていると見られたがっている）が，それは，庶民の間で人気と権力を得るためだ，とい

---

223)　『ディネ師宛書簡』（AT. VII, 584；本書25ページ）を参照。
224)　フースデンは，ボワ・ル・デュックの西約10kmにあるオランダの町。
225)　原著序文の20ページ目からの引用と要約。
226)　本書79-93ページ（AT. VIII-2, 39-55）を参照。
227)　原著序文の22ページ目からの引用。
228)　原著序文の23ページ目からの引用。

うことである。

　3．著者は，「貴殿はまた時には機知に富んだことばで大衆の耳をくすぐっている」[229]と私が書いたと言って，文句を付けている。私はここに再び貴殿の虚栄心を見つける。というのも一つには，彼は，貴殿の〈機知に富んだことば〉[230]に付く形容詞を省略したからだ。私はそれを「滑稽な」と言った。つまりそれは，粗野で凡庸で愚かしいもので，洗練された才知から引き出されたものではなく，卑賤な人間の退屈で悪意に満ちた話し方から引き出されたものなのだ。また一つには，彼は，貴殿が機知に富んだことばを使うことを否定していないからだ。実際貴殿は，毒舌を吐いているだけなのに，機知に富んでいると見られたがっている。しかし彼は，貴殿の機知に富んだことばで「大衆の耳がくすぐられているだけだ」ということを否定して，次のように付け加える。「その上，ユトレヒト市は神のご加護によって多くの高官をその懐に抱いている。彼らは決して，敬虔と熱意と廉直（すなわち貴殿の敬虔と熱意と廉直のことだが，著者は，貴殿をよく知っている人たちに笑われないように，〈貴殿の〉[231]を付け加えるのを恐れたように見える）が，少数の者たちの中傷や嘘やシノン[232]の策略によって抑圧されることを許さないだろう」[233]と。あたかも，貴殿の機知に富んだことばで，貴殿は高官をも貴殿に従わせたかのようだ。そんなことを私は納得しないだろう。しかし，彼らは皆，貴殿が敬虔で廉直であると信じていた間は，貴殿に好意的だった，ということを私は疑わない。同様にまた，その同じ彼らが貴殿の悪行を十分に見抜いたなら，彼らは皆貴殿を嫌うだろう，ということも私は疑わない。そうは言っても，貴殿の滑稽さが私に非難されたと知ってから，貴殿はその滑稽さを多少とも改善した，と私は聞いているので，私はそのことで貴殿を祝福するし，私としてもそれは喜ばしいことである。

　4．著者は，「彼［ヴォエティウス］は神学者，説教師，論客と呼ばれ

---

229) 『ディネ師宛書簡』（AT. VII, 584：本書25ページ）を参照。
230) 山括弧は訳者による付加。
231) 山括弧は訳者による付加。
232) トロイア戦争で，策を用いて木馬をトロイアの城内に入れさせた人物。
233) 原著序文の25ページ目からの引用。

る」[234]ということばを繰り返している。それは，このことばが真であることを否定するためではなく，私が［貴殿を］神学者，説教師，そして論客と呼ぶことによって，あたかも貴殿を侮辱したかのように，そこから，多くの罵詈によって私に仕返しする機会をつかむためなのである。

5，6，7．著者は，私が「貴殿の本は誰にも読まれるはずはない。貴殿によって引用されているさまざまな著者は，しばしば貴殿に賛成するよりも反対している。しかも貴殿は，それらの著者をおそらく索引から知っているだけだ」[235]と言ったことを非難している。私がこれら三つのことをいかに正当に言ったかを，私はこの書簡の第四部で十分に証明した[236]。また彼は，これらが偽であると証明するために，ただ次のこと以外は何も提示していない。すなわち，彼はただ，貴殿を称賛し，私を罵り，そして貴殿の本が読まれていると言うために，場違いにも本屋の証言に訴えているだけなのである。あたかも，いくらかの購買者がいる――このこと自体貴殿の本には稀なことだ――本はすべて，読まれるに値する本であるかのようだ。次いで，彼は貴殿を「本を貪る人」とさえ呼んでいるが，私はその名を貴殿に与えたくない。というのも，ひょっとして貴殿は多くの本を丸呑みにしているのかもしれないが，それを消化もしておらず，良い体液に変えてもいないことは疑いないからだ。

8．著者は，「貴殿はいつも，無学な者たちに学識があると見られようとして，どんな学問についてもそれに精通しているかのようにきわめて大胆に，それでいてよくは知らないままに語る」[237]ということを否定する。そして，貴殿に学識があると見なしている人すべてが無学であるわけではないと言って，私に対する憎悪を掻き立てようと努めている。しかし私はそんなことを書いてもいないし，それが私のことばから引き出されることもありえない。実際私は，私の発言の他の箇所でも，貴殿が学識あるすべての人から無学であると見られている，などと付け加えなかった。ただ，学識ある人たちや熟達した人たちのうち，「貴殿がいつもいかにうるさく他の人たちを挑発したか，そして，しばしば討論す

---

234)　『ディネ師宛書簡』（AT. VII, 584：本書25ページ）を参照。
235)　同上。
236)　本書79ページ（AT. VIII-2, 39）を参照。
237)　『ディネ師宛書簡』（AT. VII, 584：本書25ページ）を参照。

べきことがあった場合に，貴殿がいかに推論の代わりに罵詈を持ち込み，そして負かされると卑劣にも退却したかを知っている」[238]人たちから，貴殿は軽蔑され，また評価されていない，と付け加えただけである。実際たしかに，熟達した学識ある人たちでも，貴殿のことを調べていない限り，最初は無学な者たちの間で貴殿が得た評判を信じたとしても，それは驚くべきことではない。しかしともかく，貴殿が今では私のおかげで多少とも控え目になっていることを，私は喜んでいる。実際私は，かつてユトレヒトのアカデミーで貴殿が公表した最初のテーゼ[239]を見た。そしてそのテーゼにおいて，貴殿がどのように皆を挑発し，どのようにあらゆる学問に関する知識を自慢しているかを見た。そのことでテーゼの審査員が貴殿を非難したので，貴殿の『テルシーテース』の第三区分第四章で，貴殿は以下のように応じている。「彼は，私がかくも多くのこと——あらゆる学識，あるいは少なくともさまざまな教養に基づいて討議に付されるべきこと——を〈大げさな見せかけの下に〉[240]提出したと言って，私の傲慢，偽善，そして虚栄心が反論の余地なく証明されたかのように見なしている。ここで彼は，私にどんな悪行を帰しているのだろうか？ ひょっとして，その研究のせいで私の顔が青白くなっているからか？ それとも，そのような研究をわれわれの学院という舞台に登場させたからか？ それとも両方か？ この〈ムーサの敵〉[241]が理由を付け加えていたならよかったのだが！」[242]と。次いで貴殿は，数多くの例を引いて，さまざまな学問に習熟していることは，神学者にとって不適切なことではない，と指摘している。それはもちろん，多種多様な知識を持つという魅力的な罪を弁護するためなのだが，相手はそのような罪で貴殿を告発したのではない。そしてて私には，［ここよりも］貴殿がいっそう雄弁に見えたところはどこにもまったくなかった。しかし今や，貴殿の弟子が，（明らかに貴殿が口述して）貴殿について次のように書いている。「彼は自分の境界内に留まっている。そして，他の学問に由

150

---

238) 『ディネ師宛書簡』（AT. VII, 584；本書25ページ）を参照。
239) 1634年9月13日に提出された。Verbeek, p. 529, note 94を参照。
240) 原文はギリシア語。
241) 原文はギリシア語。なお，ムーサはギリシア神話で学芸全般を司る女神。
242) *Thersites*, p. 308。Verbeek, p. 529, note 95を参照。

来するもので，それが聖書と彼の神学の説明に必要だと判断したなら，彼はそれを，熟練した第一級の著名な医師や法律家や外科医や数学者などに尋ねて学ぶのを常としている」[243]と。それゆえ，あらゆる種類の学識を持っているという貴殿の自負は，かくのごとく他のすべての人たちの弟子になるまでに萎えてしまったのだ。

9．滑稽にも著者は，「貴殿は討論すべきことがある場合に，推論の代わりに罵詈を持ち込むのが常である」[244]ということを否定している。そして，貴殿らのアカデミーの討論に参加している人たちの証言を求めている。あたかも，その無数の実例が現れている貴殿の著書で，そのことがいっそう見事に証明されていないかのようだ。

10．著者は，「貴殿はゴルラエウスやタウレルスをおそらく決して読んでいない」[245]と私が書いた，とでっち上げている。私が書いたのは，貴殿のことではなくレギウスのことである。しかし貴殿はこの機会を捉えて，まったく中身のない子供じみた自慢をしたように見える。すなわち，貴殿の判定によればつまらない本だが，貴殿はそれらを読んだのだ，と。

11．著者は，「私［デカルト］の哲学が図形を考察しているという理由で，貴殿はそれに魔術の疑いをかけたがった」[246]ということにはっきりと見て取れる，貴殿の愚鈍さ（あるいはこう言った方がよければ悪意）について，次のように言って弁解に努めている。「貴殿は私の哲学——貴殿はたしかにそれをまだよく知らなかった——を攻撃したのではなく，それに関するある医師[247]の主張を，その他の反論に交えてこの難点［魔術の疑い］に関しても追及したのだ」[248]と。あたかも，それが同じことにはならないかのようだ。にもかかわらず，貴殿らは自分［の言ったこと］を忘れて，128ページで線と図形と数の考察を魔術に帰

---

243) 原著序文の32ページ目からの引用。
244) 『ディネ師宛書簡』（AT. VII, 584；本書25ページ）を参照。
245) 原著序文の34ページ目からの引用。『ディネ師宛書簡』（AT. VII, 586；本書27ページ）を参照。
246) 付属文書（2）（本書261ページ）を参照。また，『ディネ師宛書簡』（AT. VII, 596；本書36ページ），『デカルト全書簡集』第五巻 p. 112の注4 も参照。
247) レギウスのこと。
248) 原著序文の36ページ目からの引用。

して[249]，再び同じ愚鈍さあるいは悪意に立ち戻っている。かくして，鍵も剣も車輪も，そしてその働きが図形に依存する他のすべてのものも，貴殿らにとっては魔術の道具なのである。たしかに，これ以上に愚鈍な考えが人間の頭に生じることはありえない。

12. 著者は，「貴殿がかつて誰かをうるさく挑発した」[250]ということを否定する。貴殿の最初のテーゼか他の著書を見た人なら，こんなことは嘲笑なしには読めないだろう。そして彼は，「かなりしばしば，貴殿は負かされると卑劣にも退却した」[251]と私が書いた，とでっち上げている。それは，少なくとも時には貴殿が勝つこともあったと私が信じている，と読者に思わせるためだ。これも同様に嘲笑に値する。私はそんなことを書かなかったし信じてもいなかった。私が書き信じたのは，「しばしば討論すべきことがあった場合に（すなわち，討論すべきこと——しばしば生じるのはそのことである——があった時にはいつも），貴殿は推論の代わりに罵詈を持ち込み，そして負かされると卑劣にも退却した」ということだ。また彼は，私の考えを理解することができなくなるように，貴殿について私が一つか二つの総合文[252]にして書いたことを，さまざまな断片に切り刻んで，主要なことは省き，残りを滅茶苦茶な順序で提示したが，これも嘲笑に値する。最後に嘲笑に値することは，私が貴殿に反対して書いたのは，「イエズス会の神父たち——貴殿は時々ローマ教会の教理に反対してペンを握ったのだから，他の誰よりも彼らに嫌われている——から好意を得るためだった」[253]とでっち上げていることである。あたかも，貴殿が彼らに非常によく知られているかのようであり，あるいは彼らは，ただ罵詈のみを用いる敵対者を，推論によって争う他の人たちよりも恐れているかのようだ。

著者は，この件[254]に関わりがないと言った事柄を以上のように論じ

---

249) 『驚くべき方法』Sect. II, cap. 8. pp. 128-129。この箇所の原著からの引用が，AT. VIII-2, 152, note a に採録されている。また，本書95ページ（AT. VIII-2, 58）も参照。
250) 『ディネ師宛書簡』（AT. VII, p. 584：本書25ページ）を参照。
251) 原著序文の37ページ目からの引用。
252) 原語は periodus。数節から成る調和のとれた長文のこと。
253) 原著序文の40-41ページ目からの引用。
254) 本書161ページの注221, 222を参照。

てから，この件に関わると言う他の事柄に移る。そして彼は「第一に」，私の以下のことばを引用する。「しかし実際，神学者である学長にとって，これは，その医師を包囲して異端の廉で断罪し，事が期待通りに運んだなら，市参事会の意に反してでも，彼を教授職から追放するのに十分な絶好の機会と思われた」[255]。しかし彼は次のように付け加えてはいない。すなわち，貴殿は哲学的に取るに足らないことをきっかけにして，この上なく神聖なる神学部の権威によって，レギウスを異端の廉で断罪することを欲した，と。そうすることによって，市参事会の意に反してでも，市参事会自身が彼を辞めさせざるをえなくさせようとして。異端者と見なされるようないかなる人をも，教授として留め置くわけにはいかないからだ。

　さらに著者は「第二に」，私の同じ趣旨の他のことばを引用して[256]，そのことばをレギウスの証言によってご立派に反駁している。その証言は，貴殿のテーゼに対するレギウスの答弁[257]から彼［著者］が二ページ抜き書きしたもの[258]だが，その末尾でレギウスは，皮肉を込めて，そして過ぎ去った時のことを語りながら，貴殿は自分にとって「常に保護者であり友人だった」と述べている。しかし貴殿の弁護人［たる著者］は，テーゼが公表された後の今でも，レギウスが真剣に貴殿を友人であり保護者であると認めている，と見せかけている。このことからして，貴殿に有利な証言はあまり多くないということが明らかだ。貴殿はレギウスの証言さえも利用せざるをえないのだから。

　「第三に」著者は，貴殿一人がレギウスに反論したということを否定して，他の教授たちも，レギウスの見解とは異なる見解を自分たちのテーゼの中に入れた，と言っている[259]。［しかし］レギウスも，真理を愛する他の人たちも，決してそのことを不快に思ってはいなかった[260]。

---

255)　『ディネ師宛書簡』（AT. VII, 586；本書26ページ）を参照。
256)　『ディネ師宛書簡』（AT. VII, 594；本書34ページ）を参照。
257)　1642年1月末レギウス宛書簡（AT. III, 494-497；『デカルト全書簡集』第五巻 pp. 103-105）を参照。
258)　原著序文の46-49ページ目に抜き書きされている。
259)　『経緯陳述』（*Naratio Historica*）pp. 20-22 を参照。
260)　実際にはレギウスは不快に思っていたようである（『経緯陳述』p. 20）。Verbeek p. 529 note 98を参照。

そして私も，そのことでレギウスのために不服を訴えたのではない。そうではなくて，貴殿が何の根拠もなく，しかも中傷によって，彼を異端の廉で告訴しようとしたからだ。貴殿以外には誰もそんなことはしなかった，と私は考えたのだ。

「第四に」著者は，私が以下のように言ったことばを引用する。「貴殿は同一の訴訟で裁判官であり告訴人だった。そして貴殿の同僚［レギウス］を，かくも明白で真なる推論を提示した等々，というその一事のゆえに侮辱の廉で被告人にした」[261]。彼［著者］はこの〈等々〉[262]という所に，次のことばを付け加えるべきだった。「彼［レギウス］は，貴殿によって負わせられた異端と無神論という罪を拒否し，中傷の包囲網から脱するために」と[263]。すなわち，貴殿は自分自身が起こした訴訟の裁判官だったし，告発に際してフィンブリア[264]を真似たのだ，ということを付け加えるべきだった。これらのことに対して彼［著者］は，自分がその件には関与していないと言い，アカデミー自身によって近々公刊されると言う調査報告小冊子[265]を参照するようにと読者を促す以外には，何も返答していない。このような返答には嘲笑せざるをえない。実際，私が非難した貴殿の主要な罪がここに含まれているのだから，もし貴殿が弁解に好都合なものを何か持っていたなら，まさにここでそれに言及せずにはいられなかっただろう。さらに，この件に関して今後アカデミーの名のもとに何か出版され，それが真実から逸脱したものでなければ，それは貴殿の役に立たないだろう。他方，それが虚偽を含むものであれば，それが貴殿一人から出たものだと思わない人は誰もいないだろう。実際，ある時はこの上なく神聖なる神学部の役を，ある時はアカデミーの役を，ある時は評議会の役を，ある時は共和国全体の役を，

---

261) 『ディネ師宛書簡』（AT. VII, 589, 595：本書30ページおよび35ページ）を参照。
262) 山括弧は訳者による付加。
263) 『ディネ師宛書簡』（ATVII, 595：本書35ページ）を参照。
264) フィンブリア（Fimbria）については，本書112ページ（AT. VIII-2, 83）を参照。また，Verbeek, p. 529, note 99も参照。フィンブリアは剣で重傷を負わせた相手を，剣全体を身体に受け入れなかったと言って告訴した。
265) 『経緯陳述』のこと。1643年3月の予定だったが，本書よりも後の10月初旬に公刊された。1643年11月7日付ウィレム宛書簡（AT. IV, 34-35；『デカルト全書簡集』第六巻 pp. 58-60）を参照。

ある時はベルギウムの教会の役を，ある時は預言者や聖霊の役を，ある時は貴殿の弟子の一人の役を，またある時は他の弟子の役を演じる，貴殿の道化芝居の腕前はよく知られている。

「第五に」著者は，貴殿の最大の不公正——すなわち，まず先に貴殿が偽って不当にレギウスに向かって投げつけた［侮辱の］語句を，レギウスが正当かつ当然にも貴殿に投げ返したからという理由で彼を咎めたこと——を非難した私のことば[266]を引用した後で，貴殿の弁護をまったくしていない。ただ，レギウスが貴殿について書いたことは他のすべての人たちにも当てはまると言って，レギウスに立ち向かうよう他の哲学者たちを駆り立てることに努めているだけなのだ。しかしそれは明らかに虚偽だ。実際彼らは，貴殿が受け入れたのと同じ条件を受け入れはしなかった。というのも，レギウスの諸原理は数も少なく容易に知られるがゆえに，「愚か者」[267]に相応しいと貴殿が書いた時，貴殿は暗黙のうちに，そういう原理を持つ者は愚か者と呼ばれて当然である，と［いう条件を］認めたのだが，そんなことを他の哲学者たちは認めなかったし，レギウス自身も信じていなかったからである。したがって，その時レギウスが貴殿だけについて考えていたことを，彼ら［他の哲学者たち］に向けるべきではないのだ。

そのあと貴殿の弁護人［たる著者］は，貴殿らのアカデミーで出版されるはずの調査報告書に訴える。それは，騒々しいヤジ[268]に関する「第六の」点に対しても同様であるが，しかしやはり彼は［それに対して］まったく何も反駁していない。

「第七に」，私が貴殿のことを「錯乱した騒動好きの学長」[269]と呼び，また貴殿の「討論」を「騒動好き」と呼んだことが，最大の侮辱であるかのように追及されている。そして著者は，このことゆえに，「いつか他の場所で他の文書で」，侮辱の廉で訴訟を起こすと言って私を脅迫している[270]。あたかも，私がそこで述べたことが，貴殿のアカデミーに

---

266) 『ディネ師宛書簡』（AT. VII. 595-596：本書35-36ページ）を参照。
267) 原語は choraebus。本書33ページの注89を参照。
268) 『ディネ師宛書簡』（AT. VII. 585：本書25-26ページ）を参照。
269) 『ディネ師宛書簡』（AT. VII. 603：本書42ページ）を参照。
270) 原著序文の58ページ目。

おいては正当かつ適切に貴殿を「騒動好き」と呼ぶことができたということを，十分に証明していないかのようだ。しかし今や，貴殿の［国の］統治者たち[271]が，ボワ・ル・デュックに対して貴殿が書いたことを考慮に入れて，貴殿は共和国においても騒動好きであると判断することがないよう，注意するがよい。そして，貴殿らは不当な訴訟で私を脅しているのだから，私がここで先回りして，全世界の面前で貴殿らをまったく正当に告発しても，どうか悪く思わないでもらいたい。

　「最後に」，貴殿のテーゼに対するレギウスの答弁は誰からも反駁されなかったという理由で[272]，私がレギウスに「勝利の軍配を上げている」，と著者は言う[273]。しかし彼は，レギウスがその勝利に値しないと確証するようなことを何も付け加えていない。実際，レギウスの答弁に反対し貴殿を支持して出版された文書は，ただ嘲笑と軽蔑に値するのみだ，と私が断言した時，彼［著者］は次のように言った。すなわち，貴殿の息子[274]がそれらの文書のうちの一つを出したが，彼は事柄を「専門家として」論じなかった，と。また，［貴殿の］弟子[275]が自分の名において別の文書を出したが，その文書は貴殿の知らぬ間に出版された，と[276]。そこから明らかなように，貴殿らはそれらの文書を決して高く評価していない。また，貴殿の知らぬ間に出版されたと偽っている文書の著者が，貴殿自身であることを疑うものは誰もいない。しかし彼［著者］が，それらの「論文を無効にするものは何もなかったし，またあるばずもない」[277]と付言する時，それは真実を述べている。というのも実際，かくも愚かな作文は無効にするに値しないからだ。最後に，彼が，貴殿よりむしろ貴殿のその弟子と論争するようにと，私とレギウスを挑発する時，彼は次のことを明らかにしている。すなわち，貴殿はすでに自分の陣営から逃げ出したこと，その陣営を守っているのは，容易に打ち負かされうるような酒保商人だけだということ，そしてそれゆえに，

---

271)　大学管理の責任母体である市当局の人々のこと（Verbeek, p. 529, note 101）。
272)　『ディネ師宛書簡』（AT. VII, 598-599：本書38-39ページ）を参照。
273)　原著序文の58ページ目。
274)　パウルス・ヴォエティウス（Paulus Voetius, 1619-1667）のこと。
275)　ワーテルラエトのこと。
276)　原著序文の58-59ページ目。
277)　原著序文の59ページ目からの引用

レギウスの勝利を妨げるものは何も残っていないということ，である。

　以上は取るに足らぬことではあるが，私はそれらすべてに言及したいと思った。それは，次のことが明らかになるためである。すなわち，私が貴殿について書いたことを反駁するために重要なことを，貴殿らは何一つこの長い序文の中で提示しなかったが，それでもこの序文が企てられたのは，貴殿らが反駁しているかのように見せるという，ただこの一つのためだった，ということである。

　しかしその序文の末尾で貴殿らが言うには，貴殿らの本は「四つの部分から成り，第一部では私［デカルト］の弟子を描写し，第二部では私が自慢している哲学の諸原理と方法を［描写し］，第三部では［私の］形而上学といくつかの自然学の教説とを見本のためについでに吟味し，第四部では，哲学的に考察するためのこの新しい方法が，懐疑論にだけではなく，狂信にも，そして無神論と狂乱にもまっすぐに導くことを手短に示している」[278]。そして最後に貴殿らは，私がレギウスについて『ディネ師宛書簡』の174ページで書いた次のことばを引用している。「彼は，私の『屈折光学』と『気象学』が出版されるや否やそれを読んで，そのうちには他のどんな哲学にも優って真である哲学の諸原理が含まれている，とすぐに判断した。彼はそれらの原理を入念に集めてそこから他の原理を引き出し，数ヵ月のうちに『生理学』の全部を作り上げたほど聡明だった」[279]。貴殿らのいつもの公正さからして，これらのことばから，レギウスのテーゼや講義は私のものと受け取られても不当なことではない，と貴殿らは結論する。すなわち，レギウスは私と知り合う前から私の著書を読んで，何事かを集めてそこから何事かを引き出し，『生理学』を作り上げた。ゆえに，その『生理学』全体は私のものと見なされるべきだ，というわけだ[280]。こんなことが理に適っていると思う人は誰もいない。とはいえ，私はレギウスのきわめて鋭く明敏な知力を非常に高く評価しているので，私が進んで私のものとして認めないよ

---

278) 原著序文の61ページ目9行目から62ページ目1行目までの全文が引用されている。
279) 『ディネ師宛書簡』（AT. VII, 582-583；本書23ページ）を参照。
280) レギウスはこの一文を，デカルトを非難するために使うことになる（Brevis explicatio mentis humanae, sive animae rationalis, 1657, p. 8）。B, p. 1659, nota 292；Verbeek, p. 529, note 104を参照。

うなものを，彼はほとんど何も書かなかったと思っている[281]。しかしここで，貴殿らが用意している中傷の恥知らずぶりを暴くことができるのだ。すなわち，私は私の『気象学』，『屈折光学』，『省察』においてしか私の哲学の見本を提示していないのだが，貴殿らはその本全体において，これらの著書をまったく一度も引用していない。またそれゆえ，貴殿らはそれらの著書をまったく理解していないと判断することができる。［つまり］貴殿らは，私の哲学にどんな田舎者にも劣らず無知であるにもかかわらず，その哲学に反対する罵詈に満ちた分厚い書物を厚かましくもまき散らしたのだ。しかも貴殿らは，何事かを言っているように見せかけるために，レギウスの講義の中のわずかな事柄を，まったく何の論拠にもよらずに，きわめて愚かなおしゃべりによって攻撃している。こんなおしゃべりなら，たしかに私のどんな著書にも向けることができただろう。しかし，レギウスの講義は出版されていなかったので，このようにした方が［デカルトの著書よりもレギウスの講義を攻撃した方が］，貴殿らの悪意がいかに信じ難い無知に結び付いているかが，それほど容易に，またそれほど多くの人々によって暴かれることはないだろう，と貴殿らは期待したのだ。

　しかし，貴殿らの本の最初の二区分については，この書簡の第三部と第五部[282]で既述のように，私は十分すぎるほどに検討したので，それについてはこれ以上何か述べる必要はない。そしてたしかに，残りの区分についても同様にその必要はない。というのも，些かなりとも知力を持つ人なら誰でも，すっかり軽蔑することなしに，またそこにこの上なく恥知らずで愚かな中傷を認めることなしに，それらを読むことはないだろう，ということを私は十分知っているからである。しかしそうは言っても，私に帰すると思われかねないことを見逃さないために，さらに残りの二区分についてもざっと述べることにしよう。

　第三区分[283]で貴殿らは，神学という名称に関して滑稽にも訳の分か

---

281) この判断は *Notae in programma quoddam* で言及される（AT. VIII-2, 364）。
282) 本書75-79，93-101ページ（AT. VIII-2, 35-39, 55-64）。
283) 『驚くべき方法』172-245ページ。第三区分は10の章に分けられていて，それぞれの章題が AT. VIII-2, 164-165, note b に掲げられている。

らないことを言った後で[284]，私の『省察』の中のある特定の事柄を攻撃しているように見せかけたいと思い始める。しかしその際，貴殿らがそれを理解していないことが，あまりにもはっきりと露わになることがないように，貴殿らは決して『省察』そのものに向かってはいない。しかし貴殿らは折よく，私が詳述した主要な命題のいわば要約一覧のようなもの[285]を，「第二反論」に対する私の「答弁」の末尾に見つけた。そして，その中から三つないし四つの箇所を厚かましくも書き写した。貴殿らの無知を暴くようなどんな誤りも，不用意にそこに入れないように気遣いながら。しかしながら，その気遣いは見事に裏切られた。というのも，貴殿らはよりによって，何よりも最も明白なことを否定したからだ。

たとえば，まず174ページで貴殿らは，「各人は，自分が思惟するということから，自分が存在することを正当に結論できる」ということを否定する。というのも，懐疑論者はそこからただ，存在すると「自分には思える」と結論するだけだ，と貴殿らは主張しているからだ。あたかも，たとえどんな懐疑論者であろうと理性を用いる者は，自分が存在すると自分には思えるからには実際に存在する，と同時に理解することなしに，存在すると「自分には思える」ことができるかのようだ。かくして貴殿らは，これ以上に明証的な命題はいかなる学問においても決してありえない命題を否定する。

177ページでは，貴殿らは，「第一反論」の著者のあることばを私のものとして引用して[286]，それを無神論者に反対する私の最初の論証と呼んでいる。つまり貴殿らは，その論証を私の著書から引き出すことができなかった。なぜなら，それは貴殿らにはあまりにも理解し難いからである。次いで貴殿らは，言及するに値しないほど間抜けな反論をしている。実際それは，貴殿らよりも愚かにその事柄について語りうる人は，

---

284) 『驚くべき方法』172-173ページ。
285) 「諸根拠」のこと。本書97ページの注109を参照。
286) 「第一反論」の著者カテルスは以下のように述べている（AT. VII, 91-92)。「私は思惟する。ゆえに私は在る，いやそれどころか，私は思惟そのもの，もしくは精神である，と彼は言います。その通りです。ところで私は，思惟することによって，事物の観念，とりわけ最も完全で無限なる存在者の観念を私の中に持つ［と彼は言います］。これもその通りです。」

庶民の中にも誰もいない，ということ以外に何も証明していない。

　さらに，180，183，189ページで，私は貴殿の作り話の一つ——それに似たものを，貴殿の『テルシーテース』[287]と『無神論について』という小冊子で，私は以前に読んだことがある——に気づく。実際貴殿らはここで，次のような話をでっち上げている。すなわち，私が神の存在を証明するために用いている推論は，われわれに生まれつき備わった概念のみに依拠しているのだから，神が存在することをすでに知っている人に対してしか有効でない，と[288]。しかし注意すべきは，その認識がわれわれに本性的に授けられていると言われるもののすべてが，だからといってわれわれに明示的に認識されるわけではない，ということである。そうではなくて，それらはただ，いかなる感覚的経験もなしに，持って生まれた固有の才知の力によって，われわれが認識しうるようなものとしてある，ということに過ぎない。すべての幾何学的真理は，きわめて明白な真理だけでなく，どれほど難解に見えようとも他の真理も，この種のものである。そしてそれゆえに，プラトンによればソクラテスは，ある少年に幾何学の基本原理について尋ね，その少年が彼自身の精神から，以前にはその中にあることに気づいていなかったいくつかの真理を引き出すように仕向けることによって，彼の想起説を証明しようと努めたのである[289]。そして，神についての認識もまたこの種のものなのである。そしてそこから貴殿が，『テルシーテース』の中でも『無神論について』という小冊子の中でも，純理論的に無神論者である者は誰もいない，すなわち，神が存在することにまったく気づかない者は誰もいない，と推論した時，すべての幾何学的真理は同様にわれわれに生得的であるということから，ユークリッドの基本原理を知らない者は世界中に誰もいない，と言った場合に劣らず，貴殿は愚かだったのだ。

　190ページで貴殿らは，「われわれが明晰に認識しているものはすべて，われわれが認識している通りに，神によって作り出されうる」[290]という

　287）本書100ページの注115を参照。
　288）ヴォエティウスによれば，聖書と人間に普遍的な経験は，われわれが神の生得的な概念を持っていて，したがって純理論的な無神論は不可能であることを証明している。Verbeek, p. 530, note 107を参照。
　289）『メノン』81, c, XV 以下。
　290）「諸根拠」定理四の証明の冒頭（AT. VII, 169）。

ことを否定している。否定するための貴殿らの論拠は，「われわれは矛盾する二つのものを同時に明晰に認識するが，それら二つは同時には作り出されえない」というものだ。児戯に等しい詭弁だ。実際，矛盾するものが同時に作り出されうる，とわれわれは認識しない。したがって，われわれが認識する通りにそれらが作り出されるためには，それらは同時に作り出されてはならないのである。

191ページで貴殿らは次のように言う。神の並外れた力によって人間の魂は身体なしに存在することができる[291]，ということが示されても，それは，人間の魂が不死であることを証明するのに何の役にも立たない。なぜなら，イヌの魂についても同じことが言えるからだ，と。私はこれを否定する。というのも，イヌの魂は物体的なもの，もしくは一種の微細物体なので，それが物体から区別されるというのは矛盾しているからである。貴殿らがそこに差し挟んでいる他の事柄は，あまりにも本題から懸け離れているので，哲学者の推論というよりは，オウムの支離滅裂な声を繰り返しているように思えるほどだ。

そして，貴殿らが形而上学について取り上げているのは以上のことのみである。つまり，196ページで貴殿らは自然学に関することへと話を移している。そしてそれについて貴殿らは，私の著書からはごく短いことばさえ何も引用せず，1．「原理について」，2．「感覚されない微粒子について」，3．「熱について」，4．「磁石について」，5．「潮の満ち干について」[292]，レギウスの講義からわずかなことばを拾い出しているだけだ。そしてそれらのことばに対して，貴殿らは目隠しされた剣闘士のように[293]駄弁を弄している。したがって，次のこと以外には何も返答する必要はない。それは，これまで出版された私の著書の中では，磁石と潮の満ち干との問題に関する話はまったく何も見出されない[294]に

---

291) 「魂」の原語は anima。「諸根拠」定理四の証明では，「少なくとも神の力によって，精神［mens］は身体なしに存在することができる」となっている（AT. VII, 170）。

292) 第三区分の V, VI, VII, VIII, IX 章。本書173ページの注283を参照。

293) 見るための開口部がない兜をかぶって，観客を喜ばせるために盲目の状態で戦った古代ローマの剣闘士。*Notae in programma quoddam* でも言及されている（AT. VIII-2, 369）。

294) 磁石と潮の満ち引きは，『哲学原理』第四部第133-183節と第48-52節（AT. VIII-1, 275-310, 232-236）ではじめて論じられる。レギウスの講義はおそらく，デカルトの未刊

もかかわらず，それについて貴殿らは，あたかも私に反対しているかのように長々と論じているという点に，貴殿らの中傷の際だった恥知らずぶりを見て取れる，ということである。

最終部
『デカルト哲学について』という本の
第四区分について，
並びに，この本の著者たちの罪過について

　貴殿らは，どれほど堅固な推論の結果として，またどれほど熟考された判断をもって，私の見解を否認したのかを，そのお見事な見本によって示した後で，結論としてさらにもう一つの区分を付け加えている[295]。それは四つの章に分けられているが，四つの露骨な誹謗以外には何も含んでいない。

　第一章の245ページで貴殿らは，「私の哲学の方法は懐疑論への道を敷き」[296]，また「私は懐疑論者の溜まり場に居座っている」[297]と断言している。その論拠として貴殿らが持ち出しているのは以下のことだ。すなわち，「私が第一級の懐疑論者たちを激しく糾弾しているのは，見せかけである」。「私はさまざまな事柄についての最も確実で明証的な知識をひけらかしている」。「そして最後に，私は真理の新しい基準を喧伝しているが，それはすなわち，いかなる人間であれ，自然の助力に頼るだけでは，いかなる知識にも適用できないような基準である」。そして，その新しい基準として貴殿らが持ち出しているのは，「疑いの余地を何も残さないほどに明晰なものしか真理として受け入れないようにしよう」というものに他ならない。というのも，信仰によって知られた真理に対してさえも，それにはしばしば疑いの余地があるということが起こる，と貴殿らは言っているからだ。もしこのことが，信仰に関わる行為が引

の論文 *Le Monde* にその内容を負っている（Verbeek, p. 530, note 110）。
　295) 『驚くべき方法』245-274ページ。原著の第一章から第三章までの文章の一部が，AT. VIII-2, 169-181に付された脚注で採録されている。
　296) 『驚くべき方法』第四区分第一章の章題。
　297) 原著246ページ。なお，第四区分第一章は原著245-254ページ。

き起こされているまさにその時のこと，あるいは，何らかの自然的認識に関わる行為が引き起こされているまさにその時のことを言っているのなら，貴殿らは信仰のすべてと人間的知識のすべてを破壊しているのであって，まさしく懐疑論者だ。なぜなら，疑いを免れているいかなる認識も決して持つことはできない，と貴殿らは断言しているのだから。もしそうではなくて，貴殿らは異なる時について語っているのであって，今は真の信仰を持っている人，あるいは今は何らかの自然的事物についての明証的な知識を持っている人が，別の時にはそれを持たないということがありうるのだから，と言うのであれば，それはただ，同じ思惟にいつまでも留まることのない人間本性の弱さを述べているだけであって，知識それ自体のうちに何か疑わしいものがあるに違いない，ということにはならない。それゆえ貴殿らは，私への反論となることを，そこからは何も証明していない。というのも私は，人間の一生の間ずっと持続する確実性についてではなく，何らかの知識が獲得されるその瞬間に得られる確実性についてだけ語ったのだから[298]。いやそれどころか，貴殿らはこの区別をすることなく，人間はいかなるものをも，それについて疑いを持たないほどに知ることはできない，ということを長々と証明しようとしているのだから，貴殿らの身の丈に応じてできる限りで懐疑論を教えているのだ。実際貴殿らは，253ページで「私［デカルト］は感覚の判断を疑うことを教えているのだから，公然と懐疑論を教えていることになる」と付け加えることで，読者が次のように判断する機会を与えているのだ。すなわち，貴殿らはたしかに自分の感覚を信頼しているが，信仰に関する事柄を，そしていかなる自然的理性をも信頼していない，と。そして，貴殿らの思慮深さと公正さたるや，信仰に関する事柄やあらゆる知識の原理でさえ疑いうると断言しているにもかかわらず，自らは正統信仰を持つ聖なる者であると主張する一方で，他方私に対しては，感覚の判断を疑うべきだと言ったのだから，私は公然と懐疑論を教えている，と断言するほどなのだ。どうか教えて欲しいものだが，もし私が，貴殿がやったように，オランダ語で[299]『教理問答につい

---

298) 認識の持続性と確実性に関するアリストテレス主義者とデカルトとの見解の相違については，Verbeek, p. 530, note 111 を参照。

299) 「オランダ語で」の原語は Belgico sermone。B, p. 1667, nota 308 を参照。

て』³⁰⁰⁾という分厚い本——そこには約8000の問いが含まれているが，それに対する解答は何もない——を公刊していたら，貴殿らは何を言わずにおくのだろうか？　私がそうしていたなら，もちろん，懐疑論を教えていると非難されても至極当然だろう。というのも，こんなふうに，多くの問いをそれに対する解答もなしに提示すること以上に，疑うことに人々を慣れさせるのに適したことは何もありえないからだし，また，疑わしいことを「教理問答」で教えることは，他のどんな場合に教えるよりも危険なことだからだ。

　第二章の255ページで貴殿らは，「私の方法はまっすぐに狂信に導く」³⁰¹⁾と言っているが，それを証明するための論拠は，「われわれは神を観想するために，精神を感覚から引き離さなければならない」と私が書いた，ということ以外にはない。私がこう書いたことを咎めるために，まず256ページで貴殿らは，「知性は外的感覚を導き手として必要とするのであって，太陽光線よりも明瞭な公理でさえも，感覚をそれらの公理の吟味役に任じてからでなければ，疑いえないものとして受け入れない」ということを，あたかも原理であるかのように立てている。これは虚偽の極みであって，まったく受け入れられない。実際，もしこれが真であるなら，神に属する事柄については，いかなる認識も決して得られないことになるだろう。そのような事柄は，外的感覚によっては吟味されえないのだから。続いて258ページで，貴殿らは次のように語る。「あるデカルト主義者は，観念を通じて自らの内に神が存在することを見出した。それならばなぜ，狂信者と同様に，次のようにもまた結論しないのか？　神は私の内に在り，私は神の内に在る。それゆえ私は，私の内に在る神を通じてすべてのことを行う。したがってまた，私は過ちを犯さないし犯すこともできない，と」。私は正直に言うが，このような結論は，狂信者，錯乱者，そして貴殿らと同類の者によってしか引き出されえない。最後に260ページで，貴殿らは次のように言っている。「経験が教えるところでは，精神である限りでの精神によって，言い換えれば，人間理性の規則に従って，至高の存在者の完全性を観想しようとする者

---
　　300)　ヴォエティウスは，1641年に『レモンストラント派の教理問答書に関する教理問答』を公刊した。
　　301)　『驚くべき方法』第四区分第二章（原著255-261ページ）の章題。

は，その存在者に最大の不完全性を付している」302)と。ここから読者が判断することは，貴殿らは，狂信者にならないために，あるいは何らかの不完全性を神に帰さないために，神について思惟することを拒み，かくして，決して神について思惟することなく，この上ない不敬虔の深みに沈んでいる，ということだろう。

173　第三章303)の261ページでは，私が「無神論を教え広めている」と貴殿らは断言している。たしかに，「もし無知のゆえにそうしているのなら私［デカルト］は同情に値するが，悪意ゆえにそうしているのなら罰せられるべきだ」と付け加えてはいる。しかし貴殿らは，私がそうしている［無神論を教え広めている］ことを疑おうとはしない。それどころか，手管の限りをつくし精一杯，そのことの説得に努めている。そして，それについて多くのことばを費やした後，265ページで貴殿らは，私が「無知な者たちの魂の内に無神論の玉座を築くことに努めている」とまじめくさって結論している。そして注目すべきことに，これは以前からの根深い誹謗であって，貴殿が執拗な中傷によってすでに長年の間ずっと私に向かって投げつけていた，と私は聞いていたし，1637年304)に出版された『無神論について』という貴殿の小冊子からも，私がそれを見抜くのは容易だった。そして貴殿らは，この一つのことを強固なものにして人々に納得させるために，貴殿らの［この］本全体を作り上げたように見える。実際，序文の13ページ［目］で貴殿らは，「私［デカルト］が狡猾にもまったく密かに無神論の毒を他の人々に塗りつけている」305)ことを，その論考の残りにおいて示そう，と約束している。次いで，貴殿らは私に弟子がいることにして，きわめて馬鹿げた愚かしい掟をでっち上げることに第一区分の全体を充て，信じ難いほど恥知らずにも，真実のごくわずかな見かけさえもまったくなしに，私がその掟を弟子たちに課していると主張している。そして貴殿らは至るところで，無神論者，ペテン師，教会と国家の攪乱者など，誰であれ最も邪悪で憎むべき者た

---

302)　「諸根拠」の五番目の「要請（Postulatum）」を参照（AT. VII, 163）。
303)　第四区分第三章は原著261-267ページで，その章題は「デカルトは無神論の城塞の破壊に努めながら，それを補強し建造している」。
304)　正しくは1639年。本書132ページ（AT. VIII-2, 108）を参照。
305)　本書161ページ（AT. VIII-2, 142）を参照。

ち――彼らはその悪行のゆえにこの上なく恐ろしい刑に処せられた――に私を擬えているが，それは要するに，私が彼らを手本にして「無神論を教え広めている」と，最後に結論するためなのだ。もし私がそのようなことをしているのなら，たしかに私は最も忌まわしい罪を犯しているのであって，どれほど自由な国家においても，それは赦されるべきではない306)。それゆえ，貴殿らがその罪を私になすりつけるために数年かけて熱心に練り上げた推論のすべてを，私はここで入念に取り上げることにしよう。その結果，（私は内心，それらの推論が真ではありえないと思っているのだが）もしそれらに何らかの真実らしさがあれば，そういう推論が成り立つ余地を与えた軽率さあるいは無知について，私は容赦を請うだろう。しかしもし，それらがただ貴殿らの不誠実と悪意のみから発していたことが明白になれば，これほどの中傷の忌まわしさについて，私は神と人々の前で不服を申し立てることができるだろう。貴殿らの証明全体の唯一の根拠として私が見出すのは，貴殿らが261ページで述べているように，「もしことばが徳を立証し，そのことばを安心して信用すべきだとするならば，私［デカルト］は無神論の最も軽微な嫌疑からさえも，最も懸け離れているだろう」というものだ。実際，少なからぬ人々は，時には善良な人士であるかのように話していながら，（貴殿が最もよく知っているように）きわめて不誠実な偽善者である。ところで，私が無神論の最も軽微な嫌疑からさえも，最も懸け離れている，ということは私の著作から明らかだ。そこから私が無神論者であることが導き出される，と貴殿らは主張する。明らかに，私が偽善者であると前提してのことだ。しかし貴殿らはどこにおいても，この最後の前提を，何らかの論拠に基づいて証明していないし，証明しようともしていない。貴殿らは，長々と私をヴァニーニに擬えることを企てているが，ひょっとしてそれが証明だとでもいうのでなければ。ヴァニーニは，貴殿らが語っているように，「無神論者だったからというだけでなく，無神論の伝道者でもあったという理由で，トゥールーズで公開の火刑に処された」。そして，貴殿らの擬え方の全体は以下の通りだ。「ヴァニーニ

---

306) 17世紀において無神論は，宗教上の問題であっただけでなく，道徳的社会的な問題でもあった（Verbeek, p. 531 note 116）。

は無神論者に反対して書いていたが，彼こそが無神論者の最たる者だった。デカルトも同様である。ヴァニーニは，頑迷というどのような四角い盾でも丸い盾でも，それに持ちこたえることができないような論証の道具立てによって，無神論者の頑なな魂を揺さぶっている，と自慢していた。デカルトも同様である。ヴァニーニは，大衆に昔から広く知られている論証を追い払い，その代わりに自分のものを置こうと大騒ぎしていた。デカルトも精一杯頑張って同じことをしている。最後に，ヴァニーニの論証は，何かアキレスやヘクトル[307]のようなものとして無神論者に差し向けられていたが，より深い洞察と検討によって，無力で取るに足らぬものと認められた。ルネ・デカルトの推論も細部に渡ってすべて，似たり寄ったりである」[308]。そしてそこから貴殿らは265ページで次のように結論している。「したがって，ルネを最も巧妙な無神論の擁護者チェーザレ・ヴァニーニに擬えても，彼に何も不正なことはなされていない。というのも彼は，ヴァニーニと同じ手管を用いて，無知な者たちの魂の内に無神論の玉座を築こうと努めているからである」と。ここに至っては，誰もが貴殿らの馬鹿げた恥知らずぶりに驚かざるをえないだろう。実際，以下の四つのこと，すなわち，私が無神論者に反対して書いたこと，私の推論が最善であると自負したこと――これら二つはまったくその通りであると私ははっきり認める――，そして，昔から広く知られている論証を拒絶しているということ，私の論証は無力で取るに足らぬものと認められるということ――これら二つはまったく誤っている――，これら四つのことがたとえ真であるとしても，しかしながら，これらのことから私が無神論に与(くみ)しているということは帰結しない。私が言っているのは，その罪人であるということはもとより，その嫌疑をかけられるべきであるということにさえならない，ということだ。というのも，ある人が無神論を反駁しようと思って，それには十分とはいえない推論を提出するとしても，咎められるべきはただその未熟さだけであって，だらかといって直ちに無神論の廉で告発されるべきではないからだ。いやそれどころか，貴殿自身が『無神論について』という最近の

---

307) どちらもトロイア戦争の英雄。
308) 著者はさらに『省察』の「献呈書簡」(AT. VII, 4) にも言及しているが，デカルトはそれを引用していない。

本の中で証言している[309]ように，無神論者を反駁することはきわめて難しいので，無神論者と戦って失敗した人すべてが未熟である，と見なすべきではないことは当然なのだ。この上なく堅固で名高い神学者，グレゴリウス・デ・ヴァレンティア[310]を見よ。彼は，博士トマスが神の存在を証明するために用いたすべての論証を反駁し[311]，それらは無効であると指摘している。そして，他の尊敬すべき敬虔な神学者たちも同じことをした。したがって，貴殿らのように語る人たちによれば，博士トマス（かつての他の誰と比べても，彼は無神論のあらゆる嫌疑から最大限に懸け離れていた）に関して，無神論者に反対する彼の論証は，より深い洞察と検討によって，無力で取るに足らないものと認められると言われうるし，また，彼をヴァニーニに擬えることも同様に企てられるだろう。そして，敢えて付言すれば（しかし悪意から言っているのではない），それは，私に関して［ヴァニーニに擬える］よりもいっそう適切だろう。なぜなら，私の論証は決してそれほどまでに反駁されることはなかったのだから。

しかし貴殿らは，私の論証が無力であることを証明するために，二つのお見事な論拠を持っている。一つ目は，「貴殿らはその本の第三区分で，ざっとそのことを示した」[312]ということ。ここで貴殿らが「ざっと」と付け加えているのは正しい。というのも，すでに少し前に私が示したように，貴殿らが書いたことよりも無効で愚かなことは，実際何も書かれえなかっただろうから。もう一つは，私の『省察』の前に付された書簡において，私自身がそのことを暗に認めているように見せかけている，ということ。その際貴殿らは，「私の論拠は，確実性と明証性において幾何学のそれに匹敵する，あるいはそれに勝りさえする」[313]と私がきっぱりと断言したことばを，まったく無分別にもそのまま引用して

---

309) *Disputationes Selectae*, I, p. 171。
310) グレゴリウス・デ・ヴァレンティア（Gregorius de Valentia, 1551-1603）はスペイン生まれのイエズス会士。AT. VIII-2, 176, note a を参照。
311) グレゴリウスは，トマスの神の存在証明を擁護しているという見解もある（B. p. 1670, nota 319）。
312) 原著263ページからの引用。次ページでは，「献呈書簡」の一節（AT. VII, 4）がすべて引用されている。
313) 「献呈書簡」（AT. VII, 4）を参照。

いる。もちろんこれは，私の論拠は無力で取るに足らぬものだと暗に認めているのではない。しかしたしかに私は，アルキメデスの証明でさえほんの少数の人々にしか分からないように，私の論拠は多くの人々に十分に分かってはもらえないのではないかと危惧している，と付け加えている。そこから貴殿らは，そのまったく愚かな推論の仕方に従って，私の論拠は無神論者を反駁するのに役立たないという結論を引き出す。しかしながら，すべての人々に分かってもらえるということはありえないとしても，少なくとも，それを理解している人には役立つだろう。その上，証明が分かるだけの能力のない人々でも，その証明の真理性については，それを理解している他のすべての人々の権威を信用するのが常であるから，いくらかの時が経てば，貴殿らには不本意で腹立たしいことだとしても，私の論証は，知力の鈍さのゆえにそれを理解できない人々をも無神論に背を向けさせるような力を持つだろう，ということを私は疑わない。というのも，こういう人々は，私の論証を正しく理解しているすべての人々によって，すなわち誰よりも才能に恵まれ学識ある人々によって，それが最も確実な証明と見なされているということ，そして，貴殿らや他の非常に多くの人たちが陰険な眼差しを向けて調べても，誰もそれを論破できなかったということ，をたしかに知るだろうから。これは，アルキメデスの証明を理解する人は幾千人の中でかろうじて一人いるかいないかであるにしても，彼によって証明されたすべてのことの真理性を疑う人は，今やこの世に誰もいないのと同様なのだ。これらすべてのことを，貴殿らは以前からよく知っていた。というのも，貴殿らが引用している書簡の中で，私ははっきりそう書いておいたのだから。しかし貴殿らは，神に対するそのご立派な敬虔さのために，無神論を最も有効に覆す論拠を，貴殿らの誹謗と中傷によって無益なものにしようと努めているのだ。

　ところで，私が「大衆に昔から広く知られている論証を追い払い，その代わりに自分のものを置く」ことを望んだという点について，貴殿らは同じ書簡で私が私の論拠を「すべての中で最善」と呼んだこと以外，他のいかなる論証によっても証明していない。しかしながら，その［最善と呼んだ］ことからは，私が他のものを拒絶したということは帰結しないのであり，それどころか反対に，私は同じ箇所で「この事柄につい

て偉大な人々によって提出された論拠のほとんどすべては，十分にそれが理解されるならば，証明の力をもっている」[314]と評価している，と付け加えたのだ。このことからして貴殿らはここでも，さして重要なことではないとはいえ，中傷していることは明らかだ。

だが，そのように，私が無神論を教えていることを証明する何らかの論拠が貴殿らによって述べられているかのごとく装った後，そのことがいっそう信じられるように（つまり，貴殿らの本の見出しだけをざっと見渡すだけで，論拠の力など評価しない人たちによって。［その本を］手にする人はすべてそうであろうと貴殿らは期待している。なぜなら，貴殿らが書いたものにはそれ以外の運命は待っていないことを，貴殿らはすでに十分経験しているのだから），以下のように四つの留保を付け，同時にそれに反駁している。

1．「多くの人々がチェーザレ・ヴァニーニよりもデカルトの方にいっそう好意的な意見を持っていること，そしてデカルト自身がローマ・カトリックの信仰を公然と表明していること，これらのことは何の役にも立たない。狡猾なシーシュプス［シジフォス］たるヴァニーニも同じことをなしていたのだ」[315]。

2．「自分は無神論者に反対して書いていると言ったところで，誰のためにもなりえない。なぜなら，ヴァニーニも同様に無神論者に対して宣戦を布告していたからだ」[316]。

3．「ルネが，彼の宗教に敵対する神学者たち，とりわけヴォエティウス——すなわちルーヴァンのアカデミーの神学者たちが異端者と見なしているヴォエティウス——と対立しているということも同様に，彼にとって言訳になりえない。なぜなら，ヴァニーニもフランスでは同じように見なされていたからだ」[317]。

ここでの貴殿の馬鹿げた虚栄心を，笑わずに読み飛ばすことはできない。つまり，貴殿の評判はルーヴァンにまで達している，というわけだ。この私は以前貴殿について二，三ページ書いたが，神学を専門とする他

---

314)　「献呈書簡」（AT. VII, 3）を参照。
315)　原著265ページからの引用。
316)　原著266ページからの引用。
317)　原著266-267ページからの引用。

の誰とも決して論争しはしなかったし，貴殿とも神学についてではなく，ただ貴殿の不公正さについて述べたに過ぎないにもかかわらず，私は神学者たちと対立していることになってしまう。ならば，本当のことを言おう。貴殿がルーヴァンの人々や，あるいはここから遠い地の他の人々に知られているとすれば，それは［貴殿の］才知や神学についての造詣，あるいは何らかの徳によってではなく，ヘロストラトス[318]のように，貴殿の悪行によって，すなわち露骨な誹謗によってなのだ。この私も，貴殿について書き始める前から，貴殿をもはや神学者ではなく，神学ないし敬虔の敵と見なしていた。たしかにわれわれは，衣服の形や色から王の家臣と思われる人々に，彼らと対等でもそのような衣服を身につけていない他の人々より，いっそう敬意を払うものだ。それと同じように，この私も，あらゆる神学者たちをあたかも神の家臣のように敬っている。私とは宗教を異にする神学者たちもだ。なぜなら，われわれはみな同じ神を崇拝しているからである。だがもし，ひょっとして誰か裏切り者が，王の衛兵の一人の衣服を着用して，そのおかげで安全にわれわれのうちに留まっていたとしても，その者が敵の一人であることを知っている人にはそのことを明るみに出す義務があるということを，その衣服が妨げることなどまったくないだろう。それと同じように，ある者が自分は神学者であると公言しているが，しかしその者は明らかに嘘つきで中傷者であることを私が知り，そしてその者の悪行は国家を脅威に晒すほど大きな危険であると思ったなら，神学者という肩書きは私がそのことを明るみに出すことを妨げないだろう。ところで，ご存じか。中傷者はギリシア語でディアボルスと呼ばれるが[319]，キリスト教徒たちはその呼び名でもって悪魔を，神の敵を指すのだ。

181　第四の，最後の留保で貴殿らはこう述べている。「自分は多くの人々によって無神論者の熱心な反対者と見なされていると言ったところで，これも何らデカルトに有利にはならないだろう。というのも，このこともまたヴァニーニに生じたことだからだ。彼は悪魔のごまかしを知らない多くの人々に称賛されたが，わずかな人々が正体を暴いたので，適切

---

318)　本書158ページの注206を参照。
319)　新約聖書の時代まで，「ディアボルス」に相当するギリシア語は実際に「中傷者」を意味していた。

な折に然るべき罰を受けさせるべく至高の権力に引き渡されたのだ」[320]。このように，貴殿らはただヴァニーニの名のみから，貴殿らのすべての武器を引き出した。ここでも露骨な「悪魔の」ないし［中傷者たる］ディアボルスの「ごまかし」[321]を指摘することができる。というのも，われわれが気づいたように，貴殿らの中傷の基礎は最初から，私が無神論者に反対して書いたということ，そして，「もし私のことばが徳を立証しているならば，私は無神論の最も軽微な嫌疑からさえも最も懸け離れているだろう」ということに据えられていたが，それと同様のやり方で，私は多くの人々から無神論者の敵対者と見なされているが，わずかな人々つまり貴殿らだけによって正体を暴かれている，すなわち中傷によって無神論者と呼ばれているということから，私は処罰されるべきだということになるからなのだ。ここに，貴殿らの極端で信じ難い悪意の厚かましさと傲(おご)りがたしかに認められる。実際，私が無神論者に反対して書いたこと，そして，無神論者を堅固に反駁したと多くの人々によって信じられているということ，貴殿らはただそれだけのことから私を無神論の廉で告発するきっかけと論拠を採り出したのだから，この世の一体誰が，貴殿らの放埓な誹謗を免れるほどに清廉潔白でありうるというのか？　誰かが無神論者に反対して書き，無神論者を堅固に攻撃したと他の人間たちによって信じられるとしよう。その者が誰であっても，貴殿らはその者について，私について書いたのと同じことをすべてまったく同じように，あるいはさらにいっそうの権利を持って書くことさえ，たしかにできるだろう。それゆえ，あたかも極刑に処されるべき極悪な無神論者であるかのごとくに，貴殿らによって公然と罪人扱いされることを望まないとしたら，また，そのために幾晩も徹夜して準備された長ったらしい本で名誉を毀損されることを望まないとしたら，無神論者を反駁しないように注意深く用心しなければならないだろう。こうして，貴殿ら自身ができる限りで無神論を保護し養っているのだ。ヴォエティウス殿よ，貴殿は『無神論について』という四部の小冊子[322]を書いたが，しかしそこでは，神の存在を証明する，あるいは無神論を攻撃するほん

---

320)　原著267ページからの引用。
321)　原文は *stropham diaboli* sive diaboles。
322)　本書91ページの注86および132ページの注170を参照。

のわずかな論証すら提出せず,反対に,そのことが非常に難しいと宣言した［だけだ］。今となってはそのことにも,私はもはや何ら驚きはしない。つまり貴殿は,誰かが貴殿をヴァニーニに擬えるのを畏れていたのだ。彼が無神論者に反対して書いたこと,しかし無神論の咎によって火刑に処せられたことを聞いていたからだ。だが,貴殿は留意すべきだった。彼が火刑に処せられたのは,公開の書物のゆえにではなく（それらの書物は,薄弱に過ぎない論証,おそらく罪になりかねないことを覚悟した論証を含んでいたとしても,彼自身には何の危険ももたらさなかった）,証人によって立証された私的な言動のゆえにだった,ということを。だが貴殿らは,ただ中傷さえできればよいのであって,自分が何を言っているかにはあまり気を遣わないものだから,貴殿らはヴァニーニの本を実はまったく読んでいない,とわれわれが信じても当然なほどなのだ。というのも,貴殿らは至るところでヴァニーニ［ヴァニヌス］のことをヴァニニヌスと書いているからだ[323]。そして同じ誤りが,貴殿の小冊子『無神論について』においても,7ページ,9ページその他に見られるように至るところで見出されるのだから,このことから多くの人々はおそらく,この『デカルト哲学』は貴殿によって書かれたと判断するだろう。しかしながら私は,そう判断するよう読者を説得したいと願っているわけではない。なぜなら,それが貴殿に味方して書かれ,貴殿が承知し同意した上で公刊されたということで十分であって,私にとってはその理由だけで,自分が著者だと公言する者に対するに劣らず,貴殿に対し不正を申し立てることができるからだ。

183　最終章の268ページで,私の方法は「哲学者よりもむしろ錯乱者や狂乱者を生み出す」[324]と貴殿らは断言する。そのことを証明する唯一の理由,それはすなわち,私が「神的な事柄を理解するためには,精神を感覚から遠ざけなければならない」[325]と書いたからなのだ。それで分かった。ご立派な士たる貴殿らが決して省察せず,神について考えようとも

---

[323]　実際,先に本書185-187ページで「四つの留保」として引用された箇所では,デカルトはすべてVaninusと訂正して引用しているものの,『驚くべき方法』ラテン語原文ではすべてVanininusとなっている。

[324]　第四区分第四章（原著268-273ページ）の章題。

[325]　『方法序説』第四部（AT. VI, 37）を参照。

しないのは，狂乱者になりたくないからなのだ。また，ユトレヒトを離れた後のレギウスの弟子たちについていつもばらまかれると私が聞いている偽りの噂，すなわち，彼らは錯乱に陥ってしまったという噂の出所がどこなのか，もはや探り出す必要はない。というのも，269ページで貴殿らは「最近，かかる哲学によって，知恵ある僧たちが愚かな奥義伝受者や錯乱した秘儀伝受者に変身した例を掻き集めたいとは思わない」と言って，そのこと［噂の出所］を十分暴露しているからである。つまり，貴殿らの中傷が偽りであることがあまり露わにならないように，貴殿らはそのような者たちの名を挙げたくないのだ。しかしそれでいて，分別を失った者がいると信じてもらいたがっている。なぜなら，貴殿らには誹謗するためのいかなる口実もないとしても，それでも中傷するための狂乱ぶりは残っているからだ。そして私は，私の哲学には，それを練り上げ評価する人々ではなく，嫉妬し悪意を抱いて牙をむく者を狂気に追いやりうる力がある，ということを経験しているのだ。

　それでも私は，貴殿らが錯乱と狂信の恐怖を人々に吹き込んで，彼らが私の哲学を受け入れるのを阻止しようとしているからといって，文句は言わない。貴殿らが私の哲学を，滑稽だ，愚かだ，虚偽の極みだ，と言ったところで，ほとんど気にかけない。私が無知であるにしろ，私が欺かれているにしろ，軽率に何か悪しきことを書物に書き込んだとするなら，それが結局どんなことであろうと，私はそれを決して誰にも押しつけなかったし，何らかの術策を用いて推奨したりもしなかった。ただ，各人がそれを自分の責任で役立てられるよう，率直に語っただけである。したがってそれは，そのことゆえに私の人格が咎められねばならないほど，有害なことでも忌まわしいことでもありえない。私の身体に［私のこの］精神を植え込んだのは私ではないし，私に才能を造り与えたのも私ではない。私が責任を持てるのは，神が私にその舵取りを許した意志の働きについてだけである。しかしながら，貴殿らは，貴殿らの本の中で何度も，私を「嘘つき，狡猾な男，詐欺師，欺瞞者」と呼び，その後で最後には，私が「ヴァニーニと同じ手管でもって，無知な者たちの魂の内に無神論の玉座を築くことに励んでいる」と断言している。それはすなわち，私が多くの邪悪な手管やペテンによってそれを達成しようと努めている，と読者たちを説得するためなのだ。それゆえ，これは意志

の裁量に依存する人格に関わることであるからには，名誉と神への敬虔を護ろうとするならば，かかる忌まわしく呪うべき中傷について，私は文句を言わざるをえない。実際，もし私が，貴殿らがその本の中で描いている通りであるならば，良く秩序立てられたいかなる国家においても，もちろん私は容赦されてはならないだろう。いやそれどころか，これほどの犯罪ならその嫌疑ですら，私の落度から私について抱かれるならば，たとえその嫌疑が虚偽で不当なものであっても，私の周囲に住む人々がその領土から私を追放しても不当ではないという理由を，彼らに与えるには十分だろう。そしてかくして，私は世界中のあらゆる地から閉め出されることになりかねないだろう。ところが，死すべき者のうちで最良の権利を持って［あらゆる地に］開かれている者がもし誰かいるとすれば，それはこの私だ，と少なからぬ人々が思っている。なぜなら彼らは，全人類に有益でありうる研究，しかも，いかなる個人にも有害ではありえない研究に私が専念していることを知っているからだ。また，敬虔からしても，私は貴殿らの誹謗に抵抗すべく強いられている。なぜなら，万一貴殿らが信用されてしまったら，そのこと自体で，神の存在を証明することによって無神論を倒そうと努めてきた私の推論の成果が無に帰してしまうからだ。というのも，それらの推論の著者たる私が無神論の嫌疑をかけられたなら，それらが適切だとは思われなくなってしまうからだ。

185　たしかに，貴殿らが私に反対して書いたことはあまりに馬鹿げていて，真理らしさのいかなる見せかけからもあまりに懸け離れているので，もしそれが，匿名で誰の権威にも支えられていない本の中に現れていたのならば，私がそれを無視しても不当ではない，というのは本当である。また，私や貴殿らを知っている人々の間では，貴殿らの名は貴殿らが書いたことにさしたる権威を与えない，ということも本当である。しかし私はとりわけ，外国のことを，そしてまた後代のことを考慮に入れなければならない。実際，貴殿らの本は，フローニンゲン・アカデミーの哲学教授の名を前面に押し出しているが[326]，貴殿によって書かれたと広く信じられており，その噂は，すでに数カ月前に［外国からの］手紙で

---

326)　本書49ページの注6を参照。

私に知らされていたように，外国にまでも達している。そして，貴殿によって書かれたと信じられているまさにその本の161ページで，貴殿は「改革派教会の光彩であり栄冠である」[327]と言われ，また至るところで「最も敬虔で最も廉直」と呼ばれている。貴殿を知らない外国の人々は，このようなことがそこに書かれることを貴殿は容認しえたというからには，それは議論するまでもなく本当のことなのだと信じるだろう。最後に，私が現にこの地域にいるのに，かの本はユトレヒト市において公然と出版された。この市では，この上なく高貴で高名な市参事会が，誹謗中傷文書を禁止することにかけては，これまで実に注意深く責任を果たしてきた。たとえば，貴殿のテーゼに対するレギウスの答弁[328]でさえ，誰もがまことに立派で節度あるものだったと知っているが，この市で売ることを禁止した[329]。以上のような状況であるから，もし私が私の立場を弁護することを怠るならば，貴殿らの本を見る人々は，貴殿らが私について書いていることが真であろうと推測する論拠を何もそこでは見出せないだろうが，それでもやはり，貴殿らが，これほどの中傷をしたり，あらゆる類の罵詈を私に浴びせたりする自由をわがものとし，それを罰せられることなく大っぴらに行い，しかも私が黙っているというからには，私の生活なり人格なりに何か咎められるべきことがあり，私はそれを自覚していて，自分を公に弁護もしなければ，貴殿らの不正について敢えて市参事たちに不服を申し立てもしないのだ，と納得してしまうだろう。

　以上の理由から，私の責務はただ単に『デカルト哲学について』なる本に答えるだけではないと私は考えた。その本が主に貴殿の権威によって支えられていると見てとったのであるから，貴殿の行状，学識，罪過について少なからず語り，そのことから貴殿がどれほど信頼されるべきかを明らかにすることも私の責務と考えた。そして，私の意図に役立たなくはない『マリア友愛会について』という本を，貴殿は同じ時期に出版したのだから，私はその吟味も怠らなかった。さらに残るのは，貴殿

---

327) 第二区分第十二章。
328) 本書72ページの注62を参照。
329) 1642年3月レギウス宛書簡（AT. III, 535；『デカルト全書簡集』第五巻 pp. 133-134）を参照。

らの中傷について市参事たちに訴えることだ[330]。というのも，これを怠ってはならないと私には思われるからであり，とくに，貴殿らはしばしば他の文書で，すなわち名誉毀損で起訴すると言って，フィンブリア[331]のように私を脅したからだ。つまりは，私はこれまでにアカデミーの貴殿の議決によって重傷を負わされたのに，厚かましくも反駁し，剣の全体を身に受けなかった，というわけだ。しかし，私は平和と平穏をこよなく愛し，これまで誰をも法廷に召喚したことは決してなかったので，このような訴訟がいかなる裁判官に属するのか今のところまだまったく知らないほどに，法廷の事柄については無知である。また，公に知られた事犯は，たとえ個人としては誰も訴え出なくとも，公的な権威によって罰せられるのが常である。それゆえこの度は，貴殿らの中傷をよく知られ表立ったものにして，そのようなことを捜査することを任務とする人々が容易に見落とすことがないようにすることで，私は満足するであろう。

187　まず，フローニンゲン・オメランデン[332]の貴殿の教授[333]による訴訟について，私がここで手短に述べるならば，それを判定することに関わる人たちに，是非考慮してもらいたいことがある。それは，これまで彼と私との間には何も問題がなかった，ということ。また，たとえ貴殿が私に対して大いに憤っているにせよ，彼が貴殿を自分の師と呼んでいるにせよ，しかし彼には，それを口実にして私に対していかなる訴訟を起こす資格もなく，ましてや，私にこの上なく忌まわしい不正を加えることは許されない，ということ。したがってまた，貴殿が私に敵意を持っていることが正当か不当かを吟味する必要はない，ということである。さらに，私が不平を訴えているのは，哲学に関する私の見解が攻撃されているからというのではない，ということも考慮してもらいたい。私の見解がすべて虚偽で滑稽で愚かであると見なされても私は構わない。それらは人格にではなく，ただ才能だけに関わるものなのである。とはい

330）実際デカルトはこの『ヴォエティウス宛書簡』を2部ユトレヒト市庁舎に送っている。『弁明書簡』（AT. VIII-2, 214：本書211ページ）を参照。
331）本書112ページ（AT. VIII-2, 83）を参照。
332）オメランデンはオランダ語で「都市周辺地域」の意で，フローニンゲン州はフローニンゲン市とオメランデン地方からなる。
333）スホーキウスのこと。

え貴殿らは自分の方から，私がまったく才能を欠いているわけではないと認めていたのだが[334]。彼ら［スホーキウスの訴訟を判定する人たち］はそれどころか，彼の他のすべての誹謗を大目に見ることができる。私が彼らに調べてもらいたいことはただ一つしかない。それはすなわち，彼の序文の13ページ［目］[335]で，そして彼の本の終わりから二番目の章全体[336]で，私が「狡猾にもまったく密かに無神論を教えている」と彼は明言し，しかも，そのために悪意を持って案出された理由でそれの説得に努めている，ということである。問題のすべてがこの二箇所に含まれている。彼ら［判定者たち］が望むのでなければ，他の箇所は読む必要がないし，他から証人を捜す必要もない。もし，彼［著者］がそこに持ち出した理由が十分妥当なものであって，私が無神論者であるということ，あるいは無神論を教えているということ，あるいはただ単に，そう推測する人がいても当然であるような何らかの機会をかつて私が与えたということ，こういうことが証明されているのであれば，あるいはまた，もし彼が，まだそこには提示されていない何か他の理由を持ち出して，そういうことが真であると示せるのであれば，私が最も厳しく罰せられるべきであることは疑いないし，いかなる恩恵も容赦も私は請い求めない。しかしもし，彼がすでに提示したものよりも妥当な理由を持ち合わせていない——私はそうだと確信している——のならば，そして，その理由から結論されうるのは，彼がきわめて厚かましくも忌まわしいやり方で中傷しているということに他ならない——すべての公正な裁判官にはそれがきわめて容易に分かると私は信じている——のならば，この地域ではいかなる中傷も決して罰せられるべきではないのかどうかを裁判官が一度きっぱりと裁定するよう，私はできる限り要請する。というのも，この中傷たるや，忌まわしく許し難く，しかも公にされているので，罰せられないことはありえず，そうでなければ，まさにそのことによって他のすべての中傷も許されると思われるほどだからだ。

　たしかに私は，こちらの諸州の住人が自由を大いに享受していることは知っている。しかしその自由とは，善良で廉直な人が安全であること

---

334)　本書64ページ（AT. VIII-2, 23）を参照。
335)　本書161ページ（AT. VIII-2, 142）を参照。
336)　第四区分第三章。本書180ページ（AT. VIII-2, 173）を参照。

であって，悪人が罰せられないことではない，と私は確信している。そして，悪人に善人を害する自由が与えられているところに，善人の安心は決してありえないので，すべての人がそこで平等な権利を行使し，公正な裁きが下されることこそがとりわけ，この国家は自由であると私が思う所以(ゆえん)である。そのような裁きによって，誰によって誰に対してなされた不正であろうと，苛酷かつ残忍にではないにせよ，とはいえ入念に，その不正は必要な時にいつでも罰せられるのである。おそらく，比較的軽微で不明瞭な中傷は時として隠蔽されることもありうるだろうが，しかし，これ［貴殿らの中傷］以上に重大で明瞭な中傷はありえない。親を殺し，祖国を燃やし裏切ることは，狡猾に無神論を教えることよりは軽微なことだ。そして注目すべきは，貴殿らは私が無神論者であると断言しているのではなく——この点では私はおそらく罪深いというよりは無知なのだ，と思われることがないように——，「私が狡猾にも密かに無神論の毒を他の人々に塗りつけている」と断言しているということだ。この点があらゆるもののうちで最も邪悪で不実な裏切りであるとして，貴殿らは私を告発しているのだ。祖国や親を裏切るよりも，神を裏切る方がいっそう忌まわしい犯罪だから，というわけだ。そしで貴殿らは，私についてのこの見解を読者に押しつけようとして，貴殿らの本の中で何度も私のことを「この上ない嘘つき，狡猾な男，詐欺師，欺瞞者」と呼んでいるのだ。もしその呼び名が私に相応しいのなら，あるいはもし，私がかつて嘘をついたり欺いたりしたことがあると，ごくわずかでも貴殿らが把握していたのなら，もしくは他の誰かによって把握されたと貴殿らが証明できるのなら，オメランデンの貴殿の教授が放免されて，彼の代わりに私が罰を受けることに，私は異議を唱えない。しかしもし，そのような悪行の嫌疑からできる限り懸け離れている人間に，貴殿らが不遜極まる悪意によって誹謗の限りを浴びせたのなら，しかも，その人が密かに無神論を教えていると説得するためにそうしたのなら，私は尋ねるが，一体どこの国で，それが罰せられないままでいられるだろうか？　とりわけ，貴殿らのこの中傷はただ一人や二人に知られているだけでなく，貴殿らによって全世界にばらまかれているのだから。

　すでに私が三年前に経験したことだが，私に反対する匿名の小冊子がハーグで出版された[337]。それは，邪悪さの点では貴殿らのものの方が

はるかに勝ってはいるが，ただ脆さと愚かさの点では貴殿らのものと肩を並べると言えるほどに，脆弱（ぜいじゃく）なものだった。それが出版されると直ちに，フランスやイギリス，そしてその他の地域で，少なからぬ人々がそれを是非見たいと思った。その後，彼らはそれを一読すると，このように最も洗練された国で，かくも粗野で無骨で馬鹿げたことが容認されうることに，憤慨しながら驚いたのだ。さて，その同じ人たちが何と言うだろうか？　論拠の脆さと罵詈の無礼さに加えて，貴殿らの中傷の忌まわしさにも気づいた時に。彼らは何と言うだろうか？　あるアカデミーの哲学教授が，自分がその著者であると吹聴している本，そして，別のアカデミーの神学教授である貴殿，「ベルギウムの教会の光彩であり栄冠である」[338]と見られたがっている貴殿が，その主たる著者であると見なされている本，その本にそんなことが含まれていると知った時に。彼らはこう思うに違いない。すなわち，貴殿らが公から俸給を受けているのは，こんな本を書くためではないし，かくも厚かましく嘘をつき，かくも無礼に罵り，かくも破廉恥に節度なく中傷する術（すべ）を若者たちに教えるためでもなく，またそうすることで，外国人の間で貴殿らのアカデミーの面目を失わせるためでもない，と。こうしたことが，フローニンゲンの貴殿の教授が服すべき裁判権を持つ人たちによって考慮されるならば，私が思うに，彼はその人たちの面前でどんな言訳も捻（ひね）り出せないだろう。

　貴殿については，貴殿が言うであろうことを私は十分に予見している。大胆にも貴殿はすべてを断固否定するだろう。『デカルト哲学について』という本を貴殿は認めないだろう。そしておそらく貴殿は，「デカルトの傲慢さの墓，他所のアカデミーや共和国や教会に対する過度で前代未聞の好奇心の墓について」別の本[339]を約束するだろう。そしてこう付け加えるだろう。「闇を好んで，表向きは教皇主義者[340]であると公言し

---

337)　メルクリウス・コスモポリタ『ペンタロゴス』1640年。なお，1640年12月3日付，1642年12月7日付，1643年3月23日付，いずれもメルセンヌ宛書簡（AT. III, 249, 598, 643；『デカルト全書簡集』第四巻 pp. 219-220, 同第五巻 p. 204, 同 p. 245）を参照。
338)　本書191ページ（AT. VIII-2, 185）を参照。
339)　おそらく『経緯陳述』のこと。付属文書（3）の解題（本書313-315ページ）を参照。
340)　プロテスタントがカトリック教徒を指す蔑称。

ながら，心情としては無神論ではないにしても懐疑論の志願者である余所者(よそ)が，自らは神学や教会に関することには触れないとずっと明言し続け，その一方で，医師や哲学者たちを見逃して，もっぱら神学者たちに対してだけ，哲学に関することだという口実の下に全軍を差し向け，神学および自分たちの教会組織の仕事と聖務に忍び込み，そして教会とアカデミーの混乱を企む。このようなことが，どんな場合にしろ賢者の賛成を得るとは思えない。ベルギウムの住人の気質を知っている人たちは，そこからいつか生じる懸念すべきことが，共和国の激震と，貴族や国の指導者たちの衝突に他ならないことを知っている」と[341)]。これらのことばで貴殿らは「序文への補足」を終えていた。

　しかし，これらはすべてあまりにも愚かで分別から懸け離れているので，貴殿がかつて説教師であった村[342)]の純朴な田舎者たちの間でも，決して信頼を得ることはないだろう。それゆえ私は，ベルギウムのどの都市でもそうだが，学識ある明敏な人であふれている貴殿の都市で，これらが貴殿の役に立つのではないかなどと心配してはいない。というのも，まず，たとえ貴殿が『デカルト哲学について』という本の著者ではないとしても（実際，より博識な批評家たちが，貴殿から提供されたのはその本の材料だけだと考えているように。とはいえ，この私は，ことばよりもむしろ概念から判断して，その文体が貴殿のものであることは明らかだ，と上に書いたのだが），その本が貴殿のために，そして貴殿が関与して出版されたということで，貴殿が単独でそれを書いた場合に劣らず，貴殿に責任があるとするには十分なのだ。

　次に，貴殿らのアカデミーの名で私に対して下された議決を，私が敢えて吟味したこと，また，貴殿はこの議決の単独ではなくともたしかに主要な立案者である（貴殿は当時アカデミーの学長でこの議決の際の議長だったのだから，それが真であることは明らかだ），と私が見なしたこと，そして，［貴殿らの］中傷が信用されることがないように，貴殿

---

341)　「序文への補足」の最終ページからほぼ正確に引用されている。付属文書（2）（本書265ページ）を参照。
342)　ヴォエティウスは，ユトレヒトに来る前は故郷のフースデン（本書162ページの注224を参照）の，その前はフレイメン（ボワ・ル・デュックの西約6 km）の牧師だった。本書162ページ（AT. VIII-2, 144）を参照。

の悪行をわずかばかり私が記述したこと，これらのことだけを理由にして，貴殿が私を「他所のアカデミーや共和国や教会に対する過度の好奇心」の廉で告発する時，貴殿はフィンブリア[343]の不公正を真似ている，と誰が思わないだろうか？　実際貴殿は，まったく何の権利もないのに，公の文書で私の名誉を毀損することが貴殿には許されていたと言い張っているのだ。そして私が，小声でつぶやかずには貴殿のその不遜さに耐えられなかったということをもって，貴殿は私を「傲慢」の廉で告発しているのだ。貴殿は，アカデミー，共和国，そして貴殿らの教会に間違いなく不正をなしている。なぜなら，貴殿の個人的な悪行はそれら［アカデミーと共和国と教会］の一部で，しかもそれはいっそう内密ないし神聖なものであって，外国人がそれについて詮索するのは不敬である，と貴殿は言い張っているのだから。貴殿は何度か，デマレをこれと同じ「好奇心」という罪で，すなわち，彼が貴殿の神聖なテーゼを敢えて吟味したことで，同じ権利でもって非難した。ところが，貴殿がその同じテーゼの中で，ボワ・ル・デュックの貴族たちを偶像崇拝の廉で告発した時には，貴殿は他所の共和国に過度に好奇の目を向けてはいなかった，というわけだ。もし貴殿が，貴殿の［共和国の］統治者たちを説得して，貴殿らの新しいアカデミーでは，神学教授の権力は以下のように大きくあるべきだとすることができるなら，それは実に驚くべきことだろう。その権力とはすなわち，誰であれ他人を，思いのままに理由もなく，公の議決で断罪するほどの権力であり，また，そのように断罪された人たちが不平をこぼせば，直ちに「他所の共和国に過度の好奇心を持つ」罪人となり，「神学および自分たちの教会組織の仕事と聖務に忍び込み，そして教会とアカデミーの混乱を企む」と言われるほどの権力である。貴殿の教会の仕事と聖務は貴殿が中傷することにあり，したがって，誰も敢えてその中傷に文句を言わないし，言えばそれ自体で貴殿らの教会の混乱を企むことになると，もし貴殿が言い張るのなら，まことに貴殿は，貴殿の教会に大きな名誉をもたらしているのだ。

　また，貴殿が私を「余所者，教皇主義者」と呼ぶことも，貴殿には何の役にも立たないだろう。私が言う必要もないことだが，私の［国の］

---

343)　本書112ページ（AT. VIII-2, 83）を参照。

王とこちらの地域の統治者たちとの間には盟約があって，私が今日初めてここに上陸したとしても，この土地の人と同じ権利を享受するはずだ。そして，私はとても長い歳月をここで過ごし，すべての名誉ある人たちの知遇もよく得ているので，たとえ私が敵対する地域の出身であるとしても，もはや余所者と見なされるはずはないだろう。また私は，この共和国においてわれわれに認められている宗教の自由に訴える必要もない。私は，ただ次のように断言する。貴殿らの本に含まれているのは，あまりにも罪深い嘘，あまりにも滑稽な罵詈，あまりにも忌まわしい中傷なので，それらを敵同士で用いるとしても，あるいはキリスト教徒が無信仰者に対して用いるとしても，自分も不誠実で罪深いことを明らかにせざるをえないほどなのだ，と。私はこれに次のことを付け加える。私はこの国で，とても洗練された礼儀を常に経験してきたし，私が行き来したすべての人からとても好意的に受け入れられてきたし，また，他の人々は皆善良で律儀であって，しかも，貴殿らの粗暴で無遠慮な放縦さ――どんなに無名で無害な人にも襲いかかる放縦さ――から遠く懸け離れていることが分かったので，彼らは，どの余所者よりも彼らの同国人である貴殿らの方をはるかにいっそう嫌うだろう，ということを私は疑わない，と。

　最後に，私が思うに，「私はベルギウムの住人の気質を知っている」[344]ので，他の人々を統治している人たちはたしかに，害をなす者に償いを要求するのがかなり遅くためらいがちであるという点で，最善かつ最高の神をしばしば真似ているようだが，しかしそれでも，不誠実な者の大胆さが，それを抑制すべきと彼ら［統治者たち］が判断するまでに至った時には，彼らがいかなる人気にも惑わされることはありえないし，いかなる空疎なことばにも欺かれることはありえない。そして貴殿は，慈愛も理性も欠いてただ中傷だけに満ちた本を出したことで，貴殿の職業と宗教の名誉に最悪の仕方で対処したのだから，彼らは，貴殿を罰することなしには，自分たちでそれに十分適切に対処することはできないと判断するかもしれない。用心されたい。敬具

(持田辰郎・倉田　隆 訳)

---

344) 本書196ページ（AT. VIII-2, 191）を参照。

ユトレヒト市参事会宛 弁明書簡

ユトレヒト市参事会宛 弁明書簡[1)]
[1645年6月16日および1648年2月21日][2)]

拝啓

　4年前から私がヴォエティウスら[3)]から絶えず受けた侮辱を知っている人たちは，私がまだそれをまったく感じ取ろうとしていないのを不思議に思うことでしょう。そう思う理由は，彼らが私を立腹させるためにあなた方の権威を利用したのでなければ，彼らのことばや書いたものを私が気に留める必要はまったくない，とその人たちが考えているからではありません。むしろ，ヴォエティウスらの主張によれば，その中傷のすべてはあなた方が私に対して下した判決[4)]に基づいていますので，私は自分の名誉を弁護することを強いられている，と思っているからです。実際それは私の意見でもあります。しかし，スホーキウスに対して私が関わった事件[5)]，およびその後ギスベルトゥス・ヴォエティウスに対して関わった事件[6)]のために，私の弁護は遅れてしまいました。しかしながら，私はこれらの方々のあらゆる挑発的言動によって被害を蒙りました。彼らは私を「訴訟放棄者」と蔑称を以って呼び，私がそこから追放されていたかのように，あなた方の町へ行くようにと挑発しているのです。そして威嚇するかのように，私への敵対行動をずっと保ち，時がく

---

　1) クレルスリエによるタイトル全文は次のようになっている。*Lettre apologétique de Mr Descartes, aux Magistrats de la ville d'Utrecht, contre Messieurs Voëtius, père & fils*. 「ユトレヒト市参事会に宛てた，ヴォエティウス氏父子に対するデカルト氏の弁明書簡」。市参事会あるいは市参事（Magistrat, Vroedschap）とは市を管理運営する最高決定機関。ユトレヒトの場合，2人の市長，2人の財務官，12人の助役，24人の評定官の計40人で構成されていた。大学教授もそれに参与することがあった。

　2) これらの日付はクレルスリエにはない。AT版によれば，1645年の日付はこの書簡のラテン語版が参事会に送られた日である。1647年5月に書かれたものとの考証もある（解題を参照）。1648年の日付はこの書簡のオランダ語版にデカルトが手書きで付したものである。

　3) ヴォエティウス父子（Gisbertus & Paulus Voetius）。

　4) 1643年9月23日の「ユトレヒト市参事会の判決」（AT. IV, 20-23, 650-652）。付属文書（6）本書276-279ページ。Verbeek は1642年3月16日の議決（レギウスの自然学講義禁止）とするが，これは弁明書簡を書く動機として弱いと思われる。

　5) スホーキウスの『驚くべき方法』に対してデカルトがフローニンゲンで訴訟を起こしたこと。

　6) 上記の書がスホーキウスでなく，ヴォエティウスの筆になるものとしたことか。

ればそれを発動するだろう，と言うのです。その結果，私がそれを望まないときでも，彼らは私が自己弁護することを彼ら自身で強いているのです。

　しかし，順序を追って話を進めるために，そして，もし不幸にしてあなた方にご満足いただけないならば，せめて世の他の人たちを満足させうるために，そしてまた，単に私の義務でありうるものに関してだけでなく礼儀に関しても私には決して何も怠るところがなく，私がこれまでとはまったく別の仕方で取り扱っていただくに値することを世間に知らしめるために，ここで私は私の訴訟の正当さと私の論敵の不当さを要約してお目にかけましょう。それは，もし可能ならばそれについてあなた方自身による釈明を得るためですが，もしそれがかなわないならば，少なくとも，あなた方の町で私に対してなされた訴訟手続きがいかなるものか，どういう裁判官によって手続きがなされたか，そしてそれはどういう根拠に基づいていたかをお教えいただくためです。と申しますのも，それについて私は，彼らが書いたもの，あるいは彼らの側に立ってまき散らされている噂によるほかはまだ何も知らず，それらは信用できないからです。

　1639年3月，あなた方のアカデミーの教授で，その大看板であるエミリウス氏[7]が，同じアカデミーの最初の看板教授の一人であったレネリ氏のために追悼演説をしました[8]。彼はレネリ氏について多くのことを語るなかで，その演説の主要な部分を私との友情をたいそう称えることに割き，私を激賞しましたので，それを繰り返すのも赤面するほどです。ここではただ，この追悼演説を印刷したときに付された賛辞の題と結論だけを書いておきます。題は次の通りです。「死者の霊へ。その方は，卓越した人士にしてわれわれの時代の唯一のアトラスでありアルキメデスたる，ルネ・デカルトときわめて親密に交わって生き，同人によって自然の秘密および天界の最も遠い場所に踏み入ることを教えられた」。そして彼は結論で故人についてこう語っています。

　7）エミリウス（Antonius Æmilius, 1589-1660）はユトレヒト大学歴史学・修辞学教授。デカルトの文通相手でもあった。その書簡は失われている。

　8）レネリの死は1639年3月16日。追悼演説は18日になされた（AT. II, 528-529）。

「そして彼［デカルト］が教えた新しいことは，
　　　　今やあなた［レネリ］に明白なものとなり，
　　すべてが日の光の下に明らかになっていますので，
　　今混乱していることがいっそう明らかになっているのは，
　　　　　　むしろ彼の技量によるのか，
　それともあなたによるのか，あなたがお尋ねになるのは当然です。」

　この賛辞はあなた方の町の最も尊敬すべき人たちには快いものでした。その大学の印刷局がそれを出版するのが適当であると思っていたようだからです。それはお世辞などではまったくありませんでした。なぜなら，その時エミリウス氏は私を，私の評判や著作によってしか知らなかったからです。私もまた賛辞を探し求めたりはしませんでした。逆に，同じ主題について彼が作った他のいくつかの詩文が，それを見るようにと私に送られ，その後彼からそれを印刷したいが写しがないので返すように言われたとき，私はそれを彼に返送しない言訳を見つけていました。それに値する人から出た称賛が私の気に入らなかったからではありません。むしろ，その人自身こそ大いに称賛に値する人たちから少し異例の形で称賛されるなら，自分が称賛されるべきであると主張しながら称賛されない人たちを必ず立腹させると私は心得ておりますので，人が私を評価して下さることを知るだけで私には十分であり，それを出版して欲しいとは思わなかったからです。
　そのすぐ後で，つまり同じ年の６月に，G. ヴォエティウスは「無神論について」という長いテーゼを出しました[9]。そして私はそこで名指しこそされていませんでしたが，私をよく知っている人の目には，彼がそれ以来常になし続けた執拗な中傷の基礎をそこで築きたかったことは明らかです。というのも彼は，一般の風評——もっとも，そこには正当なものは何一つありませんが——によって私に帰すことができるすべてのものを，無神論のしるしのうちに数えたからです。ここでとくに注目

---

9) 1639年６月，Gualtérus de Bryun という学生が *De Atheismo* という４部からなるテーゼ（博士論文）を提出したのを受けて，その公開審査会がヴォエティウスの主宰で４日間にわたって開かれた。テーゼそのものの著者は学生だが，指導教授の責任において加筆訂正され，序文を付すなどして出版されるのが通例であった。

すべきことは，彼もまた私の評判や著作によってしか私を知らなかったことです。したがって，エミリウスの賛辞で主題となった諸性質から，ヴォエティウスは誹謗という毒を抽出することになったのです。

　その時から彼は，私が無神論者であることを説得しようと努め，いかにして［オランダ］諸州のすみずみにまでその毒を流布させたかを，多くの人が私に保証したことについては申しません。なぜなら，彼は私にそれを証明せよと言うでしょうし，彼があなた方の町で有する勢力を将来も持ち続ける間は，喜んで彼に反対する証人になろうという人は皆無だからです。翌年彼は，フランスの修道院まで行ってローマ・カトリックの宗教の最も熱烈な保護者の一人[10]を探し出し，あたかも私が全人類の敵であるかのように，私に敵対してその人と同盟を結ぼうとした，と言うだけで私は満足いたします。彼がその人に書いた書簡のことばをいくつかここで繰り返しておきます。その原本は私の手元にあり，先にその写しをあなた方にお見せしました。それは以下のようなことばです。「あなた［メルセンヌ］はルネ・デカルトがフランス語の四つ折版で出した，ある哲学理論[11]をおそらくご覧になったことがあるでしょう。私の思うところでは，はなはだ確かではありませんが[12]，この男は今まで実際にだれも見たことも聞いたこともない新しい学派を目論んでいます。そして，彼のことをあたかも天から降り立った新しい神のように，賛嘆し崇拝している人たちもいます」[13]。少しあとには次のようにあります。「その〈発見〉[14]は，あなた自身の判断と評価とに委ねられるべきです。いかなる自然学者も形而上学者も，あなたほどそれを首尾よく打ち倒

---

　10) メルセンヌ神父。彼は『創世記における著名な問題』(*Quaestiones celeberrimae in Genesim*, 1623)，『理神論者の不敬虔』(*L'impiété des Déisites*, 1624)，『懐疑論者に反対する諸学問の真理』(*La vérité des sciences contre les sceptiques*, 1625) などを書き，護教論者として有名であった。ヴォエティウスはメルセンヌがデカルトの親友であることを知らなかった。

　11) 『方法序説』。

　12) 原文は sero nimis（遅すぎる）である。だが，ファベイクの示す仏訳は「確かではありませんが」sans en être certain となっており（Verbeek. p. 534, note. 12），こちらの方が意味がよく通ると思われる。

　13) 1640年10月? ヴォエティウスからメルセンヌ宛。この手紙のオリジナルは失われており，デカルトのこの引用しか存在しない（*Correspondance de Mersenne*, Vol. X, pp. 163-166）。1640年11月11日付メルセンヌ宛（AT. III. 230-231；『デカルト全書簡集』第四巻 pp. 201-202）を参照。

　14) 原文はギリシア語。

ことはないでしょう。なぜなら，彼が高く評価されている哲学の分野，つまり幾何学や光学においても，あなたは彼に優っているからです。実際，この仕事はあなたの学識と才能に値するものです。これまであなたによって主張され，神学と形而上学との調停そして自然学と数学との調停において示されてきた真理は，あなたを保証人として要求しています，等々」。これについては，以下のことに注意して下さるようお願いします。すなわち，異なった宗教をもった人たちと友情を結び，彼らについて書くことは罪ではありません（さもなければ，あなた方はわれわれの［フランス］王と同盟しているためにみな罪人になることでしょう）。それが罪ではないとはいえ，しかしこの敬虔な改革派［新教徒］——彼はいつも私を「イエズス会の徒」と呼び，あなた方の目に私が憎らしいと映るようにするために彼が最も頻繁に用いる理由は私の宗教を非難すること以外にありません——においては，それは彼自身が他人に命じた規則［異教徒と交際しないこと］を順守していないことの確かな証拠であり，一般の人はそれに気づかないだろうと彼が思うときには，彼があまり綿密ではないことの確かな証拠です。彼はわれわれの修道士の一人との交友を求め，彼なりのやり方で私をいくらか不愉快にすることができさえすれば，「真理はあなた［メルセンヌ］によって主張され，神学との調停において示された等々」と言って，その人を真理の守護者として認めることを喜びとしているからです。

　私があなた方に知っていただきたいのは，彼が私の意見（彼はそれを理解できなかったのです）のうちに何か非難すべきものを見出したというのではまったくないということです。そうではなく，純粋な悪意によって「この男は新しい学派を目論んだ等々，彼を神のように崇めている人たちがいる等々」と言って，私を何か新手の異端思想の著者として貶(けな)そうとしたということです。そのため私はここで，この博学で慎重な修道士が彼にどう答えたかを申し上げましょう。それは次のようなものです，「デカルトの意見に反対して書くことは，そこに論難する何らかの理由があった場合，大きな喜びです。そのために，あなた［ヴォエティウス］が持っている理由，あるいは友人たちから提供されたかもしれない理由を，どうか私［メルセンヌ］にお送り下さい。私の側でもまたその理由を探します」[15]。しかし，ヴォエティウスはそれについて，彼に

まったく何も送りませんでした。その理由を探すために彼［メルセンヌ］が採用した人の名が，私に挙げられていたにもかかわらず，です。ヴォエティウスは，その主要な中傷［対象］の一つであるヴァニーニ[16]との比較を彼に向けて書き，この修道士が私に反対して書いたとの噂を流すことでただ満足しました。

　さらに，あなた方に知っていただきたいのは，私は学問的な主題に関して私の意見が人から論難されることを恐れていないこと，そして私の品行を中傷の対象にしない場合には腹を立てることはまったくないということです。私はここで今一度，この賢明な修道士が，私が好きなように扱ってよいとして彼の返答を開封したまま私に寄せたことを申し上げておきましょう。私は読み終えて封をしたあとで，それを私自身で確実にギスベルトゥス・ヴォエティウスに送りました。この点に関して何か奸策や共謀があったとは言えません[17]。なぜなら，この修道士は約束を履行するつもりであったのであり，もしヴォエティウスが陰謀の限りを尽くして，私に反対するわずかな理由でも示すことができた[18]なら，彼［メルセンヌ］は必ずそれを私に書き知らせ，私もそれを喜びとしただろうからです。実際，彼がその後別の［反対］理由について彼自身が書いたものを，私自身は「私の省察に対する第二反論」の題の下に印刷させたことがあったのです。

　ここ数年間レギウス氏に関して起こったことについては申し上げません。彼は哲学に関して私の意見を教え，その最初の殉教者[19]になる危険性があった，と考えられています。もっとも，最近私は，彼の名を冠し

　15）　その全文は，1642年12月13日付メルセンヌからヴォエティウス宛（AT. III, 602-604）に掲載されている。仏訳はクレルスリエ版 *Lettres de Mr. Descartes*, 1667, II, pp. 11-12にある。1642年12月7日付デカルトからメルセンヌ宛（AT. III, 600；『デカルト全書簡集』第五巻 p. 205）にもその言及がある。

　16）　ヴォエティウスは，しばしばデカルトを無神論者のヴァニーニと比較している（『ヴォエティウス宛書簡』AT. VIII-2, 174-176；本書181-183ページ）。

　17）　この手紙はホイヘンス経由でヴォエティウスに送られた。ただし，デカルトが提案し，メルセンヌやホイヘンスが従ったある種の「策」があったことは確かである。1643年1月4日付メルセンヌ宛（AT. III, 607-609；『デカルト全書簡集』第五巻 pp. 210-211）。

　18）　原文のまま eussent なら主語は複数になるはずだが，ここでは伊訳にしたがって単数 eut と読む。

　19）　この表現はホイヘンス宛書簡1643年9月20日 AT. IV, 750（『デカルト全書簡集』第六巻 p. 29）にある。

た書物[20]で，私が思っていた以上に彼はその危険性に関して無邪気であることを知りました。というのも，彼はその書物で，神学に関わりうることについて私の考え方に反することばかりを書いたからです。しかし，私は以下のことを申し上げざるをえません。彼のテーゼにあったことば[21]——それはまったく重要ではなく，彼の解釈の仕方は一般の意見と異なってさえいません——について，ヴォエティウスは別の正反対のテーゼをなし，それは三日間を通して討論されました[22]。そこで私は名指しをされて，その意見の著者と見なされているのは他ならぬ私であることは疑いえないとされ，ヴォエティウスはそのテーゼのなかで，その意見を奉ずる者は無神論者か獣であるとの「賛辞」を送りました。そして，あたかも私が何か新興の異端派の領袖であるかのように，あるいは預言者の振りをしたかったかのように，私のことを嘲笑して「エリアが来るであろう」[23]と言いました。さらには，もしあなた方［市参事会］全体の長の一人[24]がそれを差し止めていなければ，ヴォエティウスはレギウス氏を神学部の名であやうく異端宣告するところでした。結局，その後あなた方のアカデミーの名前で議決が出され，私の意見は「新しい自称哲学」[25]の名の下に有罪を宣告されました。その後でヴォエティウスにもはや残されたことは，彼の神学部（彼は神学部にまったく執着した，とそれ以来思われます）を利用して，私を，あなた方の教授の一人を異端者にしたほどの邪説の張本人として市参事会に訴えることだけでした。こうしたことを知るにつけ，もし私がこの男の陰謀に反対しなかったならば私は鈍感だったことになるでしょう。そのとき私が用いた反対の仕方ほど，正当・妥当でかつ訴訟の種になりにくいものはありえなかったでしょう。というのも，私はそのとき印刷中であった著作[26]のなかで，

---

20) 『自然学の基礎』（*Fundamenta Physices*, 1646）。
21) 「人間は偶有的存在である」。1641年12月中頃レギウス宛 AT. III, 460, 462（『デカルト全書簡集』第五巻 pp. 61-62）。
22) 1641年12月18, 23, 24日付レギウスからデカルト宛 AT. III, 488（『デカルト全書簡集』同 p. 89）。
23) 『ディネ師宛書簡』AT. VII, 587, 本書28ページ。
24) Gisbert van der Hoolck. 市長や市参事などを務め，紛争の調停に当たった。
25) 1642年3月17日の「アカデミー評議会の議決」（『ディネ師宛書簡』AT. VII, 593）。付属文書（1）本書260ページ。
26) 『ディネ師宛書簡』。

私が彼から受けた侮辱について折に触れて語ることで満足したからです。その目的はただ，その誹謗を聞く耳をもつ人たちに，なにしろ彼は私の敵なのですから証拠もなくそれを信じるべきでないことを知らしめることによって，陰謀を暴き出し，彼の誹謗の打撃を打ち砕くことだけです。

　ここで私がそのことを書いているのは，この廉潔の士〔ヴォエティウス〕から，最初に攻撃したのは私の方だと吹き込まれた人たちに，その誤りに気づかせるためです。というのは，私は，その人たちに以下のことを知っていただきたいからです。すなわち，彼が講義や討論や説教その他のなかで，私についてよからざる話をしていると私は各方面から聞いています。そして彼自身が書いた書簡——その原本を私は持っています——の一通で，彼は私をヴァニーニに比較し，それに基づいてあらゆる誹謗のなかでも最も悪意に満ちた，最も罪深い〔無神論という〕誹謗をしました。それら以外にも，〔知っていただきたいのですが〕彼は私を害しようとして，私が彼に反対して何かを書いたり言ったりする以前に，さまざまな印刷物を7冊も出しました。すなわち，4冊の異なる「無神論について」[27]，5冊目は「聖年についてのテーゼに関して提起された系論」[28]と名付けられたもの，6冊目は「その系論への付録」すなわち「実体的形相についてのテーゼ」[29]，最後に7冊目として「ユトレヒト・アカデミーの議決」[30]です。私は，彼の同僚たちが最後の文書で主張した部分から何かを〔ヴォエティウスの責任ではないとして〕取り除きたいのではありません。むしろ，そのとき彼は学長であったのですから，彼らはその主要部分が彼の手によるものであることを否認できないのです。それらの印刷物の大部分において私の名はまったく言及されなかった，とおそらく言われるかもしれません。しかし，私が書いたものにおいても，私は彼の名はおろか，あなた方のアカデミーも町の名にも言及しませんでした。したがって違いがあるとするなら，私が彼について書いた

---

[27]　4日間の討論会資料。本書203ページの注9を参照。

[28]　1642年1月24日付レギウスからデカルト宛（AT. III, 488；『デカルト全書簡集』第五巻 p. 89）。

[29]　ヴォエティウス主宰のワーテルラエトのテーゼ（AT. III, 512-519；『デカルト全書簡集』第五巻 pp. 107-108）を参照。

[30]　*Judicium Academiae Ultrajectinae*, AT. III, 551-553, AT. VII, 590-593,『ディネ師宛書簡』および付属文書（1），本書31-34, 259-260ページを参照。

ことはすべて真実なので，彼が私に反対して書いたこと——それは単に虚偽であるだけでなく真実らしさのかけらもないのです——が，私を立腹させたこと以上に彼を立腹させた，ということ以外にはなかったのです。実際その結果，少し後で分かったことですが，彼は腹立ちまぎれに名誉毀損［侮辱罪］で私を訴えることを検討し，その間も私に反対してさまざまな著作を書きました。したがって，彼は私を打負かすと同時に，敗者に罰金を払わせるために私を法廷に呼び出そうという意図を持っていたのです。

　そして，彼［ヴォエティウス］が私に反論している，と私はさまざまな所から注意されました。そのことはフランスからさえも知らされましたが[31]，それほど一般に知れ渡っていたのです。また，彼の書いたもののうちにある個別的な事柄——その一部は今はスホーキウスの名を冠した書の「序文」[32]にあり，他の一部はあなた方のアカデミーの名を冠した『経緯陳述』[33]にあります——についても私は指摘されました。これも人から教えられたことですが，彼は，私への反論を書かせる人たち，つまり彼が「自分の文体で」書いた著作を，彼ら自身が書きえたことを付加して，彼らの名で出版する人たちの人選を考えていたそうです。そして，多くの人の集まりでだれかが「それにはご子息を起用すべきだ」と言ったところ，その母親が発言して「息子はその名声を危険にさらすにはまだ若すぎる[34]，だれかが書かねばならないならそれはむしろ私の夫だろう」と答えたということです。スホーキウスについてはまだ話に上っていませんでしたが，多くの人は彼の名で出された本がどういうものかをすでに知っていました。このことに私が注目するのは，ヴォエティウスが自分を弁護するために出された本が彼とは無関係だと（私と同

---

31) デカルトはメルセンヌからしばしば報告を受けていた。1643年1月5日付ホイヘンス宛（AT. III, 799-800；『デカルト全書簡集』第五巻 pp. 214-215）など。

32) 『驚くべき方法』 *Admiranda methodus* の序文。「序文」（Verbeek. 157-172）に続いて「序文への補足」（Paralipomena ad praefationem〔Verbeek. 175-179＝付属文書（2）本書261-265ページ〕）があり，ここでデカルトの『ディネ師宛書簡』が逐語的に批判されている。

33) *Narratio Historica* （Verbeek. 79-123）.

34) Paulus Voet は1619年生まれで，このとき23歳であった。1641年より形而上学の員外教授。

じことを知っている無数に多くの人の良心に反して）説得しえたということが，こうしたわけでいかに本当らしくなかったかをあなた方にご考慮いただき，私が，著者の名も記されていなかったような本の最初の六葉を受け取ったとき，ヴォエティウス宛に，したいと思っていた返答[35]をするきわめて正当な理由が私にはあったことをご考慮いただくためです。

しかし，私がその返答を書いた主要な動機は，それらのページに夥しい侮辱があるという点ではありませんでした。それらはあまりにも馬鹿げており，ほとんど信じられませんので，私はそれに立腹するよりもそれを軽蔑したほどだからです。むしろ他の三つのもっと強力な理由によって，私は後押しされたからです。その一つは，公共の役に立つことと，この［オランダ］諸州の安寧です。それは，この国に生まれついた多くの人よりもフランス人によって常により熱心に望まれ，そして獲得されました。そして，私はヴォエティウスを何かの罪で告発したかったわけではないにせよ，最も純朴な人たちに彼について私が知っている真実を知らせたならば，この国の何かのお役に立つことになるだろうと考えました。その結果，「熱心な若者に予告するため」[36]と装って私に関して広めた虚言の償いを彼にさせることになります。第二の理由は，それはあなた方の町の多くの人たちをとりわけ喜ばせるものと私が思っていたことです。その人たちとは，彼が軽率にも説得しようとしているように，決してあなた方の宗教の敵[37]のことではありません（というのは，［宗教の敵のうち］彼を軽蔑しない人はだれもおらず，その結果，その宗教を護る人がみな彼に似てくることを敵たちは大歓迎するだろうと私には思われるからです）。そうではなくて，あなた方の宗教にしたがう人のうちでも最も熱心で最も誠実な多くの人たち，そしてまたあなた方のうちの何人かの牧師のことです。私は彼らに向けて以下の賛辞をしなければなりません。すなわち，彼［ヴォエティウス］は，彼らを自分の側に付けようと力の限りをつくし，彼の息子が書いたもの[38]から知られるよ

---

35) 『ヴォエティウス宛書簡』。
36) *Narratio Historica* (Verbeek, p. 105), AT. VIII-2, 324 sgg.
37) たとえば Jean Batlier などレモンストラント派（本書117ページの注145を参照）の人たち。

うに，この目的のために申請書を提出しさえしたにもかかわらず，彼らから私の損害となるものを何も得ることが出来なかったからです。そしてさらには，彼が宗務局会議から得た証言[39]は，彼が拒否されたことを示しています。というのは，彼らは，彼が作成した申請書——そこには私の名があります——を一語一語書き写した結果，彼の習慣について次のような単純な証言を与えているだけだからです。すなわち，彼らが同僚たちの誰かを拒否することは，その者がまだ刑罰に処せられていない限り適切ではないし，また彼らは同僚を非難することも望まない，ということです。しかし彼らは，そこで私には何も言及せず，私に関係しうるようなことを何もしていません。彼らは，「ユトレヒト市参事会の方々の申請について」という証言を彼に与えているのは，あなた方の申請に応えてのことであると言明しさえしています。したがって，もし証言を要求したのが彼だけであったなら，おそらく彼には与えられなかったのでしょう。そして，私は今でも敢えて信じておりますが，彼らのうちから彼の取り巻きあるいは弟子と認められるものが分離され，私に反対するよう彼がスホーキウスに命じた虚偽の証言について，他の人たちに意見が求められるならば，彼らは必ず真理が要求するとおりにそれを判断するでしょう。私の第三の理由は次のようなものです。ヴォエティウスは私に対して名誉毀損［侮辱罪］の訴訟を起こし，私が先の著作[40]で通りがかりに要約して書いた事柄を検証するよう強制したかったのですから，私はそれを第二の著作[41]ですべて説明し，裁判官の前ではそれを証明することを要しないほどに，そして彼がそれを私に強制する気をなくしさえするほどに，はっきりと証明しなければならないと考えた，ということです。

それゆえ私は第二の著作を，それ自身で十分弁護でき，さらには最初の著作をも弁護できるものにするように整え，そしてその数冊をその時あなた方の市長であった二氏[42]に送っておきました。それはあなた方の

---

38) 『開始された訴訟』（*Aengevangen Procedueren*, 1643），『親への愛』（*Pietas in parentem*, 1644），『不公平な法廷』（*Tribunal iniquum*, 1645）。

39) P. Voet, *Theologia naturalis reformata*, p. 257.

40) 『ディネ師宛書簡』。

41) 『ヴォエティウス宛書簡』。

42) Frederick Ruysch と Johan van Weede.

町でも最も優れた二人[43]から市長に渡され，彼らは市長に向けて私からの挨拶を伝えました。その数週間後に1643年6月13日付のあなた方の告示[44]を見た時，私は驚かされたことを告白いたします。ヴォエティウスの観点から見たことがそこに含まれていたのを私があまり喜ばなかったからではありません。というのも，そこには彼に対する明らかな有罪宣告があったからです。つまり，もし私が彼について書いたことが真であり，かつその真理性を私が確信しているなら，あなた方は，彼がこの町で無益であり，大いに有害であるとさえ決定するだろう，としているからです。むしろ，あなた方があたかも私に対して何らかの裁判権をお持ちであるかのように，それ［私の書いたこと］を検証するために私を召喚していることに私は驚いたのです。その召喚が，あたかも私が罪人であるかのように，鐘の音に合わせて鳴り物入りでなされたことにもまた私は驚きました。最後に，召喚するには私の住所が不確かであるとあなた方が仮定していたことに驚きました。というのは，もし不確かなら，市長の方々が私の書を手渡した人に住所を尋ねていただければ，容易に確かめることができたはずだからです。しかしながら，こうした処理の仕方にはさまざまな解釈がありえ，私はあなた方の嫌悪でなく友情に値すると思っていますので，あなた方には，私を害しようという意図はまったくなく，罪を負い，あなた方の裁きに服すべき人たちが，全員一致して罰されることができるように，ただ事件を一目瞭然にしただけであったと私は確信するでしょう。

　それゆえ私は，その告示に対する私の「返答」[45]をも印刷させました。そのなかで，あなた方が私を侮辱した男の品行を調べようと試みていることにお礼を述べたあとで，私は，彼が，スホーキウスの名で印刷され，そのなかで私が中傷されている本[46]の加担者でないかどうかをも調査して欲しいと，ついでにお願いしました。だからといって，彼に罪があると私が確信していたからではありません。むしろ，すべての人がそうで

---

43) Peter van Leeuwen と Gisbert van der Hoolck.
44) 新暦6月23日の「ユトレヒト市参事会の告示」(AT. III, 696-697. IV, 645-646) ＝付属文書（4）本書270-271ページ。デカルトに対する召喚状である。
45) 1643年7月6日の「ユトレヒト市参事会への書簡」(AT. IV, 9-12, 646-648：付属文書（5）本書272-275ページ：『デカルト全書簡集』第六巻 pp. 12-15)。
46) 『驚くべき方法』。

はないかと疑っていますので，もしよろしければあなた方にそれを調査していただくようお願いする正当な理由があったからです。また私はそこできわめてはっきり言明いたしましたが，私は彼に反対する側にはまったくなりたくなく，あなた方が私に対して何らかの裁判権を主張しようとした場合には，侮辱を受けたと申し立てるでしょう。最後に，私の書いたもののなかに，私がそれについて示した以上の証拠が欲しいと思われる何かがあった場合には，それをお知らせ下されば十分な証拠を進んでお示しいたします。

　そうした返答の後では，あなた方が私を迫害しようとするどんな意図も抱くことができるとは思いません。なぜなら，とりわけ私は次のことを至るところで聞いているからです。すなわち，私の書は無数の人たちによって——この諸州の主要な町の多くの市参事によってさえも——注意深く読まれたが，そこにヴォエティウスに訴える権利があるとか，あなた方が私を非難する機会があるとはだれも思わなかった，そして私の訴訟はきわめて広く承認されたので，それについて何千という人が話しているのを聞いた人は，私が間違っていると説得しようと努めた人は二人しかおらず，この二人は，ヴォエティウスの支持者あるいは密使として知られていると確認した，ということです。スホーキウスの言うとおりです。スホーキウスは，ヴォエティウスがそうした人を沢山かかえていると確言しており，そのことをよく承知しているのです。

　しかしながら，以前はユトレヒトからの便りが常であったのに，もはやそれがないことに私は驚きました。三ヵ月の間，そこで起こっていることを知らないままに過ごしました。その後で，誰によって書かれたか分からない匿名の二通の書簡を次々に受け取りました。それによって，あなた方の司法官が，犯罪人のように本人が出頭するよう私を召喚したことを知らされ，私はこの州[47]では身の安全さえもないことを知りました。なぜなら，あなた方との間の協定によって，貴地［ユトレヒト州］で下される判決は，こちらでも実行されるのですから。最初，私はそれは冗談だと思い，それにまったく動じませんでした。それでも，それを問い合わせるために私はハーグに行きました。そして，事態は書簡にあ

---

　47)　デカルトは当時，北オランダ州のエフモント・アン・デン・フフにいた。

る通りであることを知り，ラ・テュイルリ大使[48]様のところに出向きました。彼は，私が話をする名誉を得た他のすべての人たち一般と同様，すぐに私のお世話をして下さいました。そのため私は，望むものを得るのにいかなる困難もありませんでした。

　私がお願いしたのは，ただこの法外な［訴訟］手続きの進行が停止されることだけでした。なぜなら，それは初めての手続きだと私は思っていましたし，それ以前にあなた方が私に対して下したとされる判決について，私は何も知らなかったからです。それについて私には数週間後まで何の知らせもありませんでした。私はたまたまある高貴で高潔な方々と知り合って会話をしており，彼らは，誤りがなされたと確信していましたが，その誤りをなした人たちと何の親交もないにもかかわらず，この裁判に関心を寄せていました。彼らの口から，私に対する判決[49]があなた方の名で告示されたことをはじめて知りました。それによれば，私がヴォエティウスについて語った二文書[50]が名誉を毀損する中傷的文書であるとして断罪されたとのことです。それは信じがたいことでしたので，あなた方の町にいる私の友人たち［に尋ねたところ，彼ら］は，6月13日の告示[51]については必ず予め通知してくれたにもかかわらず，今回は私には何も知らされなかったことについて，以下のように答えました。「6月13日の告示は，通常よりもより盛大でより多くの人を集めた仕方でとり行われ，印刷され，貼り出され，［オランダ］諸州のすべての主要な町に注意深く送られた。その結果，私［デカルト］がそれを知っていたとしても驚くことではなかった。しかし，それに対して私が行った「返答」以来，人は行動の様式をガラリと変えた」と。つまり「私の敵たちは，私に反対して準備していることが知られないようにたいへん周到に意を用い，それがあたかも敵の住むある町を不意打するための計画であったかの如くであった。それでも敵たちはある形式を守ろうとし，そのためにあなた方から勝ち取った判決が市庁舎で読み上げられた。

　48）ラ・テュイルリ（La Thuillerie, 1594-1653）は在オランダのフランス大使。

　49）1643年9月23日の「ユトレヒト市参事会の判決」（AT. IV, 20-23, 650-652；付属文書（6）本書276-279ページ）。

　50）『ディネ師宛書簡』，『ヴォエティウス宛書簡』。

　51）前出の「召喚状」1643年6月13日（新暦では23日）AT. III, 696-697, AT. IV, 645-646＝付属文書（4），本書270-271ページ。

しかしそれは，他の書きもの［が読み上げられた］後の通常の時間帯においてであり，しかも私にそれを知らせることができる人はだれもそれに注意していないだろうと判断されたときであった。あなた方の司法官が私を召喚したこと——それには従わねばなりません——については，敵たちはそれほど苦労しなかった。なぜなら，私にそれが知らされても，私はそれに救済策をもはや講じることはできないだろうと彼らは考えたから。その理由は，私の書はすでに断罪されているので，私本人が召喚されても，私が出頭せず，判決は本人欠席のままに下されることを彼らは十分予想していたからである。その判決は私を諸州から追放はしないものの，それは，大きな罪を宣告され自著が焚書されるのに劣らず，穏やかなことではありえない」と答えました。ある人たちの証言では，ヴォエティウスは死刑執行人とすでに妥協して，炎が遠くからでも見える大きな焚書の火を放とうとさえしていたそうです[52]）。

　また付言されたところでは，彼らの計画は，その後は，なされたであろうすべてのことについて長文の陳述書をあなた方のアカデミーの名で出版し，私を非難すると同時にヴォエティウスを称えるためにそこに多くの証言や多くの詩を付け加え，その本を世界のすみずみまで注意深く配布することでした。どこへ行っても私の名は必ず傷つけられるが，ヴォエティウスの勝利の輝きは必ず消えないようにするためです。

　その証拠に，その訴訟手続きの進行が停止された後でも，私の最初の著作以前に起こったことについての陳述書[53]）が，ヴォエティウスに好意的ないくつかの証言と共に，あなた方のアカデミーの名でなおも出版された，と私は聞いています。そしてそれは残りの火薬であり，彼がそれをもっとうまく使おうとの希望を失ったあげく，放とう[54]）としたものだそうです。

　私は，一体なにを根拠に，なにを口実に，人が私に反対してそのように振舞うのかを尋ねました。しかし確かなことはなにも教えられません

---

52) この表現は Desmarets, *Ultima patientia*…1645中の「ヴォエティウスからスホーキウス宛書簡」に見出される。AT. VIII-2, 219の注 a にその全文がある。

53) 『経緯陳述』（*Testimonium Academicae Ultrajectinae & Narratio historica* 1643）である。

54) ラテン語版は consumo「使い果たす」となっている。

でした。ただ，あなた方の最初の告示以来，ヴォエティウスの支持者たちはみな，あらゆる会合で，そしてだれか聴いてくれる人がいそうなあらゆる場所で，私の悪口を言うことに絶えず専心していた，と人は言うのみでした。こうした仕方で，支持者たちは大衆をたいへん強く動かしたので，真実を知りつつも，彼らの中傷を恐れた人はだれも私を利することを敢えて口にしませんでした。レギウス氏がどういう仕方で扱われたかを知った後ではとりわけそうでしたが，あなた方はそれを十分にご存じですから，ここではその話はしません。しかし，それにもかかわらず，これらヴォエティウスの支持者たちが私について語ったことをすべて勘案するなら，それは二つの点に関係していることに気づかれます。その一つは，私がイエズス会の徒[55]であったという点です。私が，改革派の宗教［新教］のこの偉大な弁護人である G. ヴォエティウスに反対して書いたこと，そして私がこの国に混乱を引き起こすためにイエズス会から派遣されたことにさえもされて，おそらくは，彼らの有利［な材料］になったのです。他の一つは，私がヴォエティウスから侮辱されたことは一度もなかった。彼は，私に反対して書かれた本の著者では決してなく，ただスホーキウスだけが著者であった，という点です。スホーキウスもまた当時あなた方の町におり，ヴォエティウスの嫌疑を完全に晴らし，彼の名誉であれ非難であれ，すべて引き受けたいと思っていました。したがって，私がしたようにヴォエティウスを非難するのは，つまり彼に反対して書くという口実であなた方の宗教にスキャンダルを引き起こそうとするのは，私の大間違いであった，ということになります。そのことは，あなた方の判決もこれら二つの点に基づいていたと判断する機会を与えてくれます。そして，その判決が，匿名で『開始された訴訟』等[56]と題され，ヴォエティウスの息子がその著者であるとスホーキウスが認めている小冊子に印刷された通りであるなら，それは正しかったと思われます。

　これらすべてを知った後で，私は自分を弁護する方法を探し，私の訴訟をよく思わないかもしれないすべての人に，訴訟の公正さを知らせな

---

　　55) 実際デカルトはイエズス会の学校ラフレーシュの出身であった。ヴォエティウスはこの点を繰り返し主張している（AT. VIII-2, 220 n. a）。
　　56) *Aengevangen procedueren tot Wttrecht tegens Renatus Descartes*, 1643.

ければならないと考えました。ただ第一の点については，弁解するのに何の問題もありませんでした。というのも私は，私の出身である国と宗教とに属していますので，私が，われわれの王たちが聴罪司祭として選び，その胸の内の最奥を伝えるのをつねとした人たちの友人であること，あるいはその人たちに友情を求めていることが罪であると見なすことができるのは，フランスの敵たちだけだからです。ところで，だれもが知っているように，フランスのイエズス会士たちはこの名誉に浴していますし，ディネ神父様（私が書簡を書いたと非難されているのはただその方に宛てたものだけです）が，私が彼に宛てて書いた書簡の出版直後に王の聴罪司祭に選ばれたことさえも知られています。こうした理由にもかかわらず，この国の宗教にたいへん凝り固まり，たいへん固執する人たちがいて，それに反対すると表明している人たちと交渉を持つこと［自体］に腹を立てる人たちがいるとするなら，彼らは，国王と同じ宗教を持つと表明しているフランス人よりもヴォエティウスの場合の方が，もっと悪いと思うはずでしょう。ヴォエティウスは「ベルギウムの教会の名誉と栄冠」[57]になりたく思い，われわれの修道士のある人たち[58]——その規律はイエズス会の規律よりももっと厳しいものです——に書簡を書き，彼らを真理の弁護人と呼んで，その好意を得ようとせずにはおかなかったからです。しかし，さらに，ヴォエティウスが世を欺き，彼自身も信じていないことを彼の信奉者に確信させるのを，いかに楽しんでいるかをあなた方に示すためには，「第七反論」等——そこに付された書簡[59]を根拠にして，彼は，イエズス会士たち[60]と友好関係があることで私に反対し，それによってあなた方から有罪の判決を得たと言われています——と題された小さな書を読む労をお執りになるなら，あるいはその書を読んだだれかに何が扱われているかをただ尋ねてみられるなら，その書がすべて，あるイエズス会士に反対して書かれていることがお分かりなるでしょう。もっとも，私はその人がいまや友人であ

---

57) 1645年9月29日付ウィレム宛（AT. IV, 300：『デカルト全書簡集』第六巻 p. 341）。
58) Verbeekにしたがい，原文にはない「ある人たち（certains）」を補って読む。既出のメルセンヌである。彼はミニモ会の修道士であったが，この会は鳥獣に由来する食（卵，ミルク，バター，チーズに至るまで）を常に禁じるなど厳しい戒律で知られた。
59) 『ディネ師宛書簡』。
60) ブルダン神父。

ることを名誉としていますし，私の師たちから［二人は］和解できなくはない，と教わったこと[61]を分かっていただけるよう望みます。あなた方はまた，私がヴォエティウスの不利益よりも，そのイエズス会士の不利益になることを20倍も多く書いたことがお分かりになるでしょう。ヴォエティウスについては，単に行きがかり上[62]その名を挙げずに[63]語ったにすぎません。したがって，ヴォエティウスがあなた方にその書を断罪するように仕向けたとき，彼は自らイエズス会士たちの管理人になり，彼らを利用してあなた方から多くを得たと思われます。つまり彼は，最も力を持っていると言われているすべての町の市参事会から，イエズス会士たちが得ようと努力し，あるいは期待した以上のものを得たのです。そして彼は，私がその書で挨拶のことばをいくつか述べたことを，そのことばだけを見て後は読まない人たちに，私がイエズス会と深く内通していたと思わせる口実にしました。それは，私がヴォエティウスに篤い友情を抱いていることをだれかが非難したり――それは取るに足りない非難が軽蔑されるフランスにおいてのことではなく，異端審問がきわめて厳しい国においてのことです――，私が彼に宛てた長文の書簡[64]のなかで彼のことを「最も著名なる士」[65]と呼んでいるところから，その友情が証明されると言うのと同じです。というのも，この書簡に何が含まれているかを知っている人たちは，私をこのように非難した人は虚言を弄して楽しんでおり，それを語った相手から嘲笑される，ということを十分理解しているものと私は確信しているからです。

　もう一つの点については，私にはそれを反駁するに足る十分な証人が，その名を挙げようと思えばいたとはいえ，私がとりえた最上の正道はスホーキウスに問い合わせることだと思いました。その結果，彼がヴォエティウスの罪を引き受けたいなら，その代わりに彼が罰せられたことで

---

61) 1644年10月ブルダン宛（AT. IV, 143；『デカルト全書簡集』第六巻 p. 183）。
62) 『ディネ師宛書簡』は，たまたま印刷が延びたせいで，後半部分でヴォエティウスのことが付加された。1642年4月26日付ホイヘンス宛（AT. III, 783；『デカルト全書簡集』第五巻 p. 153）。
63) 実際『ディネ師宛書簡』にはヴォエティウスの名はなく，「学長」や「神学者」と言われるのみである。
64) 『ヴォエティウス宛書簡』（AT. VIII-2, 1-194）。
65) 『ヴォエティウス宛書簡』タイトルページ（AT. VIII-2, 2）。

しょうし，あるいは彼がヴォエティウスに対してそれほど十分に思いやりがあるわけではなく，いくらか弁解の余地が欲しいと思っていたなら，彼はいやでも真理を見出したことでしょう。

　私がスホーキウスを告訴したとき，彼のいる州[66]を治めている人たちは思慮深く，潔白で，寛大であり，裁き［正義］が求められた場合に彼らがそれを拒否しないことを私に期待させました。たとえ私がそれ以前に彼らの誰とも話す名誉を持たなかったにせよ，また彼らがみなスホーキウスの友人であり，彼がその大学の学長[67]でさえあったにせよ，そうなのです。というのも，国や帝国を維持するのはただ裁き［正義］以外にはなく，最初の人類が洞窟や森を棄てて町を作ったのも裁き［正義］を愛好するがためであり，自由を与え維持するのはただ裁き［正義］のみだからです。これに反して，すべての政治家の指摘によれば，放縦を招き，常に共和国を崩壊させたのは，罪のある人が罰せられず，罪のない人が断罪されることからなのです。そこで，私がきわめて思慮ある市参事たちに裁き［正義］を求めたとき，彼らは自らの国の幸福を欲し，自らの権威に執着していますので，裁き［正義］をなすよう大いに配慮をしたであろうことを私は疑いません。

　あなた方もご存じのように，その後それは成功し，裁判官になって欲しいとスホーキウスが思っていたフローニンゲン大学の教授諸氏は，望みうるかぎり穏やかにスホーキウスに接していましたが，それにもかかわらず特段の配慮を以って，私が期待し正当に望むことができたあらゆる償いを私に与えるしかありませんでした[68]。というのも，裁判官たち個人には，彼らの敵の血や名誉や財産を要求する何の権利もなく，彼らに可能な限りそれらを利益の外に置くことで十分であり，残るところ，個人ではなくただ公共に係わることしかないからです。ところで，この件で私が得た主たる利益は，あなた方の町で私に対してなされた非難の虚偽性が暴露されたことでした。それゆえ彼らは，それに役立った布令を私に正当に拒むことができませんでしたし，スホーキウスは自らを弁

---

66) フローニンゲン州。1640年以来，彼はその地の大学の哲学・自然学教授であった。
67) 1643-1644フローニンゲン大学の学長であった。
68) 1645年4月20日の判決。1645年5月26日付トビアス・アンドレアエ宛（AT. IV, 214-215；『デカルト全書簡集』第六巻264-265ページ）。

明するためにそれを手にしていたのです。しかしその布令はそうしたものであり，後に述べるように，ギスベルトゥス・ヴォエティウスとその同僚デマティウス[69]の罪をきわめて明瞭に示していますので，私がそれを受け取ったとき，この二人はフローニンゲンで起こっていることを知らされるや否や，必ずやあなた方の町の外に自ら逃げ出すだろうと思われたほどのものです。それゆえ私は，私個人に関することは何もあなた方に要求せず，この布令をお送りするだけで満足しました。なぜなら，私は，彼らに反対する側になることをまったく望まなかったし，今もまったく望んでいないからですし，あなた方は，かくも周知され，かくも明白な訴訟においては，だれかからそれを促されたとするよりも，ご自身の動きとして裁判をする方を，おそらく好むと思われたからです。

226 しかし，そのときあなた方に送らせていただいた通知が，何か効果があったことに私はまだ気づいておりませんでした。ただ数日後，以下の布令の写しが送られてきました。

「ユトレヒト市の参事会[70]により，この市および自治権［のある町］で書籍の印刷者・販売者が，いかに小さな本や書きものであれ，デカルトに賛成または反対するものを，たとえ任意に修正したものであっても，印刷したり印刷させたり，売ったり売らせたりすることを禁止し，きわめて厳しく禁じるものとする。

1645年6月2日[71]。

署名　C. デ・リッデル」

これによって，私は，あなた方は事を完全に丸く収めたいと思ってい

69）　デマティウス（Carolus Dematius, 1597-1651）。ライデン出身。ユトレヒト大学の神学部教授の一人で，ヴォエティウスと共に新哲学の浸透を防ごうとした。審査官として『ディネ師宛書簡』『ヴォエティウス宛書簡』を批判した。『驚くべき方法』についても積極的に関与し，1645年フローニンゲンで厳しい判決を受けた。

70）　原文はオランダ語とフランス語とが併記されている。フランス語では justice「法廷」となっているが，オランダ語では Vroetschap「参事会」となっておりラテン語も同様である（p. 295）。伊訳もこれにならっており，ここではオランダ語をとる。参事会は司法機関でもあった。

71）　新暦では6月12日。

るのだと判断する機会を得ました。しかし，それだけではなく私は次のことも同時に聞きました。すなわち，ヴォエティウスは，私に反対する小冊子つまりスホーキウス名義の書簡[72]を印刷中であったが，著者の同意なしにその印刷を完了させた。その目的は著者を害し，私に対して新たな非難を喧伝することであった，ということです。それ以後も，すべて私に反対する多くの書[73]が（他の人に反対するものもありましたが），彼の息子の名前でなおも印刷されました。あなた方は，ヴォエティウスに反対しているとして一冊の書[74]を断罪したのですから，それ［デカルト批判の書がなおも出されていること］を否定しないものと私は確信しています。その書で彼に反対しているのは二，三の文章でしかなく，残りはあるイエズス会士[75]に反対するものであったにもかかわらず，です。しかし，私に反対して書かれたこれらの書物を印刷・販売した本屋が，そのことで何か罰されたとはまったく聞いておりません。

　これに加えて，ヴォエティウスとデマティウスは，彼ら自身の著作によって認められる罪については裁判をほとんど恐れていないので，私がそう確信していたように裁判から逃げ出すかわりに，スホーキウスに対して中傷されたかのように名誉毀損［侮辱罪］の訴訟を起こしました。その理由は，スホーキウスは彼らから教唆された悪巧みにしたがい続けることを望まず，彼の正当な裁判官に対して，それが要求された際に思い切って真実を告白したからであり，告白しなければ彼は刑罰――中傷した方の人こそそれを受けるに相応しいのですが――を免れることができなかったからです。しかしこの訴訟は，当初は各方面からたいそう熱心に討議されましたが，ほとんど判決が下されるばかりの状況になって，突然中断されました。その結果，数ヵ月以来，訴訟はもはや続けられていないと私は聞いています。

　そのことが原因で，判決を待っていた私はそれが私の受けた損害を周知させるのに大いに役立つことを望んでいましたので，もし自らの正し

---

72) この書簡は出版されなかったが，デマレは *Bonae fidei sacrum*, 1646のなかでその断片を引いている。AT. VIII-2, 227 n. a.
73) 本書211ページの注38を参照。
74) 『ディネ師宛書簡』。
75) ブルダン。

さを認めてもらおうと全力を尽くすのをさらに引き延ばしたなら，私は，ヴォエティウスがすでにそう呼んでいたように，今後も「訴訟放棄者」[76]呼ばれうることでしょう。そのため，私はここであなた方に言わなければならないと思いますのは，若い方のヴォエティウスが，あなた方の町で私に対してなされたと言っている訴訟手続きと，フローニンゲンでスホーキウスに対してなされたその手続きとを，どういう仕方で語っているかです。そうすればあなた方は両者を比較し，彼がそうしたことを書いている際にあなた方に恩義を感じているかどうか気づくことができ，それによってあなた方は私が強く求めている償いをする気になることでしょう。

　スホーキウスに対する訴訟の間，若いヴォエティウスが父のために出したさまざまな数をも知れぬ本のうちで，『親への愛』と題する書があります。そのなかの最初の紙葉の4ページから紙葉Kの2ページまで（そのページは別様には番号付けられていません）において，彼は，あなた方が私の文書に対して下したと彼が確信している判決をことさら話題にし，とりわけ，事件のすべては「評議会議員と教授団の命によって」代理人たちに委ねられた，あるいは紙葉Aの13ページで言われているように「すべての事柄は政治家およびアカデミーの代理人たちによって成就された」と語っています。しかし，その代理人たちがだれなのかをいくら調査しようと注意しても，私はまだその名前[77]を知ることができませんでした。彼はまた，代理人たちが尋ねたいとした質問の根拠は6月13日付の告示[78]に対する私の返答[79]に置かれた，とも言っています。つまり，あなた方はヴォエティウスを犯罪人とし，その生きざまを調査する意向をお持ちでしたので，彼が，スホーキウス名義で私に反対して書かれた本[80]にある諸々の中傷の共犯者でないのかどうかを，とりわけよろしく調査するよう，私はあなた方にお願いいたしました［が，

---

76) 本書簡冒頭，本書201ページを参照。
77) François van de Pol, Peter van Leewen, Dematius, Mattaeus の4人であった。
78) 「ユトレヒト市参事会の告示」*Decision du Vroedschap d'Utrecht*, AT. III, 696-697. AT. IV, 645-646. 新暦では6月23日＝付属文書（4）本書270-271ページを参照。
79) 「ユトレヒト市参事会への書簡」1643年7月6日 AT. IV, 8-13, 646-648. 付属文書（5）本書272-275ページを参照。
80) 『驚くべき方法』。

そのことが質問の根拠だとのことです］。それに続けて彼は「代理人たちは，私［デカルト］はヴォエティウスがこの本の著者であると確信していると想定していた」と人から思って欲しいのです。私がはっきりと確信していたのは，ただ，その本は彼［ヴォエティウス］のためにそして彼の同意に基づいて書かれたのだから，彼にその責任があるということだけであったにもかかわらずです。かくして彼ら［代理人たち］は，私を告発者ないし原告とし，ギスベルトゥス・ヴォエティウスを犯罪人ないし被告としました。彼らが質問の根拠としたと彼の言うその同じ返答で，私は以下のように明言しておいたにもかかわらずです。「ヴォエティウスに反対する側になることも，彼をあなた方の前で裁判所に召喚することも，私の望むところではありません。あなた方には私を裁く権利がありませんし，あなた方がその権利を不当に行使しようと思うなら，私は名誉毀損［侮辱罪］で抗議さえするでしょう」[81]と。

　さらに彼［若いヴォエティウス］は，父はこの事件のことを聞かされたことがなく，父の方からそれを要請したり挑発したりしたことさえも決してないと保証しています。「高名なる評議会は，この事件について父を決して調査しなかったし，父は何であれそれに答えなかったし，デカルトの中傷的な小冊子について評議会の判断を要請したり挑発したりしなかった」と彼は言っています。そこで彼は完全に質問を変えています。と言うのも，6月13日の告示のなかであなた方は次のように言明されたからです。「ヴォエティウスについて書かれたことが本当であるなら，彼はこの町で担っている職務には相応しくなく，大いに有害でさえある。そしてこのため，われわれは事件を心にとどめ，その真相を探究したい」[82]と。そのことが許す解釈としては，あなた方は，私が彼について書いたことのうちで，彼がその職務に相応しくなく，彼はその罪を担うべきだとあなた方が判断していることが本当であるかどうかを調査したかった，ということ以外にありません。しかし若いヴォエティウスが「これらの代理人は（彼の父がスホーキウスという名を冠したその本の著者かどうかを）吟味した」と言っていることだけは，それ［調査の

---

81) 付属文書（5）1643年7月6日（AT. IV, 9-12. 本書272-275ページ）を参照．
82) 付属文書（4）（AT. III, 696, IV, 646. 本書270ページ）を参照．

対象]に数えないのです。というのもあなた方は，この本を，それを書いた人あるいは人たちの観点から，決して罪とは見なしていなかったからです。それは，スホーキウスがあなた方の町にいたとき，自分がその著者であると公言し，ヴォエティウスの罪を免じようとして自ら罪をかぶりましたが，あなた方あるいはその代理人たちは，そのことで彼を咎めなかったことから明らかであるとおりです。そして若いヴォエティウスが出したすべての著作のなかで，今もなお彼は，この本の最も悪い点を父の名においてすべて称賛し弁護していますが，それでもそのことで罰せられることはないのです。その結果，あなた方は，ヴォエティウスが私の要求した罪を負うべきかどうかを調査したいと予め言明したのに対して，[若い]ヴォエティウスの方は，これらの代理人たちが調査したのは，ヴォエティウスも代理人たちもまったく罪とは思っていなかった一つのこと[著者がだれかということ]だけであると確信しています。こうして代理人たちは，それを認めていたにもかかわらず彼を断罪しなかったある一つのことで，私がヴォエティウスを告発したと想定したがゆえに，私を断罪したのです。彼がそのことで咎められるべきであることはまったく真であり，私がそのことで彼を告発したことはまったく偽であるにもかかわらずです。というのも，私は彼に反対する側になりたくないと言明しておいたからです。そして，私は私の著作のなかで「その本は彼に味方して書かれた」とだけ保証しており，彼はそれを知っても決して否認しないでしょう。

　さらに，[代理人が]探したと彼[若いヴォエティウス]が言っている証拠はすべて，私が私の書で述べた論拠が，彼の父がスホーキウスの名を冠した本の著者であることを証明するものであるかどうか吟味されたが，それは十分でないと見なされた，ということに他なりません。しかし，彼が付け加えていないことですが，私は彼の父がその著者であることに決して確信があるわけではなく，逆に私はその書のラテン語版の261ページで，「私は読者にそれ[彼の父が著者であること]を納得させたいとは決して思っていない。ただその書は彼[ヴォエティウス]に味方して書かれ，彼がそれを承知しそれに同意した上で書かれた[だけで十分である]」[83]とはっきりと書いておいたのです。それは彼も認めている事柄であり，彼の父も決して否認しなかったと彼は言っています。

「私が，自分が書いたのとは別のことを証明するよう強いられたとは言わないだろう」と彼は説得したいだけではありません[84]。さらにもっと奇妙なことには，「私が真であると保証しなかったことを証明するのに十分な論拠を私の書のなかで書くよう強いられていた」と想定したいわけです。しかし，彼がそうしたいのは一体どういう規則によってでしょうか？

　これまた彼は付け加えておりませんが，6月13日のあなた方の告示に対する私の返答——代理人たちはそれに従った，と彼は言っています——のなかで，私ははっきりと言っておきました。「私の著作のなかで，何か重要なことで私が十分に証明していないと判断されることがあるなら，それが求められた場合，私はさらにそれを証明するようにしましょう」[85]と。そこから帰結することは，彼らがそうしたかったと言われているように「ここで私に指示された方法を踏まえること」ができなかった，ということです。もっとも彼らは，私が行った証明とは別のものを私が持っていなかったかどうかを，尋ねはしませんでしたが。

　結局，彼の言うところでは，彼の父は「用心過剰のために」，そしてその必要もないのに，五人の言明ないし証言を代理人の一人に提供しました。すなわち，[第一は]スホーキウスの証言です。しばらく前から彼の証言をどれほど信用すべきかを，以前から人は分かっていました。というのも彼は，フローニンゲンの裁判官の前で，ヴォエティウス，デマティウス，ワーテルラエト[86]からその証言をするよう要請されたと表明していたからです。また，彼は「良心にしたがって答えるために，個々の点が形式に則って尋問されること」を，つまり彼の良心の荷を下ろすことができるよう，裁判の形式にしたがって状況の尋問がなされることをしばしば切望していたからです。第二は本屋[87]の証言です。彼はヴォエティウスらの腹心であり，少し前に『不公平な法廷』をも出版しました。そのため，ヴォエティウスらを贔屓(ひいき)にしているがために，いか

---

83) 『ヴォエティウス宛書簡』（AT. VIII-2, 182. 本書188ページ）。
84) Non solum（AT. VIII-2, 298）というラテン語原文にしたがう。
85) 付属文書（5）1643年7月6日（AT. IV, 12, 648：本書274ページ）を参照。
86) ワーテルラエトはヴォエティウスの弟子。
87) ヤン・ファン・ワースベルヘ（Jan van Waesberge）。『驚くべき方法』も出版した。

なる偽証もしなかったとしても——私は彼の証言を聞いたわけではありませんのでそれは確言できませんが——彼もまたヴォエティウスらの気に入ること以外は言明せず，他のことは黙秘したものと容易に信じられます。なぜなら，この証言を彼に書かせたのはヴォエティウスらであって，裁判官ではないからです。第三にワーテルラエトの証言です。スホーキウスの保証するところでは，この人はヴォエティウスとデマティウスに雇われてスホーキウスを籠絡するのを助けました。しかしスホーキウスは籠絡される必要もなかったのです。さらに彼［ワーテルラエト］は尊敬すべき人物であり，「ヴォエティウスのもとに親しく出入りを許されて」[88]いたとしても，彼はあまりにも善良であるので何かを言い争う気にはならない，とスホーキウスは判断しています。第四の証言は，私もよく分からない『中傷の歪曲等々』と題する本[89]の著者だと自認する人のものです。しかし，この人が表明できたのは，この本の著者がヴォエティウスではなくて自分である，ということだけです。私は，それを明確にヴォエティウスに帰属させたことは一度もありません。ただ多くの人は彼が著者ではないかと疑っている，と言っただけです。仮に私がそれを彼に帰属させたとしても，だからといって私が罪を負うことはありえません。なぜなら，この人は，それ［著者をヴォエティウスとすること］が罪であるとは決して思っておらず，今でもなしうる限りヴォエティウスを称賛し，弁護しているからです。最後はだれか分からないある学生の証言です。彼が証言することができたこともまた，「討論の間あなた方のアカデミーで，ヴォエティウスのために彼の目の前で配布された，ある侮辱的な詩の作者はヴォエティウスではなく自分である」ということだけでした。私はその学生が下手な詩人であると非難したのでは決してなく，ただ，彼［ヴォエティウス］がこうした詩を作らせた，あるいは少なくとも詩作を許したと言っただけであり，そのこと自体は否定しえません。さらにヴォエティウスらの判断によれば，そうした詩作はほとんど罪ではありませんので，息子の方は同じ学生のテーゼのな

---

88) 付属文書（8）本書293ページ（AT. IV, 197, 797），『デカルト全書簡集』第六巻 p. 243。

89) 『ヴォエティウス宛書簡』第六部（AT. VIII-2, 75-76；本書107-108ページ）を参照。

かで，先の詩と同じほど侮辱的な別の詩もまた最近印刷させたほどです。その学生はその詩のなかであなた方のアカデミーに敬意を表して，あなた方の教授の一員であると分かっているある人［レギウス］のことを私［デカルト］の「サル」とまで言い，それを次のようなことばで表現しています，

「嘘つきフランス人のサルは，フランス人自身よりももっと嘘つき。」

そして容易に分かることですが，これらの後の二人の証言が最初の三人に付加されたのは，ただ頭数をふやすためです。その目的は，ヴォエティウスが「この判決が根拠としているのは，私がまったく書かなかった一冊の本を彼［デカルト］が私に帰属させたことだけでなく，多くの本を帰属させたことである」と言いうるためにすぎません。かくして，これらの本のそれぞれに関して私の訴訟の正しさを知っている人ならば，次のように考えることができるでしょう。すなわち，この父子がいつも実践している規則にしたがえば，私は他のいくつかの本に関して，間違えてヴォエティウスをも非難してしまったかもしれないが，それでも父子は「欺瞞は一般に及んでいる」と言って他の人たちを非難している，と。しかし，彼ら［ヴォエティウス父子］がそう言うように，その代理人たちは，あなた方の告示に対する私の返答に自らの根拠を置いているに過ぎないのなら，スホーキウスの名を冠した本について調査することしかできなかったでしょう。なぜなら，私はそこではその本についてしか語らなかったからです。私が，G. ヴォエティウスがこの本やどんな他の匿名の本の著者であることをまったく確信していなかったのは確かですし，彼の息子がその『親への愛』B紙葉の14ページ9行で言っているように，称賛され弁護されることによって彼の作とされた本［の責任］が，すべて彼に帰されることを私が疑わなかったことも確かです。

それゆえ，若いヴォエティウスが，あなた方の判決について記述したところによれば（あなた方が彼を信じるよう私に強いるのでない限り，私はそれに関して彼を信じるつもりはまったくありません），その判決は，いかなる側の人もいかなる証人をも聴取したことがない代理人たちによって作成されたものです。彼らは，彼らが断罪した人［デカルト］

を告発者に仕立て上げました。その人は，告発者にはなりたくはないし，またあなた方の裁判には服さないと言明していたにもかかわらず，です。彼らは，その人に知らせることも，その人から知られたいと思うことさえもなく，そうしたのです。その人は，もし要求されたなら以前に書いたのとは別の証拠を進んで提供しようと申し出ていたにもかかわらず，です。彼らは，あなた方の最初の告示の基礎となっていた問題を変え，告発者［デカルト］が書いたと彼らが想定した一つのことだけを調査しました。告発者はそれを書かなかったにもかかわらず，です。彼らは，そのことが虚偽であると言明しました。それが真実であるにもかかわらず，です。彼らがそれを罪と見なしたのは，それを書いた人に関してではまったくなく，単にそれを非難したと彼らが想定した人に関して，です。最後に，彼らは，人がそれについて彼を非難したのは間違っていると判断して犯罪人を赦すことだけでは満足せず，さらにむしろ彼らが告発者としたその人を断罪しました。

　しかしながら，ここで注意するようお願いいたしますが，その犯罪人が赦されるからといって告発者が断罪されねばならないことは，その人が「中傷の意図をもって」告発を企て，自分が言っていることを信じる理由がないことが証明されないかぎりは，いかなる法律からも帰結しません。その結果，ヴォエティウスがこの本の主たる中傷の著者であることが偽でありえたとしても，それでもそれ［だけで告発者が断罪されないこと］は真であったのです。そして，私がそのことで彼を告発しえたとしても，私はそうしなかったのです。そして，彼ら［代理人たち］がこれらの中傷の著者は罰せられるべきだと判断していたとしても，彼らはまったくその素振りを見せなかったのです。そして，私が彼らの裁判に服し，最終的に彼らが双方の側と証言者に耳を傾け，合法的な手続きの形式をすべて踏んだとしても，だからといって彼らには私を断罪するいかなる理由もなかったことでしょう。なぜなら，私が「中傷の意図をもって」彼を非難したのではなく，そうする正当な理由があったことを証明するには，皆に知れ渡っているところの推測だけで十分だったからです。

　私が断罪されたのは彼がこの本を書いたことを私が非難したからではなく，もしそれが事実なら彼が罰せられるような他の多くのことを彼に

ついて書いたからであると，おそらく言われるかもしれません。代理人たちは，私が書いたことは事実ではないと思ったので，私に反対して書かれた本を彼が執筆したかどうかをただ調べただけでした。その結果，もし彼がその著者であったなら，私が後で[90]彼を侮辱したことは許されることになる，というわけです。しかしもし代理人たちがそう考えていたならば，彼らは，それによって彼が中傷されたと主張できる何らかのことばを，私の著作のなかで特定して私に知らせるべきでした。私がまだ十分にそれを検証していなかった場合，それについて他の証拠を提出することができるためにです。ところがそれは知らされませんでした。私は確言することができますが，あなた方が断罪したと言われている二つの著作[91]は，ただきわめて真であるものを含んでいるだけではありません。かりにそれが偽であったとしても，名誉毀損［侮辱罪］の訴訟を基礎づけるためにたいへん重要なものも含んでいます。ただ，私が彼を中傷家で嘘つき[92]と呼んだという一点は除きます。しかし，私は，それを書いたまさにその箇所で，そのことをきわめて明確に証拠だてておきましたので，証拠不足を不満とするのは彼のためにならなかったことでしょう。もし私にその証人が求められたなら，私は一人や二人ではなく，まったく完璧な証人を十三人まで用意したことでしょう。彼らはみなあなた方の宗教をもつボワ・ル・デュックの町の名士ですが，彼らはヴォエティウスから中傷されたことを保証しています。彼らはそれを印刷して彼らの証言を公表しました[93]。

　これまた私は確言できますが，私の『最も著名なる士への書簡等』と題する第二の著作[94]以来，ヴォエティウスらは多くの中傷文書を出版しました。そのなかで彼らは私の著作を批判しようとするものの，しかし私から迷惑を蒙ったと主張していることで彼らが特定できたのは，私が「G．ヴォエティウスはスホーキウスの本について咎められるべきであ

---

　90) フランス語では le dernier（最後に）だが，ラテン語では prior（はじめに）となっている。ここではフランス語にしたがう。
　91) 『ディネ師宛書簡』と『ヴォエティウス宛書簡』。
　92) 『ヴォエティウス宛書簡』（AT. VIII-2, 97-98：本書122-124ページ）。
　93) Desmarets, *Epistola Apologetica* 1643．13人の名については『ヴォエティウス宛書簡』，AT. VIII-2, 66. note. c を参照。
　94) 『ヴォエティウス宛書簡』。

る」と言ったことだけであったのです。そして，それをフラマン語［オランダ語］でしか読まなかった人に，ラテン語には訳者によって省かれた多くの中傷があると説得するために，彼らは「滑稽な警句」を「詩的な嘲笑句」[95]と訳したのでは真意が伝わらない，と注意しました。しかし，「滑稽な」を「詩的な」としたのは印刷屋の誤りであったことは別として，彼らはこの点で，打負かされ過ぎたことよりも，十分に打負かされなかったことを不満としています。

240 　それゆえ彼ら［ヴォエティウス父子］は，あなた方から一冊の著作の断罪処分を勝ち取ったことを自慢していますが，そこには彼らが不満を言ういかなる筋合もありえないことがお分かりになるでしょう。彼らはこの処分の特徴を説明して，「G. ヴォエティウスはそれを要請も挑発もしなかったし，あなた方の代理人から聞いたこともなかった。むしろ彼自身が代理人の一人に，その代理人も聞いたことがなかった証人たちの言明や，その他同じような多くのことを教えた」と言いました。それはあなた方を称えるためでも，彼らの著作を読む人に対して，彼らの無罪あるいは私の罪を納得させるためでもありません（なぜなら，もし私に少しでも間違いがあったなら，私は私の正当な裁判官の前に呼び出されたことでしょうし，またG. ヴォエティウスとあなた方は，もし訴訟を起こしたいと思うなら，それほど異例な方法をとらずとも，十分信用されて裁判官から正しさを認められたであろうことは，周知のことであるからです）。それはむしろ，彼らがあなた方に対して持っている力を誇示するためであり，またもし人が彼らの罪を知るなら，彼らは世間ではこれからは軽蔑すべきものになることを知っているので，あなた方の臣下に対して自らを恐るべきものにしておくためです。これらのことをあなた方に知っていただくために，次のことをご考察いただくようお願い申し上げます。すなわち，若いヴォエティウスは，あなた方についてこれらすべてのことを書いた同じ本のなかで，また『不公平な法廷』と題する別の本——それはフローニンゲンの方々を，彼らが私に与えた裁きを理由として中傷するために，その後大急ぎで書かれたものです——のなかで，これらの方々を，彼の言によれば，あなた方がなしたのと同

---

95) 前者は scurrilia dicteria，後者は poetische schimpwoorden。

じことをしたとして軽率かつ不当に非難し，そしてそこから考えつく限りの最も恥ずべき悪口の限りをつくして，侮辱し非難する理由を得ているのです。

　私はここでほんの二，三の例を，その『不公平な法廷』から引いておきましょう。最初のものはその「書簡」の9ページにあり，そこでは［ラテン語で］次のように言われています。「これに反して，それは不公平な判決であり，何の分別もないどころかほとんどまったく無効な判断であり，多くのことが裁判にまったく無知な者に委ねられた，と明言することが許されるだろう。というのも，裁判官はまったく無能で，間違った申し立てがなされ，当事者の召喚はなく，証言は削除されているからである。その他，私の本で注記したことが見出されるのである」と。このように彼は，それを不公平な判決であり，判断力なしに下された判断と呼びます。なぜなら彼は，裁判官は無能で，申し立ては間違っており，当事者の召喚はなく，そこでは訴訟はまったく審議されなかった，と想定しているからです。その本の15ページで彼らに反対して次のような判決を下しています。「罪あるものを義とし，無実のものを非難する人はみな，いずれも神から嫌悪される。そして，抑圧された者を救うべきであるのに［逆に］自ら抑圧している人は，神から罰せられるに値する」と。そして31, 32, 33ページで個々の裁判官の名を挙げて記述し，ありとあらゆる最悪の場合を仮想して，彼らを疑わしくしています。このように記述されたことを，あなた方や代理人の方々のだれも喜ばなかったことと思います。もし私がここで立ち止まって，彼がこれらすべてを書くならいかにあなた方を立腹させるかをさらに指摘すれば，あなた方をうんざりさせるのではないかと恐れます。

　しかし，これらの不正な中傷によって彼がフローニンゲンの方々をいかに立腹させているかを，あなた方に申し上げねばなりません。第一に，彼が非難している彼らの無能さについては，まったくそうは見えません。というのも，私の訴訟は大使様[96]の手で州政府の方々に向けられ，推奨されていたからです。私が不満を訴えているスホーキウスはその州においては教授であり，訴訟は他の教授たちによって決着されました。彼ら

241

242

---

96)　ラ・テュイルリ。

のアカデミーの特権によって彼らは正当な裁判官であり，その結果彼らはこの件でただ教授としてだけでなく市参事としても行動したのです。さらに，彼らの判決は，州政府に属する同じアカデミーの評議員諸氏によって受理され，吟味されそして承認されました。しかしながら，若い方のヴォエティウスはこの判決に対して『不公平な法廷』と名付けるほど大胆な題の一冊の本を敢えてまるごと書き，あなた方の庇護の下にあることを当てにするあまり，こういう仕方で一つの州のあらゆる主権を傷つけること[97]を恐れないのです。

　彼はおそらく，自分もまたあなた方のアカデミーの議決に敢えて反論した[98]，と言うことでしょう。しかし両者はまったく比較になりません。というのは，あなた方の教授たちがそう自称する判決においては，民事や刑事（それについても，あなた方の教授たちは判決を下すいかなる権利もありません）は問題でなく，ただ哲学だけが問題だったからです。哲学については，私はあなた方のアカデミー全体と少なくとも同じほど有能な裁判官である，と多くの人は評価してくれるものと私は確信しています。若いヴォエティウスが攻撃した判決と，先に私が攻撃した判決との間には，生命を危険にさらす戦争で実際になされる戦闘と，舞台での戦闘あるいはあなた方のアカデミーでテーゼに対してなされる討論と，同じほどの違いがあります。後者において流血はまったくありませんし，討論しているのが名誉ある方々である場合には，立腹するということさえまったくありません。市参事が，哲学の主題に関して学者たちの間でも行われる討論に首を突っ込む，というようなことを人は見たことがありません。反対に，それはちょうどある人が正当な裁判官たち——彼らはその人の上司の友人であり同盟者です——が下した判決を，明らかな虚偽と我慢のならない中傷でもって無礼にも攻撃したが厳罰に処せられない，ということを私が見たことも聞いたこともないのと同じです。

　ところで，この若いヴォエティウスが，彼の父はフローニンゲンの司法権に属さず，召喚されず，訴訟の審議に参加することもなかったと言って，フローニンゲンの方々を非難することは許されません。というの

---

97) フローニンゲン州が管轄する裁判を，ユトレヒト州の一大学教授が批判したということか。

98) 『ディネ師宛書簡』（VII, 593-599. 本書34-39ページ）。

も，彼の父はこの件で原告でも被告でもなかったからですし，その父に反対するどんな判決も下されなかったからです。ただ，スホーキウスの証言が，それが被告の罪を許すに足るものである場合すべての刑事訴訟でそうであるように，受理されたのみです。たとえば，もし人が，だれかある人から贋金で支払いを受けたことに不満を言うとします。そして，そのある人が言訳をして，そのお金が贋金だとは知らなかった，それを偽造したのは自分ではなく，他の人からもらったものだと言うとします。その場合，他の人が同じ司法権に属していない場合には，裁判官たちはその人を召喚したり，告訴したりする権利はありません。しかし，だからといって裁判官たちは，その人に反対してなされた証言を受理することを拒否できませんし，その真理性——それが彼らが判定しなければならない人の免責に役立つ限りは——を吟味することさえも拒否することはできません。そして，その証言が彼を許さざるをえないほど明らかな証拠を含むなら，彼らはこれらの証拠を，支払いに贋金を受け取った人に知らせなければなりません。その結果，その人はそのお金を偽造した人に対して控訴することができるようになります。

　スホーキウスの本にある侮辱や中傷は，この贋金と正当に比較することができます。そして，私が侮辱された際にスホーキウスに不満を訴えたとき，彼は，それを贋造したのは自分ではなくG. ヴォエティウスであり，そして彼は私を知らなかったので，その侮辱が虚偽のものだとは知らなかった，と言訳をしたかったのです。裁判官たちは，彼を断罪するか赦すかすべき以前に，彼が真実を語っているかどうかを考慮しなければなりませんでした。彼はこうした証文を裁判官の手に渡したので，それが私に送られない限りは，彼らは私が求めていた裁判を行うことはできませんでした。

　若いヴォエティウスが，訴訟はそれほど長くは続かなかったとか，私は弁護士も代理人も立てずに書簡で対応したのみだとか，果ては，訴訟を不滅のものとするために考案された訴訟手続きの形式のすべてを踏んでいないとか言って，不満を訴える理由もまたまったくないのです。というのも，これらの形式が必要なのは道理が疑わしい場合のみだからです。そして，あらゆる法廷では通常のことですが，当事者の一方が道理をひどく間違っており，彼自身の弁護人から見ても訴訟に負けるに違い

245 ないことが分かっているときには，他方の当事者の反論を聞くには及ばないのです。こうして，スホーキウスには，彼がこの件を調べ，弁護するために欲しいだけの時間がしっかり与えられました。ですから，彼はこの点で何か損害を蒙ったと不満を訴えてはいません。また彼は，私の弁護士の雄弁さや代理人の鋭敏さが，裁判官たちを驚かせたと言うこともできません。ただ，私には正当な権利があり，私の道理の明白さが私を弁護してくれただけのことです。しかし裁判官たちはとても公平であって，私のきわめて控え目で正当な要求を完全に認めてくれました。

　若いヴォエティウスが，彼には不快な「穢(けが)れた手」[99)]や「陰謀に役立つ」[100)]といった二，三のことばがあるという理由で，そしてまた裁判官の一人[101)]は私の友人だが彼の父の友人ではないという理由で，この判決を疑わしいものにしようとする謂(いわ)れもまったくありません。というのも，彼が耳障りだと思うそれらのことばは，有徳で悪徳を憎む裁判官が，いま問題になっている犯罪を言い表すために用いることができた最も穏やかなことばだからです。しかも，それらのことばはスホーキウスの証言としてのみ書かれているのです。スホーキウスは，G. ヴォエティウスを告発して自らの重荷を下ろすために，ヴォエティウスについておそらくもっと嫌悪すべき他の多くのことばを述べていたのです。彼［スホーキウス］を痛めつけるほど十分に犯罪的な中傷の数々を，知らぬ間に彼の本のなかに挿入した人たちの不正を言い表すためには，その中傷は
246 「穢れた手で」挿入されたと，だれの名前も出さずに少なくとも言うことが出来たのではないでしょうか？　それゆえ，G. ヴォエティウスはそれが自分のことだと思っているわけですから，彼を立腹させているのはただ自分の犯罪のみであって，彼を名指した人たちではありません。

　また，演劇と比較する以上に穏やかなことが何か言えるでしょうか？　もっともその比較はあなた方［ユトレヒト市参事会］の判決のことではありません（ヴォエティウスは，以前あなた方を私に反対するよう駆り立てることを欲したように，今度はあなた方をフローニンゲンの方々に反対するよう駆り立てて，あなた方をこの論争に参入させるよう説得し

---

99)　「アカデミー評議会報告書」AT. IV. 197.
100)　*Ibid.*, 198.
101)　デマレ。

ようとしているのです）。むしろそれ［比較］は彼が用いた陰謀のことです。つまり，彼が陰謀を用いて偽の証人を仕立て上げ，そして彼が獲得した判決をあなた方からも獲得するために，そしてその後，彼がそうしているように自分はそれを決して要請も挑発もしなかったとホラを吹くために，なすべきであった他のすべてのことをしたことです。

　私が裁判官の一人と友人であったと彼が主張している点については，友人はただ一人しかいなかったと考えるのは迷惑な話です。というのも，私は彼らのすべてが友人だと確信しており，さらに私の側からすれば，彼らはみな私が高く評価し，尊敬している方々ばかりであるからです。しかし，彼らと私との間の友人関係は，G．ヴォエティウスがスホーキウス，デマティウス，ワーテルラエト，その他と結んでいた友人関係と同じ種類のものではありません。ヴォエティウスの友人関係たるや，友人たちが悔い改めたいと言いだすと，ヴォエティウスは彼らと少しずつ口論するようになって，彼らを共犯者に仕立て上げたり，きわめて残忍な敵であるかのように徹底的に追跡したりすることで，自らの弁護を強いるものなのです。それは，彼がこの件で裁判に召喚したスホーキウスの例から明らかでした。そして，お互いに秘密を暴露するぞと双方で脅しあった後に，これらの秘密を知らないという恐怖が彼らを集結させたと思われます。フローニンゲンの方々と私との間には，そうした秘密はまったくありません。彼らの好意は，いかなる利益やいかなる会話にも基づいておりません。実際，とりわけ私が親しくしていると非難されているその人[102]とは，二度しか話したことがありませんし，この事件の間，彼にはまったく書簡を書きませんでした。彼はそれには関り合いたくないと言っていたからです。

　若いヴォエティウスが，同じ人［デカルト］は彼の父に憎悪をも抱いていると言っていることはきわめて正当です。G．ヴォエティウスはまったく憎悪するに値していたので，私はそれを否定することができないほどでした。それでも，そのようにヴォエティウスを敵視しているその人は，何度も彼と和解しようと努め，憎悪を抱いているのはヴォエティ

102）デマレ。デマレ宛書簡については AT. III, 605-607, VIII-2, 321（『デカルト全書簡集』第五巻 pp. 208-209, 277-279）を参照。

ウス個人に対してではなく，彼の悪徳に対してだけである，と表明しました。そしてこの同じ憎悪は他のすべての人も有していたところであり，スホーキウスが作った証文を見たとき，G. ヴォエティウスの罪にだれしも恐怖と嫌悪を抱いたことと私は思います。というのも，その息子の証言そのものによれば，その証文たるや，それを見るなら，彼もデマティウスも以後はもはや名誉ある人のうちに数えられないだろう，と多くの人が思ったようなものなのです。しかし，その好意もその憎悪も，ただ正義感のみに基づくものでしたので，好意や憎悪がより大きければ大きいほど，そしてそれが私の訴訟をより有利にすればするほど，そしてそれがヴォエティウスの訴訟を，それを知っていた人たちの目にはより醜悪なものにすればするほど，それは彼ら［裁判官］の判決の公平さをそれだけよく証拠づけていることになります。

　ともあれ，G. ヴォエティウスとデマティウスを有罪としたのは，裁判官の友情でも憎悪でもありえません。私に対して虚偽の証言をさせようとしてスホーキウスを籠絡しようとしたこと，そして実際に買収したことで，彼らを明らかに有罪であるとしているのは，彼ら自身の手で書かれた証文であり，それを彼らは今までのところまったく取り消していません。というのも，まずヴォエティウスが，裁判でスホーキウスに何を保証して欲しかったのかを知るためには，ただ次のことを考察すればよいからです。すなわち，その証文の主要部分——それは証言の書式でヴォエティウスの手で書かれ，それに倣うようスホーキウスに送られました——において，スホーキウスが私に反論しようと企てたのは「自発的に彼の恣意によって」[103]つまり自らの動きによってであること，そしてその本の一部はユトレヒトで，他の一部はフローニンゲンで書かれたことを保証するようヴォエティウスは明らか望んでいる，ということです。ヴォエティウスは「実際，彼［スホーキウス］だけがその著者であり，したがってヴォエティウス氏も他の人も著者ではない。その全体においてもその部分においてもそうであり，題材，配列，文体に関してもそうであった」と言って，自分がスホーキウスに何らかの材料を提供したことを否認しています。これに，同じヴォエティウスの書簡を付け加

---

103) AT. IV, 199.

えることができます。それは1645年1月21日付でスホーキウスに宛てて書かれ，それをフローニンゲン・アカデミーの評議会の方々は『善意の神殿』の35ページに印刷させました。そこには次のようにあります。「すべてがここに立ち帰ります。あなた［スホーキウス］が事柄（すなわち私［デカルト］に反論すること）について計画を立て，それを決定したのです。そしてまたあなたが，題材，形式，方法，文体に関して著作を書き始め，そして仕上げたのです。私［ヴォエティウス］からあなたに手渡したり送ったりした，いかなる紙も紙片もありません。また，あなたがそれを書くに際して，いかに短くとも何らかのメモを私が予め準備したこともありません」等々。

　次に，これらの事柄（それは二つの項目からなり，一つはスホーキウスがヴォエティウスに勧告されることなく自発的に私に反論したこと，他の一つはヴォエティウスはそれを書くために何の材料も提供しなかったこと）がまったくの誤りであることを知るには，同じヴォエティウスからスホーキウスに宛てたもう一通の書簡を見るだけで十分です。1642年6月3日または4日付のそれもまた『善意の神殿』の28ページにあります。というのも，まず次のようにあるからです。「あなた［スホーキウス］が懐疑論者たち[104]に反対して論争を続け，そしてあなたの残りの省察をしばらく留保して，論争を優先するよう再度促されていることは，ご不快ではないはずです。それは，狂乱し，自惚れた，かのほら吹き男R．デカルトの口を塞ぐ，最もよい機会となるでしょうから。アムステルダムで出版された「第一哲学の省察への付録」[105]は，とりわけあなたを駆り立ててそうした著作の輪郭を思い描かせるはずです。その付録は，われわれのこのアカデミーに対する，そしてとりわけ私の職業に対する，狂乱と矛盾に満ちた虚偽と中傷とで塗り固められていますので，どんな読者の堪忍袋の緒も切れるほどです」。以上が，彼が罪もない著作について語っているところですが，私はその著作のなかで，彼がその倍に値するとしか書きませんでした。そしてこのことは，ヴォエティウスが，私に反論するようスホーキウスを促したことを明らかに示してい

104）　デカルトのこと。
105）　『ディネ師宛書簡』は『省察』の末尾に付された。

ます。というのも，彼は「促す」や「駆り立てる」ということばさえ使っているからです。そしてこのことは，一度ならずスホーキウスを促したことを示しています。というのも，「再度あなたは促される」と言われているからです。またこのことは，「第一哲学の省察への付録」——それに反対してスホーキウスの本が書かれました——と名付けられたものがその機縁となったことをも示しています。私は，彼がそれに答えていることは十分承知しています。上の書簡によって，彼は「懐疑論者たちに反対して」テーゼを書くよう，そしてそのテーゼのなかで私の主張を攻撃するよう，促されたのです。しかし，それ以来，私に反対してスホーキウスが書いた本の題はそのときはまだ考案されていませんでしたので，ヴォエティウスは，もはや私を攻撃するようスホーキウスを促すことによってしか，それを書くよう明確に促すことができなかったのです。ヴォエティウスは，彼が望んでいた私に対する反論にそのときテーゼや論争という名前を与え，スホーキウスが明言しているように，その後彼自身が［別の］題を発案したものの，結果的にはやはり同じ本にならざるをえませんでした。なぜなら，本の名前などが問題ではまったくなく，事柄つまり中傷が問題であり，私がそれを不服としたからです。

　この点を私がもっとよく説明しうるために，これを機会にヴォエティウスに与する三冊の異なる文書が出版されたことに，ご留意願いたく思います。すなわち，［第一に］『驚くべき方法』あるいは『デカルト哲学』[106]と題する本です。これは私の意見を攻撃するという口実で，私に対する悪口を集めたものにほかなりません。次に，同じ本の「序文」と「序文への補足」[107]です。これらは，私がヴォエティウスについて書いたことに対して，明らかに反論しようとしています。第三に『経緯陳述』[108]です。これはあなた方のアカデミーの名で出版され，レギウス氏に関して起こった事柄が扱われています。ところで，ヴォエティウスがその時から，次の三様の仕方で私を攻撃する意図をもっていたことは，1642年6月3日付の書簡によって明らかです。というのも，第一の仕方

---

106) *Admiranda Methodus novae Philosophiae Renati Des Cartes,* 1643.

107) *Praefatio, Paralipomena ad praefationem* (Verbeek. pp. 157-172, 175-179). 後者は付属文書（2）本書261-265ページ。

108) *Narratio Historica,* 1643.

は私がすでに引用したことばでスホーキウスを促すものですが，それに加えて他の二つの仕方について彼は次のように言っているからです，「われわれのアカデミーに関しては，教授の方々は，彼［デカルト］が「あなた方は私に対して債務がある」と不満を訴えていることを，許せないと思うことでしょう。私［ヴォエティウス］に対して不当に寄せられた誹謗——それは弱められてはいますが——に関しては，われわれは今も真剣に考えています。私の知るかぎり，同僚たちのだれもそれを黙して甘受することに同意していません。むしろ，だれがどのようにして答弁すべきか〈心は大いに迷うところです〉[109]。私を，息子を，そしてあなたを指名する人たちがいます。しかしそれについては，われわれは先に延ばしましょう。その間に実際に起こったことに関することは確証され，もしそれが必要なら証言もまた承認されるでしょう」。このように彼はそれ以来「教授の方々」を彼の側に巻き込もうとの意図をもっていたのです。そして，それが個人に関する限りのことについては，彼は「だれも黙して甘受することに同意していない」と言っているのですから，それはスホーキウスの本の「序文」に含まれることとなり，沈黙しないことでうまく解決しました。しかし，この件について彼が書いたこと，あるいは書かせたことが，彼の名で，あるいは彼の息子の名で，あるいはむしろスホーキウスの名で出版されるべきかどうかは，まだ不確実でした。そして彼自身「それを先に延ばしましょう」と言っています。それが本来意味しているのは，他の人たちは彼に，自分自身で書くよう，あるいは彼の息子に書かせるよう勧めたが，彼自身の望みはそれを書くのはスホーキウスであることであった，ということです。その後，スホーキウスが法廷で，私はヴォエティウスからそう仕向けられたのでなく「自発的に」それを書いたのだ，と言明することを望んだのです。

　また同じ書簡によって，ヴォエティウスがスホーキウスに可能な限り材料を提供していたことが分かります。というのも，少し後で彼は，私の意見について次のように語っているからです。「あなた［スホーキウス］がこの埃(ほこり)のすべての矛盾を取り出し，それを古代の懐疑論者や，他の怪物のような異端者（それはアウグスティヌス[110]，異端についての

109）ギリシア語。

エピファニウス[111]の書，およびゲンナディウス[112]にあります）と結び付けて論駁しているなら，あなたはやりがいのある仕事をしたことになるでしょう。その根拠は第一に聖書です。第二に直接的な議論であれ，背理法によって人を矛盾に追いやる議論であれ，議論です。第三に神父たちの同意です。第四に，古代の哲学者，スコラ学者，最近の神学者や哲学者——すなわち改革派，ルター派，教皇派——です。その結果，キリスト教およびすべての学者に共通の事柄が問題であることが明らかになるでしょう。しかし，彼［デカルト］の主張が健全であれ不健全であれ，彼は何も新しいことを生み出していないということは，周知されるべきです，等々」。これはスホーキウスの本が書かれるための格好の材料です。そして5ヵ月あとの1642年11月25日，スホーキウスの本が印刷中であったときに書かれたヴォエティウスのもう一通の書簡によっても，そのことは分かります。そこには次のようにあるからです，「とくにデカルトの意見については，他の著作や他の場合に討議することにしましょう。単にことばや約束だけでなく，あなた［スホーキウス］がここから持ち去ったその抜粋や書類をわれわれにお返し下さい。もしこの方法の見取り図全体において何か欠けるものがある場合，あなたがそれを補完しないなら，われわれがここで補完するように努力いたしましょう。今度はそれで十分に足りており，われわれはとくに討論をする必要はありません」。これに対してデマレ氏[113]は「だからどうだというのですか？　それは単なる誹謗です」とうまく答えています。それゆえ，この本全体の意図はスホーキウスの意志によるものではなく，ヴォエティウスの意志によるものであったことが分かります。スホーキウスはとくに私の意見を攻撃したかったのですが，それはまだ誠実なほうであったのです。しかしヴォエティウスの意志としては，私を憎らしいものにしようとして，人が一般的な仕方で話し，これらのあらゆる常套句を罵倒に用いることを，ただただ欲していたのです。その結果，彼がその主たる著者だと分かります。

---

110)　Augustinus, *De Haeresibus*.
111)　Epiphanius, *De Haeresibus*.
112)　Gennadius, *Adversus omnes haereses libri VIII*.
113)　本書50ページの注10を参照。

これらの証拠は，ヴォエティウスの手で書かれ，彼もそれを肯定している証文にのみ基づくのですが，もしそれが彼を説得するには十分でないなら，千の証拠も十分ではないことになるでしょう。しかし，それに加えてスホーキウスは，ヴォエティウスの手で書かれた「序文」[114]の全見本をまだ持っている，と言明しました。それは60ページ以上もあり，本全体のうちで最も犯罪的な部分です。彼は［序文と］同じことをヴァニーニとの比較で言明しました。ヴァニーニは，彼らが私を無神論として非難するための唯一の論拠なのです。すなわち，私は無神論者に反対して書き，そしてヴァニーニは，実際は無神論者であったにもかかわらず，無神論者に反対して書くふりをした。そのことから彼らは，私が密かに無神論を教えている，と結論しているのです。スホーキウスが明言しているところでは，「私が，狡猾にもまったく密かに無神論の毒薬を他人に塗りつけている」とすることばは，彼とは別の人の手で，すなわち私が先にお話しした「その罪に穢れた手で」書かれたのです。私が不満としたのはまさにこれらのことばです。なぜなら，それは人が想像しうる限りの最も悪意のある，最も罰すべき中傷であるからです。そして，法律にしたがって裁判に訴えことができるよう，「確たる犯罪」を確定しなければなりません。ヴォエティウスがそうしているように「不確かさのうちにさまよう」のではありません。彼が，私の著作のなかで中傷されたと言うとき，しかし彼はどういうことばで私から損害を蒙ったのかを，まだまったく特定できていないのです。

さらに，「序文」に付せられた「補足」——その最後の文章[115]だけでも，その本の他のすべてと同じほど鋭さと辛辣さを含んでいます——については，最初からスホーキウスはそれを自分のものとは認めませんでしたが，ヴォエティウスは必ずしもそうではありませんでした。

もし私が，彼［ヴォエティウス］によって提案され命じられた証言が偽であることを示す証拠をすべて，ここに集めたいと思ったとしても，［あまりに多すぎて］私は決してそうしなかったでしょう。しかし，私がここに書いたことはすべて事実であり，スホーキウスと［ヴォエティウ

---

114) 『驚くべき方法』の「序文」。
115) 本書265ページを参照。AT. VIII-2, 255 n. a を参照。

ス］の関係にまったく依存していない，ということをご考慮いただきたく思います。なぜなら，スホーキウスが「序文」の見本や，手元にあると言うもののまったく出版されていない他の著作の見本を，持っているということが事実でないなら，スホーキウスに対するヴォエティウスの訴訟は必ず遂行されることを人はよく知っているからです。若いヴォエティウスの中傷がいかに破廉恥であるかを示しているのは，彼が「フローニンゲンの方々は，自分たち［ヴォエティウス父子］を最も非難しているたった一人の証人［スホーキウス］の証言に基づいて判決を下した」と非難している場合です。というのも，彼ら［フローニンゲンの方々］がスホーキウスのことばをまったく考慮しなかったとしても，［スホーキウスの］証言なしでも十分な証拠があったからです。しかしながら，フローニンゲンでなされた言明は，以前ユトレヒトで彼［スホーキウス］がなした言明よりも，比較にならないほど信用できることは明らかです。というのは，ユトレヒトにおいては，その言明が他人から促されたものであることに加えて，彼は自分の利益になると思う事柄だけを，つまり彼がすでに自分の名を冠した本の著者であることを，証言しているだけだからです。彼が裁判官の面前にいたわけでは決してありません。彼は，自分が言明していることが事実ではなかったとしても，非難されることを恐れていませんでした。彼はただ友人に書簡でそれを伝えただけでした。その友人は，彼の虚偽が露見したとしても，苦境から彼を引き上げることができるほど十分な力をもっていると思われた人です。これに対してフローニンゲンでは，彼は，人に知られると恥ずかしいようなことや，最も親しい友人たちを不快にするに違いないことを証言しました。しかもそれを内密に証言したのではなく裁判官の面前でしたのです。かくして，もし彼が嘘を言っており，彼がそう言うように強いた他の人の罪を背負っているならば，そこには裁判への畏敬と処罰への恐怖しかなかった，と確信できます。彼は，裁判官から真剣に尋問されたなら，ユトレヒトの時からすでに同じことを告白していただろうと言明さえしたのです。そして，人が，要求されている真実をいくらか隠そうとする罪人や証人を取り調べるとき，裁判においてなされた証言が，裁判官のいない所で言われたことと矛盾するということは，ほとんど常に起こっていますが，だからといって証言を信用しないわけではないのです。

しかし，ヴォエティウスがスホーキウスに命じた証言が虚偽であったことを証明しただけでは，十分ではありません。彼がスホーキウスに，そうした証言をするよう唆し，催促したことを証明しない限り，彼は罪を認めさせられたとは思わないでしょう。それゆえあなた方にご考慮いただくようお願いするのは，彼はただそれをスホーキウスに要請しただけではなく，最悪のことをなし，明らかに命令した，ということです。というのも，証言の下部で次のように書いているからです。「その間どこであれ証言の〈正確さ〉[116]を守り，必要なところではあなたの文体で書いて下さい。そしてとくに私が下線を施したところを，できる限りラテン語風に書いて下さい」と。かくして彼［ヴォエティウス］は，スホーキウスの文体とヴォエティウスの嘘が，ヤコブの声とエサウの手[117]であることを望んだのです。彼はスホーキウスに，文体を変えるよう，しかし命じたことすべての意味を，とりわけ彼が下線を施したことばの意味を，厳守するよう命じました。彼は，私が先に報告したすべてのことば[118]に下線を施していたのです。ヴォエティウスを知る人たちは，こうした仕方での要請や命令がいかに執拗であるかを知っています。とりわけ，スホーキウスがそうであるように，自分がヴォエティウスよりも劣っている，あるいは彼の恩義を受けたと思っている人から見ればそうです。スホーキウスはこの証言を維持することに固執しなかったのでヴォエティウスが彼を裁判に訴えたことで，そのことは経験から実証されています。

　次にこれに加えて，ヴォエティウスこそが，ワーテルラエトをあちこち東奔西走させ，デマティウスにすべてを行わせて，命じられた手本にしたがってスホーキウスが少しずつ証言を作成するよう仕向けたのではないでしょうか？　というのは，この二人はヴォエティウスの友人であるという以外に何の利害関係もなかったからです。それにもかかわらず，スホーキウスが保証するところでは，ワーテルラエトはその件で何度も

---

116)　ギリシア語。
117)　「声はヤコブだが，手はエサウの手だ」（旧約聖書「創世記」第27章22節）。弟ヤコブが兄エサウの毛深い手を装い，目の悪い父イサクを欺いて兄の代わりに祝福を受けた。
118)　AT．VIII-2, 248；本書236ページ。「スホーキウスだけがその著者である」という部分。

ヴォエティウスに会いに行き，ヴォエティウスが望んだ証言の手本をフローニンゲンのスホーキウスに送りました。しかし，スホーキウスの良心はそのような証言をすることを自らに許さなかったので，もっと事実に見合った別の証言を彼らに送りました。実際，それ以後になされたことから伺い知ることができますが，スホーキウスは，ヴォエティウスに送った証言のなかで，主要な間違いを含むことばを省いていたのです。すなわち「実際，彼［スホーキウス］だけがその著者であり，したがってヴォエティウス氏も他の人も著者ではない。その全体においてもその部分においてもそうであり，題材に関してもそうであった」を，彼は何か別のことばで置き換えました。そして「自発的に」や，他のほとんどすべてのことばを，彼は曖昧さによってカバーしようとしました。つまり，ヴォエティウスが「本」と書いたところを，すべて「方法」と書き直しました。その理由は，「方法」ということで章の順序と文体のみを意味するためです。これについて彼はたしかにその著者であることは認めても，彼がその後言明したように，侮辱や素材については何も保証したくなかったのです。ヴォエティウスはこの曖昧さを苦にしませんでした。というのは，その本は「驚くべき方法」と名付けられていますので，この証言を聞くすべての人が「方法」を本全体の意味に取ることを疑わなかったからです。しかし，スホーキウスがヴォエティウスの手本に従わなかった他の事柄，とくに「実際，彼だけが」以下のことばを省いたことは，彼を十分に満足させなかったと私には思われます。というのも，スホーキウスがユトレヒトに来て，証言を改めるように仕向けるのがより好都合になるまで，彼はこの証言を数週間にわたって使わずに保持していたからです。これについて再びワーテルラエトが雇われ，彼はデマティウスの手で書かれた以下のメモをスホーキウスに渡しました。

「拝啓。あなた［スホーキウス］の証言を少し変更して欲しいと思います。それは簡単に言えば以下のことです。

　21，22行。下線を施した行をすべて消し「私［スホーキウス］だけがそれをなし遂げた」と書くこと。

　30行。「私はほとんど［その場に］いることができなかったので，

友人たちにお願いしてそれを得た」だけを残すこと。

31行。「他人の手で」を消し「他の著者の手によって，必要なときにはその名前が明かされると私は思う」あるいは何であれそれと同様のことを書くこと。

なぜそうしなければならないと私［デマティウス］が思うかの理由は［今は］申しません。お目にかかって申し上げるでしょう。さようなら。」

そして，ここではとくに「私だけがそれ（つまり本あるいはその方法）をなし遂げた」ということばに注目すべきです。なぜなら，この「だけ」は，すべての悪だくみの元凶であるヴォエティウスを除外するためにそこに含まれているからです。「私はほとんどその場にいることができなかったので友人たちに」等々という他のことばは，もしデマティウス自身が自分を弁護しようとして，『不公平な法廷』の117-126ページに挿入した文書によってそれを説明していなければ，それほど簡単には理解されえなかったことでしょう。しかし，120-121ページでは以下のことを教えてくれています。すなわち，スホーキウスは，ユトレヒトで起こっていることについて，ヴォエティウスが命令するままに書いたが，その詳細を一部はヴォエティウスから，一部は他の友人たちから聞いた，と証言に入れたこと。そして，デマティウスの方は，ユトレヒトでスホーキウスにはそれらの詳細について知らせてくれる友人がヴォエティウスの他にユトレヒトにいるとは思っていなかったので，「一部はヴォエティウスから，一部は他の友人たちから」と書くべきではなく，「ヴォエティウス」の名を消してただ「友人たちから」と書くべきだと判断していたこと，です。これについて彼［デマティウス］は冗談半分に自己弁明をしています。「ここでもし私が何か罪を犯したとするなら（彼は言います）その罪は次の点にある。つまり私が最も敬愛し，教会がその人に多くを負うている私の同僚の無実を保証するには，おそらく過度に用心深い手段――だれも害さないが，（罪を犯す機会をなくするので）だれかの役に立つ手段――によってすべきであると私が判断した点にある」と。かくしてこの聖人は，証人に偽証させて裁判官を欺くことを「だれも害さない用心深い手段」と呼んでいます。ただヴォエティ

ウスにのみ由来すると知っていることにおいて，ヴォエティウスの代わりに「他の友人たち」と裁判官に思わせるのです。このような仕方で，無実の者を有罪とし，その人から名誉と財産を奪い，それが可能な場合には，生命さえも奪うのです。そして，裁判官を欺くことではヴォエティウスその人以上に配慮をしていたデマティウスは，スホーキウスが［この著作を］書くように促されていたことを知らなかった，とは言えません。というのも，ユトレヒトで起こっていたことを彼が聞いたのは，ただヴォエティウスからのみであることを彼は知っていたので，残りのことを知らないなどということはありえないからです。またその証言において「私だけがそれをなし遂げた」ということばに虚偽があることをよく知らないままに，彼［スホーキウス］に証言でそう書くよう説得するなどということもありえないからです。さらに，『善意の神殿』の4ページにあるスホーキウスの証言によって，この本の最初の計画が立てられたのは，ある宴席でデマティウスのいる前においてであったことが分かります。そのことばは以下のようなものです。「実際1642年，彼［スホーキウス］がその習慣で，夏休みで友人たちに会うためにユトレヒトに遠出したとき，彼はヴォエティウス氏から，そのアカデミーの教授たち，および若干の他の名誉ある方々と共に，まったく贅沢で豪華な宴会に招かれた。そこで，やがて食卓が片付けられると，デマティウスと他の人たちは，デカルトの『ディネ師宛書簡』に言及した。そこでは彼の師であるヴォエティウス氏がまったくひどく酷評されており，彼は，ヴォエティウス氏から，自らのため，そして自らの師のために，デカルトへの反論の筆を執るよう求められ，熱心に要請された」[119]。

　そのことが宴席で，しかも自らの良心や名誉に配慮しなければならない多くの人（なぜなら，ヴォエティウスのところに通っている人すべてが，彼のようになるとは私は思いたくないからです）がいる前で，これほど公になされたことは驚くべきことではないでしょうか。そして，そのこと自体はたいへんありそうなことなので，推察でしか判断しない人たちでさえも，ヴォエティウスがスホーキウスに要請して私への反論を

119）1642年夏レギウスからデカルト宛（AT. III, 572-573；『デカルト全書簡集』第五巻 pp. 169-170）にも同趣旨の記述がある。

書かせたことが本当であることを疑わないのです。裁判官の前で［私が］否認されるために，そして私を陥れようと計画された判決の基礎となるために，彼がそうしたやり方を選んだということは，繰り返しますが，驚くべきことであり，とんでもないことではないでしょうか？　スホーキウスが裁判官の前で行ったその証言の真理性には，疑う余地もありません。というのも，彼に対する訴訟において，その証言には反対者たちによる反論さえもなかったからです。彼らはその訴訟に，ほとんど重要でなく見当違いの他の多くのことを詰め込んでいたのですから，この宴席にいた人たちの証言によって論破されることを恐れていたのでなければ，そのことを書き落とすことはなかったでしょう。

　しかし，それはデマティウスに罪を認めさせるには十分ではありませんでした。ヴォエティウスが命じたメモにしたがうよう彼がスホーキウスに執拗に要請したことが証拠づけられることが望まれるからです。というのも，彼のすべての抗弁は「そこには執拗な要請の様子はまったくなかった」と言うことに尽きるからです。それはあたかも，別の人がある人に，別の人の方が絶大な権威をもっていたにもかかわらず，その人はあまり乗り気でなかったことを証言するよう命じたあとで，その人に「あなたの証言を少し変えて欲しい」等々ということばのメモを渡すことは，それほど執拗なことではなかったかのごとくです。それは明らかに良俗と法律とに反していますので，そのメモが真なるものしか含んでいなかったとしても，それを渡した人はやはり軽蔑の対象になりえます。しかも，それに加えて，彼［デマティウス］自身はスホーキウスとは何の親密な交わりもなかったと言っています。しかし彼は，そのメモを渡したあとで，翌朝の6時と7時との間に，彼を訪問したと告白しています。このことは，それがきわめて執拗な要請であることを示していると思われます。年長の神学部教授が，まったく親密でもない年少の他の教授[120]の住まいに，朝早くから行っているのです。しかもそれは，デマティウスがそう告白しているように，彼がそれによって友人［ヴォエティウス］をただただ喜ばせようとし，その友人はすでにそれを断られてさえいたある一つのことを，スホーキウスに要請するためなのです。ある

---

120)　デマティウスは1597年，スホーキウスは1614年生まれ。

用件の話をするだけで，真剣にそれを要請する意図も，友人から渡された説明や文例に自分のものを加える意図もなく，ある人をこういう形で訪問することは普通ありません。

263　しかし，なぜヴォエティウスが自分自身でそこに行かなかったのか，私にはまったく分からないことを認めます。このことで彼は，スホーキウスに私への反論を書かせて，火中の栗を拾うのにネコの足を利用するサルを真似ようとしたのかもしれません。あるいはおそらく，すでに彼の側でできる限りのことをすべてしたが目的に達していないので，彼は多くの人の説得や権威のほうが一人だけの場合よりもより効果があるだろうと期待し，かのスザンナの純潔121)を崩すためには，ヴォエティウスとデマティウスという名声ある二老人が，ともに知恵を絞る必要があると期待したのでしょう。三人目122)はそのとき亡くなっておりましたから，この二人があなた方のアカデミーの神学部全体をそのとき支えていたのです。

しかし，これら二人の人間への反論として出しうるどんな証拠も――その一部しか私はここで書くことができませんが――彼らに罪を認めさせるには十分でないだろうとあなた方が思われるなら，若いダニエルの証拠のほうがはるかに少なかったことを考察するようお願いいたします。彼は，きわめて大きな権威があり，彼ら［ヴォエティウス父子］と同じく虚偽の証言によって無実の者を断罪するようにした民衆の裁判官であるこれら別の二人の長老に反論したのですが，反論として出した証拠はただ，その下でスザンナが罪を犯したと彼らが主張した木の名前について，彼らが一致していないということだけだったからです。それについ

264　て，これら長老がいろいろな口実を探し出すのにこと欠かなかったということは十分信じられます。たとえば，注意していなかった，木の名前を知らなかった，目が悪いので遠くから木を見分けられなかった，それをもう思い出せなかった，あるいはそれと同様のことです。それは，ヴ

---

121)　旧約聖書「ダニエル書」第13章。庭で水浴をする美しい人妻スザンナを覗き見た二人の長老（裁判官）は，彼女に拒否されたので，彼女が「木の下で男と密会した」として死刑を言い渡した。しかし，青年ダニエルが長老の証言のうちで木の名前について彼らが一致していないことを示し，逆に長老たちは死刑に処された。

122)　三人目の神学部教授スホタヌスは1644年4月6日に亡くなっている。

ォエティウスとデマティウスが彼らの訴訟を弁護するために持ち出したいかなる口実よりも，はるかに本当らしいものです。しかしそれでも長老たちは，やはり断罪されたのです。

　推測と証拠とが相反する事態においては，何かを決定する前にきわめて慎重にことを運ぶ必要があります。しかし，ここでは証拠はきわめて明らかで確実ですから（つまり，その証拠は犯罪人たちの手で書かれ，彼らによって決して否認されなかったものです），推測と相反していたとしても，それ［証拠］を信じることを余儀なくされるでしょう。その上，推測はその証拠と完全に一致しています。結局，その推測はきわめて強固であるので，他の証拠がなかったとしても，すべての王のうちで最も賢明な王の判断にしたがって，ヴォエティウスを有罪とするのに十分です。というのは，ソロモンは，二人のうちのどちらが子供の本当の母親か——それを彼女たちは言い争っていたのですが——を判断すべきときに，躊躇なくその子に最も愛情を示した母親に子供を与えたからです[123]。彼女が本当の母親であること証明するものは，そうした推測以外にはまったく何もなかったにもかかわらず，です。それとまったく同じように，問題は，スホーキウスとヴォエティウスのどちらが，『驚くべき方法』あるいは『デカルト哲学』と題された本（この本には二人の父親があったと思われるがゆえに二つの名があるのです）の本当の父親であるかを知ることでした。ところで，スホーキウスはそれを認めず否認しています。その結果，彼は人生のすべての行為のうちでも，それを書くことに自分が使われたことほどいやなことはなかった，と告白さえしています。「自分のすべての行為のうちでも，その仕事に自分が我慢して加担したことほどいやなことはなかった」[124]と。しかし反対にヴォエティウスは，この本を，とくにそれが含んでいる最も犯罪的な点，つまり無神論についての彼らの中傷に関して，常に一貫して称賛し，［自ら］弁護し続け，あるいは息子に弁護させ続けています。というのは，その息子はその本『親への愛』H紙葉の11ページではっきりと次のように言っているからです，「もし父が，この著作の一部を，とりわけ尊

---

123) 旧約聖書「列王紀」上第3章16-28節．
124) 同じことがラテン語で表記されている．

大な懐疑論つまり無神論の部分の記述——その点でデカルト哲学は不合理として批判される——を予め準備していたとしても（そうではなかったのだが），父はそれを恥ずかしく思わないだろう」と。そして，それ以来，彼が出したすべての本の他の多くの箇所で，彼の父がその本を承認し弁護していることを読者に知らせようと配慮したのです。それにもかかわらず，私がそのことで彼を告発したので，あなた方が私を断罪したことを彼は自慢しているのです。あたかも，彼がそれをよいと思い，それをしたことを恥とは思っていないあることを彼がした，と［私が］言ったことがたいへんな中傷であったかのようにです。彼は，自分はあなた方の町で大きな権力をもっているので，それを要請も挑発もすることもなくこの有罪判決を得た，と人から思われさえしたいのです。

　私はここで聖書の例を書き連ねたくはありません。もっとも，アハシュエロス王[125]の例は，おそらくきわめて適当でしょうが。王はハマンが恩寵を悪用していると聞かされて，モルデカイのために用意していた刑を彼に課したのです。

　さらに，この話を締め括るにあたって，私が望んでいないことを述べておきます。つまり1643年6月13日の告示[126]はたいへん有名なのでその記憶は何百年も残るでしょうが，そこであなた方が「ヴォエティウスの品行を調査したい。なぜなら，もしそれが，私［デカルト］が書いたようなものであったなら，あなた方の町［ユトレヒト］に彼はきわめて有害であると判断するだろうから」と明言したのを想起していただくことを私は望みません。そして，今や彼の品行は私が申し上げたよりもさらに悪いので，あなた方はこの点で約束を守らざるをえない，ということも私は望みません。［次に］あなた方が，彼は法廷を嘲笑していると言って，あなた方を彼に敵対させることを私は望みません。それは，彼がまったく尋問されない被告人の役を演じ，私に［ユトレヒトのアカデミーのことを］何も知らない告発者の役を演じさせたいとしたときであ

---

125) 旧約聖書「エステル記」8-10。王の重臣ハマンは，ユダヤ人モルデカイが自分に恭順の意を表さないことに立腹して全ユダヤ人を殺す計画を立て，モルデカイを高い木に吊るすことにしていたが，その養女エステルによってそれが王の知るところとなり，ハマンの方が木に吊るされた。

126) 付属文書（4）（本書270-271ページ）。13日は新暦では23日。

り，そして，彼は［自分では］上出来だと思っていることを彼がやり遂げた，と私が言ったことで彼は中傷されたふりをしたときであり，最後に，私がその名も知りえなかった代理人たちによって私を断罪させたいとしたときのことなのです。それは，もう一度自分が犯罪人になることに他ならず，嘲笑する理由などないのです。また，彼がこれらをすべて公にするなら，レギウス氏と少なくとも同じく罪があることになると言って，あなた方を彼の息子に敵対させることもまた私は望みません。レギウス氏は，あなた方のアカデミーで起こっていたことを私に知らせた疑いで，その職を失う危険があったと言われています。私はそれを知ることに関心があったにせよ，またヴォエティウスがそう説得したがったように，それは共和国の秘密ではまったくなかったにせよ，です。さらに私は，ヴォエティウス父子がたいそう頑固であって，罪を犯してもいつも罰せられないのをよいことにあまりにも恥知らずになり，法廷だけでなく彼らの罪をも嘲笑している，と言って彼らを憎むべきものにしようとは望みません。若いヴォエティウスは，ヴォエティウスとデマティウスの手で書かれ，スホーキウスを誘って法廷で証言させ，裁判官を騙すための明らかな偽証が，あたかもほとんど重要でないことであるかのように，その証言をフローニンゲン・アカデミーの方々が私に送った無価値な，がらくたの「お守り」と呼びました。そして彼は「自分の身に覚えはまったくない」[127]と言って，父を聖パウロにすることだけでは満足しないのです。これらの罪が何千という多くの人に知られており，その言訳をするために彼が持ち出すことができるのは中傷と無礼に過ぎないにもかかわらず，です。そればかりか，彼は無謀にも父をイエス・キリストにたとえるまでに至ります。そして，デマレ氏と私［デカルト］について「ヘロデとピラトは友好を結んだが，それは，潔白な名声と，神の（つまりキリストの）恩寵による純潔な名声に汚辱をまき散らすためである」とまで言うのです。最後に，私は，これらの中傷者と嘘つきに対してあなた方に裁判を請求することはまったく望みません。彼らの罪が罰せられないままになっていることが，あなた方にとって妥当あるいは有益なことかどうかを判断するのはあなた方であり，私が関わるこ

127） 新約聖書「コリントの信徒への手紙一」4-4を想起しているか。

とではありません。今後は彼らが私に反対してものを言ったり書いたりすることに，だれも信用を置かないものと信じています。彼らがあなた方の保護によって補強されない限りは，彼らの陰謀はどれも滑稽であり効果はなく，子供でさえそれを嘲笑するでしょう。というのも，彼らの悪行は今や十分に周知のことだからです。あるいは，それがまだ十分に周知されていないなら，その悪行が私を害しないように，今世紀あるいは次の何世紀にもわたって彼らの嘘に耳を傾けることができる人すべてに，私はそれを知らせたいと思います。そして，私は自分の義務に属することを何一つ怠らないようにするでしょう。

268　しかし私は，ユトレヒトのような町の参事会の方々に私が捧げるべきであり，かつ捧げたいと思っているあらゆる敬意と尊敬の念を持っておりますので，あなた方自身について不満を訴えても構わないとして下さるようお願いいたします。その理由は，あなた方の訴訟と私に対する判決——それを私の敵はあなた方から得たと自慢しています——によって，あなた方は彼らの中傷に，ご自分の力のうちにあるのと同じ権威と信用を与えたからです。それゆえ，私が不満を言うべきなのは，ただあなた方についてのみであると正当に言うことができます。だからといって，あなた方がなさったことについて私が何か非難しようというのではありません。この世のいかに優れた裁判官でも，証人の偽証によって欺かれうることを私は知っているからです。しかし，G．ヴォエティウスが，自分が得たものを得ようとして行使したあらゆる策略や悪知恵についてはまったく知りません。彼がそれを得たかどうかさえ私は定かには知らないのです。私が知っていることはただ，彼のような気質を持ち，あなた方の町で得ているような信用を得ている人は，そこで多くのことを得ることができる，ということだけです。しかし，［第一に］理性が望み，正義が要求していることは，意図的に傷つけた人々に対してだけでなく，そうと知らずにあるいはよかれと思いながらも何か損害を与えた人々に対しても，人はできる限り私利私欲を度外視して償いをする，ということです。［第二に］そうと知らずになした間違いを改めるのに大いに意を用いることは，名声と名誉に執着している有徳な人たちの常です。その目的は，彼らが間違いをする際に悪意があったと人が思い込むことがないようにするためです。それとは反対に，おそらくそうしようとは思

わなかったにしてもある人に［いったん］損害を与えると，そのことで憎まれるに値すると思われるというただそれだけの理由から，その人に対してなしうる限り害を与え続ける人は，卑しく，卑劣で，愚かな魂しか持たない人です。あるいは，一度間違えると，彼ら自身はそれを認めないにせよ，彼らがしたことを続けないのを恥じるのです。そして［最後に］，私はあなた方をきわめ寛大で，有徳で，思慮深いと思っています。こうした理由から，今や私の敵の虚偽が見出され，あなた方はそれをもはや無視することはできない以上，私が要求している償いを私に与える機会を持つことで，あなた方はたいへん満足されるだろうことを私はまったく疑っておりません。

269

それゆえ，あなた方が私に与えた迷惑と損害をご考慮いただくようお願いいたします。それは第一に1643年6月13日［新暦23日］の告示によるものです。それは，鐘の音に合わせて鳴り物入りで，そしてこの国のすみずみにまで配慮して送られたビラによって，あたかも私があらゆる罪のうちで最大で，最も憎むべき罪を犯した流れ者か逃亡者であるかのように，私を召喚しています。というのは，私がヴォエティウスに反対して書いたこと以外はまったくそこで明示されていないとはいえ，しかしある人が一私人に反対して書いたことを理由に，その人をきわめて法外な仕方で召喚するのはまったく前代未聞で前例のないことであり，また細民や一般に学のないすべての人は，本を作ることの罪がどこまでおよびうるのかを知りませんので，あなた方は私がこの点でこれまた前例のないほど大きな罪を犯したと考える理由を彼らに与えたからです。そして，私が受けた侮辱は，私がそれに値することが少なければ少ないほど，それだけ大きかったのです。というのは，実際，私がしたことは，想像しうる限り最も法外な中傷に対して，守らざるをえなかった節度よりもはるかに大きな節度をもって，自分を弁護したことに他ならないからです。慎重を要するといっても，その中傷に対して私がそれ以上長く反対を引き延ばすことは許されませんでした。というのも，ヴォエティウスは，私が無神論者であると説得するために長い時間をかけて作り上げた計画を持っていた，と先に私が示したこと以外にも，彼はその廉(かど)で私を裁判に訴えさえして，偽証によって私を圧迫しようと欲した，と思われる正当な理由があるからです。なぜなら，彼が証人を籠絡すること

270

ができると言うことは［事実であって］間違いではまったくないからです。そしてスホーキウスも、そのヴォエティウスが彼の本のなかで主に無神論を理由に私に反論するよう勧めたとき、ヴォエティウスは彼に「実際、根気強い、あるいは最高級の証人が（私［デカルト］にその罪を認めさせるために）いつか出て来るであろう」と約束したことを保証しているからです。しかし彼は、私が自分を弁護するように気をつけていることを知って以来、だれかを証人として仕立てることは出来なくなりました。あなた方が私に大いに損害を与えた第二の事柄は、あなた方が下したと言われている判決[128]です。そのなかで、あなた方は私の著作を断罪し、あなた方の力の限り私から名誉と財産を完全に取り除くために、あなた方の司法官に対して、私に反対する行為を明らかにとったのです。第三に私が付け加えますのは、1645年6月2日の布令[129]だけではありません。その布令によってあなた方は、私に賛成して私に好意的な著作を印刷・販売することを、本屋に禁じています。それは、私がフローニンゲンの方々の同年4月10日付の判決[130]を受け取ったのと同じ時でした。その判決は、私を正当化するのに役立ちましたが、その間ヴォエティウスは、私に対する中傷を確認するために、スホーキウスの書簡[131]を印刷させました。しかしそれだけではなく、この4年間、あなた方がヴォエティウスの侮辱や、彼が私を害しようと嗾（そそのか）した他のすべての人の侮辱に対して、あらゆる保護を与えてきたことも付け加えます。あなた方の町の私の友人のだれもが、私に損害を与えつつそこでなされたこと——私に知らされることなしにそれらがなされることは当然ありえなかったとはいえ——を私に敢えて知らせる場合は、必ず自分の筆跡を偽り、その名前を隠した時があったほどなのです。そして、スホーキウスがヴォエティウスの感情にしたがって、後者の気に入るように、考え付く限りのあらゆる最も犯罪的な中傷を書いていた間は、彼はあなた方の町で歓迎される人でした。彼から引き出された私に反対する証言は、彼自身が告白しているように矛盾と曖昧さに満ちたものであり、以前に

---

128) 付属文書（6）1643年9月23日（新暦）。本書276-279ページ。
129) 本書220-221ページを参照。AT. VIII-2, 226.
130) 付属文書（8）4月20日（新暦）。本書291-296ページ。
131) AT. VIII-2, 227 n. a, 本書221ページの注72を参照。

私に反対して書かれた彼の本は，その証言をまったく疑わしいものにしたはずなのに，法廷で有効なものとして受け取られました。しかし，彼が私に有利ないくつかの事実を告白した後では，それがために人は彼に対して名誉毀損［侮辱罪］の訴訟をおこしました。彼は，その事実をフローニンゲンの方々がそれをまったく疑わなかったほど，きわめて明瞭に証明したにもかかわらず，あなた方の下ではまだそれが許されていなかったのです。その結果，この４年以来，私の敵が私を攻撃し，その怒りと激怒とを私に向けて爆発させた間，あなた方はできる限りあらゆることをし，私の手を縛り，私が自分を弁護することを妨げたと思われます。

　しかし，もしよろしければ，次のことを私があなた方に正当で完全な償いを期待する理由のうちにも数えましょう。すなわち，あなた方が私に留めて下さった絆を断つことは私にはきわめて容易ではあれ私が望んでいなかったこと，そして私はこれまでヴォエティウスから受けたあらゆる侮辱を，それに復讐することもせずに辛抱強く耐えた，ことです。私がそうした理由はただ，あなた方は組織をあげて彼をたいへんかばっておられますので，彼に少しでも打撃を与えると，必ずあなた方に触れることになることが分かっており，私はあなた方を傷つけることを望まなかった，ということを考えたからです。私が要求する償いをあなた方から受けることができるように，こうした点をご考慮下さるようお願いいたします。そして，私がそれについて他のことを得ることができないなら，少なくともどんな重罪人にも普通拒否されず，普通私が知ってもよいことを，どうか私にお教え下さいますよう。つまり，私に対して下されたとされる判決がどういうものか，どういう裁判官によってそれが下されたのか，彼らがその根拠とするものは何か，そして，私を有罪にするために彼らがもっていたあらゆる不利な事実や証拠がどういうものか，ということです。これに関して，私は神があなた方に最も神の栄光のためになる助言を与え，それによってあなた方が，徳を愛するすべての人から最も称賛され評価されるものとなりうるよう，神に祈願いたします。以って私が以下のことを自らに言う正当な理由があるようにするためです。

　あなた方のきわめて恭順で恩義のある下僕，

敬具

デカルト
（山田弘明 訳）

付属文書

付属文書（1）

＊＊アカデミー評議会の議決[1]

＊＊アカデミーの教授たちは，1642年2月に「神学・哲学的系論等に対する答弁ないし覚書」と題して出版された小冊子を，大きな苦痛なしには読むことができなかった。そして彼らは，その小冊子がただこのアカデミーの損害と不名誉になること，および他の人の心に悪しき疑念を掻き立てることを意図していることに気づいていたので，すべての人および個々の人に対して［以下の点を］より明確にしようと決めた。

第一に，ある同僚が他の同僚に反対して，とくに相手の名前を記した本ないし小冊子を公に出版するというこのやり方を認めないこと。それはとりわけ，アカデミーで論争になっている事柄について討論され，匿名で出されたテーゼないし系論に関してである。

次に，前述の小冊子においてしばしばなされているように，新しいと自称する哲学を擁護する論拠には賛成しないこと。というのは，それは，すべてのアカデミーで受け入れられてきた，それとは異なる通常の哲学を，より真なるものとして至るところで教えてきた人たちを，傲慢なことばを連ねて侮辱しているからである。たとえば，それは著者が前述の小冊子で次のように言うときである。

6ページ。ずっと以前から私［レギウス］は，学生たちが私の下でわずかな期間で大きな進歩を遂げたことを知っていたが，ある人たちにはそれが悪く思われている。

7ページ。ある難問を解くために他の人が用いるのをつねとする用語は，より明敏な知性の持ち主をわずかでも決して完全に満足させることはなく，むしろその魂をただ闇と霧とで満たす。

同ページ。［難問の］本当の意味は，一般に，他の人よりも私の下で，はるかによくかつ敏速に学ばれる。そのことは，私の学生の多くが数ヵ月しか教えを受けていないのに，公開の討論会においてすでに何度も大きな称賛を得た経験そのものによって証明されている。また，健康な頭脳を持つ人であればだれでも，それは何かここで非難すべきことではなく，むしろまったく称賛すべきことと見なすであろうことは，疑う余地もない。

9ページ。われわれの見るところでは，それらの哀れな実在（すなわち

---

1) 『ディネ宛書簡』所載のもの。本書31-34ページを参照。

実体的形相や実在的性質）は，おそらく学生の精神を盲目にするためにしか役立たない。そしてあなた［ヴォエティウス］があれほど推奨する，かの無知の知の代わりに，別のより尊大な無知を学生に押しつけるのに役立つだけである。

　15ページ。しかしこれに反して，実体的形相を信じる意見から，魂が物体的で死ぬものであると言う人たちの見解に陥るのはいとも容易である。

　20ページ。すべてを活動的な一つの原理，つまり実体的形相に還元するのをつねとするような哲学の仕方が，愚か者よりも価値があると見なすべきか否かを尋ねることができよう。

　25ページ。このことから明らかなことは，堅固な推論によって無神論者あるいは獣に追いやられるのは，実体的形相を否定する人たちではなく，むしろそれを採用する人たちであることである。

　39ページ。さらに，これまで他の人たちによって些細なことについても提出されてきた原因［論］は，多くの場合，きわめて貧弱で真理から懸け離れており，真理を求める魂の要求を満たしていない。

　第三に，この新しい哲学を拒否すること。その理由は，第一に，それは世界のあらゆるアカデミーでこれまで最高のものとして教えられてきた古き哲学に反しており，その基礎を転覆させるからである。第二に，それは若者たちを古きよき哲学から離反させ，学問の頂点を極めるのを妨げるからである。なぜなら，いったんこの自称哲学に支えられると，彼らは［昔の］著者たちが書物で使い，教授たちが講義や討論会で使っている用語を理解できなくなるからである。そして最後に，その哲学から，ある場合は［伝統とは］異なった虚偽で不合理な意見が帰結し，またある場合は不注意な若者がそこから他の学問や学科に反する意見，とりわけ伝統的な神学に反する意見を導き出すかもしれないからである。

　それゆえ以下のように査定し，判断すること。すなわち，このアカデミーで哲学を教えるすべての人は，向後そうした［新哲学の］意図や計画を差し控え，他の最も有名なアカデミーの例にならって，若干の個別的な意見においては対立してもよいという，ささやかな自由をここで用いることで満足すべきである。それは，これまで受け入れてきた古き哲学を破壊せず，アカデミーの静謐をすべてにおいて良好な状態で維持するというこの点に繰り返し努める，という限りにおいてである。

　1642年3月16日。

（山田弘明 訳）

付属文書（2）

序文への補足

魔術について

　199ページ[2]「彼［ヴォエティウス］は，私［デカルト］の哲学が図形を考察しているという理由で魔術の疑いがあると見なそうとした。」

　それ［ヴォエティウスの見解］がどれほど本当のことを言っているかは，それを，自分の虚偽の語彙集によってその意味を歪めようとしたとされる神学者［ヴォエティウス］のことばと対照させるならば誰の目にも明らかであろう。それは系論備考の第二テーゼに関している。「作用と運動は形相とその性質の活動に普通帰されるが，それが量と図形に帰されるなら，その結果，青年たちは将来，これまであらゆるキリスト教の神学者や哲学者が拒んできた魔術の公理――量と図形はある作用をもっており，作用はそれ自体であるいは他と協力していわば変化の活動原理になる――を軽々には認めないことに注意すべきである。」

無神論者あるいは獣について

　198ページ[3]「自らは，他の人たちを中傷して無神論者や獣と呼ぶのが許されることを望むような人間に，だれが我慢できるでしょうか。」

　［ヴォエティウスが］無神論者に対して徹底して投げかけたその策略を，もしデカルトあるいは誰か他の人が進んで自ら身につけようと欲しても，神学者［ヴォエティウス］がその責を負うことはありえない。というのも，系論備考の第二テーゼにおいて［神学者は］次のように言っているからである。
　第二テーゼ。「能力あるいは自然的力を否定する人たちが，懐疑論者，無神論者，不信心者に反対して，いかにして［自らの］態度（その必要性

　2）　この数字は『省察』第二版1642の付録（「ディネ師宛書簡」）のページである。AT. VII, 596（本書36ページ）に相当する。本文書にページは打たれていない。
　3）　AT. VII, 596（本書36ページ）。

は聖書と理性から支持されている）を主張しうるのか，同様にいかにして彼らが運動，静止，量，位置，図形という五角形の工房に閉じ込められないのか，を見てみたい」。

これに三日間の討論の記述を付け加えよう。討論の初日に，最初の反論者が実体的形相についての最初の系論について，とりわけ「そういう仕方と議論によって形相を否定し攻撃する人たちは，それゆえ異端者で無神論者であることになる」と結論したとき，その結論は否定され，否定する理由が付された。なぜなら，彼ら［形相を否定する人たち］は単に不合理の衣を見ていないだけでなく，何の目的でそのように［無神論者であると］議論されるのかを見ていないからである。しかし，反論者がすぐにまた反論したように，それには次のように答えねばならない。「系論に書きとめられたその結論の不合理性が暴露されても，もしだれかがそのテーゼ（その起源の在り方が知られず，あるいは十分には説明されえないものは，それ自身存在しない）を，仮説とその帰結と共に弁護する，と頑固に言い続けるなら，その人は獣や無神論者であるほどの不合理性へと追いやられることになろう」と。

それは他の人を無神論者や獣，と中傷して呼ぶことになるのだろうか？おお，テルシーテース[4]の頭！

エリアの到来について

184，183ページ[5]「神学者［ヴォエティウス］はそのテーゼに私［デカルト］の名前を記すだけでなく，討論会においても私に言及しました。そして彼は，私が見たこともない反論者に，その議論を私から示唆されたのかどうかを尋ねました。そして彼は嫌悪すべき比較を使い，ユダヤ人が自分たちをすべての真理に導いてくれるエリアを待ち望むように，通常の哲学する仕方を嫌う人たちは，私に別の仕方を期待すればよい，と付け加えました」。

われわれのデカルトは決して真理を語らないよう懸命になっていると思われる。それは以下のようなことである。

---

4) 本書100ページの注115を参照。「序文」にも登場する。
5) AT. VII, 587（本書28ページ）。

三日間の討論の3日目にN⁶⁾は反論し，すべての自然をいわゆる形相や性質なしに説明できると結論した。すなわち，答弁者やその場の座長も，それを一個の磁石によって例示することを要求したとき，彼は，しかし常に否定していると思われる隠れた性質がこのように認められている間は，その内に隠されている秘密は例外であるとした。そこで新しい哲学で要請された潮の干満についての見本を，新しい原理で説明することが要求された。［反論者はそれには］黒板とチョークが必要であると主張したが，答弁者は，潮の位置は自分には十分に明白であり，それゆえその主張は空虚であると言った。そこで，反論者はすでに先生から教えられ，必要ならばそれを［自分で］補完すべき証明を思い起こした。答弁者は，議論を抜きにするすべての人は常にそうするものだと認めた。つまりその際，彼を，今も守らず永遠に守らない約束をする反対者のうちに数えた。それどころか，だれかある人が彼にどんな希望を抱こうとも，デカルトその人さえもその数のうちなのである。その結果，反論者は［来たるべき］デカルト哲学の出版に助けを求めそれを保証したので，座長は，そうした哲学者はユダヤ人かラビ［律法博士］のようである，と答えた。彼らは解きえない難問にぶつかるたびごとに，いつも「エリアが到来するであろう」⁷⁾と言うからである。だが，われわれにおいてはそういう希望の報いを受けることは当分ありえない。

　しかし，デカルトが言外に意味していること，つまりデカルトが反論者に証拠を提供したかどうかを座長が反論者に尋ねたかもしれないということを，ユトレヒトの聴衆は知らない。それゆえそれは寓話であると見なすべきである。

愚か者について

　198ページ⁸⁾「ここで愚か者そして同じく無神論者，獣等について記されていますが，それはその医師⁹⁾が自発的に書いたことではなく，むしろ

　6）　反論者Nが誰かは知られていない。この場面では，反論者＝デカルト主義者，答弁者＝アリストテレス主義者という設定である。
　7）　メシア（救世主）が到来する前に，エリアが来て聖典解釈の難問をすべて説明すると言われている。
　8）　AT. VII, 596（本書36ページ）。
　9）　レギウス。

先に神学者の方から不当に投げかけられたものです。」

　第二テーゼの終わりで以下のように言われている。「彼が，自然的な結果はこの偶有性の五種競技の産出物であると一般的にかつ漠然と言っていることは，どんな愚か者でも一，二時間で学ぶことができる。しかし種や個物については，彼はきちんと説明も証明もしない」など。ここから明白な真理が勝ち取られる。
　これは医師に対して不当に投げかけられたものと言うべきではないか。彼自身［デカルト］がそれを自発的に自分に結び付けているのではないか。

二冊の小冊子[10]について

　195ページ[11]「彼自身が以前，挑発されもしないのに（テーゼの名の下に）二冊の小冊子を彼の同僚に反対して出版した。」

　ここに二つの注釈がある。
　1．「二冊の小冊子が書かれた」。ローマの聖年についての討論あるいは神学的議論に付加されたのは，一般的で漠然とした三つの貧弱な系論にすぎなかったので，それはのちに（序文にあるように）反論を契機として，備考あるいはそう言った方がよいなら系論の説明に添えられた。
　2．「彼の同僚に反対して」。すべて一般的に討論されているものは，特殊的に個人的に，つまりある人を名指して言われている場合と同じ権利で言われるべきでないならば，これは虚偽である（系論の備考からそれは明らかである）。それどころか，それはとくに彼の同僚よりも，むしろデカルトに，あるいは心身の実体的結合や天の運動などを否定する他のだれかに向けられていたのである。神学者たちがアカデミーで反論した相手は，無神論者，エピクロス主義者，ユダヤ人，神憑(がか)りの人，ソッツィーニ主義者，自由思想家，懐疑論者などである。だからといって，たとえ同僚のうちに（その人自身がそれを知らなかったにせよ知っていたにせよ）おそらくその誤りの支持人がだれかいたにせよ，神学者たちが同僚に反対して小冊子を出版したと言うべきではない。そうでなければ神学者たちは決して

10）　レギウスがヴォエティウスへの反論として出した *Libbelus*, 1642.
11）　AT. VII, 594（本書34ページ）。

討論などすべきでなかっただろう。しかし，三日間の討論そのものから，そして新しい哲学がすべて流産した事実から，正反対のことが明らかになるであろう。デカルトがこの流産を，主として神学者のあるいは神学者だけのせいにするよう，いくら奮闘しても，むしろそれは神学者の能力と学識とをむしろ高め，そしてデカルト自身の哲学の脆弱さと困窮とを明らかにすることになろう。その哲学は，いまや神の同意によって，ユトレヒトのアカデミーで忘却のなかに埋葬されており，今日，学生のなかにはそれに従い，あるいはいくらかでも評価し，あるいは彼の骨壺に一滴の涙さえ注ぐものは，だれ一人としていないことが知られている。デカルトの傲慢さの墓，他所のアカデミーや共和国や教会に対する過度で前代未聞の好奇心の墓については，適当な折に見ることにする。というのも，闇を好み，表向きは教皇派であると公言しながら，心情としては無神論ではないにしても懐疑論の志願者である余所者が，自らは神学や聖書学に関することには触れないとずっと明言し続け，他方で，医師や哲学者たちを見逃して，もっぱら神学者たちに対してだけ，哲学に関することだという口実の下に全軍をさし向け，神学とわれわれの教会組織の仕事と聖域に忍び込み，教会とアカデミーの混乱を企む。このようなことは，どんな場合にしろ賢者の賛成を得られないとわれわれは考えるからである。ベルギウム［オランダ連合州］の住人の気質を知っている人たちは，そこからいつか生じると懸念されるべきことは，共和国の激震と，貴族や国の指導者たちの衝突に他ならないことを知っている[12]。

（山田弘明　訳）

12）　レモンストラント派（本書117ページの注145を参照）との論争が示唆されている。アカデミー内での意見の不一致が，不可避的に信仰・教会・国家の統一を脅かすものと考えられている。

付属文書（3）

ユトレヒト・アカデミーの証言

ユトレヒト・アカデミーの学長および教授たち
教授たちから読者へ

　生き方の徳や誠実さは他人の支持を要しないものとはいえ，しかしながら時に，生き証人によってその潔白を証す証言を頼みとせざるをえないことがあるのは，人間たちの堕落というものであろう。われらが同僚の幾人かの最も卓越した人々がこのことを経験した。彼らは，その生き方，徳，学問によって個々の模範でありアカデミー全体の至宝と誰からも称賛されているにもかかわらず，しかしながら，ルネ・デカルトの『ディネ宛書簡』において，あまりに恥ずべき誹謗と侮辱によって誹られたのである。もちろん，良き人々やわれらがアカデミーでの出来事に知悉した人々においては，前述の書簡によって彼らの評判が危うくされることを畏れる必要などない。しかしながら，ある異端者が最近，その書簡からの少なからぬ中傷を自らの小冊子のうちに書き写した[13]ことに気づいたが故に，［事情を］よく知らない他の人々が嘘と中傷で塗り固められたものを評価したり，あるいは信じやすい人々が信頼できる忠実な経過であると誤って信じることのないよう，彼らの潔白を証すアカデミーの証言が必要であると判断した次第である。われわれは，彼らのこのような最も公平なる要請に応え，書簡の著者が書いたこと（175ページ）[14]，すなわち医師[15]の同僚の幾人かが［その医師の方が］彼らより好まれていることに気づき，明らかに同人を嫉妬し，新しい教え方を禁ずるよう頻繁に市参事会に訴えた，などということは偽であると証言する。というのも，嫉妬する理由など何もないだけではなく，また市参事会に最初に要請したのは彼らからではなく，他の人々からであり，それはアカデミー共通の危機［の懸念］によって突き動

---

　　[13]　レモンストラント派（本書117ページの注145を参照）の牧師ジャン・バテリエ（1593-1672）は，オランダ語の著作 *Verantwordinge tegen Gisberti Voetii Remonstrantsche Catechisatie*（Amsterdam, 1642）において，ヴォエティウスの人格攻撃のためにデカルトの『ディネ師宛書簡』を引用した。
　　[14]　『ディネ師宛書簡』（AT. VII, 583；本書24ページ）。
　　[15]　レギウスのこと。

かされたものであった。なぜなら，事柄自体から明らかなように，古い哲学のやり方を変えることはアカデミーに大いなる損害を与えることなしにはありえないからである。また，彼ら［医師の同僚たち］が市参事会にその旨要請したのは頻繁にではなく，せいぜい一度であり，それも彼らの勝手にではなく，アカデミーの評議会の助言に基づき，その代理としてであった。また，嫉妬したと言われている人々が三年間にわたって医師に新しい哲学を禁ずるよう努めたとか，あるいは市参事会によって医師に新しい職務が，あたかも仕事に良く専念した報酬であるかのごとく与えられたとか，それで三年の間に，中傷が向けられている神学者の特段の推奨によって［医師が］問題となっている職務を得たとかいうことも[16]，真理から懸け離れている。血液循環に関する彼の討論が知れ渡る以前には[17]，彼に反対する動きなどなかったのである。さらに，書簡の著者は（179ページ）[18]，誰かは知らないが同僚の若い学者たちが足を踏み鳴らして［討論を］妨害したと言おうとしているように思われるが，これは下劣な想像である。というのも，これまでいかなる学部においても，節度のない討論者に対して聴衆がやじり，足を踏み鳴らして叱責することがないほどに熱意のない討論など何らないからである。ただ，ある討論で，主宰者[19]自身がやじを傍観していたのは常ならぬことであった。他の討論では反対者と防御者の喧嘩だけが危惧されるところであったからであろうが，そこで処置が誤っていたことはわれらも認める。また，学習するために集った者たちが判定する役割を横取りしたことも，われらが遺憾とするところである。だが，主宰者を間違った監督から遠ざけるのはわれらの力の及ぶところではないし，われらの誰かの策略や助言で為されることでもない。その上，書簡の著者が（187ページ）[20]，古い哲学の教え方を保持するアカデミー評議会の議決を学長一人に帰そうとつとめていることも，明らかな中傷である。［つまり］異なる意見を持つ人々に対しては投票の数で勝ったと書き，また他の温厚なる人々は自分たちの学長が辛辣であることを知っているので異を称

---

16) 『ディネ師宛書簡』（AT. VII, 583-584；本書24ページ）。ただし『ディネ師宛書簡』にはヴォエティウスの推奨など述べられていない。
17) 血液循環に関するレギウスの討論は1640年6月10日。
18) 『ディネ師宛書簡』（AT. VII, 585；本書25-26ページ）。
19) レギウス。この『証言』は，討論会における混乱の責任は主宰者であるレギウスにある，とする。
20) 『ディネ師宛書簡』（AT. VII, 589-590；本書29-30ページ）。

えようとしなかったとでっち上げている。というのも，議決が全員一致であったことは，著名なる市参事会の記録簿が証明するところであり，［そこにある］全員の著名が十分に示している。われわれのうちの誰か辛辣な人物が，いっそう穏やかな人々を強いて，異なるように言わせ，異なる意見を持たせたということも偽である。せいぜいのところ，同僚の一人が，議決に異論はないが［それを］印刷して公表するよりはむしろ，アカデミーの記録簿に記しておく［だけに留める］べきだという意見を持っていただけである[21]。さらに，書簡の表現（177ページおよび185ページ）[22]が妬ましげに誇張している神学者の権力なるものを，われらは何ら認めない。会合においては，賛成するにせよ反対するにせよ，全員が等しく自由なのである。おそらく，アカデミーや教会に対する多大な貢献によって，ある種の評価や権威が権力となることはあるにしても。加えて，同神学者が学長の職を遂行し，アカデミーが何らかの損害を蒙らぬよう監視することが彼の職務であったとき，彼が評議会を招集し陳述したことはわれらも認める。［しかし，］自らの恨みのために告訴者であると同時に裁判官であったなどということは[23]，実際われらが断固として否定するところである。というのも，公然と言明する者は自らの不正についても自ずから配慮するところであるし，評議会にはアカデミー全体の公的な案件しか提起しないものだからである。最後に，書簡の著者は前述の神学者を，学長として動揺し，騒動好きと言っている（188ページおよび211ページ）[24]が，この点において彼に対する顕著な侮辱が為されたと，われわれは声を大にして訴えたい。というのも，彼は学長職を果たしたすべての年において，何であれ動揺したり，騒動を起こして事を処理したことはなく，われわれは反対に，用心と機敏な対応をによって騒動は抑えられ，以前のアカデミーの平穏が

---

21) 法学教授キプリアヌス（本書30ページの注85を参照）。デカルト側の証言によれば，彼はエミリウスと共に判決自体に異議を唱えたことになっている。Baillet, II, p. 155, および1642年4月始めデカルトからレギウス宛書簡（『デカルト全書簡集』第五巻，pp. 48-49）。ただし Verbeek によれば，本「証言」にあるように，判決にはキプリアヌスの署名もあるという。

22) 『ディネ師宛書簡』（AT. VII, 584, 588：本書25, 29ページ）。ただし，この二箇所は話の経緯というより，ヴォエティウスに関し「権力（potentia）」という語が用いられている箇所に過ぎない。

23) 同（AT. VII, 589：本書30ページ）。

24) 同（AT. VII, 590, 603：本書31, 42ページ）。この引用箇所も，順に「動揺する（turbulentus）」，「騒動好き（seditiosus）」という語が単に使われている箇所に過ぎない。

回復されたことをとりわけ彼に帰しているのである。これらのすべてのことがいっそう端的に，いっそう明白に理解されるよう，われらはわれらのもとで起きた出来事の経緯陳述を公表する[25]。読者におかれては，書簡の著者とは異なって，陰でのひそひそ話の嘘に耳を貸すよりアカデミーの公的な証言に信を置かれるよう，強く求めるところである。

　　　　　　　　　　　1643年3月1日。ユトレヒトにて。

　　　　　　　　　　　　　　　　　　　　　　　（持田辰郎 訳）

---

25) 本「証言」および後続する『経緯陳述』は，当初直ちに公表されるはずであった。本文書の解題を参照。

付属文書（4）

ユトレヒト市参事会の告示

AT.III,696　ユトレヒト市参事会は以下のことを知るに至った。すなわち，本年1643年にアムステルダムでルイス・エルゼヴィエ[26]によって印刷され，『最も著名なる士へ宛てられたルネ・デカルトの書簡…』と題されたある小冊子[27]が，最近出版され配布されたこと。またそれより少し前に，『最も尊敬すべきディネ師へ…』と表書きされたある書簡[28]が出版され配布されたこと。さらに，最近出版されたその小冊子の中では，当市において公務に就いているある人物の名がたびたび取り上げられ，その人物の行動，生活，交際，品行，研究，学説，そして教育が描写されているが，これについて意見を求められた公平で有能な人々の判断によれば，そこで描写されているような気質と性状の人物は，アカデミーであれ教会であれ，その公務に無用であるだけでなくきわめて有害であろう，ということ。これらのことを知るに至ったのである。それゆえわれわれは，以上の点に留意し，いかにすれば，この件に関する真実が最もよく調査されうるか，当市の平穏，

697　当地教会の聖務，さらにはアカデミーの繁栄が最もよく追求されうるか，混乱をまねき教導にそむき害悪をもたらすようなあらゆることが防がれうるか，について慎重に検討した結果，この件に関してさらに詳しく調査すべきだという見解に達した。そのためには，前述の二冊子において言及されている人物が敵対的に語られているがゆえに，訴訟の公平およびアカデミーと教会の最善が要求するような仕方で事が運ばれるように，上記デカルトが当市の裁判権の下にあるのならば，彼にそれら二冊子の証拠となるものを揃えさせる，ということが考えられるであろう。しかるに，上記デカルトは当市の裁判権外にあり，彼の居住地も当方に定かではない[29]。それゆえ，彼が自らの目的に役立つと判断するような仕方で，前記冊子の内容の検証が行われるように，また，その冊子の中で敵対的に語られている

26）エルゼヴィエ（Lowijs Elsevier, 1604-1670）は『省察』第二版（アムステルダム版）の出版者。
27）『ヴォエティウス宛書簡』のこと。
28）『ディネ師宛書簡』のこと。
29）デカルトは1643年6月26日のホイヘンス宛書簡の中で，「彼らは私の居場所を知らないふりをしている」として（AT. III, 821；『デカルト全書簡集』第五巻 p. 295），市参事会の通知の仕方を非難している。

上記人物について，そしてそれを裏付ける証拠について調査することによって，事がいっそう然(しか)るべく運ばれるように，デカルト自身が三週間以内に当地ユトレヒトに出頭すべき（このための自由な出入りを享受できる）旨，告示して通告するのがよいとわれわれは考えた。なお，上記デカルトがこのことについて知りうるためのいっそうの便を図り，これを当市の通例の告示場所すべてに掲示させることにした。

　以上，1643年6月13日[30]，「慣例に従って」[31]，ユトレヒト市庁舎の鐘の音に次いで，私 C. デ・リッデルにより告示。

（倉田　隆 訳）

---

30) 旧暦。新暦では6月23日。
31) 「慣例に従って」の原文はラテン語。

付属文書（5）
デカルトからユトレヒト市参事会への書簡[32]

拝啓

　私はあなた方にお礼を申し上げなければなりません。と申しますのも，あなた方は，私の正当な不服申し立てに動かされて，貴市の公職にありながら私をこの上なく傷つけた人[33]の行状を調査する気になられたからです。そしてまた，ご親切にもそのことを私にお知らせ下さり，彼について私が書いたことに関連する何らかの証拠をもし私がなおざりにしていたのならば，「私の目的に役立つと思えるような」[34]ことを，もう一度あなた方に申し述べることができるようにして下さったからです。ですからこの機会に，私はユトレヒトに赴き，そこであなた方のお手伝いをし，私の能力に応じてお役に立つべきなのでしょう。ただしそれは，私の出頭がそのために必要であり，私の意図は彼をあなた方の前で告訴することだ，と私に思える限りにおいてのことです。しかしながら，私は彼に公然と傷つけられたのですから，それに相応しく，私は同様に公然と私のことを弁護したのです。そして私は，公正な読者を満足させその信頼を得ようと決意して，『最も著名なる士へ宛てられたルネ・デカルトの書簡…』[35]と題する最近の印刷物を作成したのです。その作成に際しては，私がこの男について書いたことを検証するために要求されている証拠が，それが理に適って要求されうるものである限り，そこで至るところに見出されるように注意を払いました。このような考えから私は，私に知られている彼の［他の］さまざまな行動については，その証拠を提出しなくても済むように，いちいち取り上げることせず放っておきました。それよりも私は，公然となされた彼の行動，あるいはともかくも，あなた方のもとで公務に就いている人たち，そして，疑わしいことがあればその人たちを通してあなた方が真実を知ることができるような人たち，そのような人たちがいるところでなされた彼の

---

32) 本訳は『デカルト全書簡集』第六巻 pp. 12-15に若干の修正を加えたものである。
33) ヴォエティウスのこと。
34) 「　」内は，デカルトが召喚状の文言を若干修正して引用している文言。Verbeek et alii (Th. Verbeek, E.-J. Bos & J. van de Ven ed., *The Corrspondens of René Descartes 1643*, Utrecht, 2003) はこのことを指摘し，この箇所をイタリックにしている (p. 108)。ATにはその指摘はなくイタリックにしていない。
35) 『ヴォエティウス宛書簡』のこと。

行動，そういう行動のみに触れることにしたのです。とは申しましても，私が主として取り組んだのは，彼の書いたものを調べることでした。それに関して私が彼を非難したのにはどんな正当性があるのかを知るためには，私が指摘し言及した箇所を点検するだけでよいからです。『ルネ・デカルトの新哲学の驚くべき方法』あるいは『デカルト哲学』と題して貴市で最近印刷された破廉恥な本[36]の中傷について，彼は，説明すべき責任を何も果たすことなく弁解に努めている，と私は聞いております。それでも，記名がありしかも彼が否認することのできない文書のみに基づいて，私がはっきりと示したさらに多くのさまざまなこと[37]を，あなた方は見出すでしょう。そしてそれらのことから，お調べになるつもりでおられることを，つまり，彼がその公職に相応しいかどうかを，あなた方はご理解なさるでしょう。それゆえに，「公平で有能な人々は，私が描いたような気質と性状の人物は，アカデミーであれ教会であれ，その公務に無用であるだけでなくきわめて有害であろうと判断して」[38]，彼を糾弾し裁きを下したのだと思われます。実際私は，ほとんど常に私の論拠を提示することしかせず，その論拠から引き出されることを結論するのは読者の自由に任せました。それゆえこの男は，他の非常に堅固な論拠によって私の論拠を反駁しない限り，公平な人々が彼に反対して下した結論を免れ，身を浄めることはできないでしょう[39]。そのような論拠は，それが無力であることを私にはまったく証明できないほどに堅固で，また，公平な読者が逆の結論を下すことができるほどに堅固なものでなければなりません。しかしそうは申しましても，他方，人々は皆，私に敵対する悪名高い上述の本に見出される中傷は，主として彼が書いたものだと判断しているのです。どうかその点について真実をお調べ下さいますよう，お願い申し上げます。その真実は印刷業者などから容易に知られるでしょう。また，この男はこれほど明瞭な件に関してあなた方を欺こうとしていますが，どうかそれをご容認なさら

11

---

36) 本書xiiページ以下を参照。

37) デカルトは『ヴォエティウス宛書簡』の中で，彼とヴォエティウスとの間の論争を，ボワ・ル・デュックのマリア友愛会に関するヴォエティウスとデマレとの間の論争に関連づけようとした。1643年1月のデマレ宛書簡（AT. III, 605-607；『デカルト全書簡集』第五巻 pp. 208-209）も参照。

38) 「 」内は，デカルトが召喚状の文言を若干修正して引用している文言。Verbeek et alii はこのことを指摘し，この箇所をイタリックにしている（p. 109）。AT にはその指摘はなくイタリックにしていない。

39) AT には，未来を表す助動詞 sal が欠落している。

ないよう，お願い申し上げます．このことに関しては，私はあなた方のご厚情に期待するだけでなく，私の正当な権利の重みにも期待しております．と申しますのも，私がこの男について書いたことに注意深く目を通して下されば，私の名誉の正当な擁護のかたわら[40]，私は主として公共の利益に仕えようと努め，また，貴市と貴アカデミーの尊厳を保とうと努めたということが，あなた方にお分かりいただけるからです．それゆえ，あなた方のご見解を私にお知らせ下さるためにあなた方が用いられたやり方に，私は驚いております．それはあたかも，私がこちらの諸州に，とりわけ貴市にほとんど知られていないので，私の居所など知らないと思わせたがっているかのようでした．あるいはそれは，まったく称賛に値しないことを私がしでかしたかのようでした．あるいは最後に，あなた方が私に対して何か権限をお持ちであるかのようでした．私はここでそれを否認せざるをえません．したがってもしあなた方が，そのような権限があるとした上で，何事かを裁決するのであれば，私はその不正に抗議せざるをえません．しかしながら私は，思慮深いあなた方がそのようなことをなさるとは思っておりません．私がこのことに関して理解しているのはただ，この男の素行や行状の調査を余儀なくされるのは，あなた方にとってきわめて遺憾なことに他ならないということを，あなた方はこのようなやり方でお知らせ下さろうとしたのだということです．そしてまた，私と彼との間の係争のすべては，印刷された本の中に書かれているのだから，これからさらに起こりうることもすべて，人々が皆それについて判断を下せるように，やはり同様に印刷によって公にされるべきだと，あなた方はお考えだということです．それにつきましては，もし私の書いたものの中に，あなた方がそれに関してさらに詳しい説明を望まれるような，とくに注目すべきものが何かあれば，そのような［印刷によって公にするという］やり方で，私は喜んでその説明をあなた方にお届けするつもりです．そしてそのようにしながら，私があなた方にどれほどの敬意を抱いておりますかを，また，私がどれほど心から以下の者であるかを，お示しすることでしょう．

　あなた方のきわめて恭順かつ従順なる下僕
　敬具

デカルト

エフモント・アン・デン・フフより　　新暦1643年7月6日

---

40)　ATには，「かたわら（nevens）」が欠落している．

（倉田　隆 訳）

付属文書（6）

ユトレヒト市参事会の判決[41]

ユトレヒト市参事会の記録　1643年9月13日[42]水曜

AT. IV, 20　この記録は，高貴なる市参事会によって確認され直ちに公表されたが，そこにおいて，デカルトによって出版された二つの書簡は，ヴォエティウス氏の名誉を害し傷つけており，名誉毀損の誹謗中傷文書である等々と宣告されている。［以下の］公文書記録簿にある通りである。

ユトレヒト市の公文書記録簿　（1643年）9月13日

　ユトレヒト市参事会は，当市にまず著名なる学院を設置し，その後それをアカデミーにすることを良しとしたが，できる限りそれを立派なものとすべく，学識と十分な資格があり，私欲のないさまざまな人々から得られた情報をもとに，学識，敬虔，篤信において卓越した経歴の人々を，教授として招聘（しょうへい）するために探すことに努めてきた。そして市参事会は，熟慮

21　と格別の慎重さをもって，そのような人物を見出し選んできた。彼らは皆（そのうちの一人[43]が，ペロンの領主ルネ・デカルトと彼の哲学に関する問題に，望まれている以上に係わったことを別とすれば），その学識，敬虔，熱意によって，このアカデミーにひとかたならず貢献し利益をもたらし，今なおそうしているのであって，市当局ならびにすべての信心深い人々が大いに満足している。彼らのうち，「神聖なる神学の博士にして教授，そして教会の牧師でもあるギスベルトゥス・ヴォエティウス氏」[44]は，まったく否定の余地なく，堅固な教育を与え，説教においては信仰心を高め，その討論においては洞察力鋭く，無神論者，自由思想家，異端者の聖書に反する見解を嫌悪し打ち砕き，道に迷った多くの人々を訓育という手段と敬虔な生活という手本によって真の宗教へと導き，素朴な心に根付い

　41）　オランダ語の判決文は，AT IV, 20-23およびVerbeek et alii, pp. 228-231に収録されている。また，AT. IV, 650-652にはそのフランス語訳がある。本稿はオランダ語から翻訳した。
　42）　新暦では23日。
　43）　レギウスのこと。
　44）　「　」内はラテン語。

ている迷信や妄信を根こそぎにしている，と見なされている。したがって彼は，神学教授にして牧師であること以外に何も求められ望まれることはありえないであろう。そして，このような良き資質は，信心深く敬虔なあらゆる人々に彼を受け入れさせるものではあるが，同様にそれは，真理の敵たちのうちに彼に対する激しい憎しみと妬みを搔き立てるのである。それはさまざまな点で明らかになっている通りであるが，とりわけ，上記デカルトの名で印刷され出版された二つの書簡によって明らかである。その一つはディネという名のイエズス会士に宛てて書かれたもの[45]で，もう一つは『最も著名なる士へ宛てられたルネ・デカルトの書簡…』と題されたもの[46]である。それらの書簡の中でデカルトは，当該ヴォエティウス氏を，不敬虔，悪意，悪徳の廉で以下のように非難している。すなわち，彼［ヴォエティウス］は，嘘，粗野な罵詈，争いの扇動，騒動，さまざまな人々への名誉毀損，有力な人々に対する無作法な叱責のために，自分の説教を悪用している，と。彼は高位の権能を軽蔑し，偽善的で執拗で復讐心が強く，自分の同僚たちへの支配権を行使している，と。そして彼は，自分がアカデミーの学長職にあった間に起こった騒動が今なお共和国において続いているので，すべての人に対して同様に支配権を振るおうとしている，と。またさらに彼は，その騒動のゆえに，当市の統治者たち——あるテーゼに対するレギウスの答弁が非常に誠実で穏当なものであることを誰もが知っていたのに，彼らはその答弁を彼らの高貴なる市において販売することを禁止した，と彼デカルト自身は正しく評価しているにもかかわらず——に，それに注意を向け，それに関して彼［デカルト］を処罰すべきだと勧告している，と。以上のことすべてを当該市参事会の諸氏は知るに至ったので，（ヴォエティウス氏が潔白であることは，彼をよく知る人には周知のことではあったが）去る６月13日[47]，鐘の音に次ぐ告示によって上記デカルトに以下のことを知らせた。すなわち，告示の時点から三週間以内に，［当市への］出入りの自由を享受して当市に出頭し，上述の二つの書簡の内容を，彼が自らの目的に役立つと判断するような仕方で検証すべし，と[48]。これに対して，当該デカルトはその後，新暦７月６日付で上

---

45) 『ディネ師宛書簡』のこと。
46) 『ヴォエティウス宛書簡』のこと。
47) 新暦では23日。
48) 付属文書（４），本書270-271ページ（AT. III, 696-697）。そのことを知ってのデカルトの驚きは1643年６月26日付ホイヘンス宛書簡（AT. III, 821-824；『デカルト全書簡

記市参事会諸氏に宛てた手紙[49]において，とりわけ以下のように書いてきた。すなわち，『最も著名なる士へ宛てられたルネ・デカルトの書簡…』と題する最近の印刷物の作成に際しては，彼［デカルト］がその男［ヴォエティウス］について書いたことを検証するために要求されている証拠は，それが理に適って要求されうるものである限り，そこで至るところに見出されるように作成した，と。また，そのような考えから彼は，彼に知られているその男の［他の］さまざまな行動については，その証拠を提出しなくても済むように，いちいち取り上げることはせず放っておいた，と。そして，その同じ手紙の中で彼がとりわけ言うには，この件に関して彼が書いたことに［注意深く］目を通せば，彼は自らの名誉の正当な擁護のかたわら，主として公共の利益に仕えようと努め，また，当該市およびアカデミーの尊厳を保とうと努めたのだということが，市参事会には分かるだろう，と。この手紙は当該市参事会の諸氏によって読まれ吟味されたが，閣下たちは，この手紙と，上述のごとく出版されている問題の他の二つの書簡とを，委員会の閣下たちや他の公平な人々に然るべく調査・吟味させた。その報告から，上記デカルトがヴォエティウス氏によってこの上なく侮辱されたと訴えているのは不当である，ということが閣下たちには分かった。というのも，彼はそれに関してまったくいかなる証拠も提示しておらず，誤った想定から帰結を引き出しているだけであって，不確かな推測と誤った仮定に基づいて，ヴォエティウス氏が，当該デカルトがその中で侮辱されたと主張しているさまざまな文書の著者，扇動者，校正者あるいは協力者であるとでっち上げているからであり，しかもそれはすべて粉飾された偽りであることが，閣下たちに明らかになったからである。したがって上記デカルトは，ヴォエティウス氏に対して，その良き評判と名声をかくも甚だしく傷つけるだけの理由をまったく何も持っていなかった。むしろ彼には，イエズス会士たちのやり方に倣ってそうすることが気に入った――彼が彼らの生徒であったことや，常に彼らを大いに尊び敬っていたことはよく知られている――のである。また彼は，ヴォエティウス氏の下劣で辛辣（しんらつ）な中傷や罵詈の証拠として，［ヴォエティウスが］図々しく恥知らずな嘘つきで，当政府，当アカデミー，および改革派の宗教の敵であるという伝聞や誤った報告によるもの以外には，いかなる証拠も提出しなかった。

集』第五巻 pp. 295-299) に見られる。
49)　付属文書（5），本書272-275ページ（AT. IV, 8-12）。

そして上記ヴォエティウス氏の潔白は，当市参事会にはよく知られており，しかも，（必要ないとはいえ）私人たちの証言によっても，著名な多くの［彼の］同僚たちの証言によっても，それは示されているのであるから，当市参事会は本状をもって，上述の二つの書簡が名誉毀損の誹謗中傷文書に他ならないと宣告する。そこにおいては，当該ヴォエティウス氏の良き評判と名声が甚だしく傷つけられているのみならず，アカデミーも巻き込まれ，とりわけ教授たちは名誉を傷つけられ，当市の政府も嘲弄されている。以上の理由により，当市参事会はすべての者一人一人に対して，当該書簡がいかなる言語で見出されうるにせよ[50]，直接的にであれ間接的にであれ，秘密裡にであれ公然とであれ，場合によっては本件に恣意的な改変を加えて，それらを当市内ないし当市の自治権が及ぶ範囲内において印刷し，持ち込み，販売ないし配布することを禁止する。ただし，上記デカルトの当該の訴えゆえに，彼と対峙する当市の公吏はこの限りではない。

（持田辰郎・倉田　隆 訳）

---

50) 現実に，『ヴォエティウス宛書簡』は直ちにオランダ語に訳されて出版された。付属文書（3）の解題（本書314ページ）を参照。

付属文書（7）

デカルトからフランス大使への請願書[51]

AT. IV, 85

この上なく高名にして卓越せるお方，
ラ・テュイルリの領主にして，
信仰篤きフランス国王の神聖なる決定による
ベルギウム諸州の大使閣下[52]へ
ルネ・デカルト　拝

　私はすでに先頃，私がある人に抗して書いたもの[53]を出版したという理由で告訴されることがないように，あなたの権威による庇護におすがりしました[54]。それゆえに私は今，私が節度のない不公正な人間だと思われているのではないかと恐れております。と申しますのも，他のある人が私に抗して書いたもの[55]のために，その人が告訴されるようにと，私は厚かましくも，再びあなたのお力添えをお願い申し上げているのですから。したがいまして私は，両方の訴訟の間にはどれほど大きな違いがあるかを，また両方ともどれほど重大な必要性があって，私があなたのご援助を請い求めることになっているのかを，ここで手短にご説明申し上げます。どうかそれを煩わしく思われず，ご厚情をもってお聞き下さいますよう，伏してお願い申し上げます。

　何年も前から私は，ギスベルトゥス・ヴォエティウスとかいうユトレヒ

---

[51] 以下の本文は，1645年のフローニンゲン大学評議会議事録の末尾にある写しをテキストにしている。もう一つ他の写しがライデンにあるが，前者の写しとの間には若干の異同があり，最後の部分が欠落している。こちらの方はフーシェ・ド・カレイユ（Louis Alexandre Foucher de Careil, 1826-1891）によって出版された（Œuvres inédites de Descartes, Paris, 1860）。なお，本訳は『デカルト全書簡集』第六巻 pp. 118-130に若干の修正を加えたものである。

[52] ラ・テュイルリ（Gaspard Coignet de La Thuillerie, 1597-1653）は，この請願書に彼自身の手紙（AT. IV, 96に採録）を添えて，フローニンゲン州政府に送付することになる。デカルトの請願書と同様にこの手紙の写しも，1645年の大学評議会議事録の末尾に，付属文書として収録されている。ラ・テュイルリの手紙に日付はないが，バイエによれば，その手紙が書かれたのは1644年3月である（Baillet, II, p. 250）。1644年4月1日付ピコ宛書簡（AT. IV, 105：『デカルト全書簡集』第六巻 p. 145）を参照。

[53] 『ヴォエティウス宛書簡』のこと。

[54] 1643年11月後半のポロ宛書簡（AT. IV, 51-52：『デカルト全書簡集』第六巻 pp. 80-81）を参照。

[55] スホーキウスの『驚くべき方法』のこと。

ト市の神学者が，密かな企てや誹謗によって私を攻撃しているのは確かなことだ，と思っておりました。とは申しましても，私が彼に害を加えたことなどまったくなかったのです。また，彼が次のような人たちの一人だから，つまり，ある人が他の人々から高く称賛されていることを知ると，その人たちにとってはそれだけで十分，その称賛されている人を憎んで責め立てる理由になる，というような人たちの一人だから，ということ以外に，彼の敵意がどこから来るのかも，私には推測できなかったのですが。そして，優れた方々からのご厚意のゆえに，多くのこのような敵意が私に向けられるのですから，ずっと以前から私はそういう敵意には慣れてしまい，最初はそれをあまり気にかけませんでした。しかし，二年ほど前，『第一哲学についての省察』を公刊した後で，私に分かったことがあります。それは，彼が新しい前代未聞の類いの誹謗を私に対して用い，私がそこで神の存在を証明したことをまさに理由にして，私がトゥールーズで火刑に処されたヴァニーニに倣って密かに無神論を教えている，と信じ込ませようとしている，ということです。

　そして私は，このことに関して何かを捏造していると思われないために，彼の手によって書かれた署名入りの手紙を手元に保管しております。この手紙には，先に述べたことがはっきりと書かれております。さらに，彼の根深い悪意と密かな企てが示されている他の手紙も保管しております[56]。それから間もなく，ユトレヒトのアカデミーの名のもとにある議決が現れました[57]。その議決の中で，哲学的な事柄に関する私の見解が，そこからあたかも伝統的な神学に反する馬鹿げたことが帰結するかのように，糾弾されました。一見したところ，それは無視してよいもののようにも思えた

---

[56] おそらくヴォエティウスがメルセンヌ宛に書いた手紙。ヴォエティウスは当初，メルセンヌを伝統的な教義の擁護者でデカルトの敵対者だと見なしていたので，デカルトとの抗争に自分の味方としてメルセンヌを引き込むために，彼に五通の手紙を書いている。デカルトはそれらをメルセンヌから受け取り，『驚くべき方法』の作成にヴォエティウスが関与したことの証拠として保管した。それらの手紙は失われたが，その一部が『弁明書簡』に引用されている（AT. VIII-2, 205-206；本書204-205ページ）。

[57] 1642年3月27日に発令されたユトレヒト・アカデミーの議決（付属文書（1），AT. VII, 590-593；本書259-260ページ）。デカルト哲学の否認とその講義の禁止をアカデミーとして公式に決定した。デカルトはこの議決文を『ディネ師宛書簡』に載せている（AT. VII, 590-593；本書31-34ページ）。1642年3月31日のレギウスからデカルト宛書簡（AT. III, 557-558；『デカルト全書簡集』第五巻 pp. 147-148)，1643年11月7日付ウィレム宛書簡（AT. IV, 34-35；『デカルト全書簡集』第六巻 pp. 58-60）を参照。また，Verbeek et alii, p. 183も参照。

のですが，私は神学者ヴォエティウスの私に対する憎悪を知っていましたし，また，彼がこの議決の首謀者であると判断いたしましたので，彼に反駁することが私にはどうしても必要だと考えたのです。実際，もし私が黙っていたなら，それを論拠にして，私がこの地で宗教を攪乱する者であると多くの人々に信じ込ませ，かくして私の身にこの上ない危険をもたらす，ということほど容易なことはなかったでしょう。また，私が無神論を教えているという話を以前に捏造したその人が，自分自身でお膳立てしたこの機会を，情熱を傾けて利用するだろうということを，私が疑うはずもありませんでした。噂というものは，あらゆる真実から，それどころか真実らしいことからさえ，どれほど懸け離れていても，神学者たちによって格別な敬虔を装ってまき散らされると，彼らに対して時宜を得た十分な反論をしなければ，いかに容易に勢いを増していくものかということを，私はよく知っております。古代ローマは世界第一の都市で，そこには，私が知っている数多くのユトレヒトの人々と同様に，高潔で賢明で学識豊かな人が非常に多くいました。それにもかかわらず，かつてローマの扇動家たちは，大衆の面前で長広舌をふるって，この上なく廉直かつ卓越したあらゆる人々を破滅させました。彼らがどんなやり方でそうしたのかを，私はよく知っております。それゆえ私は，アカデミーのあの議決に対して，私の見解の潔白を弁護せざるをえなかったのですが，書いたものを公刊する[58]ことによってしか，そうすることができませんでした。実際，私に［他に］何ができたでしょうか？　もしかしたら，市参事会に議決の取り消しを求めるべきだったのでしょうか？　しかしながら，文書になってしまったものに関して，市参事会が自分のアカデミーの議決に反対して何事かを決議するなど，私には望むべくもありませんでした。それでは，あなたのご援助を請い願えばよかったのでしょうか？　もしそうしたなら，まったく当然のことですが，あなたは私［の請願］を退け軽蔑なさったことでしょう。実際，自分の家にあるものを外に探し求めるのは，愚かなことです。ですから，他人のペンによって傷つけられた私としては，やはりペンを手にとって，それを使って自分を守ることしかできなかったのです。そしてもちろん，私がこのアカデミー全体に向かって尖ったペンを握っても，それは正当なことでした。しかしそこには，私なら敵に関してさえ尊重するような尊厳の法というものがまったくない，と私は思っております。それゆえ

---

58)　『ディネ師宛書簡』を公刊したこと。

私は，笞を避けて手を引っ込めました。それなのになぜ，私人によるもの以上の侮辱をそこから蒙らなければならなかったのか，私には分からないのです。また，たしかに私はこのアカデミーに対して，それに相応しい仕方で見事に応戦することもできたでしょう。しかしこのアカデミーは，自らについてそう言っているように，幼くて，今でもなお生まれたばかりの赤ん坊ですので[59]，私はできる限り大目に見たのです。ですから私は，私のこの寛大さによって，アカデミーにもその指導者たちにも，軽視できないだけの恩恵を施したと思っております。実際，親というものは，すでに成人した子供よりも，まだ幼い子供の方をいっそう気にかけて慈しむものですから，それと同様に，ほんの数年前にこのアカデミーを創設した人たちにとって，それは非常に愛しいものであることを，私は疑いません。したがいまして，アカデミーを不問に付し，またその暴力をも許し，私を傷つけた議決の首謀者としてのヴォエティウスについてのみ，私は不服を申し立てたのですから，彼らは最大の感謝の意を表すべきだったと私は判断しているのです。しかしながら，もちろん私は，この件に関してヴォエティウスをも侮辱してはおりません。実際，当時彼はアカデミーの学長でしたが，彼が私に敵意を抱いていることを，私はずっと以前から知っておりました。そして今でも，彼が書いた手紙を保管しております。その手紙の中で彼は，自分が議決の立案者であることを，次のようなことばで自慢しています。「私たちのこのアカデミーにおいて，ここにあなたがご覧になるような私たちの議決によって，デカルトの新哲学（この哲学は今もなお，物質の力とか知覚できない微粒子の原理のうちに身を潜めています）に対して，軽くない打撃がもたらされました」。そして，この件において私は，あらゆる点できわめて強い自制心をもって振舞いました。実際私は，彼に関して言うべきことについては，彼によって私が傷つけられたことを知っている人々だけが，それが彼のことだと分かるように，また，私の報復が，私が受けた侮辱以上に広い範囲に及ばないように，彼の名も，アカデミーの名も，都市の名も挙げませんでした。それどころか，とくにこの件に関して文書を作成することさえ，私はまったくしませんでした。ただ，当時私は，イエズス会のある神父[60]について不服を申し立てた手紙[61]を印刷に

---

59) 創設は1636年。
60) ブルダン神父のこと。
61) 『ディネ師宛書簡』のこと。

付すのが適当だと思っていましたが，その手紙に，ヴォエティウスに関するわずかなページをついでに差し挟んだだけです[62]。また私は，二つの訴えで問題になっているのが，宗教ではなく，ただ私的な名誉毀損であることを明らかにするために，よく考えた上で二つの訴えを一緒にしたのです。実際私は，ユトレヒトの神学者に対して，イエズス会の神父に対する振舞いとは別の振舞いをしたのではありません。しかも，前者については，後者についてよりもはるかにわずかなことしか書かなかったのです。

しかしながら，私の聞き及ぶところでは，私が書いたわずかなことは，ヴォエティウスにとってまったく好ましからぬものでした。彼の怒り，彼の脅迫，また，彼が私に対してある恐るべき書物によって企てていると言われていた報復の忌まわしさ，これらについては申し上げるまでもありません。ともかく，一年後についに二冊の本が現れました。これら二冊の本は，同時にユトレヒトで出版され，同じ印刷業者のもとで同じ活字を用いて同じ判型で印刷されており，標題も似たような語尾で終わっています[63]。一冊は，ヴォエティウスの名を掲げた『マリア友愛会について』という本で，彼は同じ宗派の一人[64]に反対してこの本を書いたのです。もう一冊は，フローニンゲン・オメランデン[65]のアカデミーの哲学教授でヴォエティウスの弟子マルティヌス・スホーキウスの名を掲げた『デカルト哲学について』です。スホーキウスは，哲学に関する私の見解を反駁するように見せかけて，しかしそれには触れずに，彼の冗長な著作全体を，絞首刑や車刑や火刑でしか償えないのを常とするような犯罪で私が汚れていると信じ込ませることに充てたのです。そして彼は，私があたかもトゥールーズで火刑に処せられたヴァニーニに代わるもう一人のヴァニーニであるかのように，狡猾にもまったく密かに無神論を教えていると，以前ヴォエティウスがまさにこのようなことを述べた時とほとんど同じことばで，はっきり断

---

62) 1643年11月7日付ウィレム宛書簡（AT. IV, 34-35；『デカルト全書簡集』第六巻 pp. 58-60）を参照。

63) 『マリア友愛会について』（de Confraternitate Mariana）と『デカルト哲学について』（de Philosophia Cartesiana）の語尾の類似（Mariana と Cartesiana）を指摘している。後者は『驚くべき方法』のこと。

64) デマレ牧師のこと。『ヴォエティウス宛書簡』第六部（AT. VIII-2, 64-107；本書101-131ページ）を参照。また，1643年1月のデマレ宛書簡（AT. III, 605-607；『デカルト全書簡集』第五巻 pp. 208-209），1643年10月21日付ポロ宛書簡（AT. IV, 26-27；『デカルト全書簡集』六巻 pp. 45-46）も参照。

65) 本書192ページの注332を参照。

言したのです。そしてその同じ箇所で彼は，名誉毀損の訴訟とか，法務官や死刑執行人を持ち出して，私を脅したのです。それはつまり，彼が言うには，私がおこがましくも彼の師に反抗して口を開いたからであり，また，彼の師が私に対して振るった剣の全体を私が身に受けなかった[66]からなのです。挙げ句の果てに彼は，私を余所者呼ばわりするだけでなく，神のことばを忘れて，私のことをカインだ，放浪者だと呼んで[67]，誰でも処罰されることなく私を殺すことができると信じ込ませたがっているように見えました。

　それでも私は，この誹謗の奇怪さを考えてみて，初めのうちはたしかに，このスホーキウスという名前は偽名ではないだろうか，フローニンゲンにこの名前の教授が誰かいるのだろうか，と疑いました。実際，いかなる行為によってもことばによっても，私が決して傷つけたことなどない人，生まれていることさえ私が以前には知らなかった人，そのような人が，その本の中でこれほど無礼に私を攻撃し，この上なく忌まわしく弁解の余地なく罰せられねばならない中傷によって，おこがましくも私を傷つけているということに，私は驚いてばかりではいられなかったのです。その同じ本の中で彼は，私が正当に，また，あるがままを書いたわずかなことを理由にして，裁判になる恐れがあると言って私を脅したのです。それはあたかも，彼がベルギウムの独裁者ですべての裁判を統括しており，どんなことでも，それは彼にさえ許されないほど不当なことではなく，また，どんなことでも，それがきわめて重大な犯罪だと見なされて糾弾されることを，彼以外の人が心配しなくてもよいほど正しいことではない，というふうであるかのようでした。しかし私は，彼がその文章の至るところでヴォエティウスの代理人として振舞っていることに気づきましたので，もし彼が私によって告発されたなら，彼は直ちに次のように弁明するだろうと考えました。彼は私に敵意をもっておらず，私のことをたまたま知っていたわけでもないので，何一つ自ら進んで私に敵対して書いたのではなく，ただヴォエティウスの指図によって書いただけなのだ，と。

　このようなわけで，代理人がしでかしたことでその依頼主を告発するのは，きわめて公正なことだと私は判断いたしましたので，スホーキウスに

66）『ヴォエティウス宛書簡』に同様の表現が見られる（AT. VIII-2, 83；本書112ページ）。

67）『驚くべき方法』の序文26ページ目。AT. VIII-2, 146, note aを参照。

ついては触れずに放っておいて，私の訴えをヴォエティウスに向けました。
91 そして私は，印刷に付したある書簡[68]の中で，ヴォエティウス自身のために同時に出版された二冊の本について，私の判断を率直かつ正直に述べました。というよりはむしろ，彼の代理人の脅迫，つまり，間違いなく彼は私を法廷に召喚しようとしている，という脅迫を想起しつつ，あたかも裁判官の面前で私の立場を弁護するかのように，私はその書簡の中で，読者の面前で私の立場を弁護したのです。そして私は，双方の言い分に耳を傾ける正式な裁判においてもまったく容易に立証できるようなことばでなければ，どんな些細なことばでも決して口に出さないように，最大の注意を払いました。したがいまして，ユトレヒトで私に対してなされたと言われていることは，私のどんな期待からも懸け離れていて，私は今でも，それはほとんど信じ難いことだと思っているほどなのです。

しかしそれにもかかわらず，ユトレヒトでは，通常，敵や逃亡者に対してだけ用いられ，賓客や友人に対しては用いられないような何かある法律が，私に対して引き合いに出されていると聞きましたので，少なくとも，私が故国を追放された者ではないことをユトレヒトの人たちに知ってもらい，彼らが私に対して企てていることが，あなたのお執り成しによって取り止めになるように，あなたのもとに庇護を求めることしか，私にはできませんでした。そして，あなたがご厚情をお示し下さり，私が懇願いたしましたことをお授け下さるというご意向をお持ちだったということは，私にはよく分かっておりますので，あなたがこうして私に施して下さったご恩義は，あなたがその権威によってはるかに大きなご援助を私にお与え下さったとしても，それに劣らぬほど大きなものです。

しかし実は，あなたにご助力を乞うのが遅すぎました。ユトレヒトではすべてのことが秘密裡に運ばれて，知らないうちに私は，すでに有罪判決を下されていたのです[69]。しかも，友人たちのいかなる尽力をもってしても，その時まではまだ，その有罪判決の内容が一体どんなものなのか，私には知ることができませんでした。ともかく，私が知っているのはただ，有罪判決が下されたということだけなのです。そして私は，どんな過ちも
92 犯していないと自覚しております。それどころか，私が書いた文書がユト

---

68) 『ヴォエティウス宛書簡』のこと。
69) デカルトは，1643年9月13日（新暦23日）の判決で，ユトレヒト市参事会から有罪を宣告された。付属文書（6），本書276-279ページ（AT. IV, 20-23）を参照。

レヒトで有罪判決を下されたと言われていますが，まさにそれら文書によって私は，すべての善良な人々に，そしてとりわけユトレヒト市に，申し分なく貢献したと思っております。ですから私は，その市によってすでになされたことよりもっと悪いことを恐れるべきだったのではないか，などと推測することが，正当なことだとは思いません。したがいまして，今のところ私が得たのはせいぜい次のことだけのように思われるのです。つまり，私は，有罪判決を下されたのだから有害であると敵たちに言われているだけでなく，その有罪判決から推定されうるよりもはるかにずっと有害であると言われている，ということです。と申しますのも，敵たちは，あなたのお執り成しによって私に恩赦が施されるということがなかったならば，他にもっと多くのいっそう厳しい断罪が後に続いただろう，と言い触らしているからです。ところで，先の有罪判決の根拠は一つしかなかった，と私は聞いております。そしてそのことを，ヴォエティウスのために彼の友人たちが断言したので（というのは，彼自身は，温和で敬虔な男として，この件に関わりたくなかったのです），私に有罪判決が下されたのです。つまり，私は申し上げますが，彼は私に敵対するようなことを決して何もしなかったということが強調され，また，彼は高潔な男だと言っている人たちの証言が提出されましたので，私が書いたものの中に，彼は高潔ではないと明言しているような箇所があるかどうかということ以外には，何も審理されなかったのです。そして，そのような箇所が沢山簡単に見つかりましたので，彼らの判断によれば高潔な，あの男の名誉を毀損した文書の著者として，私に有罪判決が下ったのです。

　しかし，この厄災すべての主犯はスホーキウスでした。それは彼が，そのきわめて不躾な本によって，ヴォエティウスに抗議する原因を私に与えたから，というだけではありません。それはとりわけ，その後彼が，その夏の大部分の間ユトレヒトに留まって，そこで公然と自慢話をまき散らし，口汚い非難に満ちた彼の本は彼一人によって書かれたもので，ヴォエティウスは手伝ってもいないし知ってもいないということを，あらゆるやり方で信じ込ませようとしたからなのです。このようにスホーキウスは，まったく弁解の余地のない行いの全責任を自分自身に負わせ，しかも自分が攻撃したのだと明言することを恐れなかったのです。それは，ずっと軽微で弁解の余地もあるにしても，似たようなことを私がやったように見せかけて，言い換えれば，ヴォエティウスこそが攻撃の機会を私に与えたにもかかわらず，私が最初に彼を攻撃したのだと見せかけて，何らかの口実で裁

判官が私に有罪判決を下せるように仕組むためだったのです。その際スホーキウスは，こんなふうに，無論もっと公正な仕方によってですが，自分にも有罪判決が下されるべきだと立証されるかもしれない，ということなど気にかけなかったのです。それどころか，私の聞くところでは，彼は目下，私に敵対する本をさらにもう一冊印刷させて[70]，それによって，彼の[師の]ヴォエティウスを，すでに私的に裁判官たちのところで弁護したように，公にすべての人々の前でも弁護して，以前の文書の全責任を自分が引き受けるつもりのようです。

　もし，こうしたことすべてを私が黙って見過ごすとか，あるいはそれに対してただ文書で反駁するだけにしたならば，私は敵たちに，スホーキウスが私について書いたことはユトレヒトの有罪判決によって確証されたと断言する絶好の機会を与えることになるでしょう。実際，その市の裁判官たちは，彼らのもとで出版され，あらゆる種類の罵詈に満ち溢れている本を，咎めようとはしなかったのですが，それは，その同じ本に対する私の控え目な応答を審理し有罪判決を下すことに，彼らがあれほどの熱心さと厳格さを示した，まさにその時だったのです。このようなことは，彼らが，その本に含まれている事柄を真であると想定して，少なくとも暗黙のうちに是認した，というのでない限りは，ほとんど信じ難いことです。また私はすでに，ヴォエティウスの取り巻きたちが，あちこちで次のように言い触らしていると聞いております。彼らが言うには，スホーキウスが私について書いたことは真実で，私がヴォエティウスについて書いたことは虚偽だ，ということは十分明らかである。なぜなら，私は，ヴォエティウスに対して私の立場を弁護するためにユトレヒトに出向くこともなかったし，名誉毀損の訴訟を起こすためにフローニンゲンに行くこともなかったのだから，というわけです[71]。

94　さらに彼らは付け加えて，あなたのお執り成しによって私に許し与えられたのは，決して平和ではなく，ただ束の間の偽りの休戦でしかないのであって，新たな戦争が，そして前回よりも恐るべき裁判の危険が，再び私に差し迫っている，と言っています。そこで次に彼らは，私を押しつぶすために，スホーキウスの本を確実で疑う余地のない証言として利用するつ

---

70) 付属文書（8），本書294ページ（AT. IV, 797）を参照。
71) ライデンのテキストはここまでで，以下最後まで欠けている。本書280ページの注51を参照。

もりであるように見えます。そして，彼ら敵たちの無遠慮がこれほどまでに高じておりますので，私としては，スホーキウスのあの本に関してこうしてあなたのもとに訴え出て，あなたの権威のお力添えをいただき，彼の審理を委ねられた裁判官たちによって，彼の本が中傷と虚偽に満ちたものであると宣告され，さらに，事実を偽り，私を侮辱して書かれた事柄をスホーキウス自身に撤回させ，その取り消しのことばを公表させるようにしてもらわない限り，私の評判だけでなく生命の安全についてさえも，十分に対処できないほどなのです。これはたしかにまったく正当なことですし，スホーキウスが現在住んでいるフローニンゲン・オメランデン州[72]は，きわめて卓越した公明正大な方々によって治められている，と私は理解しておりますので，あなたから彼らへのお口添えによって私を助けて下さることを，あなたが拒まれることさえなければ，彼らは，私が求め公正が命じることすべてを認める判決を下す，と私は確信しております。しかも，訴訟は難しいことにはならないでしょう。実際，スホーキウスの序文の23ページ［目］と，その本の終わりから二番目の章を読めば，彼らはそこに，「私が，きわめて狡猾にそして密かに，無神論を教えている」とはっきり断言されているのを見るでしょう[73]。そして次に，彼らがその本の残りの部分にもざっと目を通せば，その本にぎっしり詰まった無数の無礼極まる罵詈と偽りだらけの誣告を見つけるでしょう。さらにそれに加えて，私には〈…〉[74]弟子たちがいることにされて，また，何やら不合理でおぞましく傲慢な掟も私のせいにされて，あたかも私が，これらの掟を弟子たちに定め，こうして，まったく愚かしく，法によって罰せられなければならないような，新しい一派を設立したかのようにされていることも，彼らは見出すことでしょう。しかし，もし彼らがスホーキウスを審理して，そのような掟を一体どんな書板[75]の中に彼は見つけたのか，私がその掟を定めている弟子たちとは誰なのか，私がその弟子たちに無神論を教えているということを，どんな論拠あるいは証拠によって彼は立証できるのか，そして最後に，一体どんな侮辱を私はかつて彼に加えたのか，あるいは，彼があれほど不遜に誹って書くだけのどんな理由を私は彼に与えたのか，とスホ

---

72) 本書192ページの注332を参照。
73) 『ヴォエティウス宛書簡』（AT. VIII-2, 142, 173, 187：本書161, 180, 193ページ）を参照。なお，「序文の23ページ」は「序文の13ページ」の誤記だと思われる。
74) 語の欠落。
75) モーセが受け取った律法の石板を示唆している。

ーキウスに尋ねたならば，彼には正当化の口実がいっさいないだろうということを，私は疑いません。

　この上なく高名にして卓越せるお方に，王国の最も重要なお務めに日々忙殺されておられるあなたに，ごく小さな取るに足らぬ私事でご迷惑をおかけするのは，もちろん厚かましく畏れ多いことです。しかしながら，すでにユトレヒトで行われた出来事によって，私の訴訟事件は非常によく知られ，ほとんど公になっておりますので，私の祖国フランスの名誉――それはあなたがこの地でとりわけご配慮されておられるものです――のために，少なからず重要だと思われることを申し上げます。すなわち，私がその廉で告発されているあの憎むべき犯罪がもし本当であるならば，私は許されるべきではありませんし，私もまた，いかなる赦免も恩赦もまったく望みません。しかしもし，その犯罪が偽りであるならば――それがこの上ない偽りであることは確かなのですが――，次のようなことがあるべきではありません。それはつまり，その土地の人々と同等の権利を享受することを期待して私がすでに15年間暮らしてきたこの地方において，余所者だからという口実で，あらゆる種類のこの上なく忌まわしい中傷を私に向かって投げつけ，しかもその後，それらの中傷を利用して，裁判の危険があると言って私を脅すことが，他の人々には罰せられることもなく許され，その一方で私は，正当かつ真なる理由によって自分を守るために敢えて口を開けば，それだけで，直ちに中傷者として有罪判決を下される，というようなことです。さらに申し上げれば，これまでにもあなたは，私が以前に嘆願いたしました折に，類いないご厚情によって私を迎え入れて下さいました。そのご厚情ゆえに，あらゆる熱意と恭順の念をもってあなたを崇拝する心づもりが私には十分できておりますので，あなたから賜るご恩義に報いる義務に，私は苦もなく耐えることでしょう。と申しますのも，私には，あなたにすべてを負うことに何のためらいもないのですから。

　　　　　　　　　　　　　　　　　　　（倉田　隆 訳）

付属文書（8）
フローニンゲン・アカデミー評議会の判決[76]

　この上なく高貴なるルネ・デカルト氏によって2月17日に書かれた手紙[77]が，評議会において読み上げられた。この手紙で彼は，本アカデミーの哲学教授にしてこの上なく高名なる M. スホーキウス氏に対する訴えを，再び述べている。その訴えは彼自身の名において，本州政府のこの上なく高名にして有力なる方々のもとに，ラ・テュイルリのこの上なく卓越せる領主にして信仰篤きフランス王の大使によって，すでにこれまでに提出されていた[78]。デカルト氏はまたこの手紙で，この上なく高名なる上記スホーキウス氏による小冊子の中で加えられたきわめて重大な侮辱と罵詈の償いを求めている。その小冊子は，『デカルト哲学』という標題で以前に出版されたもの[79]で，この上なく高名なる博士ヴォエティウス氏のために，スホーキウス氏はユトレヒトでその小冊子全体が自分のものだと認めた。これらはすべて，上記デカルト氏からこの上なく卓越せる同大使に差し出された請願書に[80]いっそう詳しく述べられている通りである。この請願書の写しも，［デカルト氏の手紙と］ともに評議会において読み上げられた。他方，この上なく高名なるスホーキウス氏から聴取したところによれば，彼は，この上なく高貴なる評議員の方々もそれに賛同するであろうと確信して，アカデミーの評議会でこの問題に決着をつけることに同意しただけでなく，それを望んだ。彼が自らを正当化するために，口頭でも文

AT.IV, 794

795

---

76)　以下の判決文の訳出は，Roth の編集（1926年）による『デカルト＝ホイヘンス往復書簡集』（*Correspondence of Descartes and Constantijn Huygens, 1635-1647*〔以下 Roth 版と略記〕）に掲載されたテキストに基づいている。AT はこれを収録しているが，さらに，1645年の評議会議事録（Acta Senatus Academici）に記載されているもの（以下 Acta と略記）も収録している（AT. IV, 196-199）なお，Roth 版と Acta とでは，単語，語順，句読点等に若干の異同があるが，煩瑣になるのを避けるため，語順と句読点の異同は指摘しなかった。なお，バイエは，この判決文をフランス語に訳して伝えている（Baillet. II, pp. 251-255）が，かなり大胆な意訳である。なお，本訳は『デカルト全書簡集』第六巻 pp. 240-245 に若干の修正を加えたものである。

77)　デカルトがフローニンゲン・アカデミーに宛てて書いた審理督促の手紙（AT. IV, 177-179；『デカルト全書簡集』第六巻 pp. 220-222）。

78)　デカルトがフランス大使ラ・テュイルリに宛てて書いた請願書。付属文書（7），本書280-290ページ（AT. IV, 85-95）。

79)　『驚くべき方法』のこと。1643年3月に出版された。

80)　「請願書に」は in Libello supplici の訳。直訳すれば「請願の文書に」となる。Acta は in libello supplicis で，こちらの方は直訳すると「請願者の文書に」となる。

書でも，述べ，作成し，報告したことのすべてが吟味されたが，アカデミーの評議会としては，むしろこの訴訟[81]に関わりたくなかったし，学識ある人たちは自分自身の哲学[82]によって異なることを説くべきであったのに，彼らが係争にまで至ったことに心を痛めている。それどころか評議会は，この上なく高名なるスホーキウス氏が，その争いをユトレヒトの当事者たちに任せ，その［小冊子の］著述にいっさい関わっていないということを，強く願っていた。なぜなら，その頃はまだ，この上なく高貴なるデカルト氏が哲学的な事柄に関してどんな考えを持っているのか，十分明らかではなかった[83]からである。また，偉大な人たちが諸学問を解明し完成するためにもたらそうと努めているものを，嘲笑と罵詈によって追い払うのは，礼儀に適ったことではないからである。そしてまた，他のアカデミーの係争に介入するのを避けるということが，その時まで，われわれのアカデミーの学風だったからである。しかしながら，学識ある人たちの間に融和が回復され，上記デカルト氏の訴えに何らかの償いがなされうるために，そして何よりも，彼に帰せられている新学派の掟，あるいは彼に押しつけられている無神論や他の罪は，十分に堅固な，もしくは正しく引き出された結論によっては，彼の著作から立証されえないという理由により，アカデミーの評議会は次のように宣告し判決を下した。この上なく高貴なる同デカルト氏は，この上なく高名なるスホーキウス氏の自発的な証言と宣言――彼はこれを宣誓してまでも確言する覚悟だった――に満足すべきである，と。［その証言と宣言は］以下の通りである。

　Ｉ．彼［スホーキウス］は，個人的にデカルト氏から攻撃され侮辱されたわけでは決してないので，自ら進んで書こうとしたのではない。そうではなくて，ユトレヒトで，この上なく高名なる博士ヴォエティウス氏に煽られ唆されたのである。ヴォエティウス氏にとって，ディネ宛の書簡の中で明かされている事柄に反駁することが，最大の関心事だった。そしてその目的のために，ヴォエティウス氏は彼に，多くの個人的な事柄を提供したが，それはとりわけ，いわゆるデカルトの無神論に関する多くの事柄と，

---

81) Acta を採って「訴訟（causa）」と訳した。Roth 版は urna で，バイエのフランス語訳は cause である。

82)「自分自身の哲学」は ipsa Philosophia の訳。Acta はこの箇所を，「彼らが表明する自分自身の哲学（ipsa, quam profitentur, Philosophia）」としている。

83) スホーキウスの『驚くべき方法』の出版は1643年３月であるが，デカルトの『哲学原理』が出版されたのは1644年７月である。

ヴァニーニの無神論との冗長で憎むべき比較だった[84]。

Ⅱ. 『デカルト哲学の方法』は，ユトレヒトで彼［スホーキウス］によってその大部分が作成され，その同じ場所［ユトレヒト］で[85]印刷に付されるべく，そのまま残しておかれた。それはまったく，彼が書き上げた通りには出版されず，そこには多くのことが，しかも相当辛辣なことのうちの多くが，他人の手によって法と正義に反して挿入されていた。しかしそれら多くのことは，彼がその一々を書き示すことができないようなものだった。というのも，それらを書き加えた者たちが，注意深く彼の手稿を隠匿したため，彼はそれをどうしても取り戻すことができなかったからである。それどころか彼らは，彼が拒否していたにもかかわらず，その本に，より正確に言えば序文の冒頭に，彼の名前を掲げた。それは，その文書に含まれている悪意を，しかも，彼らが自ら紛れ込ませたものに含まれている悪意さえをも，いっそう容易に彼に転嫁するためだったのである。

Ⅲ. 彼［スホーキウス］は，自分が書いたものにおいてこれほどのことを勝手にやった穢れた手が一体誰の手なのかを，決して明確に知ってはいない。しかし彼は，その本の出版をある学生に託した。その学生はワーテルラエト[86]という名で，高名なるヴォエティウス氏のもとに親しく立ち入ることを許されていて，彼［スホーキウス］がフローニンゲンに戻ってからは，その本の残りの部分を付け加えるようにと，ほぼ毎週，きわめて執拗に［スホーキウスに］要求した。そしてその要求は，彼が常にそう解釈したように，ワーテルラエトの名においてだけでなく，ヴォエティウス氏その人の名においてもなされたものだった。その後さらにヴォエティウス氏は，同じワーテルラエトを通して，後掲の証言の見本[87]を彼［スホーキウス］に送った。したがって，彼が以下のように推測するのはもっともなことである。すなわち，上述のヴォエティウス氏も，その弟子ワーテルラエトと同様に，彼自身がその校正刷りをまったく何も見ていないような出版全体に関して，その指揮をとっていたのではないか，と。

Ⅳ. 彼［スホーキウス］は，自分に帰せられた著作が世に出た姿が，公

---

84) 『ヴォエティウス宛書簡』（AT. VIII-2, 174-175；本書181-182ページ）を参照。

85) 「その同じ場所で」は ibidem の訳。Acta は「そこで（ibi）」としている。

86) ワーテルラエトは師によるレギウス批判に深く関与した。1642年以降，オランダ各地の牧師を務めた。

87) ヴォエティウスに教唆されたスホーキウスの証言書。本付属文書の解題（本書321ページ）を参照。

正さを欠くほどに辛辣であり，そのような書き方が彼には無縁であって，彼自身は決して用いたくないし，善良で学識ある人々の間で受け入れられることでもない，と認めている。彼は決して，デカルトが第二のカインである[88]とか，直接的にしろ間接的にしろ無神論者であって，ヴァニーニと同じようなことをしているなどと主張する[89]ことを欲してはいない。あるいはまた，その文書に含まれているあらゆる辛辣な罵詈にデカルトが値する，と主張することを欲してもいない。それどころか反対に，彼はデカルトを学識豊かで善良かつ誠実な人物であると思っている。さらにまた彼は，デカルト自身によってその弟子たちに[90]定められた掟に関して，彼が書いたとされる事柄が，事実として受け取られることを欲してもいない。なぜなら，そのような掟が当のデカルト氏によって教示されたり案出されたりしたということの確証が，彼にはなかったからである。

Ⅴ．彼［スホーキウス］には，第二の文書[91]（これはユトレヒトで書き始められたが，その同じ地で，遺憾ながら[92]公表を禁じられたため，それ以来彼は，ヴォエティウス氏との交際をほとんど完全に絶つことになった）によって，ヴォエティウス氏を最初の本[93]の出版に関するすべての責任から免れさせるつもりはまったくなかった。あるいはまた，その出版全体をすべて自分に帰するつもりもなかった。なぜなら，むしろ反対に，その同じ文書の中で彼は一般的な言い方で，彼の手によるではないものがあの本に挿入された[94]，と書いてさえいたからである。

---

88) 付属文書（7），本書285ページ（AT．Ⅳ．90）を参照。

89) 「主張する」は pertendere の訳。Acta は praetendere としているが，ほぼ同義である。

90) Acta を採って，「その弟子たちに（suis discipulis）」と訳した。Roth 版は「その弟子たちによって（a suis discipulis）」としている。なおバイエは，「デカルト自身によってその弟子たちに定められた」を「彼［スホーキウス］が上述のデカルト氏とその弟子たちに帰した（il avait attribuées audit sieur Descartes et à ses disciples）」とフランス語訳している（Baillet, Ⅱ, p. 254）。

91) スホーキウスは，『驚くべき方法』が自分の著作であることを主張した公開書簡を出版する計画をもっていた。しかしこの計画は，1643年11月にとりやめになった。1643年9月20日ホイヘンス宛書簡（AT．Ⅳ．751-753；『デカルト全書簡集』第六巻 pp. 30-33）を参照。

92) 「遺憾ながら」は non sine suo cordolio の訳。Acta は「自ら決断して（non sine suo consilio）」としている。バイエのフランス語訳は à son grand regret で「遺憾ながら」という意味である。

93) 『驚くべき方法』のこと。

94) Acta を採って，「挿入された（inserta）」と訳した。Roth 版は infarta であるが，

VI. 彼［スホーキウス］は，ヴォエティウス氏とデカルト氏との抗争が沸騰しているユトレヒトにいた時，事態がその頃の成り行きとは違った方向に進展するのではないかと恐れていた人々の執拗な催促に折れて[95]，大まかな点で，『方法』の区分と章の順序に関しては自分の作であることを公表した。しかし彼は，個々の特定の事柄については，規定に則って尋問が行われることを再三願い，それらについて自らの良心に従って答えようとした。実際，彼がまだフローニンゲンにいた時に，ヴォエティウス氏は自らの手で作成した型どおりの証言書（これは評議会に提出された）を，ワーテルラエトを通じて彼に送り，それに正式に署名するよう求めたが，彼は当然にも良心に従ってそれを拒否した。というのも，ヴォエティウス氏のために偽証することを望まなかったからである。しかし彼はそれとは別の証言を送った。その証言は真実にもっと合致したものだったが，それゆえに，当時企てられていた陰謀に役立ちうるものではなかった。そのため彼は，ユトレヒトでデマティウス氏[96]から，かの件についてデマティウス氏自身の手で作成され，同じく評議会に提出されたた小紙片[97]に従って，その証言の多くを変更・削除するよう再び執拗に催促された。

以上のように，これは，この上なく高名なるスホーキウス氏自身が宣言し明らかにした通りのものである。それゆえ当評議会は，デカルト氏はこれに満足すべきだと判断する。加えて，ヴォエティウス氏から要求されたが，それに署名することをこの上なく高名なるスホーキウス氏が拒んだ型どおりの文書［証言書］の写しも，この上なく高名なるデマティウス氏の小紙片の写しも，デカルト氏に送られるであろう。それらのものから，この上なく高名なるスホーキウス氏の簡潔な公表は，執拗な強迫によって彼からもぎ取られたものであり，常に例外と制限を伴っていた，ということが確認されるであろう。

フローニンゲンのアカデミー評議会における審議
1645年4月10日[98]

バイエのフランス語訳は「挿入された（inséré）」である。
　95)　「折れて」は victum の訳。Acta では victus となっている。
　96)　デマティウスについては，本書220ページの注69を参照。
　97)　スホーキウスの証言書の修正を求めるデマティウスの手紙。本付属文書の解題（本書321ページ）を参照。
　98)　この日付は旧暦。新暦ならば4月20日。

この判決は，スホーキウス氏が出席した評議会において，何度も読み返された。同氏は謝辞を述べてこれを承認した。

（倉田　隆 訳）

解　題

『ディネ師宛書簡』

　『ディネ師宛書簡』（*Epistola ad P. Dinet*）は『省察』第二版（*Meditationes de prima philosophia*, 1642）の末尾に付された文書である。個人宛の形式をとってはいるものの公開書簡であり、アダン・タヌリ版全集でラテン語40ページと長文である。これがいわゆるユトレヒト紛争の発端になったことはよく知られている。この書簡が書かれた意図、内容、意義について触れておきたい。

　デカルト哲学への批判の機運は、『方法序説および三試論』（*Discours de la Méthode & Essais*, 1637）出版の時点で、すでにフランスでもオランダでもさまざまな形で存在していた。その一つとして、アリストテレス・スコラの旧勢力が新興の哲学を抑えるという構図があった。本書簡は具体的になってきたこの批判に対して自らを弁明し、イエズス会全体の承認を求めるために執筆されたと考えられる。

　パリでは、イエズス会の自然学者ブルダン（P. Bourdin, 1595-1653）が批判者の一人であった。彼は1640年、デカルトの『屈折光学』に対抗して独自の『光学論』（*Tractatus de Opticis*）を発表したり、課題論文の公開審査会（討論会）の場で挑戦的な「前哨戦」（*Velitatio*）を読み上げるなど、デカルトを攻撃した。彼は1641年、『省察』への「第七反論」（*Objectiones Septimae*）を草した。デカルトはイエズス会としての反応を期待していたのだが、教団全体を代表したかのような独善的な内容を聞かされて驚いた。ブルダン個人であれば別に恐れることもないが、会全体を敵に回したくはなかった。ブルダンへの批判を機会に、イエズス会に向けて自分の学問を弁明しておきたいと思った。ディネはデカルトの恩師であり、フランス・イエズス会の総帥であった。そこで「パリにいるディネ師にことの次第を報告すれば、教団全体の厚情と好意を獲得でき、ブルダンを宥めることができるのではないか」[1]と考えた。ここに本書簡執筆の意図が表明されている。その後デカルトは実際に「第七反

論」を受け取った。「この文書は私の手中にある捕虜で，丁重に扱いたいのだが，あまりに罪深く，救う手立てがない。毎日軍法会議にかけている」[2]と漏らしている。「第七反論」への答弁は「注解」（Notae）の形でなされ，1642年3月には最初の「答弁」草稿がメルセンヌに送られている。この時点で本書簡が書き始められたことになる[3]。本来はブルダンとの確執の経緯を報告し，デカルト自身を弁明するにとどめるものであったが，印刷の遅延の都合でヴォエティウスの一件が挿入された[4]。

他方オランダのユトレヒト大学では，友人レネリ（H. Reneri, 1593-1639）がデカルトの新しい哲学（自然学・医学を含む）を講じて好評だった。レネリの死後，弟子の医学者・自然学者レギウス（H. Regius, Le Roy, 1598-1679）がすぐに後を襲うが，旧体制派の神学教授ヴォエティウス（G. Voetius, 1589-1676）は新しい哲学が気に入らなかった。それが大学の平穏を乱し，プロテスタントの信仰に危険な「無神論」と映っていたからである。学長になってからは，学内からデカルト主義を実際に駆逐しようと図った。本書簡ではこの状況下での，レギウス（デカルト派）とヴォエティウスとの抗争の仔細が話題となっている。紆余曲折があったのち，アカデミー評議会から出された「議決」によってデカルトは「自分の哲学が断罪された」[5]と感じた。レギウスへの迫害はデカルト哲学への迫害を意味したのである。彼が「私は少々争いごとをする必要があると思っています」[6]と言うとき，それは対ブルダンだけでなく，対ヴォエティウスでもあったであろう。実際その後，彼はオランダ

---

1) 1641年12月22日付メルセンヌ宛（AT. III, 468；『デカルト全書簡集』第五巻 p. 67）。このラテン語の書簡は，メルセンヌを介してディネに宛てられたものと考えられる（J.-R. Armogathe, *René Descartes Œuvres complètes, VIII, Correspondance*, volume 2, p. 601）。内容的に本書簡と重なる部分が多くある。

2) 1642年1月31日付ホイヘンス宛（AT. III, 523；『デカルト全書簡集』第五巻 p. 98）。

3) 本書簡の執筆は1642年3月から4月にかけてと考えられる。その理由は四つある。1）3月に書かれた「注解」を踏まえている。2）4月26日に時点でヴォエティウスの件を除いてすでに草稿が出来ていたと考えられる。3）5月はじめに本書簡を含む『省察』第二版が出版されている。4）5月26日にはホイヘンスが本書簡を受け取り読んでいる（1642年5月26日付ホイヘンスからデカルト宛（AT. III, 564；『デカルト全書簡集』第五巻 p. 162））。

4) 1642年4月26日付ホイヘンス宛（AT. III, 783；『デカルト全書簡集』第五巻 p. 153）。

5) 同上。

6) 同上。

で否応なく争いごとに巻き込まれるのである。デカルトがわざわざこの件を話題にしたのは，フランス・イエズス会の総長たるディネに，外国で謂われなき迫害を受けているかつての教え子を認知してもらい，教団としての保護を暗に求めたいとする気持ちがあったからであろう。これも本書簡執筆の意図である。

　膨大な公開書簡を受け取ったディネ側の反応はどうであったか。公的な反応は何もなかったようである。ディネはユトレヒト紛争には口を閉ざしており，少なくとも史料の上からは外国にいる昔の生徒を擁護しようという動きはなかったと思われる。1644年にパリでデカルトとブルダンとを和解させたのみである[7]。

　その後の経緯はどうであったか。この書簡に対するユトレヒト大学側の文書としては，『経緯陳述』（*Narratio historica*, 1643）があり，とくにその序文「ユトレヒト・アカデミーの証言」（Testimonium Academiae Ultrajectinae）には本書簡へ全面批判が見える。またスホーキウス（M. Schoock）名義の『デカルト哲学あるいはルネ・デカルトの新哲学の驚くべき方法』（*Philosophia cartesiana sive Admiranda methodus novae Philosophiae Renati Descartes*, 1643）は，本書簡に対する檄文である。この文書に対してデカルトは膨大な『ヴォエティウス宛書簡』（*Epistola ad Voetium*, 1643）を書いた。これは直接名指しによる批判文書であり，これによってデカルトは名誉毀損（侮辱罪）と無神論の廉で訴えられた。そして1643年9月23日，欠席裁判で有罪判決を受けた。しかし，仏大使ラ・テュイルリやオラニエ公を動かし，からくも難を逃れた。その後デカルトはフローニンゲン市にスホーキウスを訴えて勝訴した（1645年4月20日）。だがユトレヒト市では依然としてデカルト哲学の禁令が出ていた。デカルトがことの次第をユトレヒト市に説明したのが『弁明書簡』（*Lettre Apologétique*, 1645, 1648）である。1647年デカルトはライデン大学でも瀆神罪で訴えられた。レヴィウス（J. Revius）とトリグランディウス（J. Triglandius）によるもので，彼は「オランダの牧師たちの異端審問」[8]と言っている。このような一連の裁判沙汰の最初のきっかけにな

---

　7)　1644年10月付ディネ宛（AT. IV. 142-143；『デカルト全書簡集』第六巻 p. 182）。
　8)　1647年5月12日付セルヴィアン宛（AT. V. 26；『デカルト全書簡集』第七巻 p. 295）。

ったのが本書簡である。

　内容的には5つの部分からなっている。

　第一は前文である。「第七反論」はイエズス会全体の意見ではなく，さまざまな点でブルダン個人の低レベルの批判に過ぎないなど，事の経緯が述べられる。ブルダンは一部の悪い体液であってイエズス会全体の健全さを有していない，と形容したことなどが注目されよう。第二はブルダンへの批判である。彼はテーゼの公開討論会で「前哨戦」を朗読するなど私を攻撃するが，私が言っていないことを攻撃している点で，それは曲解であり不当である。パリのクレルモン学院の院長に手紙で訴えたところ，ブルダンから弁明の返事が来たが，それは教団の同意なしに個人で中傷を行っていることを示している。そして院長の制止にも関わらず彼は再び論文（「第七反論」）を書き，形而上学の原理などについて私を根拠なく中傷し続けている。それは，外から見れば彼がイエズス会を代表して行っているように見える。それゆえ本書簡を付して彼の策略を明らかにするのは正当である，としている。イエズス会の総意でなく，ブルダンひとりが勝手に不当な中傷をしている，ということがデカルトの最も主張したい点であろう。

　第三に，構想中の新しい哲学（『哲学原理』）について語られる。すなわち，それを結局公表した方がよいと判断したのだが，人はそこに真理があるとはなかなか思ってくれないかもしれない。だが，すでに出版した私の哲学の「見本」（『方法序説』）が示しているように，そこではペリパトス学派にはなしえなかった多くの問題が説明され，解決されている。私の哲学は，昔からの共通で生得的な原理に立っているという意味では古いものであり，神学と競合することもない。それゆえ，この哲学がいたずらに新たな勢力を形成することも，大学の平穏を乱すこともないであろう，としている。ここには『方法序説』の延長線上で新しい哲学の妥当性が主張されている。ある程度の批判や，なかなか理解してもらえないだろうとの予想があったことも分かる。本書簡の当初の予定はここまでであった。

　第四にユトレヒト大学での論争の詳細な報告である。デカルトの新哲学に与する医学教授レギウスを肯定的に，アリストテレス的な旧套を墨守する神学教授・学長ヴォエティウスを批判的に素描する。そして後者

が前者を執拗に駆逐しようする仔細が述べられる。すなわち，レギウスの公開討論会が紛糾し，人間を「偶有的な存在」とする彼のテーゼが断罪の材料となったこと。ヴォエティウスが改訂版のテーゼを出版し，それに対するレギウスの答弁が侮辱と見なされたこと。その答弁を批判した「アカデミー評議会の議決」の紹介とその逐語的批判，レギウス（つまりはデカルト）の新哲学を批判した諸理由はいずれも当たらないこと。ヴォエティウスの息子が書いた文書も反論になっていないこと，などである。嫉妬，中傷，侮辱，嘲笑，包囲などのことばの多用は，論争が感情的なものであったことを示している。「議決」を全文引用し批判している数ページは内容的に最も重い部分であり，デカルトが本気であったことがうかがえる。本書簡のこの部分はたまたま後から付加されたものに過ぎないが，その批判的内容がヴォエティウスを刺激し，ユトレヒト紛争の直接の発端となったわけである。

第五は後書きである。真面目な反論は歓迎するが，新しい哲学に対しては反論や疑念が十分ありうるので，イエズス会による庇護を求めたい。教団として私の計画の是非を判断していただければそれに喜んで従う，と結ばれる。『省察』巻頭のソルボンヌ書簡が大学の認可を求めているように，巻末の本書簡の目的はイエズス会の後ろ盾を得ることにあったことが示されている。

本書簡がユトレヒト紛争に発展するデカルト側の最初の文書であることは先述したが，その哲学的な意義を確定することは難しい。なぜなら，これは単なる論争の文書であって，これといった新しい哲学の主張はないと見なされることが多いからである。実際，本書簡に軸足を載せたデカルト解釈は見当たらないし，英訳や仏訳も全訳は少なく抄訳が多い。ファベイクの評価も，デカルトの論争の才を示すとか，これより論争が開始される，という以上の意義づけをしていない[9]。たしかに，ここは『省察』のように哲学の本体を語る場ではないので，哲学的に新しい主張なしとするのは当然であろう。その意味では，これは所詮書簡であって著作と同等の意義をもちえないテキストかもしれない。

しかし仔細に読むなら，当時の大学や学問の状況が活写されるなかで，

---

9) Verbeek, p. 129.

デカルトの立場や考え方が具体的かつ明確に出ており，その場に居合わせるような臨場感と新鮮さが見出されるであろう。これは他の著作にはあまりないことであり，これが本書簡の意義と言えるかもしれない。そのいくつかを拾い上げよう。（1）当時の大学におけるテーゼの発表会・公開討論会の実態が描かれている。それは自由な真理探究の場ではなく，そこには派閥がらみの策略があり喧騒があったことが分かる。デカルトは学院の「討論」は勝つか負けるかのみを競うのであまり評価していないが，それが事実によって裏付けられていることになる。人が言ってもいないことを誇張して批判するのはまさに「討論」のやり方であり，本書簡においてデカルト哲学そのものが「討論」の対象になっている感がある。他方，数学のように真偽がはっきりしている場合には討論の必要はないという言明も銘記されよう。（2）新しい真理が，どのようにして社会に受容あるいは否認されるかの「現象学」が展開されている点も興味深い。旧勢力が新興の哲学を抑えようとするという単純な構図だけではない。新しいということだけで拒絶反応があること，伝統を守ろうとする教授たちの嫉妬や動揺，大学評議会による教授の排斥運動，それに反対する気骨ある教授，大学設置者による教育内容の指導（新しい哲学を教えてもよいがアリストテレスも同時に教えるなど），流行に左右される若者や一般大衆，本が差し押さえや禁書になるとかえってそれがよく売れたこと，などが描かれている。これらは現代にも通用することであろう。（3）他方，デカルト哲学の側にも問題がないわけではない。ブルダンが問題にしている懐疑はやはり問題かもしれない。「疑えるものはこれをすべて破棄する」という点の解釈にニュアンスの違いがある。これはホッブズもガッサンディも取り上げており，当時の人に共通の受けとめ方であったことが分かる。懐疑主義は無神論になる危険性をはらんでおり（無論デカルトもそれを承知している），それだけに懐疑は取り扱いに慎重を要する問題の一つであった。（4）『方法序説』は自分の哲学の「見本」[10]である，という言い方が本書簡ではじめてなされている。その意味は，それが『哲学原理』の雛型になっているということであろう。他方，『省察』には準備中の哲学の全原理があるが，

---

10) 本書16ページ（AT. VII, 575）。

『屈折光学』や『気象学』にはそれらの原理から帰結する個々の事柄があって，そこではどういう推論の方法が使われたかが示されている[11]，とも言われている。だが，この場合の「原理」や「推論の方法」を特定することは難しいと思われる。(5) その他，神学と哲学との共存，原理の生得性，原理の転覆可能性なども，注意すべき重要な主題であろう。以上の点で，本書簡はそれなりの独自な意義を持つと言えよう。

（山田弘明）

『ヴォエティウス宛書簡』

　ここに訳出した『ヴォエティウス宛書簡』の原典はラテン語で，AT 版（本書凡例参照）の第8巻第2分冊（AT-VIII-2）に含まれる。われわれもこの AT 版を底本とした。

　フランス語訳は *Œuvres de Descartes*, publ. par Victor Cousin, 1824-1826 の第11巻に採録されている（http://gallica.bnf.fr/ark:/12148/bpt6k942726 で見ることができる）。Verbeek 版の仏訳は，明らかな誤りを訂正しただけで，ほぼこの Cousin 版を踏襲している。ただし，第六部の仏訳は Cousin 版にはあるが，Verbeek 版にはない。抄訳はいくつかあり，本書の「はじめに」を参照。他に Belgioioso 版にイタリア語訳がある。

　なお，本書が批判の対象とするヴォエティウス側の『驚くべき方法』[12]の原典もラテン語であるが，ユトレヒト大学図書館の Web ページで読むことができる。仏訳は Verbeek 版にあり，本訳においても適宜参照した。

　デカルト自身が梗概に「ただの書簡になろうと考えておりましたものが，材料の多さからして徐々に大きくなり，本になってしまいました」[13]と述べているように，本書簡は AT 版で約200ページに及ぶ長大なものである。それも単に長いだけではない。全体は九部に分かたれてい

---

11) 本書42ページ（AT. VII, 602）。
12) デカルト自身は本書で『デカルト哲学（について）』と呼んでいる。
13) 本書53ページ（AT. VIII-2, 10）を参照。

るが,「徐々に大きく」なったのである。状況に応じて何度にも分けて,つまりは「継ぎ足し,継ぎ足し」で書かれたわけであり,それだけ複雑な構成となっている。

　なぜそのようなことになったのか。デカルトが,批判すべきヴォエティウス側の文書を部分毎に入手し,そして入手した部分への批判をその度に書き足したからである。すでに書き終わった部分については一部補筆したのみで,書き改めはしなかった。そしてこのことがユトレヒト紛争全体の行方を左右する「『驚くべき方法』の著者問題」を発生させることになるのである。

　批判対象の文書は,標題にあるとおり『驚くべき方法』と『マリア友愛会』の二冊の書である。だが,デカルトには印刷中のゲラ刷りを入手するルートがあった。それゆえ,彼が手にし,批判を書いた順は
　1.『驚くべき方法』の最初の六葉。
　2.『マリア友愛会』
　3.『驚くべき方法』の残り
である。

　「最初の六葉」とは,ページ数が記入してあるページの1ページから144ページまで,つまり序文（Introductio）と第一区分（第五章まである）,第二区分の第十章の途中までに相当する。完成した『驚くべき方法』は,その後に第二区分の残り[14],第三区分（第十章まで）,第四区分（第四章まで）,索引と続くが,実は「最初の六葉」の前に,表紙,前文（Praefactio）,第二の表紙,序文への補足[15],正誤表がページ数なしで付されている。正式な題名は二つの表紙に,著者名はそれらと前文の先頭にしか記されていない。

　本書簡の第一部から第四部までは,一部の補筆を除き,「最初の六葉」しか見ていない時期に執筆されたものであるが,問題はこの部分に正式な題名も著者名も記されていない,ということである。題名については各ページ上部欄外に,左ページには「PHILOSOPHIA」,右ページには

---

14)　第二区分は最終的には第13章まである。
15)　本書付属文書（2）。

「CARTESIANA」とあることから，デカルトは一貫して『デカルト哲学（について）』と呼ぶ。題名の略称はそれでも良いかもしれないが，問題は著者名である。ヴォエティウス側の策として，結局のところヴォエティウスの弟子たるスホーキウス[16]の名義で出版されたわけだが，第四部までを書いているデカルトはそのことを知らない。第一部は「序文」を，第三部は第一区分の第一章と第二章を詳しく引用し，時に逐語的に批判しているが，その著者はヴォエティウスと信じて疑わない。

バイエはこの状況について以下のように述べている。

「しかし，この［スホーキウスを著者とするというヴォエティウス側の］策が打ち出されたのはこの本の出版まぎわでしかなく，［そのときまで］慣例として標題と序文のページの印刷は残しておかれたものだから，デカルト氏は［この著者の問題で］思い違いをした。というのも，彼は，ヴォエティウスの手になると噂されていたこの本が，ヴォエティウスの手配のもとにユトレヒトで印刷されたことを知っており，その最初の六葉を受け取っていたが，そこにはスホーキウスへの言及はなく，この青年についてはまだ聞いたことすらなかったからである。また，出版が終わるのを待つことなく，印刷されたそばから論破したいと思っていたので，自分の答弁において公然と怒鳴りつけた敵が，自分に対しもはや覆面をつけてでしか現れてこないことを後で知って驚いた。しかし，その本のいくつかの表現は，［著者とされた者の］人物に似つかわしくなかったし，そして著者は「オランダの最も僻遠の地で哲学を教え，その師ヴォエティウスをあたかも自分の父であるかのごとく敬っている」と記してあった。そこで，デカルト氏は，［著者の］人物について偽りがあると疑い，答弁の続きにおいてもヴォエティウスを隠された著者として扱い，なおも彼に語り続けようとしたのであった。なぜなら，この本のうちに認められた無礼な文体，粗野な侮辱，同じ中傷のしつこい繰り返し，およびヴォエティウスの気質の他の特徴からして，彼以外の人物に対して語ることができなかったからである。」

---

16) 本書xiiページの注5を参照。

(Baillet, II, p. 177)[17]

　名義上の著者が別人であると知った後でも，いわば「共同責任者」としてヴォエティウスを追及し続けるのであるから，執筆の経緯がどうであれ，『ヴォエティウス宛書簡』が中傷文書として論難されることに変わりはなかったであろう。しかし，始めから別人名義のものと知っていたら，あるいは知った後にすでに書いていた部分を書き直し，戦術を練り直していたら，ユトレヒト紛争のその後の経緯が変わっていた可能性はあろう。

　第五部は著者問題を知ってからのものであるが，ただし第五部それ自体は「最初の六葉」を対象とする。末尾に「まだこの書簡を閉じることはせず，貴殿の本の残りを待つこととしよう」とあるように，まだ残りは入手していない。ただし，各章の標題から残りを概観する程度のもので，第一部や第三部ほど詳細な分析ではない。

　第六部の冒頭に「この書簡の始めは長い間顧みられないまま私の引き出しの中に投げ捨てられていた」とあるように，この段階で執筆は一次停止していた。

　執筆が再開されたのは『マリア友愛会』を入手したからである。この書は，ボワ・ル・デュックという都市にある友愛会のあり方をヴォエティウスが批判した書である。デカルトは第六部において，単に当該書のみならず，この書が書かれるまでの経緯をも丹念に追っている。この書やこの争いは，無論デカルトとは何の関係もない。その何の関係もない書が取り上げられることとなったのも，実は『驚くべき方法』の著者問題と係わる[18]。すなわち，
　　＊『マリア友愛会』の著者はヴォエティウスである
　　＊『マリア友愛会』は『驚くべき方法』と，文体のみならず著者の精神構造までそっくりであり，同一人の著作と見なされるべきである

---

　17)　なおこの部分は1642年夏レギウスからデカルト宛書簡の一部として採録されている。『デカルト全書簡集』第五巻 pp. 168-69を参照。
　18)　第六部冒頭，本書101-102ページ（AT. VIII-2, 64-65）を参照。

という二つの前提から，
　＊『驚くべき方法』も（名義はともかく）真の著者はヴォエティウスである
ことを立証するために『マリア友愛会』を取り上げることとなった，という趣旨である。もっとも，この第二の前提を証すということは，第五部まですでに開始していたヴォエティウスへの個人攻撃を必然的に強化することとなる。

　『驚くべき方法』の完成本を入手し，「最初の六葉」以外の残りが批判に付されるのは第八部と第九部である。第八部は前文と第三区分，第九部は第四区分を扱っている。

　以上の各部がヴォエティウスないしヴォエティウス側の文書に対する直接の批判部分である。敵の文言に対する鋭い切り返しは見事であり，そこにデカルトらしさを味わうことができよう。
　他の各部は直前の部に関連しつつも独自の議論を展開している。第二部はレギウスを当事者とするユトレヒト・アカデミーにおける紛争勃発時の模様を，当然デカルト・レギウス側から述べたもので，本書付属各文書に見られるヴォエティウス側から叙述との対比が興味深い。第四部はヴォエティウスにおける書物の用い方に始まって，スコラ教育批判に至るまで，新旧両哲学の基底にある，いわば文化の差違を浮き彫りとするものであろう。また第七部はヴォエティウス批判を通しつつも，キリスト教徒の慈愛を，第九部前半は神の存在証明について論ずることとなった。

　　　　　　　　　　　　　　　　　　　　（持田辰郎）

『ユトレヒト市参事会宛 弁明書簡』

　『弁明書簡』（*Lettre apologétique*）は，デカルトがユトレヒト市参事会に向けて紛争の総括をし，自らの正義を弁明した長文の書簡である。この文書の源泉については，ストックホルムの「遺稿目録」[19]LとOにそ

の記載がある。もともと1645年にラテン語で書かれたもので[20]，デカルト自身が仏訳し，1648年オランダ語訳もした。しかし彼は，オランダ語は得意ではないのでむしろ仏語の方を読んで欲しい[21]と言っている。ラテン語版が出たのはデカルトの死後の1656年である。仏訳版は1667年クレルスリエによる『デカルト書簡集』第三巻冒頭[22]に収められ，文字通り「書簡」として扱われている。本書は仏訳版を底本としたが，ラテン語版との間には微妙な差異があり，意味が通らない箇所はラテン語を参照した。

　本文書に関しては，バイエの簡潔な記述が残されている。「デカルトはこの事件全体にきっぱり決着をつけるため，ユトレヒトの高官たち宛てに弁明の声明書を作製することにした。すなわち彼は1639年以来，自分の哲学と一身とをめぐりユトレヒトの町で起こった事柄について，歴史的かつ理路整然たる要約をつくった。こうして彼らに，自分の訴えがまったく正しく，敵のほうこそ不正を働いていたことを明らかにし，かつて彼らがヴォエティウスに加担して自分の評判を傷つけたことに対する，彼らの償いを求めたのである」[23]。

　これに尽きるのであるが少し捕捉をしておく。なぜデカルトは，とり

---

19)　*Inventaire*, AT. X, 10-11.

20)　ラテン語版（AT. VIII-2, 283-317）の日付は AT 版では1645年6月16日（この日にユトレヒト市参事会に送付されている）となっている。だが，『弁明書簡』には1645年にはまだ出版されていない文書が含まれており，また市参事会に送付されたものはこの書簡とは別のものである可能性があることから，1647年5月であるという考証もなされている（E. -J. Bos, Descartes's *Lettre Apologétique* aux Magistrats d'Utrecht : New Facts and Materials, in *Journal of the History of Philosophy*, 37:3 July1999）。しかし，レギウスは1645年に「ヴォエティウスに抗弁した冊子を受領した」と言っており（デカルト宛1645年6月23日 AT. IV, 235,『デカルト全書簡集』第六巻, 283），送付された冊子が弁明書簡である可能性は十分ある。B 版も1645年としているので，ここではそれに従っておく。オランダ語版のそれは1648年2月21日の日付けがあり（デカルトがそう手書きしている），ユトレヒト古文書館所蔵である。出版はデカルト死後の1656年である（*Magni cartesii manes ab ipsomet defensi ; sive N. V. Renati Descartes Querela Apologetica ad Amplissimum Magistratum Ultrajectinum*. Vristadii, 1656）。現在その校訂本が出ている。E. -J. Bos, *Verantwoordingh van Renatus Descartes aen d'achtbare overigheit van Uitrecht*, Amsterdam, 1996.

21)　AT. VIII-2, IV.

22)　C. Clerselier éd, *Lettres de M. Descartes*, 1667, III, pp. 1-49, AT. VIII-2, 201-275.

23)　A. Baillet, *Vie de Monsieur Descartes*, Paris, 1692, 1992, p. 221；バイエ『デカルト伝』，井沢義雄・井上庄七訳，講談社210-211ページ。

わけユトレヒトの市参事会宛にこのような書簡を書いたのか。その理由は，参事会が一貫してデカルトに批判的な対処をしてきたからである。すなわち1643年6月23日に「告示」を出し，デカルトの側にヴォエティウスに対して侮辱があったと認めて，裁判所に召喚する手続きをとった。1645年6月12日にも，ユトレヒトでデカルトの書を販売してはならないとの「布令」を出した。さらに，ヴォエティウスのデカルト批判を擁護する立場をとった。これらの措置を不服として，自分の正義を弁明し，裁判の仔細を教えるよう要求するために，この長文の書簡が起草された。ここには，ことの顛末が各種の資料を駆使して詳細に分析・整理されており，デカルトの側から見た事件の概要が分かる。デカルト自身の手でユトレヒト紛争の総まとめがなされていると言ってよいであろう。その結果はどうであったか。参事会側の反応の詳細は分からない。しかしこれまでの経過からするなら，参事会のだれも読まずおそらく無視したであろう。ファベイク[24]も，参事会はこの件はすでに終わったものと理解していたと見ている。

　本書簡には何が書かれているか。その概要を，以下デカルトになり代って一人称のことばでまとめておく。

　　「私は，ヴォエティウス父子から受けた侮辱に対して自己弁護をし，市参事会に償いと釈明を求めるためにこれを書く。ことの始まりは1639年3月，ユトレヒトの教授が追悼演説で私を称賛したことにある。かねてより私の主義主張の台頭をよく思わなかったヴォエティウスは，同年6月，私を「無神論者」として非難した。そしてメルセンヌに協力を依頼するなど画策した。しかし私には「無神論者」の謂れはない。レギウスは私の哲学を教えていたがために犠牲となった。

　　1642年8月，私を批判したスホーキウス名義の書『驚くべき方法』が書かれたのに対して，私は1643年5月『ヴォエティウス宛書簡』を書いた。しかし参事会による6月23日の「告示」（裁判所への召喚状）を見て驚き，7月6日それへの「返答」（私を裁く権限

---

[24] T. Verbeek, p. 54.

がない等）を書いた。そして在ハーグのフランス大使ラ・テュイルリにことの仲介を依頼した。9月23日に有罪の「判決」（名誉毀損という理由）があった。その執行停止はなされたものの9月27日にユトレヒト大学による『経緯陳述』が出された。私が非難される根拠は，私がイエズス会の徒であること，ヴォエティウスは件の書の著者ではないことであったが，それはいずれも妥当しない。

　他方で，私は（『驚くべき方法』に関与していたことを事由として）フローニンゲンのスホーキウスを告訴し，1645年4月20日勝訴した。その後6月12日，参事会は「布令」を出して私についての議論・出版を禁止し，ことの終息をはかった。しかしその効果は疑問である。ヴォエティウス側はスホーキウスを名誉毀損（侮辱罪）で訴えたが，訴訟は中断された。上記の「告示」は，ヴォエティウスにも非があるのでその品行を調査する，としている。しかし，ヴォエティウスの息子はそれを批判して父を弁護し，スホーキウスはじめ5人の証言者も万全だとした。息子は複数の著書で判決の不当性を訴え，私を中傷し，フローニンゲンの裁判をも批判した。しかしそれらの中傷・批判は不当である。問題はヴォエティウスがスホーキウスを買収して偽証させたことだけである。『驚くべき方法』などの私を攻撃する文書で，ヴォエティウスがスホーキウスに材料を提供していたことは明らかであり，フローニンゲンの裁判は正当なものである。スホーキウスに証言の修正を依頼したのも事実である。ある宴席でヴォエティウスが，乗り気ではないスホーキウスに執筆を教唆した事実もある。私はヴォエティウス父子を非難するわけではない。むしろ参事会が彼らを擁護してきたこと，そして参事会の告示と判決，そこから私が受けた損害への償いを要求する。どういう判決か，裁判官はだれか，その根拠は何かも教えていただきたい。」

　この文書は内容的に哲学の主題を含むものではない。むしろ論争の書簡であり，中傷合戦の趣さえある。論敵（ヴォエティウス父子）の批判に対して，公文書や相手側の著書・手紙などを駆使してことの理非を示すことで自己弁明している。ただその間隙に，懐疑論や無神論という批

判に対するデカルトの哲学的議論を見てとることができよう。これだけのものを書くには相当な時間と集中力・分析力を要しただろう。背水の陣での渾身の作という感がある。力のある緻密な論理構成，聖書の引用などレトリックの使用，手紙や論文など客観的資料の巧みな配置など，弁論家デカルトの一面が見える。10年後のパスカルの『プロヴァンシアル』を思わせるところがある。デカルトが哲学において理性を武器としたなら，論争においては正義が最大の武器である。この書簡からは，デカルトが，一度受けた凌辱は仔細に至るまで絶対に忘れない正義漢であり気骨のある人であった（換言すれば，それほど執念深かった）ことが浮かび上がるであろう。しかし論争から距離を置いて見ても，印象的な文章に遭遇する。デカルトが実際にオランダで「新興の異端派の領袖」と見られていたこと，「自由を与え維持するのはただ裁き（正義）のみ」であること，「無実の人が断罪され，罪ある人が罰せられないことから放縦が招来される」こと，論より証拠と言うが「証拠よりも論が勝つことがある」こと，などである。

　歴史的な観点で見れば，これは単に個人間の確執を描いているだけはない。17世紀オランダにおける新哲学の受容と反発の諸様相を描いていると読める。つまり同じキリスト教を奉じる社会のなかでの新旧思想の抗争や学内党派の対立が，大学行政，地方議会，教会，学者，裁判官，政治家をも巻き込んで，このような形をとっているということである。より一般的には，ある文化が他の異文化と接触し，それを受容しようとするときに何が起こるかという，一つの事例を示していることにもなろう。一篇の論争書簡が，弁論家デカルトとその思想背景を示し，延いてはその時代の基層にうごめく人間社会の諸現象を照らし出していると言えるであろう。

　　　　　　　　　　　　　　　　　　　　　（山田弘明）

付属文書（1）「アカデミー評議会の議決」

　本文書 Judicium Senatus Academici は『ディネ師宛書簡』に所載（本書31-34ページ）のものである。資料として重要なので独立した付属

文書としてここに再度掲載した。ヴォエティウスは，かねてよりデカルト的な新哲学の受容に積極的なレギウスに批判的であった。レギウスがその批判に反論して「小冊子」（1642年2月）を出すに及んで，ヴォエティウスが中心となってユトレヒト・アカデミーの評議会は，レギウスに対して教育の姿勢や教授内容を改善するよう求めた。それがこの「議決」（1642年3月）である。その日付から見て，大学側は素早い対応をしたことが分かる。これは「辞職勧告」に近い措置であろうが，レギウスはそれに屈しないのである。レギウスの友人でもあったデカルトは，これを聞き捨てならぬことと思い，準備中の『ディネ師宛書簡』でこの件を公表することにしたようである。わざわざこの「議決」の全文を載せ，その三つの批判点に対してそれぞれ反論を加えている。これはデカルトとしては異例のことかと思われる。『省察』第二版はその年の5月に出版されたのであるから，これまた電光石火の対応である。この文書は事実上デカルト哲学の禁令であり，新しい哲学が当時のオランダでどのように評価あるいは非難されていたかを例示する資料の典型として読めるであろう。これに対するヴォエティウス側の反論が「序文への補足」である。

（山田弘明）

付属文書（2）「序文への補足」

　本文書 Paralipomena ad praefationem はスホーキウス名義の『驚くべき方法』1643 の「序文」の後に付せられた短い文書である。「序文」もこの「補足」も著者はヴォエティウス自身と考えられる。デカルトは『ディネ師宛書簡』のなかで，とりわけ「アカデミー評議会の議決」＝付属文書（1）に関連してヴォエティウス批判を展開した。本文書はその批判に対して，逐語的に反論をしており，どの部分がヴォエティウス側（伝統的思想を守る勢力）の気に障ったかが分かるであろう。デカルトも『弁明書簡』でしばしばこの文書の話題（「無神論者と獣」，「エリアの到来」など）に触れている。デカルト哲学がオランダでどのように受けとめられていたかの一例が具体化されていて興味深い。

付属文書（3）「ユトレヒト・アカデミーの証言」

（山田弘明）

　ここに訳出した「ユトレヒト・アカデミーの証言」（以下「証言」と略す）は，『新哲学が最初は支持され，後に廃棄された仕方の経緯陳述』（以下『経緯陳述』と略す）のいわば前文であり，双方あわせて，デカルトの『ディネ師宛書簡』に対するユトレヒト・アカデミーの公式見解である。『ディネ師宛書簡』では，アカデミー名や個人名はいっさい挙げられていないが，ユトレヒト・アカデミーにおいてヴォエティウスを筆頭とする「旧哲学」派がレギウス，あるいはデカルトの「新哲学」を弾圧していく様子が諧謔的に描かれ，非難されている。これをアカデミーは，アカデミー自体の名誉の問題として公式に答えたわけである。『経緯陳述』はその正式標題から明らかなように，「新哲学」を捨て去るにあたっての経緯をアカデミーの立場から述べたものであり，「証言」は直接に『ディネ師宛書簡』の表現のいくつかを取り上げ反論したものである。

　『省察』第二版に付された『ディネ師宛書簡』は1642年5月に出版されているが，ユトレヒト・アカデミーで公式に採りあげられたのは6月29日である。アカデミーは直ちに，学長と各学部筆頭教授からなる委員会を立ち上げた。委員は学長であり法学教授のマタエウス，（神学部の筆頭教授はヴォエティウス自身であるので代わって）スホターヌス，医学教授ストラテヌス，自然学教授センゲルディウス。「証言」および『経緯陳述』を執筆したのはこの委員会である[25]。「証言」の日付は1643年3月1日であり，『経緯陳述』も同6日に市の参事会に提出された。

　ただし公文書であるが故に，書かれた時期と出版された時期が大きく異なることがありうる。この二文書の場合がまさにそうであった。アカデミーや市当局が何かを決定した場合，市参事会の記録簿に登録されれ

---

25) Verbeek, p. 75は，これらの文書がヴォエティウス自身，ないし息子のパウルスの手になるという説を否定している。

ば[26]，出版せずとも公文書として有効である。したがって，アカデミーや市関係者にとって，とりわけ事を穏便に済ませようとする場合，「決定はするが出版はしない」という選択肢が成り立つわけである[27]。

　アカデミー側は，少数の反対意見はあったものの，「証言」および『経緯陳述』を直ちに出版するつもりであった。「証言」末尾の読者に向けた表現もそれを裏付けている。しかし市当局は出版を許可しなかった。それゆえ，二文書は記録簿の中に埋もれる運命となったわけである。

　事態を変えたのは，1643年5月末のデカルトによる『ヴォエティウス宛書簡』の出版であった。紛争も新段階に入り，市当局も積極的に関与せざるをえなくなったわけである。「市参事会の判決」にあるとおり[28]，9月13日にはデカルトの二書簡を「中傷的誹謗文書」と断罪することとなった。「証言」および『経緯陳述』の出版許可もほぼ同時である[29]。ただし二文書は登録時のまま（したがって，『ヴォエティウス宛書簡』についてはいっさい言及されない），新事態について短く述べた「読者への見解」を付して出版することとなった。

　「読者への見解」は言う。「われわれはすでに，「証言」の出版によってこの優れた人物[30]の評判を守ることに合意したが，しかしいくつかの状況からして今日までその実行については意見を異にしていた。しかしながら，われわれが語ろうとしている著者は限度を守ることを何ら知らず，彼の最初の書簡に，いっそう辛辣な別の書簡[31]を加えたのであり，また後者の書簡はわれわれの同僚の評判をいっそう損なうべく悪意ある或る人物によって俗語に翻訳された[32]のであるから，われわれとしてはこれ以上躊躇すべきではないと考え，ユトレヒトの栄誉ある市当局の認可のもと，この証言を出版することを決定した。われわれのところで起きたことと古い哲学を再確立するために為されたことを物語る『経緯陳

　26）　本書付属文書（6）「ユトレヒト市参事会の判決」も同様のものである。
　27）　本「証言」においても，新哲学排斥の議決に対し，キプリアヌスがそのような処置を提案したとある。
　28）　本書付属文書（6）。
　29）　『経緯陳述』の出版認可は9月12日，「読者への見解」は9月27日付となっている。
　30）　ヴォエティウスのこと。
　31）　『ヴォエティウス宛書簡』のこと。
　32）　おそらくレモンストラント派の牧師の手によるオランダ語訳が直ちに出版された。

述』が後続する」。

　では，これらの文書をデカルトはどう受けとめたのか。1643年11月7日付けホイヘンス宛の追伸に，次のような感想が述べられている。「先の手紙を書いてから，私は，V[33]が命じて印刷させた『ユトレヒトのアカデミーの証言』を受け取って読みました。これは，彼を利するためにも私を害するためにも，大して役に立たないと思います。それに続く彼らの『経緯陳述』はすべて，私には何の関係もありません。私の手紙［の内容］に合致することもありえませんし，それを裏付けるのに役立つものですらありえません。なぜなら彼らは，事実を否定しているのではなく，ただ事実に別の解釈を与えているだけなのですが，その解釈は，私の解釈にまさるほど信じるには値しないからです」[34]。

　アカデミーの公文書という性格からか，とくに鋭い批判にはなっていないということであろう。実際，『ディネ師宛書簡』から選び出された論点も，実質的には１．レギウスの同僚たる自然学教授たちの嫉妬，２．レギウスの討論会の妨害，３．アカデミー評議会の議決に際してのヴォエティウスの権力行使に関する三点だけで，その選択も散漫と言わざるをえない。

（持田辰郎）

付属文書（４）「ユトレヒト市参事会の告示」と
付属文書（５）「デカルトからユトレヒト市参事会への書簡」

　ユトレヒト市参事会は，1643年６月23日（旧暦13日），ヴォエティウスの行状に関する『ディネ師宛書簡』と『ヴォエティウス宛書簡』の記述について説明を求めるために，三週間以内にユトレヒトに出頭することをデカルトに要請する告示文書を貼り出した。それがここに訳出した「ユトレヒト市参事会の告示」である。この告示文にあるように，それは，「訴訟の公平」を保つためにデカルトに出頭を求めるものであり，

---

33) AT 版ではヴォエティウス。
34) AT. IV, 34：『デカルト全書簡集』第六巻 pp. 58-59。

「この件に関する真実が最もよく調査されうるか，当市の平穏，当地教会の聖務，さらにはアカデミーの繁栄が最もよく追求されうるか，混乱をまねき教導にそむき害悪をもたらすようなあらゆることが防がれうるか，について慎重に検討した結果」の要請であって，デカルトを一方的に断罪するものではなかった。

　しかしデカルトは，この告示をそのようには解さなかった。「これによって，彼らが私にどのように裁きを下しているかが見て取れるでしょう。かりに私が何か大きな罪を犯したとしても，そして私が逃亡者で放浪者であったとしても，彼らは，これ以上に常軌を逸したやり方[35]で私を起訴することはできなかったでしょう」[36]と，ホイヘンスに語っている。

　デカルトはこの要請を拒否して，出頭する代わりに「ユトレヒト市参事会への書簡」を送りつけた[37]。この書簡の中でデカルトは，市参事会の召喚に対して皮肉を込めた礼を述べながらも，「私とヴォエティウスとの間の係争のすべては，印刷された本の中に書かれている」として，出頭の必要を認めていない。デカルトが市参事会の召喚に応じなかったことが，その後の市参事会の審理にどの程度影響したのかは不詳だが[38]，市参事会は，9月23日（旧暦13日），『ディネ師宛書簡』と『ヴォエティウス宛書簡』が，ヴォエティウスおよび市とアカデミーに対する名誉毀損である，という判決を下した。

　「ユトレヒト市参事会の告示」はオランダ語で書かれている。オランダ語のテキストは，ATの他にVerbeek et aliiにも収録されている（pp. 219-220）。また，そのフランス語訳がAT. IV, 645-646と，AM[39], V,

---

35) 告示文は「当市の通例の告示場所すべてに掲示」された。
36) 1643年6月26日ホイヘンス宛書簡（AT. III, 821；『デカルト全書簡集』第五巻 p. 295）。
37) デカルトはホイヘンスに助言を求めている。1643年7月10日ホイヘンス宛書簡（AT. IV, 13-14；『デカルト全書簡集』第六巻 pp. 20-21）を参照。
38) 1643年11月7日ピコ宛書簡（AT. IV, 36-37；『デカルト全書簡集』第六巻 pp. 61-62）を参照。
39) *Descartes Correspondance,* publiée par Ch. Adam et G. Milhaud, 8 tomes, Paris, 1936-1963. AMと略記。

p. 318に収録されている。訳出に際してこれらも参照した。

　ユトレヒト市参事会への書簡をデカルトはフランス語で書き，そのオランダ語訳をアムステルダムで印刷させた。そしてそれはフランス語で書かれた書簡と共に7月10日にユトレヒトに届けられた。デカルト自身の手になるフランス語のオリジナルテキストは失われた。オランダ語のテキストは，AT の他に，AM. VI, pp. 11-16, Verbeek et alii, pp. 108-110, Belgioioso[40], pp. 1792-1797に収録されている。なお，オランダ語からのフランス語訳が AT. IV, 646-648に収録されている。また，AM にも同じフランス語訳が，Belgioioso にはイタリア語訳が並載されている。訳出に際してはこれらも参照した。

（倉田　隆）

付属文書（6）「ユトレヒト市参事会の判決」

　本書は，形式的に表現すれば1643年9月13日（新暦23日）のユトレヒト市参事会の記録簿ないし議事録である。ただし，何らかの決定がなされ特別な文書が作成された場合は，その文書が添付される。9月13日分の記録に添付されているのが，（正式の題名はないが）ユトレヒト市参事会の「判決」であり，デカルトの『ディネ師宛書簡』と『ヴォエティウス宛書簡』を中傷文書として断罪し，市域内での販売等を禁止したものである。

　ただし，この判決自体が強調するところは，この断罪は一方的なものではなく，然るべく手順を踏んで決定されたものである，という点である。一つの政体の公的な決定である以上，当然であろう。「判決」それ自体，6月13日の「告示」，それに対する7月6日のデカルトからの「書簡」を振り返り，そのような経過を踏まえての決定であるとする。

　だが，そのことは無論「公平」であることは意味しない。ヴォエティウスの人格や功績に対しては当初からいかなる疑義も想定していないし，

---

　　40) *René Descartes, Tutte le lettere 1619-1650*, a cura di G. Belgioioso, Milano, 2005, 2009. Belgioioso と略記。

またデカルトとイエズス会との関係を指摘する記述もある。それゆえ，デカルトがユトレヒト市にどのような人脈を持とうとも[41]，市当局として勝敗をつけるとすれば，その結果は始めから明らかだったのかもしれない。

　もっとも，これ以降の展開を考えるとき，重要な点も顕わとなっている。デカルトがヴォエティウスを告発することとなった，その前提としてのデカルトの「誤った仮定」を指摘していることである。すなわち，ヴォエティウスが「デカルトが侮辱されたと主張しているさまざまな文書」，つまりは『驚くべき方法』等々の「著者であり，扇動者，校正者，協力者であるという不確かな推測と誤った仮定」である。「判決」がデカルト断罪の根拠をこの仮定の「誤り」に置いている以上，『驚くべき方法』等々へのヴォエティウスの関与が焦点となるわけであり，実際の事態の展開もそれを示している。

（持田辰郎）

付属文書（7）「デカルトからフランス大使への請願書」

　ユトレヒト市参事会は，1643年9月23日（旧暦13日）に，『ディネ師宛書簡』と『ヴォエティウス宛書簡』が，ヴォエティウス自身にとってだけでなく，市とアカデミーにとっても，その名誉を著しく毀損し損害を与えるものであるという判決を下し，刑事訴訟の手続きに入った。しかしこの手続きは，ハーグ駐在のフランス大使ラ・テュイルリとオランダ総督オラニエ公の介入によって停止された。これは，デカルトの友人たちの奔走が功を奏した結果なのだが，訴訟手続きの停止という黒白のつかない結末に，デカルトは満足しなかった。

　デカルトはスホーキウスに対する訴訟を企てた。誹謗中傷に満ちた『驚くべき方法』の真の著者が誰なのかをはっきりさせるべく，フローニンゲンのアカデミーに審理を請求することにしたのである。そしてそ

41）たとえば『ヴォエティウス宛書簡』第二部（AT. VIII-2, 30：本書70ページ）を参照。

のために，再びラ・テュイルリの力を借りようとして，このフランス大使に宛てた請願書を作成した。ラテン語で書かれたこの請願書は，ユトレヒト紛争全体の内実をデカルト自身が語っている貴重な資料である。

　請願書には日付がなく，Belgioioso は１月22日としているが，AT は，1644年１月15日と22日の２通のポロ宛書簡[42]の内容に基づいて，１月15日と22日の二つの選択肢を提示している。AM は日付を１月15-22日とし，１月22日のポロ宛書簡に述べられている修正をおそらく採り入れていると推測している。なお，この請願書には「ラテン語で書かれたものとフランス語で書かれたものがデカルトの自筆書簡中にある」とバイエが記している[43]が，フランス語で書かれたものは見つかっていない[44]。

　ラ・テュイルリは1644年３月，次のような手紙を添えて，デカルトの請願書をフローニンゲン州政府に送った。「デカルト氏の徳はよく知られておりますので，それについてあなた方にお話しするのは無用でしょう。また，彼のように才能ある人物を独占することは，こちらの諸州にとって非常に貴重なことなのですから，彼の才能についても，あなた方がご存知のこと以上のことを，私が語ることはできないでしょう。このような次第ですから，私が彼を擁護し，彼が蒙(こうむ)った損害について彼のために裁判を請求することに，皆様方は驚かれないでしょう。彼の出自と私の職務のゆえに，私はそうせずにはいられないのです。しかも彼は，彼が私に提出した請願書であなた方もお分かりのように，彼の正しさを認めて下さるようあなた方にお願いすることを，私に強く求めているのです。あなた方はそうなさるべきです。なぜなら，彼はまったく正しいのですし，一般の人々も，彼がいっそう安心して彼らのために仕事ができるように，彼の精神を自由にしておくのが望ましいと思っているからです。それゆえに私は，デカルト氏の安らぎのためにあなた方にお出来になることすべてをなさって下さるよう，また，あなた方が不満を訴える人々の要求に応えるために用いておられる公正さを，デカルト氏に満

---

　　42)　AT. IV, 80-81：『デカルト全書簡集』第六巻 pp. 116-117, および AT. IV, 82-84：『デカルト全書簡集』第六巻 pp. 131-133。
　　43)　Baillet, II, p. 250。『デカルト全書簡集』第六巻 p. 145の注４を参照。
　　44)　これに関して AT は，１月15日のポロ宛書簡で「私は手紙を書きました」と語られている手紙のうちの一通が，ラ・テュイルリ宛にフランス語で書かれた個人的な手紙である可能性を指摘している（AT. IV, 657)。

足を与えるために通例通りお役立て下さいますよう，お願い申し上げる次第です」[45]。

しかし，フローニンゲンの審理はすぐには開始されず，一年以上待たなければならなかった。この間デカルトは，オランダ移住後初めてフランスへの帰国旅行をしている。1644年11月にフランスから戻ったデカルトは，翌1645年2月17日付で，フローニンゲン・アカデミーの評議会に審理督促の手紙[46]を書き送った。ようやく審理は開始され，デカルトの主張をほぼ受け入れた評議会の判決が下されたのは1645年4月20日（旧暦10日）だった。

本請願書のラテン語テキストは，AT の他に，AM. VI, pp. 104-121 と Belgioioso, pp. 1880-1891に収録されている。また，AM にはフランス語訳が，Belgioioso にはイタリア語訳が並載されている。訳出に際してはこれらも適宜参照した。

（倉田　隆）

付属文書（8）「フローニンゲン・アカデミー評議会の判決」

評議会の判決は，フローニンゲン・アカデミーの当時の評議会秘書官で哲学教授のマティアス・パソルによって，デカルトに伝えられた。パソルは，4月16日（新暦26日）付の自らの手紙を添えて，評議会の判決文と評議会に提出された二つの文書の写しをデカルトに送付した。5月26日付のパソル宛の礼状で，「高名な貴アカデミーのこの上なく威厳ある評議会による判決を，フローニンゲン4月16日付であなたが私にお書き下さったお手紙と共に私が受領いたしましたのは，ようやく昨日のことでした」[47]と述べているように，デカルトがこれらの文書を受け取っ

---

45) AT. IV, 96と AM. VI, p. 121に採録。この手紙にも日付はないが，バイエに従えば（Baillet, II, p. 250），書かれたのは1644年3月。

46) AT. IV, 177-179；『デカルト全書簡集』第六巻 pp. 220-222。1645年2月7日トビアス・アンドレアエ宛書簡（AT. IV, 155；『デカルト全書簡集』第六巻 p. 202）も参照。

47) 『デカルト全書簡集』第八巻 p. 315。この書簡は AT, AM, Belgioioso のいずれにも収録されていない。Erik-Jan Bos による新発見の書簡。

付属文書（8） 321

たのは5月25日だった。デカルトはこの日まで評議会の判決が下されたことを知らずに，1645年5月5日のトビアス・アンドレアエ宛の手紙[48]で，彼に最新の情報を尋ねている。

　デカルトはこれらの文書の写しをホイヘンスに送った。1645年7月6日にそれを受け取ったホイヘンスは，1645年7月7日の返信の中で，「フローニンゲンからあなたに届いた名誉ある書類」と述べて，デカルトに祝意を表している[49]。デカルトは「ユトレヒト紛争」においてようやく一矢を報いた。バイエが伝えるところによれば，デカルトは，この「名誉ある書類」によって，「ユトレヒトの牧師［ヴォエティウス］によって自分に対してなされた告発の虚偽が暴露される」[50]ことを期待していた。しかし，ユトレヒトにおけるヴォエティウスの影響力は衰えず，市参事会はデカルトに関する出版物を印刷も配布もしないようにと，出版業者に命ずることになる。「ユトレヒト紛争」にデカルトの期待通りの決着がつくことはなかった。

　デカルトがパソルから受け取った四種の文書は失われたが，デカルトからホイヘンスに送られたその写しは保管されており，Roth の編集による『デカルト＝ホイヘンス往復書簡集』に付録Fとして掲載されている。F(a) はパソルの添え状[51]，F(b) は評議会の判決文（本書に掲載）[52]，F(c) はヴォエティウスに教唆されたスホーキウスの証言書[53]，F(d) はその証言書の修正を求めるデマティウスの手紙[54]である。AT (IV, 793-801) も Belgioioso (pp. 1994-2003) もこれを収録しているが，AT はさらに，パソルの添え状以外の上記三種の文書については，1645年の評議会議事録に記載されているものも収録している (IV, 196-199)。

---

48) AT. IV, 195-196；『デカルト全書簡集』第六巻 pp. 251-252。
49) AT. IV, 778；『デカルト全書簡集』第六巻 p. 294。
50) 1645年5月26日付トビアス・アンドレアエ宛書簡 (AT. IV, 214；『デカルト全書簡集』第六巻 p. 264)。
51) AT. IV, 793-794；『デカルト全書簡集』第六巻 pp. 239-240。
52) AT. IV, 794-799；『デカルト全書簡集』第六巻 pp. 240-245。
53) AT. IV, 799-801；『デカルト全書簡集』第六巻 pp. 245-247。
54) AT. IV, 801；『デカルト全書簡集』第六巻 pp. 247-248。デマティウスの手紙の内容は，すべてそのまま『弁明書簡』の中で引用されている (AT. VIII-2, 259；本書244-245ページ)。

その議事録には，ここに訳出した判決文に先立って，以下のような文言がある。「4月10日（新暦4月20日）［欄外に，スホーキウス氏を除いて全員出席］—— M. スホーキウス氏が提示した弁明について，教授諸氏一人一人の判断が聴取された。その弁明は，あらゆる点において説得力を欠き無力であるために，彼の立場を擁護するには不十分だと判断された。M. スホーキウス氏自身もそのことを認めて，自分の立場の防衛を断念し，その弁明に代わる証言を提示した。以上のことが M. スホーキウス氏に告げられるべきであり，また，われわれは，アカデミーの規則28条が定めるところに従って，彼を尋問すべきであろう。その後，以下の判決が満場一致で可決された」[55]（AT. IV, 196）。

　本判決文の訳出に際しては，AT に収録されている Roth 版を用いたが，評議会議事録の方を採った訳語も少なからずある。また，Belgioioso に並載されているイタリア語訳とバイエのフランス語訳（Baillet. II, pp. 251-255）も適宜参照した。

（倉田　隆）

---

55)　（　）および［　］内は AT による挿入。

総 解 説

　1641年12月8日[1]，デカルトの「新哲学」の信奉者で，ユトレヒト大学医学部教授のレギウスは，自らが主宰する討論会において，「人間は偶有性による存在である」等，いくつかのテーゼを提出した。これに対して真っ向から反対の論陣を張ったのが，プロテスタントの牧師で，当時ユトレヒト大学学長だった神学教授ヴォエティウスである。

　これが，いわゆる「ユトレヒト紛争」の直接の契機となった。それまでもデカルト哲学の擁護派と反対派の対立はあったが，それは大学内部の論争で収まっていた。しかし，この時のレギウスとヴォエティウスの対立に，デカルトはレギウスとの往復書簡を通じて関与していくことになる。

　ただし，デカルトは当初，ヴォエティウスとの対立を先鋭化させていくレギウスにしきりに自制を促し，ヴォエティウスに対するレギウスの答弁の草稿が送られてきた時には，レギウスは「危険を十分避けようとしてない」し，その答弁は「提示された事柄に対しても，現今の状況に対しても，十分適切であるとは思われない」と述べて，代案を提示している[2]。また，答弁書の出版については，「沈黙を守り時宜を待つように」と忠告している[3]。

　しかし事態は悪化する。レギウスの答弁書は出版され，それに対してヴォエティウスは，大学の全体集会を召集した（1642年2月18日と翌19日）。その集会で彼は，レギウスの文書が，ヴォエティウス自身，学長職の尊厳，および教授たちとアカデミー全体に対する誹謗文書であると訴え，この書の禁止と，デカルトの「新哲学」の追放を市参事会に求め

　1）日付は新暦。以下，とくに断らない限り，日付は新暦を用いる。
　2）1642年1月末レギウス宛書簡（AT. III, 491-510；『デカルト全書簡集』第五巻 pp. 100-119）を参照。
　3）1642年2月2-16日レギウス宛書簡（Belgioioso, pp. 1610-1611；『デカルト全書簡集』第五巻 pp. 125-126）。

た。その要請を受け，市参事会はこの答弁書を差し押さえた。

　さらに1642年3月25日，市参事会は，公的であれ私的であれ医学以外の授業することをレギウスに禁じ，レギウスの答弁に関する議決を下す権限をアカデミー評議会に与えた。教授たちはそれに応じて，3月27日，同僚を直接攻撃するレギウスのやり方を非難し，「若者たちを古きよき哲学から離反させ，学問の頂点を極めるのを妨げる」[4]新哲学を拒絶する議決を，学長ヴォエティウスの名で宣告した。

　レギウスは1642年3月31日，事の成り行きをすべてデカルトに伝え，市参事会の命令書，アカデミーの議決文，レギウスの答弁書に反論してヴォエティウスの息子パウルス・ヴォエティウスが提出したテーゼ，これらを彼に送った[5]。それに対してデカルトは，ヴォエティウスの息子のテーゼもアカデミーの議決文も笑うべきもので，「あなたの敵たちは，彼らに相応(ふさわ)しい武器で自分の首を絞めている」のだから，気に病む必要はない，とレギウスを慰めている。また，医学以外の講義禁止命令については，レギウスの同僚たちの不平を抑えるために下されたもので，「市参事会がなしうる限り寛大で賢明な措置」だと評価している。それゆえ，ヒポクラテスとガレノス風に医学を教える以外には，何も教えず黙っていることを勧め，「もし闘いを再開しようとするならば，あなたは再び運命に身を委ねることになってしまう」と，なおもレギウスの自制を促している[6]。

　事態は，1642年5月に刊行されたデカルトの『ディネ師宛書簡』によって，新たな段階に入る[7]。「私が少々争いごとをする必要がある」[8]と感じたデカルトは，この書簡の中で，アカデミーの議決の全文を載せ，それに逐一コメントを付して，この議決は，ヴォエティウスが学長とい

　4）付属文書（1），本書260ページ（AT. VII, 592-593）を参照。
　5）AT. III, 557-558；『デカルト全書簡集』第五巻 pp. 147-148を参照。
　6）1642年4月初めレギウス宛書簡（AT. III, 558-560；『デカルト全書簡集』第五巻 pp. 149-150）を参照。
　7）『ディネ師宛書簡』は，『省察』の「第七反論」に対する答弁として，『省察』第二版に付録として掲載されたものであるが，そこにヴォエティウスに対する批判も書き加えられた。
　8）1642年4月26日付ホイヘンス宛書簡（AT. III, 784；『デカルト全書簡集』第五巻 p. 153）。なお，ホイヘンス（Constantin Huygens, 1596-1687）は，オランダ総督オラニエ公の秘書官で，デカルトの支持者。

う立場を悪用して，自分の個人的利益のためにでっち上げたものだと批判した。また，ユトレヒト大学の教授たちを，ヴォエティウスに操られ脅されている人たちであると決めつけた[9]。

　当然ヴォエティウスは憤慨した。彼の以前の弟子で当時フローニンゲン大学の論理学・自然学教授だったスホーキウスへの手紙の中で，ヴォエティウスは怒りをぶちまけ，スホーキウスがデカルトに対して大規模な攻撃を仕掛けるよう示唆した。

　その仕事は1642年の夏から開始された。当初は気の進まなかったスホーキウスは，ヴォエティウスとその周囲の人たちの圧力に屈し，この年の夏の休暇中滞在したユトレヒトで，『デカルト哲学あるいはルネ・デカルトの新哲学の驚くべき方法』と題する文書の作成に着手した。夏が終わり，スホーキウスは，自分の草稿のかなりの部分を後に残して，フローニンゲンに帰った。フローニンゲンに帰ると彼は，自分が厄介な立場に陥っていることに気づいたようだ。しかも，彼が書いたものは，本当に自分が書きたかったものではなかった。彼は，書いたもの何枚かを，書き直すために返してくれるよう頼んでさえいたようだ[10]。

　ともかく，『驚くべき方法』の原稿は，1642年11月に印刷業者に持ち込まれた。この本の出版は1643年３月後半まで遅れるが[11]，デカルトは，すでに1642年12月７日には，この本の最初の部分が印刷された数葉を見ている。そして友人のメルセンヌ神父に，その返答を書くつもりだと語る。

　　「私自身の利益だけしか考えないならば，その本に一言でもわざわざ応答する気にはならないでしょう。しかし，彼は一つの町で細民を統治しているわけですが，そこには私に好意的であり，かつ彼の権力が弱まることを喜びとするような，多くの誠実な人々がいますので，私はその人たちのために，彼に応答するよう強いられるでし

　9）　『ディネ師宛書簡』（AT. VII, 588-589, 596：本書29-30, 36ページ）を参照。

　10）　Baillet. II, pp. 178-179を参照。また Verbeek et alii, pp. 185-186も参照。

　11）　ヴォエティウスが，カトリックとプロテスタントの両信徒からなるボワ・ル・デュックのマリア友愛会に対する自作の攻撃文書の印刷を，『驚くべき方法』の印刷よりも優先させたためである。1643年１月５日付ホイヘンス宛書簡（AT. III, 799-801：『デカルト全書簡集』第五巻 pp. 214-215）を参照。また Verbeek et alii, pp. 187-188も参照。

ょうし，また私も，その本が出るとすぐに私の返答を印刷させたいと思います。というのも，私の答弁は短いでしょうし，彼の本はとても厚く，しかもあまりにも非常識なので，私は最初の数葉を検討して，そこから彼に言うべきだと思うことのすべてを言った後では，残りは読む価値さえもないものとして無視するだろうからです。」[12]

デカルトの返答は，1643年5月に『ヴォエティウス宛書簡』として出版される。しかしデカルトは，『驚くべき方法』の著者が少なくとも名義上はヴォエティウスではないことに，この本を読み進むうちに気づいていた。『驚くべき方法』の著者は自らのことを，オランダの僻遠の地――したがってユトレヒトではありえない――に住んでいる者であると言い（原著33ページ），さらに，ヴォエティウスを私の師と呼んでいる（同57ページ）からである[13]。それにもかかわらず，デカルトはこの『ヴォエティウス宛書簡』において，その本の著者の一人をヴォエティウスと見なして，辛辣な批判を展開した。デカルトはそれに関して，この書簡の中で次のように述べている。

「これまで私は，貴殿が『デカルト哲学』と題されたこの本の著者として名乗り上げようとしていることに疑念を抱くことができなかった。その理由は，その最初の六葉が貴殿のものとして私に送られてきて，著作の校正が貴殿の住まいにおいて始められたと聞いていたからでもあるが，それだけではない。それよりもむしろ，［まず］文体が明らかに貴殿のものだからである。かくのごとく多様でこれほどの［酷い］罵詈の文言を知っているのは貴殿一人である。また書かれた動機も貴殿のものだからである。すなわち，私が書いたもののうちそれらの紙葉に引用されているのはほとんどディネ師宛の私の書簡だけであるが，それを攻撃しようとする動機は貴殿に固有のものである。というのも，他の人間がどれほど貴殿に友情を抱いていたとしても，この書簡の故に私にかくも激しく怒るということ

---

12) 1642年12月7日付メルセンヌ宛書簡（AT. III, 598-599；『デカルト全書簡集』第五巻 p. 204）。
13) Baillet. II, p. 177を参照。また Verbeek et alii, p. 187も参照。

はありえないからである。そしてまた，すでにかなり前，貴殿らのアカデミーの評議会において，アカデミーの名で公表された議決を支持するよう貴殿の同僚たちを促した際に，貴殿はこの事柄についての貴殿の根拠を必ずや明らかにすると，すなわち貴殿が私に対し何かを書くであろうと公然と宣していたからである。」[14]

「二枚目の紙葉で長い序文が始まるが，その冒頭には貴殿のある弟子の名前がある。その名前は，私が書くには値しないものとして言わないでおく。その弟子がひょっとしてヘロストラトスの名声を欲しがることがないように。しかし，彼の性癖と文体は，貴殿のそれと互いにほとんど区別できないほどよく似ていると思われる。それゆえ私は，取り違えることがないように，貴殿一人でもなく，彼一人でもなく，貴殿ら両人を，『デカルト哲学について』という本の著者と見なすことにしよう。」[15]

しかし，『ヴォエティウス宛書簡』において，『驚くべき方法』の主要な著者をヴォエティウスとして論難したことで，デカルトは名誉毀損の罪に問われることになる。

1643年6月15日，ユトレヒト市参事会は，市参事会を代表する二名と，アカデミーを代表する二名からなる委員会を設け，この書簡を検討して提言するようにと命じた。委員たちは，法的な審問を開始するよう提言した。その理由は，デカルトの告発は非常に深刻なものであるから，もしデカルトが正しければ，ヴォエティウスは不正行為の廉(かど)で罰せられるべきであるし，もしデカルトが誤っているのならば，デカルトは名誉毀損の廉で罰せられるべきである，というものだった[16]。

市参事会は，ヴォエティウスの行状に関する『ディネ師宛書簡』と『ヴォエティウス宛書簡』の記述について説明を求めるために，1643年6月13日（新暦23日）の日付で，三週間以内にユトレヒトに出頭することをデカルトに要請する告示文書[17]を貼り出した。デカルトは，この召

---

14) 『ヴォエティウス宛書簡』（AT. VIII-2, 55；本書93ページ）。
15) 『ヴォエティウス宛書簡』（AT. VIII-2, 136-137；本書158-159ページ）。
16) Verbeek et alii, p. 189を参照。

喚に応じるべきか否か，ハーグの弁護士[18]に助言を求めている。その弁護士は「ユトレヒト市当局の人々の文書は私［デカルト］に何らの義務を負わせるものでもない」と確言した。そこでデカルトは，召喚に応じる必要はなく，「その文書に対応するにはこれで十分だろう」と考え，文書で返答することにした[19]。

　ユトレヒト市参事会は，このデカルトの返答[20]に対する行動を直ちに起こすことはなかった。市参事会は，デカルトを召喚しただけでなく，アカデミーと宗務局に対しても，ヴォエティウスの行状に関する情報を求める依頼状を送っていた。この要請は，ユトレヒトのアカデミー評議会では8月16日に議論された。そこで教授たちは，ヴォエティウスに有利になるよう証言することを決定した。宗務局も翌日の8月17日，ヴォエティウスに有利な証言を述べた[21]。

　8月17日の夜，デカルトの返答，アカデミーと宗務局の証言，これらがすべて揃ってから，ユトレヒト市参事会の会議が開催された。市参事会はレギウスを呼ぶことにした。デカルトの申し立ての多くがレギウスからの情報に基づいていると見なされたからである。レギウスは9月15日に尋問されたが[22]，市参事会への報告によれば，「言い抜けをして答えようとしなかった」。

　9月23日，ついに市参事会は，『ヴォエティウス宛書簡』と『ディネ師宛書簡』が，ヴォエティウス自身にとってだけでなく，市とアカデミーにとっても，その名誉を著しく毀損し損害を与えるものであると宣言した[23]。訴訟の性質が変わった。これまでは審問であったが，それが今や刑事訴訟の手続きへと進むことになったのである。

　10月3日，市参事会は刑事訴訟の手続きを開始する。この手続きは結

---

17)　付属文書（4），本書270-271ページ（AT. III, 696-697）。
18)　Paulus Vanpeene（1590-1656）。
19)　1643年7月10日付ウィレム宛書簡（AT. IV, 16-17：『デカルト全書簡集』第六巻 pp. 18-19）を参照。また，Verbeek et alii, p. 191も参照。なお，ウィレム（David le Leu de Wilhem, 1588-1658）は，オラニエ公の国家顧問で，ホイヘンスの義弟。
20)　付属文書（5），本書272-275ページ（AT. IV, 8-12）。
21)　Verbeek et alii, pp. 224-226を参照。
22)　1643年9月20日付ホイヘンス宛書簡（AT. IV, 751：『デカルト全書簡集』第六巻 p. 30）を参照。
23)　付属文書（6），本書276-279ページ（AT. IV, 20-23）。

論が出ないまま長引いたが，10月後半，デカルトの依頼を受けた友人たちの奔走が功を奏して，ハーグ駐在のフランス大使ラ・テュイルリとオランダ総督オラニエ公[24]がこの訴訟に介入する。それによって訴訟手続きは停止された[25]。明らかにこれは，ヴォエティウスの意に反するものだった。彼はデカルトに対する民事訴訟を起こそうと試みたようである。

しかしデカルトにしても，訴訟手続きの停止といういわば中途半端な結末は満足のいくものではなかった。すでに1643年10月23日付のポロ宛書簡の中でデカルトは，「そんなことを期待するくらいなら，私はむしろ，裁判を請求するためにハーグへ行って，私の正しさが認められるか，あるいは否定されてしまうまで，そこに留まるつもりです」[26]と語っていた。事態が鎮静化さえすればそれでよいとは思っていなかったのである。

デカルトは反撃の的をスホーキウスに絞った。『驚くべき方法』が根拠のない誹謗中傷文書であること，この文書の作成にヴォエティウスが深く関与していたこと，これらのことをスホーキウスに認めさせるべく，フローニンゲンのアカデミーに審理を請求することを企てた。その審理の結果がヴォエティウスに対する新たな非難を燃え立たせることを期待したのである。そしてその審理請求のために，再びラ・テュイルリの力を借りようとして，このフランス大使に宛てた請願書[27]を作成した。ラ・テュイルリは，デカルトの請願書を自筆の要請書[28]と共に，1644年3月にフローニンゲン州政府に送付した。

紛争の舞台はフローニンゲンに移った。しかし，フローニンゲン・アカデミーの審理はすぐには開始されなかった。スホーキウスが当時アカデミーの学長であった[29]ことが最大の理由だったと思われるが，ラ・テ

---

24) Frederik Hendrik, 1583-1647.
25) 1643年11月2日付ホイヘンスからデカルト宛書簡（AT. IV, 759-761；『デカルト全書簡集』第六巻54-56ページ），1643年11月後半ポロ宛書簡（AT. IV, 50-52；『デカルト全書簡集』第六巻 pp. 80-82）を参照。なお，ポロ（Alphonse Pollot, 1602-1668）はハーグの宮廷侍従官で，デカルトの友人。
26) AT. IV, 30；『デカルト全書簡集』第六巻 p. 49。
27) 付属文書（7），本書280-290ページ（AT. IV, 85-95）。
28) 付属文書（7）の解題（本書319-320ページ）を参照。

ュイルリがオランダを離れた[30]ことも影響したのかもしれない。さらに，デカルト自身，父親の遺産相続に関する問題の整理を主たる目的として，フランスに帰省した[31]ために，審理の開始を促す手立てを講じることができなかった。

　フランスから戻ったデカルトは，1645年2月17日付でフローニンゲンのアカデミーに審理督促の手紙[32]を出した。この手紙を受理したフローニンゲンのアカデミーは，ようやく審理を開始した。開始されてからの審理はかなり迅速に進み，4月20日（旧暦10日）には評議会の判決が下された[33]。デカルトの主張はほぼすべて受け入れられた。スホーキウスは，『驚くべき方法』の作成にヴォエティウスが関与していたこと，また，この文書がデカルト自身そしてデカルト哲学に対して根拠薄弱な非難をしていることを認めたのである。

　こうして，『ディネ師宛書簡』，『ヴォエティウス宛書簡』，そして『驚くべき方法』を巡る一連の訴訟事件は，ひとまずの決着を見た。しかし，フローニンゲンの審理の結果が，ユトレヒトにおいて，ヴォエティウスに対する新たな非難を燃え立たせることはなかったし，デカルトの名誉回復のための措置も講じられなかった。ユトレヒト市参事会は，「デカルトに賛成するにしろ，反対するにしろ」，何も印刷も配布もしないよう，出版業者に禁令を出したのみだった[34]。デカルト哲学を抹殺することで事態の鎮静化を図ったとしか思われない。ヴォエティウスの影響力が依然として大きかったことを窺わせる。

　これに対してデカルトは，紛争の全容を整理した上で，自らの名誉回復のための適切な措置を求めて，上述の禁令が出た直後に『ユトレヒト

29）　スホーキウスは1643年8月26日（旧暦16日）に学長に選出され，その任期は1644年8月26日（旧暦16日）まで続くことになる。
30）　ラ・テュイルリは，当時交戦中のスウェーデンとデンマーク（1643-1645年のスウェーデン・デンマーク戦争）に対して，フランスによる調停を行うために，1644年2月27日に特使に任命され，4月中旬にハーグを発った。彼の不在は2年続いた。
31）　デカルトは1644年5月にフランス旅行に出発し，同年11月にオランダに戻った。
32）　AT. IV, 177-179；『デカルト全書簡集』第六巻 pp. 220-222。
33）　付属文書（8），本書291-296ページ（AT. IV, 794-798）。
34）　1645年8月4日付ホイヘンス宛書簡（AT. IV, 781；『デカルト全書簡集』第六巻 p. 312）を参照。

市参事会宛 弁明書簡』を送った。ラテン語で書かれたこの書簡は，市参事会の議事録によれば，6月23日に読み上げられたようだが[35]，市参事会がそれにどのように対応したのかは分からない。おそらく無視されたのであろう。というのもデカルトは，1648年2月，フランスへの三度目の帰国の直前に，この書簡のオランダ語訳を再びユトレヒト市参事会に送付しているからである。

「ユトレヒト紛争」の余波はライデン大学にも及ぶ。デカルトは，人間の意志の無限性の主張がペラギウス派の異端に与しているとして，欺く神の想定が瀆神であるとして，ライデン大学によって糾弾されたのである。裁判にかけられることだけは，オラニエ公[36]の取り計らいによって免れたが，ライデン大学の評議員から，「各々みんなが自分たちの講義や討論やアカデミーの実習の類において，今後は貴殿あるいは，貴殿の見解に対して少しでも言及したりすることがまったくなきように厳重に勧告かつ警告して，この件に関して終始沈黙を守るように命じました」[37]と告げられた。

デカルトはかつてオランダを次のように評していた。「この国では，長く続いた戦争[38]によって秩序がきちんと確立しており，そこに置かれている軍隊は，ただ人が平和の果実をいっそう安心して楽しめるようにするためにだけ役立っていると思われるほどである。この国で私は，はなはだ活動的で他人のことに興味を持つよりも自分の仕事に熱心な，多くの人々が群れ合うなかにあって，最も繁華な町で得られる便宜を何一つ欠かさずに，最も人里離れた荒野にいるのと同じくらい，孤独で隠れた生活を送ることができた」[39]と。しかし，デカルトにとって，もはやオランダは，「平和の果実をいっそう安心して楽しめる」国でも，「孤独

---

35) AT. IV, 226の注を参照。また，『デカルト全書簡集』第六巻 p. 272の注2も参照。
36) 先述のオラニエ公の息子ウィレム二世（Willem II, 1626-1650）。
37) 1647年5月20日付ライデン大学評議員からデカルト宛書簡（AT. V, 29：『デカルト全書簡集』第七巻 p. 301）。1647年5月4日付ライデン大学評議員宛書簡（AT. V, 2-12：『デカルト全書簡集』第七巻 pp. 272-281）も参照。
38) オランダ独立戦争（1568-1648年）。
39) 『方法序説』第三部末尾（AT. VI, 31）。山田弘明訳（ちくま学芸文庫53-54ページ）を使用した。

で隠れた生活を送ることができる」国でもなくなってしまったのである。

倉田　隆

　　　　　あ と が き

　われわれは山田を中心としてすでに『デカルト全書簡集』全8巻を刊行した。デカルトの書簡がすべて日本語で読めるようになったわけであるが，近代語でそのようになったのはフランス語，イタリア語に次いで三番目である。
　ここに上梓する『ユトレヒト紛争書簡集』は，その『全書簡集』のいわば続刊と言えよう。というのも，ここに訳出した主要な三作は，通常は「著作」として扱われ，それゆえわれわれの『全書簡集』にも採録されていないのであるが，いずれも「書簡」であることも確かである。そして，『全書簡集』のとくに第四巻から第六巻までのいくつかの書簡とあわせるならば，ここにユトレヒト紛争に関する主要な文献がすべて日本語で読めることとなった。これまたフランス語，イタリア語に次いで三番目，英語より先という快挙である。
　ユトレヒト紛争を理解することの哲学史的意義は言うまでもない。また，デカルトの手によるものでありながら従来看過されがちであったこれらの文書の中に，デカルト哲学ないし思想を理解するための手掛かりが予想外に含まれていること，すでに「はじめに」において見たところである。
　ただし，本書に含まれる各書簡がデカルトの主要著作でないことは明らかである。その意味において，本書を読まずとも「デカルト哲学」は理解できる，ということは認めよう。ただし，言わなければならないことがある。それは
　　　本書を読まなければ「デカルト」は理解できない
ということである。哲学研究者といえども，大多数は『省察』なり『方法序説』なりでデカルトを理解しようとしているであろう。そのような人々が本書，および『全書簡集』における関連書簡を読むならば，デカルトの人物像は一変するであろう。訳者としてそのことは保証する。たとえ拙い訳であるとしても…。

あとがき

　最後に訳者の担当箇所を明らかにしておく。『ディネ師宛書簡』と『ユトレヒト市参事会宛 弁明書簡』については山田が担当した。『ヴォエティウス宛書簡』は，第一部〜第六部を持田が，第七部〜最終部を倉田が担当した。付属文書については，山田が（1）と（2）を，持田が（3）を，倉田が（4）（5）（7）（8）を担当した。（6）はオランダ語であり，持田と倉田の共作である。三人でそれぞれ他の部分を相互に読み合い，極力整合性をはかったが，どこまで成功しているだろうか。訳の「製造責任」は三人全員にある。

　なお，本書の欧文表記についてはパリ大学・デカルト研究センターのAnnie Bitbol-Hespériès 先生よりご指導をいただいた。あつく御礼もうしあげたい。

　また，本書は独立行政法人日本学術振興会平成29年度科学研究費助成事業（科学研究費補助金）（研究成果公開促進費）の交付を受けることが出来た。記して感謝する次第である。

　最後に，作業を支えていただいた知泉書館の齋藤裕之氏に，また見守っていただいた同書館の高野文子・小山光夫両氏に，心から御礼申し上げます。

　2017年6月

訳者を代表して

持田　辰郎

ユトレヒト紛争・関連年表

日付は新暦（グレゴリオ暦）。太字は**本書掲載の文書**。

1639年3月18日	ユトレヒト大学教授エミリウスが，同僚レネリへの追悼演説でデカルトを称える（この演説は1640年初頭に公刊）。
1639年6月	ヴォエティウスは学生の提出したテーゼ「無神論について」*De Atheismo* でデカルト主義を批判（出版は1647年）。
1640年6月30日	ブルダンはパリのクレルモン学院でデカルトの『屈折光学』を批判し，「前哨戦」Velitatio を開始。
1640年7月31日	これを踏まえ，デカルトはホイヘンス宛に「私はイエズス会士たちと戦闘状態に入ることになるだろうと考えています」[1]と書く。
1640年10月（？）	ヴォエティウスはパリにメルセンヌを訪問し，反デカルト主義への協力を要請。この前後に二人は書簡を交換している。
1641年12月8日	レギウスは学生のテーゼのなかで「人間は偶有的存在である」と主張。紛争の実質的な発端となる。
1641年12月22日	ブルダンは「第七反論」（*Septimae Objectiones*）を書く。
1641年12月24日	ヴォエティウスは三つの系論を加えて上記テーゼを批判。12月18, 23, 24日の三日間，公開討論会を主宰。デカルトを無神論者，預言者エリアと揶揄。
1642年2月16日	レギウスはそれへの返答として二冊の「小冊子」*Libbelus*（神学・哲学的系論等に対する答弁ないし覚書）を出す。デカルトはその草案を書いた。反対勢力によってその数冊は書店から撤去された。
1642年3月	「第七反論」への最初の「答弁」（注解）がメルセンヌに送られる。
1642年3月27日	（1）**「アカデミー評議会の議決」**（Judicium Senatus Academici）が出される。レギウスの「小冊子」に対する大学側の批判であり，事実上デカルト哲学の禁令である。
1642年4月26日	これに対してデカルトはホイヘンス宛に「私は少々争いごとをする必要があります」と書く。

---

1) AT. III, 752（『デカルト全書簡集』第四巻 p. 124）。

1642年4月	デカルトは『ディネ師宛書簡』（*Epistola ad P. Dinet*）を書く。出版は5月。上記「議決」への批判を含む。
1642年6月3日	ヴォエティウスはデカルトを攻撃する意図を表明し，スホーキウスに批判材料を提供[2]。
1642年8月	スホーキウス名義で『ルネ・デカルトの新哲学の驚くべき方法』*Admiranda Methodus novae Philosophiae Renati Descartes*が書かれた（出版は1643年）。ヴォエティウスは，その「序文」および（2）「**序文への補足**」（Paralipomena ad praefationem）で『ディネ師宛書簡』を批判。
1643年3月1日	（3）「**ユトレヒト・アカデミーの証言**」[3]（Testimonium Academiae Ultrajectinae）。後に『経緯陳述』の序文に掲載。『ディネ師宛書簡』を批判し，アカデミーの潔白を証言。
1643年5月	デカルトの『ヴォエティウス宛書簡』（*Epistola ad G. Voetium*）が出る。『驚くべき方法』に反論し，ヴォエティウスを批判。
1643年6月23日	（4）「**ユトレヒト市参事会の告示**」（Decision du Vroedschap d'Utrecht）（Publicationとも表記される）。デカルトを犯罪人として裁判所に召喚する公開文書[4]であり，彼はそれを咽に刺さった棘のように気にしていた。ユトレヒト紛争の一つの山場である。
1643年7月6日	（5）「**デカルトからユトレヒト市参事会への書簡**」（Descartes au Vroedschap d'Utrecht）。デカルトは召喚を拒否。上記の「告示」に対する返答である。
1643年9月23日	（6）「**ユトレヒト市参事会の判決**」（Jugement du Vroedschap d'Utrecht）（Sentenceとも表記）。これによりデカルトは欠席裁判で有罪（名誉毀損）とされた[5]。紛争の第二の山場である。

2）　1642年11月25日のヴォエティウスの書簡でも，彼はスホーキウスにデカルト批判の材料を提供した。

3）　デカルトは「この証言を読んだが，それはヴォエティウスを利するにも私を害するにも役立たない。『経緯陳述』は私には何の関係もない」としている（1643年11月7日付ウィレム宛（AT. IV, 34：『デカルト全書簡集』第六巻 p. 58）。「証言は反論に値しない」（1643年11月後半ポロ宛（AT. IV, 52：『デカルト全書簡集』第六巻 p. 81））とも言っている

4）　1643年6月28日，デカルトはエリザベトに「ユトレヒトから不愉快な召喚状が届いたところです。できるだけ早く，この訴訟沙汰から抜け出る方策を相談せねばなりません」（AT. IV, 695：『デカルト全書簡集』第五巻 p. 303）と書く。

5）　デカルトはポロに「私が犯罪人のように見られるのには憤慨している」（1643年10月17日 AT. IV, 23『デカルト全書簡集』第六巻 p. 40）と書く。

	この判決を受けてデカルトはフランス大使ラ・テュイルリを動かし，オラニエ公に保護を求めることになる。
1643年9月27日	『経緯陳述』（*Narratio Historica*）。ヴォエティウスの指示でユトレヒト大学と市参事会により3月に準備。冒頭に（3）「ユトレヒト・アカデミーの証言」が付されている。
1643年10月18日（？）	オラニエ公の「名前が嵐をすっかり鎮め」6)，訴訟手続きは延期となり，刑の執行は停止された。しかしデカルトは「事態が未確定なまま」7)であることをよしとしなかった。
1644年1月22日	（7）「デカルトからフランス大使への請願書」（Descartes à M. de la Thuillerie）。ラ・テュイルリに向けて事件の経緯を説明した文書。大使は迅速に対処してオラニエ公に上奏された。
1644年3月（？）	デカルトはやはりラ・テュイルリを介して，フローニンゲン大学および州政府に対してスホーキウスを告訴。スホーキウスがヴォエティウスと共に中傷文書『驚くべき方法』を書いたことが理由である。審理請求はラ・テュイルリによって行われ，上記の「請願書」も同時に提出された。
1644年	ヴォエティウスの息子が『親への愛』（*Pietas in Parentem*）出版。『開始された訴訟』（*Aengevangen procedueren*）は，この年か1643年と考えられる。
1645年2月17日	デカルトはフローニンゲン大学に審理の督促状8)を出す。
1645年4月20日	（8）「フローニンゲン・アカデミー評議会の判決」（Judicium Senatus Academicii）。スホーキウスへの裁判でデカルト側が勝訴9)。
1645年4月26日	「フローニンゲンの秘書官パソルの報告書」。このなかで上記の「判決」がデカルトに通知された。「スホーキウスの証言書」も含まれる。
1645年	ヴォエティウスの息子による『不公平な法廷』（*Tribunal iniquum*）が出る。デカルト関連の裁判を批判したもの。
1645年	友人デマレが『善意の神殿』（*Bonae Fidei Sacrum*, 1646)10)を

---

6) 1643年10月21日宛ポロ宛（AT. IV, 27；『デカルト全書簡集』第六巻 p. 46)。
7) 1643年10月23日付ポロ宛（AT. IV, 28-30；『デカルト全書簡集』第六巻 p. 47)。
8) 1645年2月17日付フローニンゲン大学宛（AT. IV, 177-179；『デカルト全書簡集』第六巻 pp. 220-222)。
9) エリザベトはその報に接し「あなたの正しさが認められてうれしく思います」(1645年6月22日（AT. IV, 235；『デカルト全書簡集』第六巻 p. 281-282))とデカルトに書く。

	出す。ヴォエティウス父子のデカルト批判に関して，客観的な事実を述べてデカルトに有利な材料を提出。上記の『親への愛』への反論になっている。
1645年6月12日	「ユトレヒト参事会の布令（acte）」。デカルトについての著作の出版・販売をいっさい禁止するという内容で，『ユトレヒト市参事会宛 弁明書簡』中に引用されている[11]。
1645年6月16日	デカルト『**ユトレヒト市参事会宛 弁明書簡**』（*Lettre Apologétique aux Magistrats d'Utrecht*）。1645年にフランス語版・ラテン語版が書かれ，1648年にオランダ語版が出ている。
1647年5月4日	ライデン大学でもデカルトに対する神学論争が始まる。
1647年5月10日	裁判で「勝訴できなければこの国から全面撤退する」[12]とエリザベトに書く。
1647年12月20日	レギウスが匿名で「人間精神ないし理性的魂の解明」と題する『掲貼文書』を送りつけてくる。
1647年12月末	それに対して『掲貼文書への覚書』（*Notae in programma quoddam*）を書く（出版は1648年1月）。

（山田弘明）

---

10) この書の出版年について，AM は1645年（AM. V, 334）とするが，AT は1646年（AT. VIII-2, 227，注a）としている。Verbeek（p. 54）も同じである。出版はフローニンゲン1646年だが，1645年の時点で一般に読める形になっていたと思われる。1645年の『弁明書簡』でそのいくつかの文章が引用されている。

11) AT. VIII-2, 226（本書220ページ）。

12) AT. V, 17（『デカルト全書簡集』第七巻 p. 286）。

人名・地名索引

(表記は本文のままとした。地名は＊で示した。架空の人物を含む（オ）はオランダ語)

ア　行

アウグスティヌス Augustinus　239
アキレス Achilles　161, 182
アハシュエロス Assuerus　250
アムステルダム＊ Amsterdam, Amstelodamum, Amstelredamum　117, 237, 270, 317
アリストテレス Aristoteles　xi-xii, xvi, 14, 21, 24, 27, 29, 38, 55, 60, 89, 178, 263, 297, 300, 302
アルキメデス Archimedes　184, 202
アルミニウス Arminius　xi, 115, 117
アンティキュラ＊ Anticyra　56
イエス・キリスト Jesus-Christ　124, 130, 137-38, 154, 251
イギリス＊ Anglia　xi, 195
ヴァニーニ Vanini, Vaninus, C.　63, 161, 181-83, 188-89, 206, 208, 241, 281, 284, 293-94
ヴァレンティア Valentia, G. de　183
ヴォエティウス（・パウルス） Voet, P.　38, 171, 209-10, 216, 221, 226-27, 236, 239, 249, 251, 301, 310, 313, 324, 337
エサウ Esau　243
エピファニウス Epiphanius　240
エフモント・アン・デン・フフ＊ Egmond aan-den-Hoef　213, 274
エミリウス Æmilius, A.　159, 202-04, 268, 335
エリア Elia　28, 207, 262-63, 312, 335
エルゼヴィエ Elsevier, L.　75, 79, 270
オメランデン＊ Omlandia　192, 194, 284, 289

カ　行

カイン Cainus　285, 294
ガレノス Galenus, C.　15, 324
ガロ・ベルギカ＊ Gallo-Belgica　50-52, 114
キケロ Cicero　112
キプリアヌス Cyprianus, R. ab O.　30, 74, 268, 314
キリスト Christ　→イエス・キリスト
ゲンナディウス Gennadius　240
ゴマルス Gomarus, F.　xi, 115
ゴルラエウス Gorlaeus, D.　27, 166

サ　行

シーシュプス Sisyphus　185
シノン Sinon　163
スカエヴォラ Scaevola　112
スザンナ Susane　248
ストラテヌス Stratenus, S.　57, 69, 313
スホーキウス Schoockius, M.　xii-xiii, 17, 49, 93-94, 101-02, 132, 158, 192-93, 201, 209, 211-13, 215-16, 218-19, 221-27, 229, 231, 233-49, 251, 254, 280, 284-296, 299, 305, 309-10, 312, 318, 321-22, 325, 329-30, 336-37
スホターヌス Schotanus, M.　130, 313
センゲルディウス Senguerdius, A.　69, 313
ソクラテス Socrates　175
ソロモン Salomon　249

タ　行

タウレルス　Taurellus, N.　27, 166
ダニエル　Daniel　248
ディネ　Dinet, J.　5, 41, 59, 75, 217, 277, 297-99
デマティウス　Dematius, C.　30, 130, 220-21, 225-26, 235-36, 243-49, 251, 295, 321
デマレ　Desmarets, Maresius, S.　37, 50-52, 106-13, 116-17, 119, 121-26, 130, 134, 150-52, 157, 197, 221, 234-35, 240, 251, 273, 284, 337
テルシーテース　Thersites　100, 120-21, 262
テルティロ　Tertullus　108, 120-21
トゥールーズ*　Tholosa　181, 281, 284
ドドナエウス　Dodonaeus, R.　57
トマス　Thomas Aquinas　183
ドルトレヒト*　Dordracum　117

ハ　行

ハーグ*　La Haye, Haga　xiii, 50, 51, 117, 194, 213, 310, 318, 328-30
パウロ　Paulus　128, 135, 251
ハマン　Aman　250
バラム　Bileamo　122
パリ*　Parisii　xi, 5, 8, 13-14, 50, 297, 299-300, 335
ピタゴラス　Pythagoras　94-95
ヒポクラテス　Hippocrates　15, 324
ピラト　Pilatus　251
ファンデル・ホルク　van der Hoolck, G.　70
フィンブリア　Fimbria, G.　112, 169, 192, 197
フースデン*　Huesda　162, 196
プラトン　Platon　29, 175
フラネケル*　Franequera　xii, 23, 117
フランス*　France, Gallia　viii-xiv, xvi, 5, 41, 59, 62, 66, 82, 105, 185, 195, 204-05, 209-10, 214, 217-18, 227, 280, 290-91, 297, 299, 310, 318-20, 329-331, 333, 336
フローニンゲン*　Groninga, Groningue　xii-xiii, xvii, 49-50, 190, 192, 195, 201, 219-20, 222, 225, 230-32, 234-37, 242, 244, 251, 254-55, 280, 284-85, 288-89, 291, 293, 295, 299, 310, 318-21, 325, 329-30, 337-38
ヘクトル　Hector　182
ベルギウム*　Belgium　93-94, 113-14, 170, 195-96, 198, 217, 265, 280, 285
ヘロストラトス　Herostratos　158, 186, 327
ヘロデ　Herodes　251
ペロン*　Perron　276
ボナヴェントゥーラ（ペリエの）Bonaventura de Periers　82
ボワ・ル・デュック*　Boisleduc, Sylvaducis　50, 52, 102-03, 105-11, 114-16, 118-19, 121, 123-29, 148-50, 152, 162, 171, 196-97, 229, 273, 306, 325

マ　行

マリウス　Marius, C.　7
マルペッサ*　Marpesus　71
モルデカイ　Mardochée　250

ヤ　行

ヤコブ（聖）Jacobus　145
ヤコブ（「創世記」の）Jacobus　243
ユークリッド　Euclides　175
ユトレヒト*　Ultrajectum, Utrecht（オ）ix-xvi, xix, 23-24, 29, 31, 38, 47-50, 57, 69-70, 72, 94, 107, 109, 114-15, 117, 158, 161-63, 165, 189, 191-92, 196, 201-02, 208, 211-13, 220, 232,

236, 242, 244-46, 250, 252, 263, 265-66, 269-72, 276, 280-82, 284, 286-88, 290-95, 297-301, 303-10, 312-18, 321, 323, 325-28, 330-31, 333, 335-37

ラ　行

ライデン* Leiden　　xi-xiii, xvii, 17, 23, 50, 114, 117, 129, 220, 280, 288, 299, 331, 338
ラ・テュイルリ La Thuillerie, G. C. de　xiii, 78, 214, 231, 280, 291, 299, 310, 318-19, 329-30
リッデル Ridder, C. de　　220, 271
ルーヴァン* Lovanium　　185-86
ル・ロワ le Roy　→レギウス
レギウス Regius, H.　　xi-xiii, xvi, 17, 23, 26-32, 34-35, 57-58, 60-61, 68-74, 96, 99, 107, 143, 154, 159, 166, 168-73, 176, 189, 191, 201, 206-08, 216, 227, 238, 246, 251, 259, 263-64, 266-68, 276-77, 281, 293, 298, 300-01, 306-09, 312-13, 315, 323-24, 328, 335, 338
レーマンス Leemans, C.　　103, 125, 149
ローマ* Roma　　7, 176, 264, 282
ロヨラ Loyola, I. de.　　64

ワ　行

ワーテルラエト Waeterlaet, L.　　28, 34, 38, 171, 208, 225-26, 235, 243-44, 293, 295

事項索引

ア 行

アカデミー Academia, Académie, Academie（オ）　x, 19-20, 23-24, 27, 29-34, 38, 41, 48-50, 57, 60-61, 66, 69, 71-74, 77, 85-86, 93, 111, 114-15, 126, 130, 143, 150, 154, 159-61, 165-66, 169-70, 185, 190, 192, 195-97, 202, 207-09, 215, 222, 226, 227, 232, 237-39, 246, 248, 250-51, 259-60, 264-270, 273-74, 276-79, 281-84, 291, 292, 295, 298, 307, 312-16, 318, 320, 322-24, 327-31

悪行 Vice　106, 112, 126, 132, 140, 163, 165, 181, 186, 194, 197, 252

悪徳 vitium　69, 80, 85, 87, 109, 128, 136, 139, 142, 144-46, 157, 234, 236, 277

新しい哲学 nova Philosophia　xi-xii, xvi, 19-20, 26, 33, 36, 66, 68, 74, 160, 207, 220, 260, 263, 265, 267, 283, 298, 300-02, 307, 311-14, 323-24

イエズス会 Societas Jesu, Jésuite　5-6, 9, 41, 59, 64, 75, 122, 167, 183, 205, 216-18, 221, 277-78, 283-84, 297, 299-301, 310, 318, 335

医学，医術 medicina　xi, xvi, 15, 23-24, 57, 69, 72, 74, 298, 300, 313, 323-24

異教徒 ethnicus　137-38, 205

医師 medicus　23-30, 34-36, 38-39, 60, 159, 166, 168, 196, 263-67

異端 hérétique, hérésie, haeresis　xi, 20, 22, 26-27, 35, 72, 99, 161, 168-69, 205, 207, 239, 311, 331

異端者 haereticus, ketter（オ）　58, 168, 185, 207, 239-40, 262, 266, 276

異端審問 inquisition　xiii, 218, 299

院長 Rector　9-12, 300

陰謀 intrigue, machination　68, 206-08, 234-35, 252, 295

エピクロス主義者 Epicureus　264

演劇 comédie　234

王国 regnum　147, 290

掟 lex　78, 124-25, 131, 137-139, 145, 153-54, 180, 289, 292, 294

愚か者 Choraebus　33, 36, 59, 66, 170, 260, 263-64

カ 行

改革派 Reformatus, Gereformeerd（オ）　50, 102-07, 112, 121, 125-26, 130, 155, 191, 205, 216, 240, 278

懐疑 dubitatio　xii, xv, 15, 144, 302

懐疑論 scepticismus　xv, 172, 177-79, 196, 250, 265, 310

懐疑論者 scepticus　174, 177-78, 204, 237-39, 261, 264

解析 analysis　11-12

学院 schola, school（オ）　xvi, 5, 8-10, 13-15, 17-23, 26, 35-37, 47-48, 57, 66, 71, 74, 96, 121, 143, 165, 240, 276, 297, 300, 302, 307, 335

学園 gymnasium　19

学識 doctrina, erditio　xii, xv, 7, 16-17, 25, 59, 81-86, 90, 92-93, 122, 153, 159, 164-66, 184, 191, 196, 205, 276, 282, 292, 294

革新者 Novator　55, 67

学長 Rector　xi-xii, 23-27, 30-31, 34-

事項索引

35, 38, 42, 48, 50, 69, 71, 73, 168, 170, 196, 208, 218-19, 266-68, 277, 283, 298, 300, 313, 323-24, 329-30
学問 disciplina　　xi, 14, 25, 33, 37, 74, 76, 78-79, 91, 164-65, 174, 206, 260, 266, 292, 297, 301, 324
隠れた性質 qualitas occulta　　67, 263
学科 Facultas　　13, 33, 260
カトリック Catholicus　　25, 52, 63-64, 66, 102-05, 107, 115, 121, 123, 126, 147, 155, 162, 167, 185, 195-97, 204, 240, 265, 325
可能的存在 existentia possibile　　97
カバラ主義者 Cabalista　　79
神の存在 Dei existentia　　xv, 6, 15, 92, 97, 175, 183, 187, 190, 281, 307
仮面 persona　　50, 102, 108-09, 151
観念 idea　　97, 174, 179
幾何学 geometria　　36, 95, 97, 175, 183, 205
偽善者 hypocrita　　69, 154, 181
欺瞞者 deceptor　　79, 97, 189, 194
教会 Ecclesia　　20, 50-52, 66, 85-86, 88, 103-05, 108-09, 111-19, 121, 124-25, 128-31, 135, 137-39, 141, 146-47, 152-53, 162, 167, 170, 180, 191, 195-97, 217, 245, 265, 268, 270, 273, 276, 311, 316
教会会議 synodus　　50-53, 114-19, 131, 138, 146, 150-51, 154-55
教会評議会 ecclesiasticum concilium　　27
教区会議 synedrium　　114-15, 118, 138, 146, 154
教皇主義者 pontificius　　104-07, 123, 195, 197　→カトリック
教皇派の Papalis　　193, 195, 240, 265　→カトリック
教授 professor, professeur　　xi-xii, xvi, 5, 8, 10, 17, 23-27, 30-31, 33-34, 38, 42, 49-50, 57, 61, 68-70, 73-74, 114-16, 129-30, 135, 141, 143, 162, 168,

190, 192, 194-95, 197, 201-03, 207, 209, 219-20, 222, 227, 231-32, 239, 246-48, 259-60, 266, 268, 276-77, 279, 284-85, 291, 298, 300, 302, 309, 312-13, 315, 320, 322-25, 328, 335
兄弟会 Fraternitas　→マリア友愛会
教団 societas　　6-11, 13-14, 41-42, 297, 299-301
共通概念 notitia communis　　21
教理 dogma　　167
教理問答 catechesis　　179
共和国 Respublica, République, republiek（オ）　　125, 129-30, 148, 150, 152, 155, 169, 171, 195-98, 219, 251, 265, 277
キリスト教徒 Christianus　　53, 73, 119, 134, 137, 186, 198, 307
偶像崇拝 idolatria　　103-06, 111, 120-21, 149, 197
偶有的存在 ens per accidens　　26-28, 57-58, 71-72, 207, 335
屈折角 Anguli refractionis　　9
敬虔 pietas　　7, 25, 29, 40, 66, 68, 73, 80, 82, 87-88, 106, 111, 115, 119-20, 124, 128, 137, 139, 141-44, 148, 151, 153, 157, 161-63, 180, 183-84, 186, 190-91, 276-77, 282, 287
経験 experientia, expérience　　xi-xii, 14, 19-22, 32, 40, 67, 78, 80, 83, 88, 136, 155, 162, 175, 179, 185, 189, 194, 198, 243, 259, 266
形而上学 metaphysica　　xi, xiii, 15, 21, 27, 38, 92, 172, 176, 204-05, 209, 300
形相 forma　→実体的形相
血液の循環 sanguinis circulatio　　72, 267
獣 bestia　　33, 36, 207, 260-63, 312
権威 authoritas, authorite　　6, 13-14, 24, 27, 31, 34, 48-49, 51, 58, 69, 71, 82, 84, 86, 92, 98-99, 107, 113, 115, 119, 129-31, 138, 141-42, 145-46, 148, 150, 152-53, 155, 168, 184, 190-

92, 201, 219, 247-48, 252, 268, 280, 286, 289
衒学 paedagogus　83
言明 déclaration　211, 213, 223-26, 228, 230, 239, 241-42, 244, 268, 302
語彙 terminus　56-58, 81-82, 95-96, 261
光学 Optice　8, 9, 92, 205
傲慢 arrogantia　11, 32, 35, 60, 83, 109, 112-13, 135, 140, 165, 195, 197, 259, 265, 289
国家 respublica　49, 87, 118, 140, 180-81, 186, 190, 194, 265, 328
ことばの問題 logomachia　28

サ　行

最初の六葉（『驚くべき方法』の）sex prima folia　50, 55, 59, 65, 93, 210, 304-07, 326
才知 ingenium　7, 47, 83, 142, 163, 175, 186
索引 index　25, 80, 82, 90, 164, 304
作用 efficientia　6, 261
サル simia　227, 248
三段論法 syllogismus　82, 89, 97
慈愛 charitas　53, 66, 73, 106, 124-25, 128, 131, 135, 137-42, 144-45, 148-49, 151, 153-54, 156-57, 162, 198, 307
死刑執行人 bourreau　215, 285
市参事（会）Magistratus, Magistrat, Vroedschap（オ）　x, xii-xiii, xvi, 23-24, 26-27, 30, 49, 69-70, 73-74, 84, 103-04, 106-07, 111, 114-15, 117-18, 125, 131, 140-42, 144, 146-48, 150, 153-54, 160, 168, 191-92, 201, 207, 211, 213, 218-19, 232, 234, 266-68, 270, 272, 276-79, 282, 286, 307-09, 313-18, 321, 323-24, 327-28, 330-31, 337
磁石 magnes　176, 263
自然学 physica　xi-xii, xvi, 5, 15, 23-24,

27, 34, 69, 72, 92, 172, 176, 201, 204-05, 207, 219, 297-98, 313, 315, 325
自体的存在 ens per se　26
自治権 franchise vrijheid（オ）　220, 279
市長 Maître, Consul　24, 70, 129, 201, 207, 211-12
実在的区別 distinctio realis　15
実在的性質 qualitas realis　32, 260
実体的形相 Forma substantialis　28, 32-33, 38, 67, 72, 99, 107, 143, 259-63
実体的結合 unio substantialis　26, 264
嫉妬 invidia　16-17, 23, 35, 64, 84-86, 110, 189, 266-67, 301-02, 315
使徒 apostolus　68, 128, 135
至福の処女信心会 Sodalitas B. Virginis →マリア友愛会
至福のマリア信心会 Sodalitas B Mariæ →マリア友愛会
州 Province, provincia, provincie（オ）　xiii, 109, 192-93, 204, 210, 213-15, 219, 231-32, 265, 274, 280, 284, 289, 291, 319, 329, 337
宗教家 homo religiosus　6, 11, 14
自由思想家 libertinus　79, 264, 276
修道院 cloître　204
宗務局会議 consistoire　211
殉教者 Martyr　110, 206
常套句 locus communis　80-82, 90, 120, 151, 240
思慮 prudentia　7-8, 24, 41-42, 77, 82, 107, 117, 122-23, 139, 155, 178, 219, 253, 274
神学 theologia, théologie（オ）　xi, xv, 10, 20, 22, 27, 30-31, 33, 37-38, 48-50, 55, 72, 74, 103, 110, 114-17, 119-20, 129-30, 134-35, 138-39, 141, 145, 154, 162, 166, 173, 185-86, 195-97, 205, 207, 259-60, 264-65, 276-77, 281, 298, 300, 303, 323, 335, 338
神学者 theologus　25-30, 35-38, 51, 56, 58, 66, 72, 80, 94, 114-16, 118, 129-30,

事項索引

134, 138, 146, 148, 150, 154-55, 163-65, 168, 183, 185-86, 196, 218, 240, 261-65, 267-68, 281-82, 284
神学部 Facultas Theologiae　27, 34, 58, 72, 129-30, 143, 160, 168-69, 207, 220, 247-48, 313
信仰 fides　xi, 22, 37, 56, 62, 98, 135, 138, 142, 147, 177-78, 185, 265, 276, 280, 291, 298
信心会 Sodalitas　→マリア友愛会
神父 pater, père　5-13, 15, 18, 23, 28, 41, 59, 75, 167, 204, 217, 240, 283-84, 325
真理 veritas, vérité　6-7, 13, 15-17, 19, 22-24, 28, 33-34, 36-37, 39-40, 42, 47-48, 66, 80, 82-83, 91, 106, 115-16, 119, 123, 128, 133, 141, 143-44, 157, 168, 175, 177, 184, 190, 204-05, 211-12, 217, 219, 233, 247, 260, 262, 264, 267, 277, 300, 302
推測 présomption, conjectura, gissing（オ）　34, 41, 64-65, 127, 144, 149, 191, 193, 228, 249, 278, 281, 287, 293, 318-19
数学 mathesis　5, 13, 15, 64, 66, 205, 302
数学者 mathematicus　21, 166
図形 Figura　21, 36, 166-67, 261-62
スコラ schola　→学院
精神 mens　xi, xiii, 6, 15, 21, 23, 26, 32, 174-76, 179, 188-89, 260, 306, 319, 338
聖霊 Spiritus sanctus　128, 130-31, 170
説教 concio, predikatie（オ）　60, 68, 75, 84-88, 127-28, 138, 141-42, 144-46, 156-57, 208, 276-77
説教師 concionator　25, 27, 37, 51, 86-88, 128, 130, 138-39, 141, 145, 156-57, 163-64, 196
戦争 bellum, guerre　86, 88, 163, 182, 232, 288, 330-31

先入見 praejudicium　77, 84, 91, 141
訴訟 cause, actio, causa, dica, lis, zaak（オ）　xiii, xvii, 74, 133, 169-71, 192-93, 201-02, 207, 211, 213-16, 220-22, 227, 229-33, 236, 242, 247, 249, 252, 255, 270, 280, 285, 288-90, 292, 310, 315, 318, 328-30, 336-37
訴訟放棄者 desertor causae　201, 222
ソッツィーニ主義者 socinianus　264
ソフィスト sophistes　89

タ　行

第一質料 materia prima　67
大使 ambassadeur　xiii, xvi, 214, 231, 280, 291, 299, 310, 318, 329, 336-37
代理人 député, procureur　222-25, 227-31, 233-34, 251, 285-86
魂 animus, âme, spiritus　9, 28, 32-33, 40, 92, 97, 176, 180, 182, 189, 253, 259-60, 338
知恵 sapientia　82, 88, 99, 189
地球の運動 motus terræ　72
知識 doctrina　7, 23, 51, 53, 79, 81-84, 89-93, 110, 135, 143, 165, 177-78
注釈 commentarius　11-12, 14, 80-81, 264
中傷 calomnie, calumnia, convicium, diffamatie（オ）, lastering（オ）　xii-xiv, 12, 27, 29, 34-36, 39, 48-49, 51, 54, 62, 73, 77, 91, 97, 106-08, 112-14, 116, 122-24, 128, 132-33, 135, 140-41, 143, 154, 156-58, 161, 163, 169, 173, 177, 180-81, 184-98, 201, 203, 206, 212, 214, 216, 221-23, 228-34, 237-38, 241-42, 249-54, 261-62, 266-67, 273, 276, 278-79, 285, 289-90, 300-01, 305-06, 310, 314, 317-18, 329, 337
聴罪司祭 confésseur　217
通俗的な哲学 Philosophia vulgaris　59, 66, 74, 90, 95, 161, 262

346

テーゼ thèse, thesis　　xi, xvi, 8-9, 11-12, 23, 25-29, 31-32, 34, 38, 57-58, 68-69, 71-74, 77, 85, 99-100, 103, 105-07, 111-12, 115, 117-18, 121-24, 126, 129-30, 132, 138, 141-44, 146, 148-50, 152-54, 160, 165, 167-68, 171-72, 191, 197, 203, 207-08, 226-27, 232, 238, 259, 261-64, 277, 300-02, 323-24, 335

哲学 philosohia, philosophie　　ix, xi-xii, xiv-xvi, 10, 14-24, 26, 28-33, 35-38, 41-42, 47-49, 56, 58-61, 64-68, 74-77, 90-92, 94-97, 154, 159-61, 166, 168, 170, 172-73, 176-77, 188-90, 192, 195-96, 204-07, 219-20, 232, 240, 250, 259-65, 267, 276, 281, 283-84, 291-92, 297-303, 305, 307-14, 320, 323-24, 330, 333, 335

伝統的な神学 orthodoxa Theologia　33, 37, 48-49, 260, 281

討論（会）disputatio, dispute　　xvi, 8, 12, 19, 22, 25-26, 28, 31-33, 35-36, 38, 67-69, 71-73, 87, 89, 92, 107, 111, 115, 142-43, 149, 164, 166-67, 170, 207-08, 226, 232, 240, 259-60, 262-64, 267, 276, 297, 300-02, 315, 323, 331, 335

徳 virtus　　6-7, 39-40, 51, 56, 62, 66, 69, 82, 119, 135, 141, 143, 181, 186-87, 234, 252-53, 255, 266, 319

トポス locus　　89

ナ 行

贋金 fausse monnaie　　233

人間の本性 hominum natura　　80, 83-84, 86-88, 175, 178

ハ 行

罵詈 convicium, scheldreden（オ）, scheldwoord（オ）　　7, 25, 40, 49, 56, 58-59, 62, 65-67, 73, 75, 80, 87-88, 93-94, 114, 116, 130, 133, 148, 153, 155, 164-67, 173, 191, 195, 198, 277-78, 288-89, 291-92, 294, 326

判決 sententia, jugement　　xiii, 129, 201, 213-17, 219-22, 227, 231-36, 242, 247, 254-55, 268, 276, 286-92, 296, 299, 310, 314, 316-18, 320-322, 330, 336

犯罪人 criminel　　xvii, 213, 222-23, 228, 249, 251, 336

必然的存在 existentia necessaria　　97

非難 accusation, reprehensio, vituperium　　xiii, 7, 9-10, 12-13, 15, 18, 26, 32, 39, 42, 48, 57, 60-61, 67-68, 73, 77, 86-87, 100, 110-12, 116, 119, 121-22, 126, 128, 131, 133, 136-38, 140-46, 148-50, 152, 155, 163-65, 169-70, 172, 179, 197, 205, 211, 213, 215-19, 221, 226-28, 231-32, 235, 241-42, 252, 259, 270, 273, 277, 287, 309-10, 312-13, 324, 329-30

誹謗 convicium, médisance, maledictum, maledicentia　　xii, xiv, 11, 15, 18, 29, 31, 47-50, 58, 67, 85, 94, 107-09, 113-14, 118, 122, 124, 128, 131-33, 140, 143, 145, 150-51, 153, 155-57, 177, 180, 184, 186-87, 189-91, 193-94, 204, 208, 239-40, 266, 276, 279, 281, 285, 314, 318, 323, 329

病気 morbus　　7, 15

評議員（アカデミーの）curateur, Senator　　222, 232, 291, 331

評議員（都市の）curateur, Senator　　129

評議会（アカデミーの）Senatus　　x, 29-31, 41, 74, 93, 160, 169, 222, 237, 267-68, 291-92, 295-96, 298, 302, 312, 315, 320-22, 324, 327-328, 330

評議会（都市の）Senatus　　27, 109, 114, 117, 223

品行 mœur　　206, 212, 250, 270, 310

事項索引 347

侮辱 injure, injuria　29, 32, 35-36, 40, 109-10, 122, 124, 132, 164, 169-70, 201, 208-13, 216, 221, 223, 226-27, 229, 231, 233, 244, 253-55, 259, 266, 268, 278, 283, 289, 291-92, 299, 301, 305, 309-10, 318
舞台 théâtre　108-09, 165, 232
物体 corpus　9, 32, 99, 176, 260
フラマン語 flamand　230
フランス人 Gallicus　210, 217, 227
古い哲学 vetus Philosophia　xvi, 33, 37, 74, 161, 260, 267, 307, 313-14, 324
布令 acte　xiii, 219-20, 254, 309-10, 338
文体 style　xii, xvi, 12, 18, 56, 75, 80-81, 85, 93, 108, 158, 196, 209, 236-37, 243-44, 305-06, 326-27
ペリパトス学派の peripateticus　21, 28, 56, 59, 91, 96, 300
ヘレボルス helleborus　57
弁証法 dialectica　89
法 jus, lex　50, 73, 78, 109, 140, 144-47, 214, 220, 228, 232-33, 241, 247, 250-51, 253, 255, 282, 286, 289, 327
牧師 minister, pastor, pastor（オ）, leraar（オ）　xiii, 50-51, 66, 68, 103, 106, 108, 110, 112, 116, 125, 135, 138-39, 141, 148-49, 154, 157, 162, 196, 210, 266, 276-77, 284, 293, 299, 314, 321, 323
保証人 vindex　205
本質 essentia　97, 105, 120

マ 行

魔術 magia　36, 79, 166-67, 261
マリア会 Societas Mariana　→マリア友愛会
マリア兄弟会 Fraternitas Mariæ　→マリア友愛会
マリア信心会 Sodalitas Mariæ　→マリア友愛会
マリア友愛会 Confraternitas Mariæ　47, 50-53, 101-106, 108, 112, 114-115, 120-121, 125-127, 151, 273, 306, 325
三日間の討論 per triduum disputatio　28, 38, 57, 72-73, 207, 262, 264, 335
見本 specimen　xv, 16, 20, 41-42, 47, 50, 53, 61, 65, 91, 111-12, 172-73, 177, 241-42, 263, 293, 300, 302
無信仰者 infidelis　198
無神論 atheismus　xi-xii, xv, 27, 35, 49, 90-92, 122, 132, 161, 169, 172, 175, 180-85, 187-90, 193-94, 196, 203, 208, 241, 249-50, 254, 265, 281-82, 284, 289, 292-93, 298-99, 302, 310
無神論者 atheista, athée, atheîst（オ）　xi, 33, 36, 49, 63, 68, 79, 90-92, 174-75, 180-88, 193-94, 204, 206-07, 241, 253, 260-64, 276, 294, 309, 312, 335
名誉毀損（侮辱罪）injuria, infamatie（オ）　xiii, 52, 70, 73, 108, 155, 187, 192, 197, 209, 211, 214, 221, 223, 229, 255, 276-77, 279, 284-85, 287-88, 299, 310, 316, 318, 327-28, 336

ヤ 行

友愛会 Confraternitas　→マリア友愛会
ユダヤ人 Judaeus　28, 108, 250, 262-64
要約 compendium　80, 174, 202, 211
預言者 propheta　68, 87, 127-28, 146-47, 170, 207, 335

ラ 行

ラテン語 latin, lingua latina　7, 105-06, 110, 224, 230, 243
ラビ Rabbi　263
良識 bona mens　82, 84, 89
霊物学 Pneumatica　27, 92
レビアタン Leviathan　82
レモンストラント派 Remonstrantes

117, 122, 179, 210, 265-66, 314
ローマ・カトリック Romano-Catholicus　→カトリック
ローマ教会 Ecclesia Romana　→カトリック
論客 disputator　xvi, 25, 163-64
論争 dispute, controversia　ix, xi-xviii, 9, 17, 19, 21-22, 26, 28, 32, 38, 47-48, 58, 80, 83, 87, 103, 113-14, 117, 119, 133-34, 171, 186, 234, 237-38, 259, 265, 273, 300-01, 310-11, 323, 338

ワ　行

若者 juventus　19, 27, 33, 37, 49, 60, 88, 90, 144, 195, 210, 260, 302, 324

書名・文書名索引

（太字は本書所収のものであり，太字のページ数は当該書自体およびその解題）

ア 行

『アエネイス』 *Aeneis*　71
『ヴォエティウス宛書簡』 ***Epistola ad G. Voetium***　ix, xii-xvi, xviii, 27, **45-198**, 206, 210-11, 214, 218, 220, 225-26, 229, 270, 272-73, 277-80, 284-86, 289, 293, 299, **303-07**, 309, 314-18, 326-28, 330, 334, 336
「エレミヤ書」 Liber Hieremiæ Prophetæ　147
『驚くべき方法』 *Admiranda Methodus*　v, x, xii-xiii, 17, 24, 27, 49, 51, 55-56, 65, 75, 78, 93-95, 99, 101-02, 132-33, 158, 160, 167, 173-74, 177, 179, 188, 191, 195-96, 201, 209, 212, 220, 222, 225, 238, 241, 249, 273, 280-81, 284-85, 291-95, 299, 303-07, 309-10, 312, 318, 325-27, 329-30, 336-37
『親への愛』 *Pietas in parentium*　211, 222, 227, 249, 337-38

カ 行

開会演説 prolusio　→「前哨戦」
『開始された訴訟』 *Aengevangen procedueren*　211, 216, 337
『学説彙纂』 Digesta　140
『気象学』 *Meteora*　14, 16, 23, 42, 96, 172-73, 303
『教理問答について』 de Catechesi　178-79
「偶有的存在について」 de ens per accidens　26-27, 57, 71-72, 207, 335
『屈折光学』 *Dioptrice*　5, 8, 16, 23, 42, 172-73, 297, 302, 335
『経緯陳述』 *Narratio Historica*　v, x, xii, 27, 57, 69, 72, 168-69, 195, 209, 211, 215, 238, 269, 299, 310, 313-15, 336-37
系論 corollaria　25, 27-28, 31-32, 72, 111, 208, 259, 261-62, 264, 335
「献呈書簡」 Epistola Dedicata　78-79, 182-83, 185
「コリントの信徒への手紙一」 Epistula ad Corinthios I　128, 135, 151, 251

サ 行

「使徒言行録」 Actus Apostolorum　108
「使徒ユダの書簡」 Epistola Apostoli Judæ　77
『至福のマリア信心会』 *Sodalitas B Mariæ*　→『マリア友愛会（について）』
「小冊子」（レギウスの） Libbelus　→答弁（系論に対するレギウスの）
『情念論』 *Passiones Animae*　xv, xvii, 20, 86
「諸根拠」 Rationes　21, 97, 174-76, 180
「序文への補足」 ***Paralipomenea ad praefationem***　v, x, xii, 28, 33-34, 36, 196, 209, 238, **261-65**, 304, **312**, 336
「神学的討論」 Disputationis theologicæ　103-05, 118, 120-121, 149
「箴言」 Proverbium　99
『省察』 *Meditationes*　xi, xiv, xix, 5-6, 12, 15-16, 20-21, 40, 42, 75-76, 78-79, 97, 173-74, 182-83, 206, 237-38, 261, 270, 281, 297-98, 301-02, 312-

聖書 sacra Scriptura, Heilige Schriftuur
　（オ）　　xv, 82, 92, 99-100, 108, 130, 166, 175, 186, 240, 243, 248-51, 262, 265, 276, 311
『生理学』 Physiologia　　xi, 23, 69, 71, 172
『善意の神殿』 Bonae fidei sacrum　237, 246, 337
「前哨戦」 Velitatio　　9, 11-12, 297, 300, 335

タ 行

『第一哲学についての省察』 Meditationes de Prima Philosophia　→『省察』
「第一反論」 Primae Objectiones　174
「第二反論」 Secundae Objectiones　206
「第二答弁」 Secundae Responsiones　12, 21, 97, 174, 180
「第三答弁」 Responsio ad tertias objectiones　15
「第四答弁」 Responsio ad quartas objectiones　22, 75-76
「第七答弁」 Responsio ad septimas objectiones　xi, xix, 7, 9, 13, 16, 28, 76, 298, 335
「第七反論」 Septimae objectiones　xix, 5, 7, 9, 12-13, 16, 23, 217, 297-98, 300, 324, 335
「注解」 Notae　→「第七答弁」
『**ディネ師宛書簡**』 ***Epistola ad P. Dinet***　vii, ix, xi-xiii, xv, xvii, **3-43**, 48, 55-59, 61-62, 68, 70, 72-73, 75, 78-79, 93, 97-99, 133-34, 159-72, 207-09, 211, 214, 217-18, 220-21, 229, 232, 237, 246, 259, 261, 266-68, 270, 277, 281-84, **297-303**, 311-13, 315-18, 324-28, 330, 334, 336
『デカルト哲学（について）』(de) Philosophia Cartesiana　→『驚くべき方法』
『デカルト哲学の方法』 Methodus Philosohiae Cartesianae　→『驚くべき方法』
『哲学原理』 Principia Philosophiae　xvii, 16, 18, 55, 65, 176, 292, 300, 302
「テモテへの手紙第二」 Ad Timotheum II　104
『テルシーテース』 Thersites　100, 165, 175
答弁（系論に対するレギウスの）Responsio　ix, 28-31, 58, 72, 74, 99, 107, 168, 171, 191, 259, 277, 301, 312, 323-24, 335
『トポス論』 Topica　89

ハ 行

「フィリピの信徒への手紙」 Ad Philippenses　104
『不公平な法廷』 Tribunal iniquum　211, 225, 230-32, 245, 337
「**フランス大使への請願書**」 **Lettre à M. de la Thuillerie**　vii, x, xiii-xix, **281-90**, **318-20**, 337
『**弁明書簡**』 ***Lettre Apologétique***　vii, ix, xiii-xv, xvii, 192, **199-256**, 281, 299, **307-11**, 312, 321, 331, 334, 338
『防護』 Difensio　106, 111
『方法』 Methodus　→『驚くべき方法』
『方法序説』 Discours de la Méthode　xi, xv, 10-12, 16-18, 20-21, 36, 39, 47, 61, 65, 76, 79, 92, 159, 172-73, 188, 204, 297, 300, 302, 331, 333
『方法についての論述』 Dissertatio de Methodo　→『方法序説』

マ 行

「前触れ」 prodromus　38-39
「マタイによる福音書」 Evangelium

secundum Mattheum　　56, 124, 130, 137, 154

『マリア友愛会（について）』 *de Confraternitate Marianâ*　　47, 50, 53, 101-102, 106, 109, 112, 119, 148, 151, 158, 160, 162, 284, 304, 306, 307, 325

「無神論に関する討論」 Disputationes de Atheismo →「無神論について」

『無神論について』 *de Atheismus*　　90-93, 132, 175, 180, 182, 187-88, 203, 208, 335

『綿密なる吟味』 *Examen Accuratum*　　100

『最も尊敬すべきディネ師へ…』 *Admodum Reverendo Patri Dineto etc.* →『ディネ師宛書簡』

『最も著名なる士へ宛てられたルネ・デカルトの書簡…』 *Epistola Renati des Cartes ad celeberrimun virum etc.* →『ヴォエティウス宛書簡』

ヤ 行

「ヤコブの手紙」 Epistula Jacobi　　145

『友愛会』 *Confraternitas* →『マリア友愛会（について）』

「ユトレヒト市参事会への書簡」 Lettre au Vroedschap d'Utrecht　　vii, x, 212, 222, **272-75**, **315-17**, 336

ラ 行

『ルネ・デカルトの新哲学の驚くべき方法』 *Admiranda Methodus novae Philosophiae Renati des Cartes* →『驚くべき方法』

『論駁』 *Confutatio*　　100

ワ 行

『歪曲』 *Retorsio*　　107-10, 117, 226

「和解協約」 Instrumentum Transactionis　　120

訳者紹介

山田弘明（やまだ・ひろあき）
1945年生まれ　京都大学大学院文学研究科博士課程修了　名古屋大学名誉教授
主要業績　『デカルト全書簡集』（共訳，知泉書館2012-2016），『デカルトと西洋近世の哲学者たち』（知泉書館2016），『デカルト 医学論集』（共訳，法政大学出版局2017）など。

持田辰郎（もちだ・たつろう）
1952年生まれ　東京大学大学院人文研究科博士課程　名古屋学院大学教授
主要業績　『デカルト全書簡集』第五巻（共訳，知泉書館2013）など。

倉田隆（くらた・たかし）
1951年生まれ　京都大学大学院文学研究科博士課程　島根大学名誉教授
主要業績　『デカルト全書簡集』第六巻（共訳，知泉書館2015）など。

〔デカルト　ユトレヒト紛争書簡集〕　　ISBN978-4-86285-266-3

2017 年 12 月 25 日　第 1 刷印刷
2017 年 12 月 31 日　第 1 刷発行

訳　者　山田弘明／持田辰郎／倉田隆
発行者　小山光夫　　印刷者　藤原愛子
発行所　〒113-0033 東京都文京区本郷1-13-2
電話03(3814)6161　振替00120-6-117170
http://www.chisen.co.jp
株式会社　知泉書館

Printed in Japan　　印刷・製本／藤原印刷

デカルト全書簡集
〔全8巻〕

- ■**第一巻**（1619-1637）　山田弘明・吉田健太郎他訳　菊/450p/7000円
- ■**第二巻**（1637-1638）　武田裕紀・小泉義之他訳　菊/414p/6000円
- ■**第三巻**（1638-1639）　武田裕紀・香川知晶他訳　菊/384p/6000円
- ■**第四巻**（1640-1641）　大西克智・津崎良典他訳　菊/430p/6400円
- ■**第五巻**（1641-1643）　持田辰郎・山田弘明他訳　菊/346p/6000円
- ■**第六巻**（1643-1646）　倉田　隆・山田弘明他訳　菊/434p/6000円
- ■**第七巻**（1646-1647）　岩佐宣明・山田弘明他訳　菊/408p/7000円
- ■**第八巻**（1648-1655）　安藤正人・山田弘明他訳　菊/400p/6000円

デカルト哲学の根本問題
山田弘明著　　　　　　　　　　　　　　　　　A5/536p/8500円

デカルトと西洋近世の哲学者たち
山田弘明著　　　　　　　　　　　　　　　　　A5/314p/6000円

デカルトの「観念」論　『省察』読解入門
福居　純著　　　　　　　　　　　　　　　　　A5/250p/4500円

デカルトの誤謬論と自由
福居　純著　　　　　　　　　　　　　　　　　四六/196p/2800円

真理の探究　17世紀合理主義の射程
村上勝三編　　　　　　　　　　　　　　　　　A5/376p/6000円

山田弘明著　**デカルトと哲学書簡**　　　　　　（近刊）